MENSCHEN
DIE DIE WELT BEWEGTEN

MENSCHEN
DIE DIE WELT BEWEGTEN

Verlag Das Beste
Stuttgart · Zürich · Wien

215

Printed in Germany

3 87070 703 8

INHALT

ICH,

KÖNIG

DAVID

Eine Kurzfassung des Buches von

Allan Massie

Mit zahlreichen Abbildungen

Vom Schafhirten zum König, vom Dichter zum Staatsgründer – allein dieser Aufstieg macht König David zu einer der eindrucksvollsten Persönlichkeiten der Menschheitsgeschichte. Seine Taten sind Legende: Mit Harfenspiel und Gesang linderte er als Jüngling den Wahnsinn König Sauls und brachte als einziger den Mut auf, gegen den furchterregenden Philister Goliat zu kämpfen. Doch seine Liebe zu Batseba wurde ihm zum Verhängnis.

Allan Massie gelingt es meisterhaft, die Lebensgeschichte König Davids in einen Roman einzubetten, dessen Grundlage die Schilderungen der Bibel bilden. Gleichzeitig läßt er – mit der Freiheit des Schriftstellers – ein lebhaftes Bild der Zeit um 1000 v. Chr. in Israel entstehen.

1

Weil mich nachts fröstelt, haben sie mir dieses junge Mädchen besorgt, Abischag, eine Schunemiterin,* damit sie das Bett mit mir teile und mir Wärme bringe. Sie ist ein nettes Mädchen, hübsch und glatthäutig. Im Alter ist man ein Wrack. Manchmal, mitten in der Nacht, wenn der Schlaf mir versagt bleibt, lausche ich ihrem Atem.

Es ist unmöglich, daß mein Sohn Salomo, der jeden Morgen mein Zimmer betritt und hofft, er sei nun König, mich verstehen könnte, denn er ist in Palästen aufgezogen worden, und nie war seine Haut der rauhen Witterung ausgesetzt; ich dagegen wuchs in widrigen Verhältnissen in den Bergen auf. Mich ärgert, daß er anders ist, und ich kann ihn deshalb nicht leiden. Unter all meinen Söhnen ist er derjenige, für den ich am wenigsten empfinde, und doch wird er mein Erbe sein. Salomo weiß nicht, was es heißt zu frieren, Wind, Regen und Schnee ausgesetzt zu sein und das Heulen der Wölfe zu vernehmen. Nie hat er die Einsamkeit gekannt, nie sich gefühlt wie ein Staubkorn in der Unermeßlichkeit der Wildnis, nie den Worten des Herrn im Wind gelauscht.

ICH WAR der jüngste und schönste unter den Söhnen meines Vaters und sein Liebling. Meine Brüder haßten mich, alle außer Schamma. Ich beneidete sie, denn sie waren dem Schafehüten entkommen und zur Armee gegangen, um sich dem großen König Saul anzuschließen. Nachts ersann ich Geschichten, und jetzt weiß ich nicht mehr, welche Wahrheit waren und welche ausgedacht. Habe ich wirklich einen Löwen und einen Bären getötet, wie ich mich brüstete? Vielleicht. Aber ich bin ein Dichter, und Dichter sind Lügner.

---

* Die Schreibweise der Namen richtet sich nach dem *Ökumenischen Verzeichnis der biblischen Eigennamen nach den Loccumer Richtlinien* aus dem Jahr 1971.

9

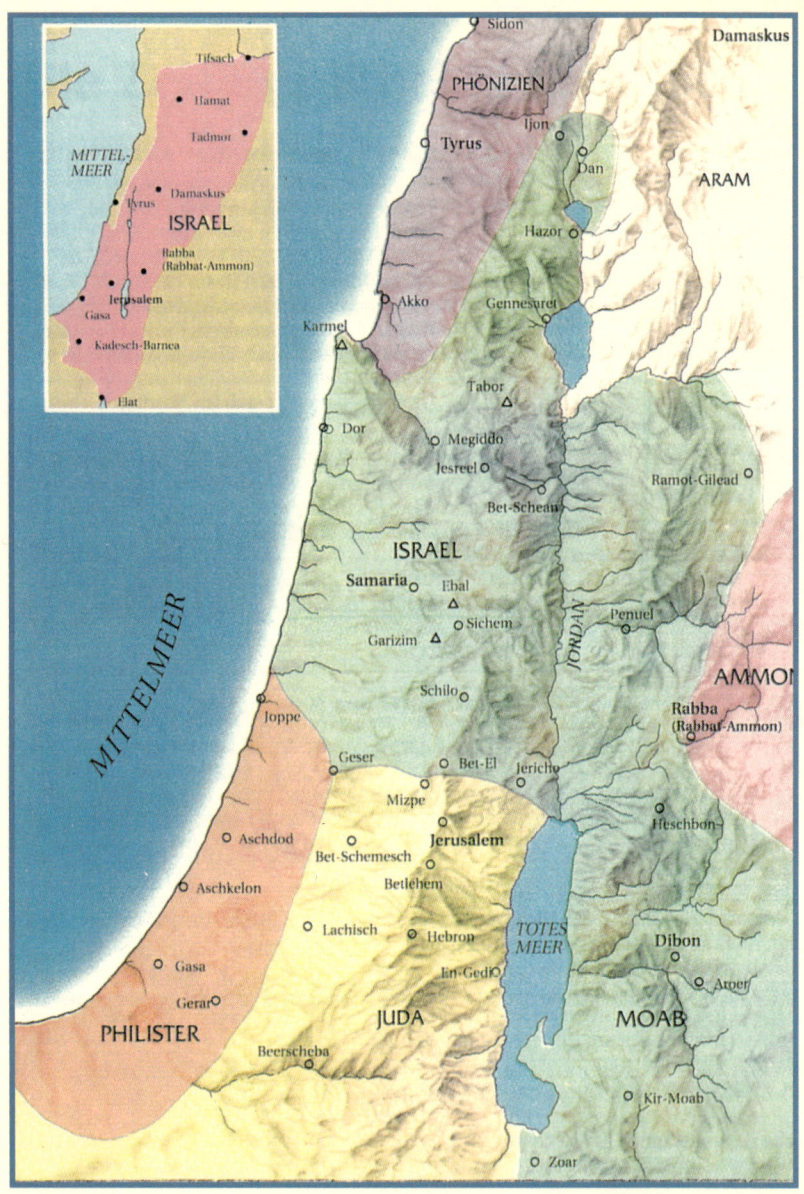

Palästina zur Zeit des Alten Testaments.
Im 10. Jahrhundert v. Chr. erreichte Israel unter den Königen Saul
und David seine größte Ausdehnung (kleine Karte).

Samuel aber habe ich mir nicht ausgedacht. Ich wußte nur, daß er der Hohepriester war, der Diener des Herrn und ein Mann, dessen Zorn berühmt war in ganz Juda. Als er meinen Vater Isai, den Bürgermeister von Betlehem, benachrichtigen ließ, daß er bei uns abzusteigen gedenke, wenn er in unsere kleine Stadt käme, um dem Herrn zu opfern, war ich froh, mich unter dem Vorwand, die Schafe hüten zu müssen, in die Berge flüchten zu können. Meine Brüder indessen waren erpicht darauf, den Hohenpriester zu sehen.

Es war ein Frühlingsmorgen von äußerster Schönheit. Gegen Mittag trieb ich die Schafe im Schatten eines Olivenhains zusammen und lagerte dort in aller Ruhe, den Arm um den rauhen Hals eines der Hunde geschlungen. Ich trank Wein mit Wasser aus meinem Ziegenschlauch, aß dazu Brot und Käse und teilte mit den Hunden.

Das Sonnenlicht flackerte durch die Olivenzweige, und die Welt war gut und friedlich. Ich wandte die Verse eines Gedichts hin und her, das ich zum Preis der schönen Erde und der reichen Schöpfung des Herrn machte. Mein Leben lang war ich am glücklichsten in der Einsamkeit unter dem Himmel. Doch schon da wußte ich, daß es mir nicht zugedacht war, meine Tage mit dem Hüten der Schafe zu durchmessen, sondern daß mich eine noblere Bestimmung erwartete. Und weil ich das wußte, empfand ich keine Ungeduld, sondern freute mich an der Ausübung meiner bescheidenen Aufgabe und an den Gelegenheiten zum Denken und zum Träumen, die mir die Einsamkeit eröffnete.

Der Klang von Schritten, die sich den Hang heraufmühten, durchbrach meine Träumerei. Der Hund knurrte warnend. Ich stand auf.

Es war mein Bruder Schamma, erhitzt und keuchend. Ich reichte ihm meinen Ziegenschlauch, und er erfrischte sich.

„Seltsame Dinge sind da unten im Gange", berichtete er. „Man schickt mich, dich zu holen."

„Ich kann die Schafe nicht allein lassen", erklärte ich. „Vater weiß das."

„Wenn du den Berg hinunterschaust, dann wirst du den alten Gideon sehen, der sich heraufmüht, um deinen Platz einzunehmen."

„Aber was gibt's denn?"

„Das ist ein Geheimnis", antwortete er. „Samuel ist gekommen. Der Dorfrat war nervös. ‚Kommst du in Frieden?' fragten sie ihn."

„Aber warum? Er ist der Hohepriester. Es hätte ihnen eine Ehre sein müssen."

„Du bist ein Unschuldslamm, kleiner David, verloren in deinen Träumen und Gedichten. Sie waren nervös und ängstlich, aber sie konnten sich nicht weigern, ihn hereinzulassen, und so brachte er sein Opfer dar – ich weiß nicht, warum er dazu nach Betlehem kommen mußte –, und dann wurden die Ältesten weggeschickt, ohne feierliche Umstände, und er kam in unser Haus. Er weigerte sich zu essen und sagte, er habe zuvor etwas zu erledigen. Er veranlaßte Vater, uns einen nach dem andern vor ihm aufmarschieren zu lassen, und es war beängstigend, wie er mich anschaute, als ob er mir geradewegs in Herz, Geist und Seele schauen könnte. Und dann befühlte er mich am ganzen Leib, als wäre ich ein Fohlen, dessen Kauf er in Betracht zog. Er sah mir in die Augen, schüttelte den Kopf und schob mich weg. Dann fragte er Vater: ‚Sind das alle deine Söhne? Hast du nicht noch einen?' Vater sagte, es sei nur noch der Jüngste da, der aber die Schafe hüte. ‚Er hütet die Schafe', wiederholte Samuel nachdenklich. ‚Bringt ihn zu mir.' Er hat etwas Furchtbares an sich, eine Ausstrahlung von Autorität oder Macht. ‚Holt ihn sogleich; wir werden weder essen noch trinken, bis ich ihn gesehen habe. Denn dies ist der Wille des Herrn.' Da bin ich also, und hier kommt endlich auch Gideon, um dich abzulösen; wir sollten uns beeilen."

So stieg ich den Berg hinunter und kam nach Hause. Ich sah Samuel und fiel vor ihm auf die Knie.

Er legte mir die Hand unters Kinn und drückte es hoch, so daß ich gezwungen war, ihm in die Augen zu schauen. Er hielt mich fest und befahl der Gesellschaft, sich zu entfernen.

Als wir allein waren, holte er ein Horn voll Öl aus den Falten seines Mantels, goß mir etwas davon auf den Kopf und verrieb das Öl auf meinem Schädel. Er murmelte Worte, die ich nicht verstand, zog mich hoch und küßte mich. „Kind", sprach er, „ich habe dich zum Diener des Herrn der Heerscharen geweiht und

**Das Ölgemälde „Die Salbung Davids" von Paolo Veronese (1528–88)
hängt heute im Kunsthistorischen Museum in Wien.**

zum Werkzeug seiner Rache." Dann rief er meinen Vater und sagte zu ihm: „Gesegnet bist du unter den Vätern, denn der Knabe David ist der Auserwählte des Herrn." Und als wir zum Essen kamen, setzte er mich zu seiner Rechten, auf den Ehrenplatz, und verwöhnte mich mit Wein und schmackhaften Bissen. „Ich sehe, daß dieser Knabe David so tugendsam wie schön ist", meinte er, „und so hat er Gefallen gefunden beim Herrn und bei mir, seinem demütigen Diener."

Von jähem Entsetzen gepackt, dachte ich: Er hat mich doch nicht auserwählt, damit ich Priester werde, oder? Aber der Gedanke ging vorüber, denn ich wußte, daß nur die vom Stamm Levi Priester werden können.

Er trank Wein und drückte denselben Becher auch an meine Lippen. Er streichelte mir die Wangen, und ich fühlte, wie ich errötete, als ich sah, wie meine Brüder Elijab und Abinadab einander in die Rippen stießen und kicherten.

Mein Vater bemerkte, wie der Wein auf Samuel wirkte, und schließlich nahm er mich beiseite und befahl mir, zu meiner Herde zurückzukehren. „Hier sind heute Dinge geschehen, die geheim bleiben müssen", schärfte er mir ein.

Schamma schlich sich mit mir aus dem Haus, und wir machten uns an den Aufstieg, als es dunkel wurde. Ich erzählte ihm alles, was sich zugetragen hatte, und er schwieg lange Zeit. Dann berührte er meinen Kopf und fuhr mit den Fingern durch mein Haar, führte sie an die Lippen und roch daran. „Das heilige Öl des Herrn. David, ich habe Angst um dich."

„Schamma", erwiderte ich, „ich verstehe nichts von dem, was heute geschehen ist."

„Es kann nur eines bedeuten: Du bist der Gesalbte Israels, gesalbt mit Öl, wie König Saul gesalbt wurde."

„Saul ist der König", gab ich zu bedenken, „und er hat Söhne."

„Eben deshalb habe ich Angst", gestand er.

Wir schickten Gideon weg und zählten die Schafe, und dann legte Schamma sich schlafen. Ich aber lag wach unter den Sternen, und seltsame Musik war in meinem Herzen.

Jener Besuch Samuels bestimmte mein Leben. Was ich bin, schulde ich seiner Gunst. Samuel war ein Kind des Tempels in Schilo, von seiner Mutter in den Dienst des Herrn und zu Eli, dem Hohenpriester, gegeben. Bald war er Elis Liebling unter den Tempelknaben.

Elis Söhne Hofni und Pinhas begingen manchen Frevel, was einhellig verurteilt wurde. Vor allem aber versäumten sie, was die erste Pflicht für diejenigen ist, die einen Staat regieren: diesen und sein Volk gegen die Feinde zu sichern. So streiften die Philister zu Elis Zeit ungehindert durch Israel und schleppten die Bundeslade davon, zur Schande Elis und aller Kinder Israels.

Heute wird es jedermann schwerfallen zu verstehen, wieviel Schrecken der Name der Philister in Israel verbreitete, so vollständig habe ich sie unterworfen. Obwohl ich so viele erschlagen habe, konnte ich das verbreitete Vorurteil gegen dieses Volk niemals teilen, denn ich sah, daß wir von ihnen viel zu lernen hatten. Sie verstanden sich auf Künste, von denen wir nichts wußten, und waren unvergleichlich viel zivilisierter als die rauhen Stämme Israels meiner Jugend. Aber da es ihnen an einem Gott oder an Göttern mangelte, die fähig gewesen wären, sie zu schützen, ward ihnen aus meiner Hand bittere Ernte.

Samuel wurde Elis Nachfolger als Richter über Israel. Samuels Söhne waren ebenso inkompetent und verrufen, wie Elis Söhne es gewesen waren. So kam eine Gesandtschaft der Führer eines jeden Stammes zu Samuel. Sie klagten darüber, daß seine Söhne als Beschützer Israels versagten, und verlangten ein Ende der Priesterherrschaft. „Israel sollte einen König haben wie andere Völker auch", forderten sie.

Dieses vernünftige Ersuchen trieb Samuel zur Raserei. Ein König, erklärte er ihnen, werde ein Tyrann sein, und er drohte ihnen mit schrecklichem Schicksal, sollte das Volk der heiligen Herrschaft der Priester einen König vorziehen. Es werde Konskriptionen und Steuern geben, und ihre Töchter werde man verführen.

Trotz all seiner Beredsamkeit überzeugte er sie nicht. Die Erfahrungen, die sie erst mit Elis, dann mit Samuels Söhnen gemacht hatten, ließen sie denken, daß ein König auch nicht schlimmer sein könne.

Und so gab Samuel nach, denn er wußte, täte er es nicht, würden sie sich selbst einen König wählen. Da war es besser, einen auszuersehen, den er beherrschen konnte. Er verzögerte die Angelegenheit, solange es ging, doch endlich erwählte er Saul, den Sohn des Kisch, aus dem Stamm Benjamin. Der Herr sprach durch Samuel, Samuel hatte Saul benannt. Daher war klar: Der König war dem Hohenpriester untergeordnet.

Saul war in seiner Jugend sehr hübsch, groß und von edler Gestalt, mit langen schwarzen Locken und traurigen braunen Augen. Samuel salbte ihn mit Öl, küßte ihn und sagte ihm, der Herr habe ihn zum Hauptmann über Sein Volk Israel gemacht. „Du bist das Schwert des Herrn, das Schwert Israels, wie ich Sein Richter bin und der Deuter Seines Willens."

Saul war starr vor Angst. Er war nur zu Samuel gekommen, weil er Hilfe brauchte, um ein paar Eselinnen seines Vaters zurückzuholen, die sich verirrt hatten. König zu werden war das letzte gewesen, was er gewollt hatte. „Der Stamm Benjamin ist der kleinste von allen Stämmen", protestierte er. „Wir sind bescheidene Leute aus den Bergen, und mein Vater gehört nicht einmal zu den Führern unseres Stamms."

Samuel lächelte. „Es ist der Wille des Herrn", sagte er, und so hatte Saul keine andere Wahl, als zu tun, wie er geheißen war. Er sah nicht, daß die Bedeutungslosigkeit seiner Familie ein Grund dafür war, daß die Wahl auf ihn gefallen war.

Jahre später erzählte mir sein Sohn Jonatan, mein liebster Freund, daß Sauls Mutter geweint hatte, als die Nachricht gekommen war, daß man ihn als König benannt hatte. Nach kurzer Zeit indessen begann die Vorstellung, König zu werden, Saul zu erregen. Dennoch, berichtete Jonatan, war Saul nach seiner Erhebung eine ganze Weile unglücklich. Er wußte nicht, was von ihm erwartet wurde, und er hatte große Furcht vor Samuel. Seinen großen Talenten zum Trotz glaubte Saul nie daran, daß er ein Recht habe, König zu sein. Er wußte, daß Samuel die Notwendigkeit seiner Ernennung mit Widerwillen betrachtete, auch wenn er ihn wie einen Untergebenen behandelte.

Mit einem aber hatte Samuel nicht gerechnet: Saul erwies sich als geborener Menschenführer und als General mit einem guten Verständnis für die Kriegführung. Zwar sollte mein eigener militärischer Ruhm den seinen noch weit übersteigen, aber ich habe mein Handwerk zum großen Teil von Saul gelernt. In den frühen Tagen, bevor sein Geist getrübt war, war er ein Meister in der Kunst des Krieges. Das ärgerte Samuel, so erfreulich die Resultate für Israel auch sein mochten, denn er sah wohl, daß Saul seiner Obhut entwuchs. Der alte Priester ward von Eifersucht verzehrt.

Das wurde schon bald in schmählicher Weise offenbar. Im Zug gegen die Philister lockte Saul ihr Heer zu einem Paß, wo es sich unter ungünstigen Umständen zum Kampf stellen mußte. Dann schickte er zu Samuel, daß dieser dem Herrn ein Opfer darbringe. Samuel antwortete nicht. Saul zögerte. Das Heer wurde unruhig. Noch einmal schickte Saul zu Samuel, und wieder sandte der alte Mann keine Antwort. Da verlor Saul die Geduld, nahm den Gottesdienst kühn in die eigene Hand und brachte das Opfer selbst dar.

Kaum hatte er das getan, kündete Trompetenschall von der Ankunft Samuels. Dieser betrachtete die geschlachteten Tiere und richtete seinen Blick dann auf Saul. Der König zuckte nicht mit der Wimper. Das erboste den Priester, er hob die Hände hoch über den Kopf und verfluchte Saul wegen seiner Ungeduld und seines Frevels. Der Herr, erklärte er, habe die Absicht gehabt, Sauls Königsherrschaft über Israel für immer und ewig zu bestätigen, doch nun beklage Er die Unehrerbietigkeit des Königs. So habe Er Seine Gunst von Saul zurückgezogen. Saul versuchte alles zu erklären. Es half nichts. Der Herr, sagte Samuel, schätze Gehorsam höher als das Fett der Hammel. Als es zur Schlacht kam, blieb Saul siegreich. Das Volk begann sich zu fragen, ob Samuel den Willen des Herrn tatsächlich immer richtig zu deuten verstehe. Dieses Getuschel verstärkte Samuels Haß auf Saul.

Saul war bestürzt. Er hatte Samuel verehrt. Der Verlust seiner Gunst schmerzte ihn. Er glaubte, er habe klug gehandelt; aber die Furcht vor dem Herrn war stark in ihm, und nie bezweifelte er, daß Samuel das Sprachrohr des Herrn sei. Und doch wußte Saul nicht, wie er anders hätte handeln sollen.

Ihr letztes Zusammentreffen war noch bitterer. Die Amalekiter, die mit den Kenitern im Bunde waren, bedrängten die südlichen Grenzen Israels hart. Saul suchte erneut Samuels Segen. Er bekam ihn, doch mit diesem Zusatz: „Geh hin und vernichte Amalek. Zerstöre alles, was sie haben, jeden Mann, jedes Weib und jedes Kind, alle ihre Rinder und Schafe."

Es ist nicht klar, wie Saul diese Botschaft verstand. Meiner Meinung nach hielt er sie für priesterliche Rhetorik. Vor Ort ergriff er die vernünftige Vorsichtsmaßnahme, den König der Keniter zu bestechen, daß dieser seinen Bundesgenossen im Stich lasse, in dessen Gebiet die Keniter lebten. Als Saul anschließend seinen Sieg über die Amalekiter errungen hatte, begnügte er sich mit seinem Erfolg und traf keinerlei Anstalten, Samuels Anweisungen zu befolgen. Es war sein Wunsch, die Südgrenze zu befrieden, nicht aber, unsterbliche Feindseligkeit gegen Israel zu wecken.

Samuel kam in das Lager zu Gilgal. Er verlangte von Saul eine Erklärung für das Muhen der Ochsen und das Blöken der Schafe rings um das Lager. „Sind das nicht die Herden der Amalekiter, die der Herr zu vernichten befahl?"

Saul gab zu, daß sie es waren; noch immer bestrebt, Samuel zu beschwichtigen, sagte er, der alte Mann könne sich die besten Tiere aussuchen, um sie dem Herrn zum Opfer darzubringen. Samuel war nicht beschwichtigt.

Saul gab sich ungerührt. So groß Samuels Ansehen sein

mochte, sein eigenes war wegen seiner Siege inzwischen größer. Er wußte, die Armee würde ihm gehorchen, nicht Samuel. Er hatte in der Königlichen Garde, die ihm treu ergeben war, mittlerweile den Kern einer Berufstruppe geschaffen. Dennoch hielt er es für besser, sich weiterhin um die Wiederherstellung guter Beziehungen zu Samuel zu bemühen. Als der Alte befahl, man solle den König der Amalekiter vor ihn führen, schickte Saul zu seinem eigenen Zelt, wo er ihn untergebracht hatte. Er kann nicht damit gerechnet haben, daß Samuel ein Schwert ergreifen und damit König Agag angreifen würde. Saul sprang hinzu und schlug dem Alten das Schwert aus der Hand. Dann befahl er ihm, aus dem Lager zu verschwinden. Als Agag ein paar Tage später seinen Wunden erlag, verlangte die Königin der Amalekiter, daß Samuel wegen Mordes vor Gericht gestellt werde. Saul lehnte ab, gab aber der Königin einen seiner eigenen Söhne zum Gemahl.

Er hatte eine schwierige Situation mit großer Geschicklichkeit bewältigt. Samuel indessen geriet in immer größere Wut, als er begriff, daß er Sauls Vernunft und Milde sein Leben verdankte. Er zog sich nach Rama zurück, in seine Heimatstadt, wo er sich sicher fühlte. Während er über dem Geschehenen brütete, verschärfte sich seine Bitterkeit, denn er sah, daß er keine Aussicht hatte, Saul in naher Zukunft zu ersetzen, so groß waren Ruhm und Beliebtheit des Königs. Aber Samuel tröstete sich, er könne immer noch glücklich sterben, wenn er nur wisse, daß er den Weg zu Sauls Untergang bereitet habe. Insgeheim befragte er die Priester überall im Land, und er beriet sich mit dem Herrn in nächtlicher Wache. Und nachdem er die Sache gründlich abgewogen hatte, machte er sich auf die Reise zum Haus meines Vaters in Betlehem.

2

Zwei Jahre vergingen. Von Samuel kam keine Nachricht. Ich erlebte in dieser Zeit manchen Augenblick der Ungeduld, begnügte mich aber doch damit abzuwarten. Ich genoß mein Leben. Wenn das Gras sproß, führte ich die Herden auf ihre Sommerweide in den Bergen. Mit jedem Tag wurde ich stärker an Körper und Geist, und abends sang ich, begleitet von meiner Harfe, Lieder zum Ruhm Gottes und der Wunder der Welt ringsum. Ich goß mein Herz in meine Verse, und die melodische Schönheit meiner Lieder trug mir immer neue Bewunderer ein. Meine Brüder kamen und gingen, sie zogen in den Krieg und brachten Geschichten von der Größe Sauls und den Taten seines Sohnes Jonatan und seines Vetters Abner, des großen Befehlshabers.

Und dann kamen neue Geschichten: Saul sei von einer seltsamen Krankheit geschlagen, die seinen Geist verstöre und ihn in eine Melancholie stürze, die an Verzweiflung grenze. Wenn die Leute über den Zustand des Königs redeten, dann dachten sie daran, wie Samuel ihn verflucht hatte, und sie sagten, der Herr habe seine Gunst von Saul genommen, und dies sei der Grund für seinen Wahnsinn.

Schließlich kam ein Tag, da ich wieder aus den Bergen hinabgerufen wurde. Bei meinem Vater fand ich einen dunklen jungen Mann, vielleicht sieben Jahre älter als ich. Er war groß und dünn und hatte einen schwarzen Bart. „David, das ist Joab, der Sohn deiner Halbschwester Zeruja", stellte mir mein Vater den Fremden vor. „Er ist gekommen, dich zum König zu bringen. Saul ist krank, verstört im Geist, und seine Ärzte haben empfohlen, seinem Herzen mit Musik Linderung zu schaffen. Geh also und hole deine Harfe, denn du sollst so bald wie möglich aufbrechen."

Ich wußte aus Gesprächen meiner Brüder von Joab. Seine Mutter war ein Kind der ersten Frau meines Vaters, und er war sogar jünger als der älteste von ihnen, aber an Ruhm hatte er sie bereits weit übertroffen.

„Es ist eine große Ehre, daß du erwählt wurdest", sagte mein Vater, aber ich sah, daß er ebenso verwirrt wie beunruhigt war.

„Ich selbst bin dafür verantwortlich", ergriff Joab das Wort. „Meine Mutter hat oft von der musikalischen Begabung des Jungen gesprochen. Von derlei verstehe ich nichts, aber als sie einen Musiker suchten, da fiel mir ein, was sie gesagt hatte, und ich brachte seinen Namen vor. Ich werde dankbar sein, wenn der Junge mich nun nicht Lügen straft."

Mein Vater hatte bereits den Dienern befohlen, die Geschenke bereitzustellen, die ich für den König mitnehmen sollte. Es waren sehr einfache Dinge: ein wenig vom feinsten Brot, zwei Zicklein und eine Amphore mit Wein. Joab zeigte Ungeduld, ich dagegen hegte gemischte Gefühle. Entzückt sah ich, daß die Welt sich vor mir auftat. Andererseits hatte ich nicht damit gerechnet, daß ich sie im Gewand eines Harfenspielers betreten würde.

Schweigend brachen wir auf, und wir bewahrten unser Schweigen auf der ersten Etappe unserer Reise nach Gibea. Mir war bewußt, daß der Esel, auf dem ich ritt, neben Joabs Maultier ein klägliches Bild abgab. Dennoch ließ ich mich nicht betrüben. Das Klirren der Rüstung bei Joabs Eskorte beschwingte mich.

Als der Morgen heraufdämmerte, sahen wir Jerusalem jenseits des Tals. Die Stadt war in jenen Zeiten noch eine Festung der Jebusiter, eines Stamms, der die Überlegenheit Israels nie anerkannt hatte.

„Warum lassen wir es zu, daß die Feinde des Herrn einen so prächtigen Ort besetzt halten?" fragte ich Joab.

„Die Stadt ist gut befestigt", antwortete Joab. „Wie sollten wir sie deiner Meinung nach einnehmen?"

Sein Ton ärgerte mich, aber ich lächelte und sagte, daß es mir natürlich widerstrebe, Vorschläge zu unterbreiten, da ich keinerlei Erfahrung besäße. Ich sei indessen höchst interessiert zu erfahren, wie er sich diesem Problem nähern würde, denn ich sei darauf erpicht zu lernen. Während ich so redete, spürte ich, wie Joab aufgeschlossener wurde. Er begann mit einer detaillierten Analyse der militärischen Probleme, die sich mit meiner Frage verbanden, und ich wußte, daß ich nun in seiner Wertschätzung gestiegen war. Er sagte sogar, ich könne es vielleicht doch noch zum Soldaten bringen.

Joab ließ mich in einem Vorraum im Palast zurück. Ich war froh, von seiner Gegenwart befreit zu sein. Sein Benehmen hatte sich im Lauf unserer Reise zum Besseren gewendet, aber jetzt, da wir angekommen waren, war ich ihm peinlich. Er war ein steifer, konventioneller Mann. Ich kenne Joab nun mein Leben lang, aber ich habe nie sicher sein können, daß ich seine Gedanken lesen konnte. Immer hat er etwas in sich gehabt, das sich mir entzieht. Er empfindet mir gegenüber genauso, und wenn auch nur

20

wenige mir besser gedient haben, so hat es doch keiner weniger bereitwillig getan.

Ich wartete und wartete. Ich war nervös, denn alles war mir fremd und gleichzeitig höchst interessant. Ich warf die ersten Blicke auf eine Welt, von der ich wußte, daß ich für sie geschaffen war. Trotz des Kommens und Gehens nahm niemand Notiz von dem Knaben, der da in der Ecke saß, die Harfe zu seinen Füßen. Nur eine Dienerin brachte mir Kuchen und Wein.

Endlich blieb ein stämmiger junger Mann vor mir stehen und sagte, Abner wolle mich sehen. Abners Ruhm war in ganz Israel verbreitet. Ich nahm meine Harfe und folgte ihm.

Ein hochgewachsener Mann stand mit dem Rücken zu uns; der stämmige junge Mann sagte etwas zu ihm und ließ uns allein. Abner drehte sich um und kam auf mich zu. Er faßte mir wie Samuel mit der Hand unters Kinn und hob es hoch, so daß ich gezwungen war, ihm in die Augen zu sehen. „Der Herr weiß, ob du genügen wirst", meinte er. „Hat Joab dir gesagt, was von dir verlangt wird?"

Ich deutete auf meine Harfe, fand aber keine Worte.

„Nein", folgerte Abner. „Vermutlich nicht!" Er ließ mein Kinn los. „Nun gut, junger David. Der König hat den Verstand verloren. Du wirst schwören, es niemandem weiterzusagen, wenn du noch erleben willst, wie die Sonne morgen aufgeht: Er ist verrückt. Er ist in düsteres Schweigen versunken, zittert vor Entsetzen und wagt – oder vermag – doch nicht, diesem Entsetzen einen Namen zu geben. Er kann gewalttätig sein, aber seine Ärzte glauben, daß Musik ihn beruhigen kann. Darum bist du hier. Der König ist ein großer Mann. Vergiß das nicht, auch wenn er dir wie eine leere Hülse erscheint."

DER RAUM war wie eine Höhle; eine einsame Öllampe verbreitete karges Licht und ließ das meiste im Schatten. Es roch stark nach brennenden Kräutern. Später erfuhr ich, daß die Ärzte des Königs glaubten, dies könnte vielleicht seine Kopfschmerzen lindern. Ich entdeckte eine Gestalt, die am Boden kauerte, mit dem Rücken zur Wand, nicht weit von dem Tisch, auf dem die Lampe stand. Sie hob den Kopf, und als meine Augen sich an die Dunkelheit gewöhnt hatten, schauten sie in die Augen des Königs – stumpf, als sähen sie nichts, und doch fest, als könnten sie mir bis in die Seele blicken. Die Augen des Königs blieben starr auf mich gerichtet, als ich mich niederhockte und anfing, meine Harfe zu stimmen. Ich selbst hielt den Blick abgewandt. Abner hatte gesagt, es werde kein Gespräch geben, und so griff ich in die Saiten der Harfe und begann zu singen.

In dem Gemälde „David spielt vor Saul" hielt Salomon Koninck (1609–56) eine Schlüsselszene fest.

Ich war daran gewöhnt, allein zu singen, unter dem Nachthimmel, für mich selbst. Oft hatte ich auch in unserem Dorf gesungen, während die Mägde sich um mich drängten, im Chor mitsummten und mich mit Bewunderung anstarrten. Dann wußte ich, daß ich Herr nicht nur der Musik war, sondern auch all derer, die sie hörten. Jetzt aber, als ich für Saul zu singen anhob, war meine Kehle trocken, meine Stimme dünn, und in der ersten Ballade spielte ich drei falsche Töne. Ich sang von Abraham und der Morgendämmerung unseres Volkes, von Josef und seiner Größe in Ägypten, von Moses, dem Zug durch das Rote Meer, von Josua und dem Klang der Trompeten, der die Mauern von Jericho zum Einsturz brachte. Saul rührte sich nicht.

Meine Stimme wurde kräftiger, aber mein Herz schlug auch schneller, denn ich sah die Aussicht auf mein Scheitern vor mir wie einen gähnenden Schlund. Ich hörte den Spott meiner Brüder und sah mich schmählich zum Haus meines Vaters zurückkehren.

Ich sang von der Liebe, von Jungfrauen, die am Brunnen verweilten, derweil der Abend lang wurde und sie mit Sehnsucht nach den Hirten schauten, die vor ihnen dorthin gekommen waren. Saul rührte sich nicht.

Ich nahm all meinen Mut zusammen und sang von Saul selbst in seiner herrlichen Jugend und von seiner Schönheit und Kraft. Von seiner Größe im Krieg sang ich und von seinem Großmut im Sieg.

Er hob den Kopf und berührte meine Wange mit einer Hand, die stark, dunkel und behaart war. Die Finger zitterten. Sie waren kalt wie Eisen. Beinahe wäre ich zurückgezuckt. Ich zwang mich, ihm in die Augen zu schauen, doch da fand ich nichts. Die Hand sank herab, und ich nahm mein Lied wieder auf. Aber etwas war verändert; die Raserei wich aus Saul. Als ich ein leises Wiegenlied sang, senkten sich die Lider über die toten Augen, und Saul schlief. Es war der Schlaf eines erschöpften Mannes, der lange Zeit nicht gewagt hatte, sich in die Bewußtlosigkeit entgleiten zu lassen, weil er die Dämonen fürchtete, die ihn dort überfallen würden. Ich sang weiter, und dann herrschte Stille bis auf den Atem des Königs.

Nach einer Weile wurde der Vorhang beiseite gezogen, und Abner winkte mich zu sich.

„Der König schläft", berichtete ich.

„Das ist das erste Mal seit Tagen. Haben die Dämonen ihn verlassen?"

„Vielleicht schlafen sie auch", mutmaßte ich.

„Du hast deine Sache gut gemacht. Du siehst erschöpft aus." Er klatschte in die Hände, und ein Sklavenmädchen brachte Wein und einen Teller mit kleinen Mandelkuchen.

Bis heute kenne ich die Ursache für Sauls Leiden nicht, und ich weiß nicht, warum meine Musik ihm Linderung brachte und anscheinend eine Heilung herbeiführte. Einige seiner Höflinge sagten, sein Zustand sei die Folge eines Schlags mit einem Philisterschwert, den er einige Monate zuvor davongetragen hatte; seitdem drücke ein Knochen auf sein Gehirn. Das mag sein, aber dann ist es schwer, sich vorzustellen, daß Musik eine vorteilhafte Wirkung haben sollte. Ich selbst habe immer gedacht, der Umstand, daß Samuel ihn verstoßen hatte, müsse in seinem Herzen gewütet und Ängste geweckt haben. Vielleicht hatte Saul selbst nie wirklich geglaubt, daß er seiner königlichen Rolle würdig sei, und sich aus einem Gefühl der Unzulänglichkeit in diese Anfälle von Raserei geflüchtet. Ich weiß aus eigener Erfahrung, daß das Herz zuweilen Schrecknissen ausgesetzt ist, die der Verstand leicht abtut, ohne sie aber zum Schweigen zu bringen.

Am nächsten Tag spielte ich wieder für den König, und wieder sah ich, wie ein Ding in den Klauen des namenlosen Grauens sich in einen Mann verwandelte, der die Augen schließen und friedlich schlafen konnte. So ging es sechs Tage lang, und die Leute wunderten sich über die Veränderung, die in Saul vorging. Nur Abner war sicher, daß eine Heilung eintrat. Jeden Tag machte er mir Mut, denn jedesmal wenn ich Sauls Gemach betreten sollte, packte mich selbst die Angst, da mir schien, daß Saul nach wie vor unberechenbar war. Überdies fürchtete ich, die Dämonen könnten ihn verlassen und von mir Besitz ergreifen. In den ersten Augenblicken hatte ich jeden Tag Mühe, die Saiten meiner Harfe zu zupfen.

Dann, am siebten Tag gegen Abend, sang ich ein Lied an den Herrn, das ich nach meiner Ankunft in Gibea gemacht hatte.

> Der Herr ist mein Hirte; mir wird nichts mangeln.
> Er weidet mich auf einer grünen Au und führet mich zum frischen Wasser.
> Er erquicket meine Seele; er führet mich auf rechter Straße um seines Namens willen.
> Und ob ich schon wanderte im finstern Tal, fürchte ich kein Unglück; denn du bist bei mir, dein Stecken und Stab trösten mich.
> Du bereitest mir einen Tisch im Angesicht meiner Feinde.
> Du salbest mein Haupt mit Öl und schenkest mir voll ein.
> Gutes und Barmherzigkeit werden mir folgen mein Leben lang, und ich werde bleiben im Hause des Herrn immerdar.

Und als die Töne meiner Harfe verklungen waren, streckte Saul wiederum die Hand aus und berührte meine Wange, aber diesmal waren seine Finger warm, und seine Hand zitterte nicht.

„Ich war fort", sagte er, „und du hast mich zurückgebracht."

Ich verließ ihn mit Freude im Herzen, denn ich wußte, ich war so erfolgreich gewesen, wie ich es mir nicht einmal zu erträumen gewagt hätte. Als Abner mir dankte und mich lobte, zeigte er zum ersten Mal einen Mangel an Zuversicht. Das hatte ich bei ihm nicht erwartet. Ich merkte, wie meine Hochstimmung verflog. Seit damals habe ich gelernt, daß ein solches Empfinden nichts Ungewöhnliches ist, wenn man sich geistig stark verausgabt hat.

Abner verließ mich mit einer gemurmelten Entschuldigung. Ich warf mich auf ein paar Kissen und konnte nur mit Mühe die Tränen zurückhalten. Es war, als hätte ich all meine Lebenskraft Saul gespendet. Ich betete zum Herrn, dann schlief ich.

Inzwischen war es fast dunkel, und ich war noch immer in den Klauen der Melancholie, als ein Sklavenmädchen mit einer Lampe hereinkam, gefolgt von zwei jungen Frauen. Hastig rappelte ich mich auf, und sie schauten mich an und tuschelten kichernd miteinander.

„Entschuldigung", murmelte ich. „Vielleicht sollte ich nicht hier sein. Herr Abner hat mir befohlen zu warten, aber das ist lange her."

„Er ist sehr hübsch", sagte die kleinere von beiden, ein dunkles, kräftiges Mädchen.

„Warum schaust du mich dauernd an?" fragte die andere.

„Entschuldigung", bat ich erneut. „Es ist, weil ich noch nie jemanden gesehen habe, der so schön ist." Ich konnte meinen Blick tatsächlich nicht mehr von der anderen wenden.

Sie war groß und schlank wie eine Gazelle. Ihre Augen waren zwei dunkle Seen unter den veilchenfarbenen Lidern. Die dünn gemalten Brauen spannten sich darüber in einem doppelten Bogen und verliehen ihr einen Ausdruck von unaussprechlicher Geringschätzung. Sie trug weiße Seide und eine Schärpe, deren Farbe das Echo ihrer roten Lippen war, ihre Finger aber waren weiß und dünn und kannten keine mühsame Arbeit. Mir war bewußt, daß ich im Vergleich zu ihr zerzaust und ungehobelt aussah. Gleichzeitig aber verspürte ich eine Erregung, wie ich sie noch nie zuvor empfunden hatte, und ich hatte Angst, die junge Frau könnte mich verlassen, bevor ich Eindruck auf sie machen konnte.

„Es tut mir leid, wenn ich unverschämt erscheine, aber niemand kann dich sehen und von deiner Schönheit nicht bewegt sein", stieß ich hervor.

„Ach, die", meinte sie gleichgültig. „Jeder junge Mann am Hof macht Bemerkungen darüber, wenn er es wagt, und es sind immer die gleichen. Es langweilt mich, wenn man mein Aussehen preist. Wir sind gekommen, um dir zu danken."

„Und um zu sehen, was es für einer ist, der erreicht hat, was alle Ärzte nicht vermocht haben", ergänzte die andere. „Wir sind die Töchter des Königs. Ich heiße Merab, und das ist Michal."

„Ich habe nichts erreicht", antwortete ich, ohne den Blick von Michal zu wenden. „Im besten Fall bin ich ein Werkzeug des Herrn."

„Das ist albern", widersprach Merab.

„Und anmaßend", pflichtete ihr Michal bei. „Ich hatte gehofft, du würdest nicht langweilig sein, und jetzt sehe ich meine Hoffnung wie gewöhnlich enttäuscht. Es ist bloß wieder eine Art anzugeben."

„So ist es nicht", entgegnete ich und errötete. „Ich weiß einfach nicht, was ich getan habe oder, besser gesagt, wie ich es getan habe. Ich habe Harfe gespielt und gesungen, und der König ist geheilt. Ihr könnt nicht erwarten, daß ich glaube, es hätte wirklich etwas mit mir zu tun. Ich bin ein Schafhirte, und ich verstehe nichts von diesen Dingen."

„Ein Schafhirte, wie niedlich", zog mich Michal auf.

„Er riecht allerdings nach Schafen und Ziegen", bemerkte ihre Schwester.

„Das tut mir leid. Aber seht ihr, ich kann nicht begreifen, wie der König geheilt wurde. Es ist ein Wunder, und darum sage ich, ich bin nur ein Werkzeug des Herrn. Ich maße mir selbst nichts Besonderes an."

Ich war verzweifelt darauf aus, Michal zu beeindrucken, und ich wußte, daß es keinen Sinn hatte, so zu tun, als wäre ich etwas anderes als das, was ich war. In ihrem Blick war zuviel Intelligenz, als daß ich hätte hoffen können, sie zu täuschen. Mit den Gecken des Palastes konnte ich mich nicht messen und auch nicht mit den großen Kriegern der Armee. Also präsentierte ich mich als schlichter Hirtenknabe, als ungebildetes Kind der Natur. Und es stimmte, daß ich als Künstler – wie jeder wahre Künstler – keine Ahnung hatte, wie ich meine schönsten Wirkungen erzielte.

„Wie bescheiden", sagte sie, und auch wenn ich die Ironie in ihrem Ton vernahm, wußte ich doch, daß ich mein Ziel fast erreicht hatte. „Spiel uns etwas vor, dann werde ich beurteilen können, ob du uns die Wahrheit sagst."

Sie zog sich ins Halbdunkel zurück und ließ sich auf ein Kissen sinken. Aber ich hielt mich noch zurück. Es wäre ein leichtes gewesen, ihr den Gefallen zu tun, und ich hätte meiner Harfe eine Musik entlocken können, die sie betört hätte. Täte ich es aber nun, so wäre ich das, wofür sie mich hielt: ein zahmer Musikant. Daran lag mir nichts. Aber ich wußte keine andere Möglichkeit, sie zu beeindrucken.

Da wurde der Vorhang beiseite gerissen, und ein junger Mann kam herein. Er legte mir die Hände auf die Schultern, umarmte mich und küßte mich auf beide Wangen. „Meine Schwestern waren hoffentlich nett zu dir", erkundigte er sich. „Wir stehen so tief in deiner Schuld, daß ich glaube, sie haben sich besser benommen, als sie es für gewöhnlich tun."

„Wir waren bezaubernd, Jonatan", antwortete Michal. „Ich habe David gebeten, uns etwas vorzuspielen."

„Er ist kein berufsmäßiger Unterhaltungskünstler, und außerdem ist er bestimmt erschöpft. Komm jetzt lieber mit uns zum Essen, David." Er legte mir den Arm um die Schultern und führte mich in ein anderes Zimmer, in dem ein Tisch gedeckt wurde.

Ich erinnere mich nicht, was wir aßen oder worüber wir sprachen. Von dem Wein, der von einer Güte war, wie ich sie nur selten gekostet habe, trank ich sehr zurückhaltend, wie es meine Gewohnheit war. Gleichwohl war ich berauscht, so zauberhaft war die Gesellschaft. Jonatan hatte die Sklaven fortgeschickt, und wir vier waren allein. Seine Fröhlichkeit ergriff von uns Besitz. Der dunkle Fels des königlichen Wahnsinns war beiseite gerollt worden; alle hatten das Gefühl, sie seien aus dem Gefängnis befreit worden. Nie hatte ich eine so gelöste Gesellschaft erlebt. Nie war ich so freundlich als Ebenbürtiger aufgenommen worden. Das Gespräch ging so entspannt hin und her, daß sogar Michal immer lockerer wurde.

Hatte ich mich schon Hals über Kopf in Michal verliebt, so sah ich mich jetzt vom Zauber einer Familie verführt, die mir etwas

27

ganz Neues zu bieten hatte. Sie waren einander liebevoll zugetan, und für diesen Nachmittag luden sie mich willig ein, zu ihnen zu gehören. Ich hätte weinen können vor Glück; statt dessen aber lachte und plauderte ich wie nie zuvor. Und ich tat es glänzend, erwärmt von Jonatans Ermutigung und Zuneigung.

Ich wußte natürlich von seinen Großtaten. Er war der Liebling des Stammes Benjamin, ja, überhaupt der ganzen Armee. Über seinen Mut, seinen Unternehmungsgeist in den Kriegen redete ganz Israel. Ich hatte es mit Eifersucht vernommen, als man uns seinen Ruhm nach Betlehem getragen hatte: Er war nur fünf Jahre älter als ich und hatte schon soviel geleistet, während ich die Schafe hütete und musizierte. Jetzt aber sah ich meine Eifersucht durch seinen Zauber besiegt. Seine Schönheit war anders als die Michals, sie war offen und frei. Der Adlerschwung seiner Nase verriet Stolz, aber wenn er lächelte, wanderte das Lächeln bis hinauf in seine Augen. Er neckte seine Schwestern freundschaftlich. Sie hatten die Gewohnheit, manchmal aus dem Stegreif in Versen zu sprechen. Zu meiner Freude wurde ich in ein solches Gespräch hineingezogen und konnte mich darin behaupten.

Endlich, ohne daß man mich aufgefordert hätte, sagte ich: „Wollt ihr mich wirklich gern singen hören?"

Sie ließen meine Harfe bringen, und ich sang ein Hirtenlied von unerwiderter Liebe und Sehnsucht. Die Musik bewegte sie. Sie brachte unsere Heiterkeit zum Schweigen und berührte uns mit der wesenhaften Traurigkeit des Lebens, der Vergänglichkeit von Jugend und Schönheit, denn ich sang von der Sterblichkeit aller irdischen Freuden.

AM MORGEN nahm Jonatan mich in den Arm und zerzauste mir das Haar, und ich schmiegte mein Gesicht an seine Schulter.

„Ich wünschte, David, ich könnte dich bei mir behalten. Aber der König hat befohlen, daß du nach Hause zurückkehrst. Die Erinnerung an seinen Wahnsinn erregt in ihm Abscheu und Schmerz. Deine Anwesenheit weckt diese Erinnerung. Sie ist eine Beleidigung für seine wiedergefundene Kraft. Er ist dankbar für das, was du getan hast, und er wird dich mit Geschenken überhäufen, aber es ist sein Wunsch, daß du dich unverzüglich vom Hof entfernst."

Ich schluchzte vor Trauer und Enttäuschung, aber auch vor Wut. Ich tobte gegen die Ungerechtigkeit dieses Erlasses. Ich wollte mich an Jonatan klammern, doch er schob mich von sich.

„David, ich kann mich nicht gegen den Willen meines Vaters stellen, aus vielen Gründen und nicht zuletzt um deinetwillen. Du bist erst sechzehn. Beizeiten wirst du als Mann zurückkehren. Weil ich dich liebe, David, mußt du gehen." Er nahm ein Tuch und trocknete meine Augen, beugte sich vor und küßte mich.

Abner gab mir eine Eskorte, die mich nach Betlehem zurückbrachte. Zwei Maultiere waren beladen mit Geschenken des Königs. Ich gab sie meinem Vater, aber es dauerte lange, bis ich mich erkundigte, was es eigentlich war.

Meine Eltern waren voller Freude über meinen Erfolg und über die Ehre, die ich errungen hatte, und ich bemühte mich, den Jammer, der mich zu zerreißen drohte, vor ihnen zu verbergen. Dann betrachtete ich Jonatans Worte und die Seltsamkeit meines eigenen Verlangens, das mich zu ihm wie auch zu Michal hinzog, und eine Zeitlang war ich von Qualen erfüllt.

Zwei Jahre schmachtete ich zu Hause, ein bloßer Ziegenhirt. In der Einsamkeit der Nacht rief ich zum Herrn: „Herr, wie lange willst du mich vergessen? Wie lange verwehrst du mir deine Gunst? Schaue doch und erhöre mich, Herr, mein Gott." Die Förmlichkeit der poetischen Sprache half indessen kaum, meine Verzweiflung zu lindern. Mein Herz sagte mir, ich sei mehr als ein Dichter.

Meine Brüder blieben in der Armee. Die Kriege gingen weiter, schwollen an, ebbten ab. Zweimal kamen meine Brüder – Elijab, Abinadab und Schamma – in einer Kampfpause nach Hause. Sie führten große Reden über ihre Taten, aber Schamma gestand mir, daß in Wahrheit keiner von ihnen großen Ruhm erworben habe. Er erzählte mir, wie Joab sich in Sauls Gunst vorangearbeitet habe und inzwischen als vierter Mann im Königreich gelte, hinter Saul, Jonatan und Abner.

Elijab vor allem zeigte Bewunderung für Joab. Seiner Ansicht nach war Jonatans Ruhm nicht auf eigene Vorzüge zurückzuführen, sondern auf Joabs Rat und sein Organisationstalent. „Seien

29

wir ehrlich", meinte er. „Jonatan ist ein Blender, während Joab für wertvolle und solide Arbeit sorgt." Er war vom Wein erhitzt, als er das sagte, und schlug dabei mit der Faust auf den Tisch. Er war dick, selbstgefällig und roh. Er behauptete außerdem, Joab sei soviel wert wie zwei Abner. „Wenn Abner nicht Sauls Vetter wäre" – das war seine ständige Litanei. Ich wußte, daß das Unsinn war. Ich habe Joabs Talente nie bestritten, aber er war Abner in allen Dingen, die vor den Augen des Herrn von Bedeutung sind, unterlegen.

Ich drängte Schamma, meinen Vater davon zu überzeugen, daß ich nun alt genug sei, um die Herden zu verlassen und meinen Platz bei den Soldaten einzunehmen. Als er mir berichtete, Vater habe gesagt, er müsse sich erst mit Elijab beraten, sah ich meine Hoffnungen zerschlagen. Außerdem, meinte Vater, sei meiner Mutter daran gelegen, daß ich daheim bliebe.

Obwohl ich von meinen Brüdern auf dem laufenden gehalten wurde, war es schwierig, den Gang des Krieges zu verstehen. Tatsächlich handelte es sich überwiegend um Scharmützel an der unklaren Grenze zwischen den Kindern Israels und den Stämmen der Philister: Kornspeicher und Dreschplätze wurden geplündert, Ernten verbrannt, Herden davongetrieben, und gelegentlich überfiel man auch eine schlecht befestigte Stadt. Saul und Jonatan erzielten ein paar Erfolge, genug, um die Philisterkönige so weit zu provozieren, daß sie ein Bündnis schlossen und, als ich in meinem achtzehnten Jahr war, mit einem großen Heer gegen Israel zogen. Es hieß, die Gefahr sei nie größer gewesen, aber dann hörten wir lange Zeit gar nichts.

Anscheinend war der Krieg an einem kritischen Punkt angelangt, aber die Befehlshaber der Armeen wagten beide nicht, den ersten Schlag zu führen. Von meinen Brüdern kam die Nachricht, sie hätten im Tal von Ela Stellung bezogen, während die Philister auf den Bergen gegenüber aufmarschiert seien, und nun gingen ihnen die Vorräte aus. Sie baten meinen Vater, ihnen zu schicken, was er könne, und ich flehte ihn an, mir die Führung dieser Expedition zu übergeben. Ich setzte mich durch, hauptsächlich weil es sonst niemanden gab, dem mein Vater vertrauen konnte, und er zu alt war, um die Aufgabe selbst zu übernehmen. Aber er befahl mir zurückzukehren, sobald ich den Proviant abgeliefert hätte. Insgeheim beschloß ich, nichts dergleichen zu tun.

Wir marschierten nachts und kamen in Sichtweite des Lagers, als der Morgennebel vom Grund des Tals aufstieg. Die Soldaten kauerten über Kochtöpfen, ölten ihre Körper ein, pflegten ihre Rüstungen und schleppten Eimer zu den vorderen Linien. Ich hatte keine richtige Vorstellung vom Soldatenleben, und ich war nie auf den Gedanken gekommen, daß die Männer selbst mitten in einem Feldzug auch ganz alltägliche Verrichtungen ausüben müssen.

Nur die Nachtwache war bewaffnet. Als ich durch das Lager irrte und mich fragte, ob ich in diesem Gewirr von Männern je meine Brüder finden würde, ertönten Trompeten. Jemand sagte mir, es sei nur das Signal für die Ablösung der Nachtwache.

„Ich fürchte, das verstehe ich nicht", gab ich zu.

„Na", sagte ein Soldat mit freundlichem Gesicht, „kein Wunder, daß du verwirrt bist, wenn du neu im Lager bist. Es ist allerdings eine merkwürdige Stellung. Du siehst den Bach da unten. Keiner traut sich, ihn als erster zu überqueren, denn in dem Augenblick, wo du es tust, bist du im Nachteil. Also hocken wir da und funkeln uns über das Tal hinweg an wie die Wildkatzen, und niemand wagt, sich zu rühren."

In diesem Augenblick ertönte eine laute Fanfare auf der anderen Seite des Tals, und lauter Jubel schallte durch die Reihen der Philister. Zwei Männer traten ins Sonnenlicht; der eine trug einen großen Schild vor sich, und der andere war, wie man selbst auf diese Entfernung erkennen konnte, eine mächtige Gestalt. Er kam bis an den Rand des Abhangs und hob ein großes Horn an den Mund.

„Der Mistkerl!" schimpfte mein neuer Freund. „Jeden Morgen, immer um die gleiche Zeit."

„Was denn? Wer ist das?"

„Paß auf, und du wirst es bald wissen."

Schweigen hatte sich auf das Lager gelegt – wie aus Beschämung, das erkannte ich sofort. Der Philister gab ein machtvolles Gebrüll von sich, das durch sein Horn noch verstärkt wurde. Er forderte das Heer Israels heraus, einen Vorkämpfer zu stellen, der sich mit ihm schlagen und so den Krieg entscheiden solle.

Er kam weiter auf uns zu. Dabei bewegte sich sein Schildträger im Gleichschritt mit ihm, um ihn vor jedem Wurfgeschoß zu schützen, das ihm entgegenfliegen mochte. Der Philister stapfte voran, bis er nur noch fünfzig Schritte vom Bach entfernt war. Er hatte einen Helm aus Bronze auf dem Kopf und trug ein Panzerhemd. Seine Beine waren von Bronzeschienen geschützt; er hielt einen langen Speer in der Hand und hatte ein kurzes, breites Schwert bei sich. Ich hatte noch nie einen so großen Mann gesehen. Mein Bruder Elijab war der größte, den ich kannte; er war größer als selbst der König. Doch dieser Philister überragte ihn um Kopf und Schultern, und dabei war er auch noch breit und kräftig. Wieder hob er das Horn zum Mund. „Sind denn alle Männer Israels Feiglinge mit Weiberherzen, daß keiner da ist, der es wagt, meine Herausforderung anzunehmen?" brüllte er. Dann lachte er und drohte, wie er den Leichnam eines jeden schänden würde, der es wagte, sich gegen ihn zu stellen.

Mir schien, daß solche Drohungen dazu gedacht waren, einen Herausforderer eher abzuschrecken als zu ermutigen, und daß der mächtige Philister folglich vielleicht gar nicht der Held war, für den er gern gehalten werden wollte.

„Jeden Tag", wiederholte der Soldat, „und da spielt er sich auf, bis die Sonne den Zenit überschritten hat, verhöhnt und beschimpft uns."

„Und niemand hat bisher seine Herausforderung angenommen?" fragte ich.

„Schau ihn dir an, Junge", forderte mich ein anderer Soldat auf. „Guck dir seine Arme an, seine Beine, seine Waffen."

„Es heißt allerdings, der König habe versprochen, demjenigen, der diesen Goliat tötet, seine Tochter zur Frau zu geben", gab ein dritter zu bedenken. „Aber ich sage, ein Toter kann nicht mehr heiraten."

„Das ist Unsinn", meldete sich mein erster Freund wieder zu Wort. „Der König hat nichts dergleichen versprochen, denn er weiß, es gibt niemanden in seinem Heer, der diesen Goliat besiegen könnte."

„Aber es ist doch schändlich, wenn wir uns von diesem Vieh derart beleidigen lassen!" protestierte ich.

„Oh, schändlich ist es allerdings", stimmte mir der dritte Mann zu. „Aber mir ist die Schande lieber als der Tod. Geh nur los und kämpfe mit ihm, wenn du Lust hast." Und er lachte. Sein Spott gab den Ausschlag.

„Gut", willigte ich ein, „das werde ich. Und ich werde ihn töten. Wenn sonst niemand die Ehre Israels verteidigt, werde ich es tun."

„Der Junge ist verrückt."

„Nein, das bin ich nicht", widersprach ich. Ich kletterte auf einen Felsen, um zu der Menge zu sprechen, die mittlerweile gewachsen war. „Dieser Mann – Goliat nennt ihr ihn? Er vertraut auf seine viehische Kraft und auf den Schrecken, den er zu erwecken glaubt. Aber ich fürchte mich nicht, denn ich vertraue auf den Herrn der Heerscharen, der Israel aus Ägypten führte und unsere Vorväter aus den Händen des Pharaos befreite, wie Er mich auch vor dem Philister erretten wird." Ich hatte darüber nicht nachgedacht. Es war, als kämen diese Worte nicht von mir, sondern seien mir eingegeben vom Herrn. Und so sprach ich ruhig und mit großer Sicherheit, und meine Worte und meine Haltung ließen das Gelächter verstummen.

In dem Augenblick hörte ich, wie jemand meinen Namen rief, und ich drehte mich um und sah meinen Bruder Elijab. Ich glaube nicht, daß er meine Rede gehört hatte.

„Warum bist du hier?" fuhr er mich an. „Du bist gekommen, um ein bißchen Schlachtgetümmel zu sehen, wie? Immer steckst du deine Nase in Dinge, die dich nichts angehen!"

Ich deutete über das Tal hinweg auf den Philister, und zu Elijabs Wut fingen die Männer an zu jubeln. „Laßt uns den Jungen zum König bringen!" schrien sie.

Natürlich mußte ich vor Sauls Zelt warten, während man ihm die Neuigkeit überbrachte, daß ein Freiwilliger sich gemeldet habe. An Sauls Stelle hätte ich einem so jungen Kampfhahn verboten, sich umbringen zu lassen. Aber die Möglichkeit einer Ablehnung kam mir nicht in den Sinn. Meine einzige Sorge war, daß ich Jonatan begegnen könnte. Ich wußte, er würde versuchen, mich oder seinen Vater davon zu überzeugen, daß ich nicht gegen Goliat antreten dürfe. Aber ich fragte die Wachen, wo er sich aufhalte, und erfuhr zu meiner Erleichterung, daß er den rechten Flügel des Heers befehlige und zur Zeit damit beschäftigt sei, mit seinen Männern zu üben.

Endlich wurde ich zu Saul geführt. Er ließ sich nicht anmerken, daß er mich wiedererkannte, sondern runzelte die Stirn. Seine Wangen waren hohl, seine Augen rot umrandet vom vielen Wachen oder Weinen. „So", sagte er, „du willst also mit diesem Goliat kämpfen und bist doch nur ein Knabe. Das ist Torheit."

„Nein, mein Herr und König", widersprach ich, „es ist keine Torheit, denn ich vertraue auf den Herrn und Gott Israels. Als ich ein Kind war und die Herde meines Vaters hütete, da kam ein Löwe und ein andermal ein Bär und riß ein Lamm. Und obwohl ich ein Kind war, packte ich den Löwen und riß ihm das Lamm aus dem Maul, und dann erschlug ich den Löwen. Bei jenem anderen Mal verfuhr ich mit dem Bären ebenso, und ich konnte es, weil der Herr bei mir war. Und Er wird mich genauso gegen diesen Philister verteidigen, der die Armee Israels verspottet und meinen Herrn, den König." Dann kniete ich vor Saul nieder, faßte seine Hand und küßte sie zum Zeichen meiner Gefolgschafts- treue und meiner Zuversicht.

Seine Hand zuckte, als wolle er sie wegziehen, aber ich hielt sie fest. „Nun gut", gab er nach, „es ist Torheit, aber . . ."

„Mein Herr und König", unterbrach ich ihn, „der Herr der Heerscharen schützt die Einfältigen, die ihr Vertrauen in Ihn set- zen, und Er streckt den Mächtigen nieder, der nur auf seine eigene Kraft vertraut."

Saul schickte nach seinem Waffenträger und befahl ihm, mir Waffen und Rüstung zu holen. Dann setzte er sich an seinen Tisch und trank Wein. Ich versuchte mir vorzustellen, was er dachte. Ob er bereute, daß er nicht mehr fähig war, Goliats Herausforderung selbst anzunehmen, oder daß er – wie ich später erfuhr – Jonatan verboten hatte, dem Philister entgegenzutreten? In Wahrheit brü- tete er wahrscheinlich eher über den Konsequenzen meiner Her- ausforderung, denn er befahl mir, in einem benachbarten Zelt zu warten, und dann hörte ich, wie er Abner zu sich rief.

Ich legte mein Ohr an eine Naht zwischen den Häuten, aus denen das Zelt gemacht war, um das Gespräch zu belauschen. Ab-

Dieser Holzstich nach einem antiken Relief zeigt den Philistergott Dagon.

ner fragte, ob es stimme, daß ein junger Mann im Begriff stehe, Goliats Herausforderung anzunehmen.

„Ich hielt es für Torheit", antwortete der König, „aber wir können es zu unserem Vorteil wenden. Zunächst einmal setzt es Goliat der Lächerlichkeit aus. Wenn ein Knabe getötet wird, ist das keine große Sache, keine Unehre. Ja, der Anblick eines Jünglings, der von diesem großen Vieh gemetzelt wird, könnte unsere Männer mit Empörung erfüllen. Ich will, daß du den Männern befiehlst, zu den Waffen zu greifen. Sobald die Sache vorbei ist, wenn Goliat seine Triumphparade abhält und die Philister frohlocken, werden wir angreifen. Nur so können wir hoffen, den Nachteil des Geländes zu überwinden, der uns bisher daran gehindert hat. Eine bessere Gelegenheit werden wir vielleicht nicht mehr bekommen."

„Der Junge tut mir leid", räumte Abner ein. „Aber ich muß dir zustimmen."

Saul lachte. „Der Junge redete voller Begeisterung von Gott, dem Herrn der Heerscharen. Soll er dem Herrn ein williges Opfer sein."

Als ich ins königliche Zelt zurückbefohlen wurde, war Abner nicht mehr da. Saul eröffnete mir, man habe mir ein Zelt zugewiesen und meine Rüstung erwarte mich dort. Er werde noch einmal mit mir sprechen, sagte er, bevor ich gegen den Philister marschierte. Den sah ich immer noch am Hang gegenüber auf und ab stolzieren, als ich aus dem Zelt des Königs kam.

Die Rüstung war prächtig. Ich kleidete mich in eine goldene Tunika aus kostbarem Tuch, die Saul ebenfalls gesandt hatte, und ich ließ mir von den Sklaven den Panzer anlegen und den juwelenbesetzten Bronzehelm aufsetzen. Ich fühlte mich wie ein mächtiger Krieger und wußte, daß ich prachtvoll aussah, und ich wünschte, Michal könnte mich sehen.

Aber als ich wieder bei Saul war, legte ich die Rüstung und die feinen Kleider ab und stand wieder in einem schlichten, rauhen Hemd vor ihm, mit einem Ledergürtel um den Leib und auf bloßen Füßen. „Ich habe diese Rüstung nicht erprobt und bin an diese Waffen nicht gewöhnt", erklärte ich. „Ich werde auf meine Art mit Goliat kämpfen und ihn erschlagen, mit den einfachen Waffen der Berge." Ich bat aber darum, die Rüstung und die prächtigen Kleider wieder in das Zelt zu schaffen, das Saul mir zugewiesen hatte, denn ich betrachtete sie als ein Geschenk, dessen ich mich würdig erweisen wollte.

Dann verließ ich den König und spazierte wie einer, der ganz gelassen ist, durch das Lager. Ich hatte mir meine Schleuder um den Hals gehängt und schaute weder nach rechts noch nach links, sondern lauschte genußvoll dem beifälligen Gemurmel und den Glückwünschen, die mir von allen Seiten zugerufen wurden. So kam ich durch die Frontlinien und stieg hinunter zu dem Bach. Hinter mir senkte sich tiefes Schweigen herab. Ich hielt den Blick gesenkt und schaute nicht zu Goliat hinüber.

Am Bach kniete ich nieder und betete zum Herrn. Dann wählte ich fünf glatte Steine aus dem Wasser, die ich in meine Hirtentasche steckte. Mit meinem Stab in der Hand durchquerte ich den Bach und ging dem Philister entgegen. Dabei hob ich den Kopf, schaute ihn an und lächelte, denn ich wußte, dies würde ihn wütend machen.

In beiden Lagern war es still. Goliat trommelte sich auf die Brust. „Bin ich ein Hund, daß du zu mir kommst mit einem Stab in der Hand?" brüllte er. Dann verfluchte er mich bei seinen Göttern: bei Dagon mit dem Fischkopf, bei Baal-Sebub, dem Herrn der Fliegen, und bei Atargatis, der Teufelin. „Komm schon her!" schrie er. „Ich werde dein Fleisch den Geiern der Lüfte ausliefern!"

„Wohl nicht", entgegnete ich. „Du hast deinen Speer und dein Schwert, aber ich komme zu dir im Namen des Herrn und Gottes von Israel, der geschworen hat, dich in meine Hände zu geben. Und ich werde dir den Kopf abhauen und ihn aufstellen als Trophäe und zum Zeugnis der Macht des Herrn der Heerscharen. Denn die Schlacht gehört dem Herrn, und Er hat dich in meine Hand gegeben."

Dieser Trotz versetzte das Vieh in Raserei. Schwerfällig kam er auf mich zugestapft. Ich aber entwischte ihm und hielt mich außer Reichweite, während ich zugleich fortfuhr, ihn zu verhöhnen. So ging es eine Weile. Wenn es nötig war, lief ich zurück auf die andere Seite des Bachs, wohin er mir nicht zu folgen wagte, weil er dort zwischen die vordersten Linien unseres Heeres geraten wäre. Ich rannte am Ufer entlang und anderswo wieder hinüber, und so zwang ich ihn, umzukehren und mich zu verfolgen. Er zeigte sich zusehends erhitzt und atemlos, aber er hörte nicht auf zu fluchen, und seine Wut wurde immer größer. Ich bemühte mich, ihn lächerlich zu machen, denn für meinen Erfolg waren zwei Dinge notwendig: Erstens mußte ich ihn dazu bringen, seinen Speer zu werfen, damit er mich fortan nur noch in einen Nahkampf verwickeln könnte, den ich aber nicht einzugehen gedachte, und zweitens mußte ich ihn von seinem Schildträger trennen, der ein erfahrener Soldat war und sich als recht gewandt darin erwies, seinem Herrn Deckung zu bieten.

Also verharrte ich am Rand des Bachlaufs und ließ ihn näher herankommen. Ich blieb stehen, als sei ich außer Atem, und mit einem Triumphgebrüll schleuderte er seinen Wurfspieß. Ich sprang beiseite, so daß der Speer sich auf der israelischen Seite des Bachs in den Boden bohrte. Ich hastete schräg den Hang hinauf und rannte wie von jäher Panik übermannt auf das Heer der Philister zu. Dann tat ich, als sei ich gestolpert, und warf mich zu Boden. Unsicher rappelte ich mich auf, betastete mein Knie und rieb es, als sei ich verletzt. Ich humpelte noch ein paar Schritte weit, drehte mich dann zu ihm um und gab sogar einen Schluchzer der Hoffnungslosigkeit von mir. Er stieß seinen Schildträger beiseite, hob sein breites Schwert mit beidenHänden hoch über den Kopf und stürmte mir unter Wut- und Triumphgebrüll entgegen. Ich

Die Illustration „David und Goliat" stammt aus einer Bilderbibel, die in der Amann-Werkstatt in Nürnberg um 1570 entstand.

nahm einen Stein aus meiner Tasche, legte ihn in die Schleuder und ließ ihn losschwirren. Er traf Goliat dicht unter dem Helm ins Gesicht, so daß er zu Boden fiel. Sein Schildträger stand staunend da; dann machte er kehrt und flüchtete auf die Reihen der Philister zu, während ich mich Goliat näherte. Er lag auf dem Rücken, und der Stein hatte sich in seine Stirn gebohrt. Ich stieß ihn mit dem Fuß an, aber er rührte sich nicht. Ich hob sein Schwert zwischen den Steinen auf, wo es hingefallen war, und hieb damit auf seinen Hals ein. Die Arbeit war schwerer, als ich gedacht hatte, aber endlich war sie doch getan. Ich klemmte mir seinen Helm unter den Arm, hielt den blutigen Kopf an den Haaren hoch und stieg den Hang hinunter. Im nächsten Augenblick wurde ich von unseren eigenen Soldaten beiseite gefegt; mit Jubelgeschrei überquerten sie den Bach und stürmten den Hang hinauf, der Philisterarmee entgegen. Ich sah nicht, wie es weiterging, sondern durchquerte den Bach und ging hinauf zu Sauls Zelt. Stille umgab mich. Ich schaute zurück über das Tal und sah die Philister auf der Flucht.

3

Natürlich gab Saul mir seine Tochter Michal nicht. Vielleicht war die Geschichte, er habe sie dem Mann versprochen, der Goliat erschlagen würde, nur eines jener Gerüchte, die durch die Lager kreisten. Aber ich glaube es nicht. Wahrscheinlicher ist, daß Saul in einem bangen Augenblick tatsächlich ein solches Angebot gemacht hatte und daß es ihm nun ratsam schien, es zu vergessen, oder daß er es tatsächlich vergessen hatte. Mehr und mehr entglitt ihm die Wirklichkeit, ein Vorgang, den niemand, der ihn liebte oder bewunderte, mit ansehen konnte, ohne zu leiden.

Es gab keinen, dem ich meine Sehnsucht nach Michal hätte anvertrauen können. Zwar lohnte mir der König den Sieg über Goliat mit Beweisen seiner Gunst, aber man hätte es doch für anmaßend gehalten, wenn ich nach der Hand seiner Tochter gestrebt hätte. So war ich gezwungen, darauf zu vertrauen, daß meine Geduld ihren Lohn fände.

Ich achtete darauf, nicht großmäulig aufzutreten. Meine Stellung war heikel. Viele sahen mit Eifersucht, daß ein so junger Mann zu solchem Ruhm gelangt war. Zu meiner Überraschung schien Joab aber nicht zu ihnen zu gehören. Ich hatte ihn in den Schatten gestellt, aber er warb um meine Gunst und zeigte mir nichts von der an Verachtung grenzenden Gleichgültigkeit, mit der er mich bis dahin behandelt hatte. Ich war nicht so naiv, mich davon völlig täuschen zu lassen; andererseits aber war es doch eine Ermutigung für mich, denn ich kannte Joabs ungeheuren Ehrgeiz, und sein Benehmen mir gegenüber ließ darauf schließen, daß er darauf vertraute, daß mein Stern im Steigen begriffen war. Die Wahrheit ist: Joab wußte, daß ihm die Ausstrahlung fehlte, die jeder braucht, der zum Rang des Ersten im Reich aufsteigen will. Außerdem wußte er, daß er die Vormachtstellung des Stammes Benjamin nie würde angreifen können, solange Saul lebte. Darüber hinaus haßte er Jonatan, und auf Abner war er eifersüchtig. Ihm war klar, daß er beider Gunst auch nicht besaß.

Also ging es um seine Interessen, nicht um seine Neigungen, als er sich mir anschloß.

Wie anders war Jonatan! Am Abend des Tages, als ich Goliat erschlagen hatte, war ich in meinem Zelt und bewunderte die prächtige Rüstung, die ich nicht gebraucht hatte, und Jonatan kam zu mir, geradewegs vom Schlachtfeld, wo er sich weiteren Ruhm erworben hatte. Sein Gesicht leuchtete, als er mich umarmte. Lange Zeit sprachen wir nicht, sondern hielten einander nur in den Armen.

„Freundschaft zwischen Jonatan und David". Holzschnitt von Julius Schnorr von Carolsfeld (1794–1874)

Doch Jonatan lag mein Ruf am Herzen, und mit peinlicher Sorgfalt achtete er darauf, daß unsere Verbindung vor den neugierigen Augen im Lager verborgen blieb. Zwar förderte er mich vor anderen Männern im Rat des Königs und im Heer, aber er enthielt sich aller öffentlichen Zurschaustellung seiner Zuneigung und achtete darauf, stets eher meinen Verstand als meine Person zu empfehlen. Das war für mich das sichere Zeichen für Tiefe und Tugend seiner Liebe, denn er war von Natur aus freimütig und offen und neigte nicht zu Verschwiegenheit oder Doppelzüngigkeit. Allerdings sorgten auch meine eigenen Erfolge und Fähigkeiten dafür, daß ich bald eine herausragende Rolle in der Führung des Heeres spielte. Israel war damals ein junger Staat, frei von den Hemmnissen des Protokolls, die sich in einem lange bestehenden Gemeinwesen finden. Daher bekamen junge, einfallsreiche Leute Gelegenheiten, die ihnen unter anderen Umständen versperrt geblieben wären.

Der Sieg bei Ela, den mein Triumph über Goliat ermöglicht hatte, hatte für Israel nur vorübergehend Erleichterung gebracht. Die Philister waren aus dem niedrigen Hügelland in die Ebene

Sepela vertrieben worden, aber Saul hatte nicht gewagt, sie dorthin zu verfolgen. So hatten sie sich in ihre Städte zurückgezogen, nach Gat, Aschkelon und Simlag, bereit, den Krieg von neuem zu beginnen, wenn es ihnen paßte. Sicherheit für Israel konnte es nicht geben, solange die Philister nicht unterworfen waren.

Dies aber war eine Aufgabe, die unsere Möglichkeiten zu überschreiten schien und vor der die meisten Leute, sogar Saul, zurückscheuten. Der König hatte so viele Jahre immer wieder, bald hier, bald dort, Krieg gegen die Philister geführt, daß er nicht mehr an die Möglichkeit eines endgültigen Sieges glaubte. Für ihn gehörte der Krieg gegen die Philister so natürlich zum Leben wie die Jahreszeiten.

Es gab gute Gründe für diese Denkweise, und ich war bereit, sie anzuerkennen. Zum einen waren die Philister bessere Kämpfer als die Israeliten, sie waren tapferer und körperlich stärker. Als ich diese Tatsache erwähnte, gab es wunderlicherweise einen Aufschrei, und zwar – welche Ironie – von denen, die glaubten, daß der Krieg mit den Philistern niemals zu einem erfolgreichen Abschluß gebracht werden könne. Der Aufruhr im Rat wurde von Jonatan erstickt.

„Es ist kein Wunder, daß David denkt, wie er denkt, denn Goliat war ihm zweifellos körperlich überlegen und wurde trotzdem besiegt", bemerkte er mit einem Lächeln. „David wird uns sagen, wir seien ihnen in einer wichtigen Hinsicht doch überlegen."

„Und welche wäre das?" fragte Saul finster.

„Die Intelligenz, Vater."

Ich sah, wie Ahitofel, in gewisser Hinsicht der klügste Zivilist im Kronrat, lächelte.

Jonatan war mir zuvorgekommen. Tatsächlich war ich der Meinung, wir seien den Philistern an Intelligenz überlegen. Ich ließ an dieser Stelle eine Pause eintreten. Mein Leben lang habe ich mit darauf achten müssen, nicht schlauer zu erscheinen als die, mit denen ich es zu tun habe, und vielleicht bestand das Nützlichste, was Jonatan je für mich getan hat, darin, daß er mich davon überzeugt hat, daß es besser ist, meine intellektuelle Überlegenheit möglichst zu verbergen.

Ich begann mit einer Analyse der militärischen Unterschiede

zwischen den Philistern und uns. Ihr großer Vorteil lag in der Entwicklung des Kampfwagens, der Beweglichkeit mit Zerstörungskraft verband. In geordneter Schlacht auf freiem Gelände war das zuviel für unsere konventionelle, mit Spießen, Speeren und Kurzschwertern bewaffnete Infanterie, denn die Bogenschützen auf den Wagen konnten enormen Schaden anrichten, ohne sich selbst in die Reichweite unserer Speere zu begeben, und wenn unsere Reihen dann geschwächt waren, erwies sich der Ansturm der Kampfwagen selbst oft als unaufhaltsam. Wir hatten Mühe, dieser Strategie etwas entgegenzusetzen, denn Israel war kein Land der Pferdezucht. Doch die Sache würde schon anders aussehen, wenn es uns gelänge, einen Streifen der Küstenebene zu erobern und zu besetzen. Einstweilen, so schien es mir, mußten wir versuchen, Streitkräfte zu entwickeln, die noch beweglicher waren als die Wagen: leichtbewaffnete Schleuder- und Bogenschützen. Ich wies darauf hin, daß ein Fußsoldat einen stärkeren Bogen führen könne als ein Mann auf dem Kampfwagen. Im Partisanenkrieg könnten wir die Philister besiegen, ja, selbst in einer ausgewogenen Schlacht, sofern wir das Gelände sorgfältig auswählten – und hier entrichtete ich meinen Tribut an den Scharfsinn, mit dem Saul das Tal Ela ausgesucht hatte, eine Landschaft, in der die Philister ihre Wagen kaum hätten einsetzen können. Aber, fuhr ich fort, wenn wir den Krieg in die Ebene tragen wollten, dann müßten wir nicht nur unsere Beweglichkeit verbessern, sondern auch unsere Speerwerfer so ausbilden, daß sie einem Angriff der Wagen widerstehen könnten.

Eine Diskussion folgte, in der meine Ideen von den Traditionalisten attackiert wurden. Jonatan schritt nur gelegentlich ein, enthielt sich aber, wie wir es verabredet hatten, jeglicher öffentlichen Unterstützung meiner Argumente. Abner schwieg lange Zeit. Saul selbst wirkte abwesend; er zerkrümelte Brot zwischen den Fingern, dann klatschte er in die Hände nach einem Sklaven, der ihm Wein holen mußte. Rasch hintereinander trank er zwei Becher, und dann saß er da, einen vollen Becher in der rechten Hand, während die Finger der linken mit dem Krümeln fortfuhren. Man konnte nicht erkennen, ob die Diskussion ihn langweilte, ob er über die Themen nachdachte, die ich zur Sprache gebracht hatte, oder ob er sich von uns entfernt hatte und in jene eigene Welt getrieben war, die sein Geist jetzt so oft zu bewohnen schien.

Dann hob Ahitofel eine Hand, und Abner, der wortlos den Vorsitz über die Versammlung übernommen hatte, als Saul ihn kaum merklich abgegeben hatte, forderte ihn auf zu sprechen. Ich weiß nicht mehr genau, was er sagte, aber seine Haltung ist mir klar vor Augen: der sanft zischelnde Tonfall, die Andeutung, es sei unverzeihlich, daß er das Wort ergreife, seine tiefe Dankbarkeit, daß wir bereit seien, ihm zuzuhören. Auf diese Weise, mit Entschuldigungen für seine Tollkühnheit, führte er die Sitzung zum Erfolg – wie er es meistens tat.

Ahitofel war eine Absonderlichkeit. Er war weder Priester noch Soldat, er hatte keinen ersichtlichen Status, konnte keinerlei Erfolg vorweisen – und doch, wo Entscheidungen getroffen wurden, da war Ahitofel und formte diese Entscheidungen. Ich bin sicher, daß er ein Typus der Zukunft ist. Wenn die Gesellschaft, an deren Schaffung ich gearbeitet habe, Wirklichkeit geworden ist, dann wird es vielleicht viele wie Ahitofel geben. Vielleicht wird dann die Auslegung des Gesetzes nicht länger eine Sache sein, die den Priestern vorbehalten ist, sondern einer ganzen Klasse von Ahitofels obliegen. Ich bewundere ihn, trotz allem.

Damals hatte ich Grund, ihm dankbar zu sein. Er war ein Anhänger Jonatans, denn er sah, daß Sauls Stern im Sinken begriffen war, und der Ehrgeiz veranlaßte ihn, sich meinem Freund anzuschließen. Vielleicht war er sogar sein Vertrauter in den intimsten Dingen. Ich hatte diesen Verdacht, wenn ich den berechnenden Blick sah, mit dem er mich betrachtete. Zwar betrachtete er jeden mit berechnenden Blicken, aber in seinem Verhalten mir gegenüber war etwas Wachsames, das ich beunruhigend fand. Als Parteigänger Jonatans war er mir aber freundlich zugeneigt. Das Ergebnis seiner Worte in diesem Fall war, daß man mich beauftragte, das neue Heer auszubilden, seine Ausrüstung zu organisieren und die Taktiken zu entwerfen, die es in der Schlacht anwenden sollte.

Die folgenden Monate arbeitete ich viel, denn ich war gesegnet mit dem Eifer der Jugend und fühlte meine Macht. Wenig im Leben bereitet größere Freude als die Möglichkeit, die eigenen Talente in ihrem ganzen Umfang auszuüben. Ich nahm eine Schar unerfahrener Rekruten und formte sie zu einer Kampftruppe. Joab wurde mein Adjutant. Er machte seine Sache ausgezeichnet; man konnte sicher sein, daß er einen Befehl ausführte. Seine Urteilskraft in militärischen Dingen war bewundernswert.

Bald erzielten wir Resultate. Unsere Soldaten – sie hatten ein hohes Maß an körperlicher Gewandtheit erlangt und waren von Vertrauen in die eigenen Fähigkeiten erfüllt, wie es Soldaten meistens sind, wenn sie ihrem Befehlshaber vertrauen – brachten den Philistern eine Reihe von Niederlagen bei. Diese mußten unerwartet feststellen, daß die israelitischen Streitkräfte sich plötzlich schneller bewegen konnten als die Philister und sie immer wieder überraschten.

Meine Elitetruppe holte ich aus meinem eigenen Stamm Juda, wobei mein Bruder Schamma sich als ausgezeichneter Offizier erwies, aber ich bezog auch so viele Männer wie möglich aus den zwölf Stämmen mit ein. Wir waren nicht so zahlreich, daß wir uns erlauben konnten, einen Stamm zu vernachlässigen. Aber ich dachte auch, es könnte mir in Zukunft dienlich sein, wenn ich mir bei den Stämmen des Nordens ein bißchen Kredit verschaffte.

Ich wurde zu einer populären Gestalt. Nichts zeigte den Adel in Jonatans Charakter deutlicher als die Abwesenheit jeglichen Unwillens angesichts meines Erfolgs. Bei Saul war es anders. Als er hörte, daß es ein Volkslied gebe, in dem es heiße, „Saul hat Tausende erschlagen, David aber Zehntausende", da gab es viele, die ihm einredeten, ich würde zu einem Rivalen für ihn, und er selbst war diesem Verdacht nicht abgeneigt. Doch das war Unsinn. Ich war erst zwanzig, als man die Mädchen dieses Lied singen hörte. Aber der arme Saul lebte mehr und mehr in einer Welt der Dämmerung.

Es WAR ein wundervoller Morgen. Der Tau funkelte noch, und die bleiche Sichel des Mondes hing über den Bergen, die von der aufgehenden Sonne rosig gefärbt wurden, als ich von einer nächtlichen Übung zurückkehrte. Ich hatte beschlossen, daß meine Truppen lernen mußten, in der Dunkelheit ebenso furchtlos und genau zu operieren wie bei Tageslicht. Ich badete in einem von Weiden umsäumten Teich, während mein Diener mir frische Kleidung zurechtlegte.

„Meister!" rief er plötzlich. „Es kommen Frauen heran."

Kaum hatte ich mich hastig angekleidet und war aus dem Hain hinausgetreten, da stand schon Michal in Gesellschaft ihrer Zofen vor mir. Ich begrüßte sie und errötete, als wäre ich ein grüner Junge und nicht der Mann, der aus mir geworden war.

„Du hast also meinen geheimen Teich entdeckt", stellte sie fest.

„Das war mir nicht bewußt", sagte ich.

„Was für ein großer Mann bist du geworden – nicht mehr der arme Musikant, der eingestellt wurde, um meinem Vater Ablenkung zu spenden. Warum meidest du mich, seit du ein so großer Mann geworden bist? Verlangt mein Bruder deine ständige Aufmerksamkeit?"

„Mein Herr Jonatan ist sehr gut zu mir gewesen."

„Aber freilich. Und da du nun ein so großer Krieger bist, hast du nur noch Zeit für den Krieg."

Ich verschlang sie mit meinen Blicken. Sie zeigte keine Abneigung gegen diese Musterung. Auf ein Zeichen von ihr zogen sich die Zofen zurück, und wir blieben allein im Hain.

„Wenn ich dich gemieden habe, so nur, weil ich dich nicht anschauen kann, ohne dich zu begehren", gestand ich.

Sie hielt mir die blassen, schmalen Hände entgegen, die niemals hatten arbeiten müssen. „Hier bin ich."

„Saul würde mich töten", wehrte ich ab.

Sie lachte. „Natürlich würde er das. Hier bin ich."

„Ich will dich als Geliebte", eröffnete ich ihr, „aber auch als mein Weib."

„David, ich langweile mich so. Sprich mit meinem Vater", bat sie.

Ich erzählte Jonatan, daß ich seine Schwester heiraten wolle.

Er versprach, mir zu helfen, aber dann sagte er, was ich zu hören fürchtete: daß Saul toben würde, weil seine Gefühle für mich so verworren seien. „Einmal sagt er, ich soll mich vor dir hüten; du seist von nacktem Ehrgeiz getrieben und würdest mich vernichten. Und am nächsten Tag spricht er zärtlich von dir, als wärest du, nicht ich, sein Lieblingssohn."

„Ja." Ich nickte. „Er will mich töten, aber er würde über meinem Leichnam weinen."

„David, du brauchst mir nichts vorzumachen. Ich weiß alles über den Besuch Samuels im Haus deines Vaters."

„Saul auch?"

„Glaubst du, wenn er es wüßte, wärest du noch hier, um diese Frage zu stellen? Es gibt Dinge, die niemand dem König zu erzählen wagt."

„Aber du weißt es, und ich bin hier."

Er lächelte. „Sagen wir einfach, ich kann nicht anders", antwortete er. „Wir könnten auch sagen, daß ich glaube, was geschrieben ist, ist geschrieben. Ich werde mit meinem Vater sprechen."

Nicht lange danach brachte Jonatan, wie wir es verabredet hatten, die Frage meiner Heirat bei seinem Vater zur Sprache. Zweifellos wählte er einen Augenblick, da Saul in einer mittlerweile selten gewordenen sonnigen und euphorischen Stimmung war. Jedenfalls rang er ihm eine Zusage ab, wobei Saul allerdings auch eine Bedingung stellte: Ich dürfe Michal heiraten, wenn ich dem König die Vorhäute von hundert Philistern brächte. Das gelang mir natürlich. Unsere Ehe wurde geschlossen, mein größter Ehrgeiz war befriedigt.

Michal begehrte mich wie ich sie, und doch empfand ich eine Distanz zwischen uns, wie ich sie bei einer anderen Frau nie verspürt habe. Es schien, als sei ein Teil von ihr immer losgelöst von uns, beobachte uns und sei in Bewertungen vertieft. Selbst auf den Höhepunkten der Leidenschaft spürte ich diese Losgelöstheit, diese Weigerung, mir jemals ihr ganzes Wesen zu geben. Dennoch beteuerte sie ihre Liebe, wenn wir beieinanderlagen, und oft weinte sie Tränen – wie sie mir versicherte – der Freude. Ich erfuhr diese endlose Wonne, und doch wurde meine Sehnsucht niemals ganz gestillt.

Der König verfiel wieder in sein Brüten, dann in eine tiefe Melancholie. Schließlich warf er furchterregende, zornige Blicke um sich und stürzte in eine Verzweiflung, die durch drohende Gewalt an Schrecklichkeit gewann. Abner bat mich, wieder für Saul zu singen und den Zauber zu wiederholen, den ich schon einmal bewirkt hatte.

Ich zögerte. Als ich damals zu Saul gekommen war, war ich ein unbekannter Knabe mit einer schönen Stimme gewesen. Er hatte nichts von mir gewußt, und ich hätte ein Geist sein können, vom Herrn gesandt, ihm Heilung zu bringen. Aber diese Erfahrung ließ sich nicht wiederholen. Inzwischen kannte Saul mich gut, und seine Gefühle für mich waren wirr. Heute noch war er reich an Worten der Liebe, und morgen fixierte er mich voller Abscheu.

Ich beriet mich mit Jonatan und Michal. Jonatan bat mich, einen Versuch zu unternehmen.

„Gibt es denn keinen anderen Sänger in Israel, daß du dich erniedrigen mußt?" fragte dagegen Michal.

Ich fühlte ihre Verachtung, aber ich sah auch, daß es der Wille des Herrn war: Ich sollte mich erniedrigen und für Saul singen.

Der König kauerte in einer Ecke in einem verdunkelten Zimmer; es war schrecklicher als beim ersten Mal, denn jetzt kannte ich ihn und konnte ermessen, welcher Natur die böse Besessenheit war, die ihn erfaßt hatte. Er schoß mir einen Blick zu, in dem ich trotz des trüben Lichtes Haß und Bösartigkeit lesen konnte. Seine Finger zupften aneinander, so daß die Haut dort wund und blutig war.

Ich sang, mit leiser Stimme erst, ein Wiegenlied. Dann flötete ich eine alte Ballade, die ihn immer entzückt hatte, wenn er zu Tisch saß, denn sie erzählte vom Glanz seines Mutes. Ich sang sein Lob, und er regte sich nicht. Ich entsann mich meiner früheren Versuche und wechselte in einen Lobgesang auf den Herrn, meinen Hirten. Die Augenlider des Königs zuckten, und als ich zu dem Vers kam, der von der Reise der Seele durch das dunkle Tal des Todes berichtet, da erhob er sich unsicher auf die Beine. Einen Augenblick lang stand er schwankend da, als breche die Erkenntnis über ihn herein, und in diesem Augenblick glaubte ich, daß ich den gleichen Zauber wieder gewirkt hätte. Aber dann wankte er in eine Ecke des Raums, wo Speere an der Wand lehnten. Er packte einen davon und holte aus. Ich sprang beiseite, weshalb der Speer hinter mir in die Wand fuhr und zitternd dort steckenblieb, während ich durch den Vorhang hinausschlüpfte und mich in Sicherheit brachte.

„Du bist also gescheitert", folgerte Michal.

„Ich bin gescheitert. Er wußte, daß ich es war, und er wollte mich töten."

Am Morgen stand ich in banger Sorge auf. Stündlich rechnete ich damit, daß eine Wache kommen und mich verhaften würde. Als ich mich hinauswagte, sah ich Angst in den Augen der Männer. Die Kunde vom Anschlag des Königs hatte sich herumgesprochen. Wenn die Leute mich anschauten, wußten sie nicht, ob sie den Feldherrn grüßen sollten, den die Philister fürchteten, oder ob sie ihre Blicke von einem Elenden abwenden sollten, den der König verdammt hatte.

Nur Jonatan war unverändert. „Lieber Junge", versuchte er mich zu trösten, „mein armer Vater war von Sinnen. Wenn er erst genesen ist . . ."

„Falls er genesen sollte."

„Solange er es nicht ist, kann er keinen Befehl erteilen, der nicht zunächst an Abner oder an mich geleitet wird, und wir lieben dich beide. Und wenn er genesen ist, wird er seine Tat bereuen."

Ich wünschte, ich hätte seine Zuversicht teilen können. Statt dessen erklärte ich, daß Sauls Wahnsinn jetzt anders sei, daß er tiefer sitze. Sauls Abneigung gegen mich habe sich in seine Natur gefressen; er sehe in mir jetzt ein Rachewerkzeug Samuels. „Ich will nicht ins Exil fliehen. Ich will Michal nicht aufgeben."

Jonatan versprach mir, er wolle versuchen, die Sache wieder ins Lot zu bringen. „Was immer auch geschieht", schärfte er mir ein, „nichts kann uns entzweien. Ich werde sorgen für dich und die Deinen und du für mich und die Meinen."

„Was immer auch geschieht", antwortete ich, und wir umarmten einander.

Aber ich brachte es nicht über mich anzuerkennen, was ich doch wußte; daß mir alles, wofür ich gekämpft hatte, bald genommen werden würde. Auch hatte ich Angst davor, zu der Einsamkeit zurückzukehren, die ich als Junge gekannt hatte. Ich bat Michal,

Oben: Wütend schleudert Saul einen Speer
nach David, um ihn zu töten.
Rechts: Davids Flucht, wie sie in einer Buchmalerei um 1410 n. Chr. gesehen wird.

sich darauf vorzubereiten, mich zu begleiten. Sie antwortete, ihre Liebe sei
groß, aber sie könne sich nicht vorstellen, als Flüchtling in der Wildnis zu leben.

„Also gut", beschloß ich, „dann werde ich hierbleiben und sterben. Der Gedanke, dich zu verlieren, ist schlimmer als die Vorstellung, mein Leben zu verlieren."

„Worte." Sie winkte ab. „Wenn du dein Leben verlierst, verlierst du mich sowieso."

Saul kämpfte sich zurück aus der Dunkelheit. Er bemerkte
meine Abwesenheit an seiner Tafel. Jonatan sagte ihm, ich sei zu
einer Familienfeier und zum Opfern nach Betlehem gereist.
Einen Augenblick lang sagte Saul nichts, sondern zerkrümelte
das Brot zwischen den Fingern. Dann verfluchte er Jonatan; er
sei ein Narr, ein Verräter.

„David hat dich verhext!" schrie er. „Der Junge muß sterben!"

„Er hat nichts getan, womit er den Tod verdient hätte", protestierte Jonatan.

Doch Saul schickte seine Garde nach Betlehem, um mich zu
verhaften. Dagegen verabschiedete ich mich erst jetzt von Michal
und floh in die Nacht. Ich weinte, als wir uns trennten, aber sie
drängte mich zur Eile.

4

Aus einer Höhle in den kahlen Felsen sah ich, wie der Morgen dämmerte, und suchte die Ebene nach Anzeichen von Verfolgern ab. Ich betete zum Herrn und bat ihn, des Umstands zu gedenken, daß mein Glaube nie gewankt habe in den Tagen meines Wohlstands und daß ich in meiner Not noch immer auf ihn baute. Dann schlief ich ein.

Als ich aufwachte, leckten die Sonnenstrahlen am Höhleneingang. Meine Sehnsucht nach Michal war heftig, aber als sie verging, fand ich Erleichterung in meiner Einsamkeit. Die Sonne stieg zum Zenit und buk die braune Erde hart. Ein Falke schwebte am Himmel, aber kein Laut unterbrach die Mittagsstille. Ein tiefes Friedensgefühl überkam mich. Ich lehnte mit dem Rücken am warmen Fels, hob den Ziegenschlauch zum Mund und trank Wein mit Wasser. Anschließend schlief ich wieder.

Gegen Abend stieg ich vom Berg hinab. Mit leichtfüßiger Sorgfalt bewegte ich mich über einen kleinen Grat an den Ausläufern des Berges entlang, bis ich um eine Ecke bog und Licht im Tal erblickte. Aus Vorsicht wartete ich, bis die Nacht sich herabgesenkt hatte und die Fackeln ausgelöscht worden waren. Dort unter mir, das wußte ich, lag Nob, eine Siedlung von Priestern, geführt von Ahimelech, einem Urenkel des Eli und Lehrer des Samuel. Er hatte sich mit Samuel gegen Saul gestellt; gleichwohl wagte ich nicht, jetzt zu bekennen, daß ich vor dem König auf der Flucht sei, denn sonst könnten Ahimelech oder ein paar andere Priester die Gelegenheit ergreifen und mich verhaften, um die Gunst des Königs zurückzugewinnen. Auch könnte die Angst sie daran hindern, jemandem zu helfen, den der König verdammt hatte.

Ahimelech selbst kam heraus, um mich zu empfangen, und als er hörte, wer ich war, zeigte er sich erschrocken. Ich behauptete, ich sei in Sauls Namen in geheimem Auftrag unterwegs und niemand dürfe von meinem Besuch erfahren. Zweifelnd schaute er mich an; er wunderte sich, daß ich allein und unangekündigt erschienen war. Ich behauptete, es sei verabredet, daß ich meine Leute an einem geheimen Ort in der Nähe treffen solle, und ich sei auf der Suche nach Proviant.

„Wir haben hier kein gewöhnliches Brot, sondern nur heiliges", sagte Ahimelech.

„Dann überlaß mir fünf Laibe vom Schaubrot der vergangenen Woche", bat ich.

„Seid ihr rein oder unrein, du und deine Männer? Denn du weißt, das Schaubrot darf nur jenen gegeben werden, die sich ferngehalten haben von Weibern."

„Drei Tage lang sind Weiber von uns ferngehalten worden", antwortete ich.

Ahimelech befahl, daß man das Brot herbeiholen solle, und dies tat ein Mann, den ich als Doëg kannte, ein schurkisch aussehender Kerl aus Edom, der früher einmal in Sauls Haushalt gedient hatte.

Ich verstaute das Brot in meinem Beutel und verabschiedete mich. Ahimelech konnte es nicht erwarten, mich gehen zu sehen. „Der König wird dir dankbar sein für die Hilfe, die du mir gegeben hast", versicherte ich ihm und verschwand in der Nacht.

Auf einem Feldzug gegen die Philister war ich durch ein Tal nicht weit von Ela gekommen, wo mir die seltsame Formation des Geländes aufgefallen war. In diesem Tal, durch das im Sommer ein Bach floß, stand ein steiler Felsenhügel, eine vereinzelte Bastion, abseits der zentralen Kette der Berge von Juda. Dicht unter dem Gipfel waren etliche tiefe Höhlen, und ich hatte schon bei jener Gelegenheit den Eindruck gehabt, der Herr habe diesen Ort als starke Festung geschaffen. Der Ort hieß Adullam, und dorthin nahm ich meinen Weg.

Adullam besaß mehr als nur die natürlichen Vorteile. Es lag jenseits des Landes, das Saul beherrschte, und doch gehörte es noch nicht zum Gebiet der Philister. Es war wildes Grenzland, ein Banditenreich, denn die einzigen Bewohner dieser Region, von ein paar Hirten abgesehen, waren gesetzlose Männer, die keinen Herrn anerkannten und davon lebten, daß sie ihre Nachbarn überfielen und ausraubten. Dort, dachte ich, würde ich Zuflucht finden. Unter diesen Männern könnte ich vielleicht eine eigene Kriegertruppe aufstellen.

Aber zuvor mußte ich diejenigen zu mir rufen, von denen ich wußte, daß ich ihnen vertrauen konnte. Das war gefährlich, aber ich hatte sonst keine Zukunft. Ein paar Tage lang plagte ich mich mit der Frage, wie dies zu bewerkstelligen sei. Selbst zu gehen, wagte ich nicht, denn ich wußte, daß meines Vaters Haus von Sauls Agenten bewacht werden würde. Als ich einmal von einem Jagdausflug an meinen Zufluchtsort zurückkehrte, begegnete ich einem Hirten, der seine Herde am Bach tränkte. Er hatte zwei Knaben bei sich. Ich schlenderte den Hang hinunter und begrüßte ihn. Sein Blick richtete sich starr und ängstlich auf das Kurzschwert, das an meinem Gürtel hing. Ich nahm Silber aus meinem Beutel und klimperte damit.

„Ich suche einen Mann, der eine Botschaft für mich überbringt", begann ich. „Vielleicht würde dein älterer Sohn es tun. Ich würde dafür sorgen, daß sich seine Mühe lohnt."

Der jüngere der beiden Knaben zupfte seinen Vater am Ärmel und flüsterte ihm etwas ins Ohr. Der Mann sah mich genauer an. „Ich kenne dich", sagte er. „Der Junge wird gehen, wenn der Preis stimmt."

Ich warf ihm ein paar Münzen zu. „Das gleiche noch mal, wenn er zurückkommt", versprach ich. „Er soll nach Betlehem gehen, zum Hause Isais, meines Vaters, und dort nach meinem Bruder Schamma fragen. Er muß Schamma sagen, wo ich zu finden bin und daß er mit so vielen Männern zu mir kommen soll, wie er zusammenbringen kann." Ich schaute dem älteren Jungen in die Augen. „Wenn du mich hintergehst, möge der Herr sich deiner Seele erbarmen, denn dann klebt das Blut deines Vaters und deines Bruders an deinen Händen." Dann winkte ich dem Jüngeren. „Du kommst mit mir. Ich nehme dich als Geisel, um sicher zu sein, daß dein Bruder sich gut benimmt. Bring eins von den Lämmern deines Vaters mit."

Hätte ich anders gehandelt, wenn der Knabe – Lajisch – nicht schön gewesen wäre? Wahrscheinlich nicht – es war nur klug, ihn als Geisel zu nehmen, aber auf den ersten Blick schon hatte ich seine dunklen Augen bemerkt, den Schwung seiner Lippen, die kraftvollen, geraden Beine, die sein Hemd bloßließ. Ich war jetzt seit sieben Tagen allein und sehnte mich nach Gesellschaft. „Ich habe von dir geträumt, David, mein Herr", erzählte Lajisch mir später. „Seit ich das erstemal hörte, wie du Goliat erschlugst. Wenn mein Bruder zurückkehrt, werde ich bei dir bleiben."

„Wenn meine Freunde kommen, mache ich dich zu meinem Waffenträger", erwiderte ich.

Drei Tage später, gegen Abend, kam Schamma mit einem halben Dutzend Männern. Ich gab Lajischs Bruder, was ich ihm versprochen hatte. Schamma erzählte, daß er Anweisungen für andere Freunde hinterlassen habe und bald mit Verstärkung rechne. Darauf hatte ich gehofft, denn unsere Lage blieb gefährlich, bis ich eine große Truppe zusammengezogen hatte.

Bald trafen die versprochenen Männer ein. Die Söhne meiner Halbschwester Zeruja – Joab, Abischai und Asael – waren unter den ersten. Joab empfing ich mit gemischten Gefühlen. Einerseits ist mir der Umgang mit ihm nie leichtgefallen; gleichgültig, welche Dienste er mir erwies. Andererseits war es eine Bestätigung für meinen eigenen Ruf, daß ein so fähiger und ehrgeiziger Mann meinetwegen aus den Diensten Sauls ausschied. Er führte jetzt wilde Schmähreden gegen Saul und dessen ganze Familie und erklärte sogar, er bereue, daß er nicht die ganze Bande umgebracht habe, bevor er hergekommen sei.

Joab erzählte mir, Saul habe seine Tochter Michal bereits einem anderen Mann zum Eheweib gegeben, und deutete an, sie sei nicht ganz unfreiwillig mit ihm gegangen. Er empfand ein boshaftes Vergnügen dabei, Überbringer einer solchen Nachricht zu sein.

Seine Brüder waren von anderem Temperament. Abischai war unerschütterlich und absolut vertrauenswürdig, Asael munter, hübsch und voller Fröhlichkeit.

Unsere kleine Schar wuchs allmählich, und ich beauftragte Joab, sie auszubilden. Sein militärisches Talent habe ich nie bestritten; ich wußte, daß er die Leute meinen Zwecken entsprechend vorbereiten würde.

Eines Abends, als die Köche dabei waren, das Essen zu bereiten, warnte uns ein Wächter vor einem Neuankömmling. Der

Mann, der den Berg heraufkletterte, war im Zustand großer Erschöpfung. Zwei- oder dreimal fiel er hin und kam nur mit Mühe wieder auf die Beine. Ich schickte Lajisch und Asael hinunter, um ihm zu helfen. An den zerfetzten Überresten seines Gewandes erkannte ich, daß er ein Priester war.

Zunächst konnte er nicht sprechen, aber als wir ihm Suppe und Wein eingeflößt hatten, war er hinreichend wiederbelebt, um zu begreifen, wo er war. Als er mich erblickte, fiel er vor meinen Füßen zu Boden, und als ich ihn aufgerichtet hatte, sagte er, er sei Abjatar, der Sohn des Ahimelech, Priester aus Nob und „der Letzte des Hauses Eli". Die Geschichte, die er uns, von Schluchzen unterbrochen, erzählte, war schrecklich.

Saul hatte ein paar Tage nach meiner Flucht eine Ratsversammlung abgehalten. Er hatte in Gibea unter einem Tamariskenbaum gesessen, einen Speer in der Hand, und hatte seine Ratgeber verflucht, weil sie nicht vermocht hatten, mich zu ergreifen. Er bezichtigte sie, sich gegen ihn verschworen zu haben und mit Jonatan im Bunde zu sein, der ihn verraten und sich mir angeschlossen habe. „Gibt es denn keinen einzigen Mann", rief er, „der loyal ist und mir helfen wird, meinen Feind zu finden?"

In diesem Augenblick drängte sich Doëg, der Edomiter, nach vorn und fiel vor dem König auf die Knie. Er erzählte ihm von meinem Besuch in Nob und wie Ahimelech mir Proviant gegeben hatte.

Saul ließ Ahimelech und die anderen Priester aus Nob zu sich kommen und beschuldigte sie, seinem Feind geholfen zu haben. Ahimelech beteuerte, ich sei nach seinem besten Wissen ein treuer Diener des Königs, und er habe geglaubt, wenn er mir helfe, erfülle er damit den Wunsch des Königs. Wie habe er denn wissen sollen, daß der Gemahl der Königstochter und der Bezwinger Goliats Sauls Feind geworden sei? Saul brüllte, er debattiere nicht mit einem Verräter, und befahl seinen Dienern, den Priester niederzuschlagen. Niemand rührte sich, bis Doëg vortrat, sein Schwert zog und Ahimelech damit erschlug. Als dieser zu Boden fiel, hieb er ihm den Kopf ab und wandte sich dann den anderen Priestern zu, die starr vor Angst dastanden. Dies war das Zeichen für ein allgemeines Gemetzel. Abjatar behauptete, mehr

als achtzig Priester seien getötet worden. Er selbst habe nur ent-
rinnen können, indem er sich totgestellt habe und dann im
Schutz der Nacht davongekrochen sei.

Ich nahm Abjatar in meine Arme. „Ich trage große Schuld",
gestand ich ihm. „Als ich Doëg, den Edomiter, in Nob sah, wußte
ich, daß er Saul von meinem Besuch erzählen würde. Und auch
wenn ich nicht vorhersehen konnte, daß Saul so schreckliche
Rache nehmen würde für das, was dein Vater in aller Unschuld
getan hat, so habe ich dennoch den Tod deines ganzen Hauses
verschuldet. Ich bitte dich deshalb, hier bei mir zu bleiben, und
verspreche dir, dich zu beschützen."

Als ich später unter den Sternen lag, sann ich jedoch über das
geheimnisvolle Wirken des Herrn nach, der dafür sorgt, daß aus
dem Bösen das Gute erwächst. Denn jetzt konnte niemand in
meinem Dienst noch den geringsten Zweifel daran haben, was
ihm widerfahren würde, wenn er Saul in die Hände fiele. Der
König hatte mir mit seiner grausamen Gewalttat einen Dienst
erwiesen: Er hatte meine Männer fest an meine Sache gebunden.

DIE KLEINE Stadt Keila – eine israelitische Siedlung, etwa eine
Stunde Fußmarsch von unseren Höhlen entfernt – wurde von
einem Trupp Philister belagert. Ich beschloß, sie zu befreien und
zu unserem Stützpunkt zu machen. Ich mußte mir den Ruf erwer-
ben, als Führer erfolgreich zu sein, wo Saul scheiterte, und unsere
Landsleute vor dem Terror der Philister zu beschützen. Auch
konnte ich nicht vergessen, daß ich Sauls gesalbter Nachfolger
war. Aus diesem Grund hatte der König sich gegen mich gewandt. Er hatte mich in die Wildnis getrieben, aber ich würde die
Wildnis zu meinem Ausgangsort machen, nicht zu meiner Bestimmung.

„Wir können ein eigenes Fürstentum errichten, einen Grenz-
staat, unabhängig von Saul und sicher vor den Philistern",
erklärte ich meinen Offizieren.

Meine Entschlossenheit fand keine gute Aufnahme. Das überraschte mich. Wenn meine Anhänger zu einem solchen Unternehmen nicht bereit waren, warum hatten sie sich mir dann angeschlossen?

Nur Joab sah ein, wie gewichtig mein Anliegen war; und wenn Joab führte, waren andere, die seine Unerschütterlichkeit kannten, aber meine Kühnheit fürchteten, auch wenn sie sie bewunderten, bereit zu folgen. Es ärgerte mich, daß Joab und ich so unauflöslich miteinander verbunden sein sollten, aber ich erkannte auch den Wert des Bandes, das uns zusammenhielt.

Wir griffen das Philisterlager im Morgengrauen an. Oft habe ich bemerkt, daß die Belagerer einer Stadt in einer prekären Lage sind, wenn ihr Befehlshaber nicht die Intelligenz und die Mittel besitzt, sich gegen ein Entsatzheer zu schützen. Diesem Philisterkommandanten fehlte zumindest die Intelligenz. Seine Kräfte konzentrierten sich an den Mauern von Keila, und er kam nicht auf den Gedanken, seinen Rücken zu decken. Wir hatten sein Heer zerstreut, bevor die Sonne am Himmel stand. Es gab kaum Widerstand, und wir verloren nicht einen einzigen Mann. Die Tore von Keila wurden uns aufgetan, und man empfing uns als Befreier. Ich rief die Ältesten zusammen und teilte ihnen mit, daß sie fortan unter meinem Schutz ständen. Sie seien ihrer Gefolgschaftspflicht gegen Saul enthoben, nachdem dieser sie den philistinischen Wölfen überlassen habe, und sie sollten mich nun als ihren Herrn betrachten. Ich forderte sie zu Spenden auf, damit die Bedürfnisse meiner Soldaten gestillt würden, und sie weigerten sich nicht.

Ich schätzte meinen kleinen Triumph noch aus einem anderen Grund hoch ein: Er erinnerte die Philister daran, daß ich ein Mann war, mit dem sie zu rechnen hatten. Es bestand wenig Aussicht darauf, daß ich bald in der Lage sein würde, dem Hauptheer der Philister als ebenbürtiger Gegner entgegenzutreten, und ich sah wohl, daß ein Augenblick kommen konnte, da ich gezwungen wäre, den Philistern freundschaftliche Angebote zu machen. Da schien es mir nur gut zu sein, daß ich gezeigt hatte, wie furchterregend ich war.

Vorläufig sandte ich eine Nachricht an Saul, in der ich erklärte, das Elend Israels habe mich zu meinem Tun genötigt. Ich würde Keila behalten, um die Grenze zu schützen. Diese Erklärung würde den König wahrscheinlich zur Raserei treiben. Doch die moralische Wirkung dieses Ausdrucks von Selbstvertrauen würde mir bei denjenigen in Sauls Armee sicher nicht schaden, die sich des Verfalls seiner Fähigkeiten bewußt waren und die über meine Verbannung und Jonatans Fall in die Ungnade bestürzt waren.

Meine Zufriedenheit war von kurzer Dauer. Keila war ein kleiner Ort. Es war nicht leicht, hier meine Männer unterzubringen, die nach ihrem Aufenthalt in der Wildnis nicht eben die angenehmsten Gäste für die Stadtbewohner waren. Deren anfängliche Dankbarkeit verwandelte sich bald in Murren. Der Bürgermeister von Keila, der seine eigene Bedeutung durch meine Anwesenheit geschmälert sah, stellte sich quer. Ich entließ ihn aus seinem Amt und stellte ihn unter Hausarrest. Joab war dafür, ihn auspeitschen zu lassen, aber ich war überzeugt, daß wir die Stadtbewohner verärgern würden, wenn wir den Bürgermeister auspeitschten, und lehnte ab.

Es kam die Kunde, daß Saul gegen Keila marschiere, und es war klar, daß seine Ankunft den Stadtbewohnern willkommen sein würde. Ihr Ärger über unsere Ansprüche ließ sie bereits vergessen, daß ich sie aus der Hand der Philister befreit hatte. Joab war dafür, die kleine Stadt zu halten und Saul zu trotzen, aber es war zweifelhaft, daß uns das gelingen könnte, wenn die Männer von Keila uns nicht beistanden. Und daß sie es tun würden, glaubte ich nicht. Um Joab zu überzeugen, ließ ich Abjatar das Wort des Herrn erkunden. Auf meine Frage, ob die Männer von Keila mir beistehen oder mich lieber an Saul ausliefern würden, kam eine eindeutige Antwort. Also bereiteten wir unseren Abmarsch vor.

Wir zogen uns in die Gegend südlich von Hebron zurück, wo Saul uns nicht erreichen konnte; dort ernährten wir uns davon, daß wir den Bauern Tribut abnahmen und dafür ihr Land vor Plünderern beschützten.

Der größte Grundbesitzer der Gegend war ein Mann namens Nabal, reich an Schaf- und Ziegenherden. Zur Zeit der Schafschur wachten wir bei Carmel über seine Knechte, und als die Schur vollbracht war, schickte ich eine Abordnung meiner Leute zu Nabal. Asael führte die Gesandtschaft, denn er war redegewandter und ansprechender als alle meine Offiziere. Ich wies ihn an, höflich und diplomatisch mit Nabal zu sprechen. Er solle ihm erzählen, wie wir die Schafschur bewacht hatten, damit sie ungestört vonstatten gehen konnte. Nabal werde feststellen, daß er kein einziges Schaf, keine Unze Wolle eingebüßt habe. Das aber solle auch seinen Lohn finden.

Nabal aber war ein Narr, und er geriet in Wut. Wer dieser David denn sei? schrie er. Ein Flüchtling vor seinem König, nicht besser als ein Bandit. Er, Nabal, habe niemals Schutzgeld an irgendwelche Wegelagerer gezahlt und werde auch jetzt nicht damit anfangen.

Mit dieser unverschämten Botschaft kehrte Asael zurück, und noch in derselben Nacht marschierten wir auf Nabals Besitzungen.

Wir waren aber noch nicht weit gekommen, als meine Späher meldeten, daß uns eine Karawane entgegenkomme. Ich gab den Befehl zum Halten, wies aber zugleich Joab an, die Männer kampfbereit zu machen.

Die Karawane nahte, eine Gestalt löste sich aus dem Zug und kam allein auf uns zu. Der Mond schien, und der Abgesandte war noch ein ganzes Stück weit entfernt, als ich sah, daß es ein Weib war. Ich ließ sie nah an uns herankommen und machte Anstalten, sie zu begrüßen. Sie fiel auf die Knie.

Dann hob sie den Kopf und fragte, ob sie mit David rede, dem künftigen Herrscher Israels. Sie sei Abigajil, die Gemahlin Nabals, und sie bringe mir die Geschenke, die ihr Mann mir verweigert habe. Sie flehte mich an, ihm seine Torheit zu verzeihen, die sie verhindert hätte, wäre sie zugegen gewesen, als meine Leute mit ihm gesprochen hatten. „Nimm, was ich dir bringe, als Friedensgabe, auf daß keine Blutfehde sei zwischen dem mächtigen Haus Nabals und meinem Herrn David", bat sie.

Mir lag nichts an unnötigem Blutvergießen, und so schickte ich meine Männer voraus, die Esel herbeizuholen, auf die sie ihre Geschenke geladen hatte. Ich fand alles zufriedenstellend und versicherte ihr, daß sie Blutvergießen verhindert habe, da es ihr gelungen sei, ihren Gatten vor den Folgen seiner Dummheit zu bewahren. Dann gab ich ihr eine Eskorte von fünfzig Männern mit auf den Weg, um sicherzustellen, daß sie nicht unter Nabals Zorn zu leiden habe.

Abigajil überbringt David Geschenke und bittet ihn, ihren Mann zu schonen.

Abigajil fand Nabal bei ihrer Rückkehr besinnungslos betrunken. Am nächsten Morgen, als er vom Katzenjammer geplagt auf dem Lager erwachte, erzählte sie ihm, was sie getan hatte. Er brüllte vor Wut und schlug sie. Abigajil schrie und alarmierte dadurch meine Männer. Diese stießen die Wache vor der Tür beiseite und brachten Nabal zum Schweigen. Ich glaube nicht, daß es ein Hieb war, der ihn tötete, denn er siechte noch ein paar Tage, bevor er schließlich starb. Abigajil versicherte mir, er habe einen Schlaganfall erlitten.

Als ich von Nabals Tod erfuhr, schickte ich nach Abigajil, um sie zur Frau zu nehmen. Sie willigte ohne Zögern ein und kam mit ein paar Zofen zu mir. Eine von ihnen, Ahinoam mit Namen, ein kleines, lächelndes Mädchen mit schwarzen, boshaften Augen, gebar mir neun Monate später meinen ersten Sohn. Ich nannte ihn Amnon. Auch Asael heiratete eine von Abigajils Zofen.

Die Lage meiner kleinen Armee war immer noch heikel. Wir blieben in dem rauhen Land südlich von Hebron und ernährten uns von dem, was wir den Bauern dort abzupressen genötigt waren, die wir dafür vor Banditen beschützten. Wir waren zu schwach, um Saul in offener Schlacht herauszufordern, was mir ohnehin widerstrebte, da ich immer noch Achtung vor ihm hatte. Aber es störte mich doch, daß wir gezwungen waren, so zu leben. Die Zeit verging, und ich, der ich eine kurze Zeit lang zu den Großen Israels gehört hatte, sah meinen Ehrgeiz blockiert, meinen Genius ohne zufriedenstellende Beschäftigung. Die Lieder, die ich dem Herrn sang, waren melancholisch in jenen Wüstenmonaten. Einige meiner Leute zeigten sich bedrückt. Joab murrte über die Untätigkeit, und das beunruhigte mich. Seine Unzufriedenheit konnte sich als ansteckend erweisen.

MAN BRACHTE uns die Nachricht, daß Saul mit einem Heer gegen uns marschiere. Manche sagten, es zähle fünftausend Mann, andere, es seien zehntausend. In jedem Fall war die Streitmacht des Königs uns vielfach überlegen, und wir konnten nicht hoffen, ihm in offener Feldschlacht standzuhalten. Ohnedies hatte ich kein Verlangen danach, Israel in Bürgerkrieg und Bruderkampf zu verwickeln. Joabs Ungeduld zum Trotz begnügte ich mich damit abzuwarten.

Das Ende des Sommers nahte. Die Ernte war eingefahren, und wir hatten den widerwilligen Bauern genug Proviant abgenommen. Ich wußte, daß Saul den Feldzug kaum in den Winter hinein fortsetzen würde, denn er hatte keine Möglichkeit, sein Heer im Feld zu versorgen, wenn die Herbstregen einsetzten und das kalte Wetter begann. Außerdem hatte ich Grund zu der Annahme, daß auch Saul selbst nicht mehr fähig war, einen langen Feldzug durchzustehen. Diejenigen, die mir hin und wieder aus dem Lager des Königs heimliche Kunde brachten, versicherten mir, daß es geistig und körperlich mit Saul bergab gehe. Manche sagten, er gehe jede Nacht betrunken ins Bett. Ich glaube, daß er nur trank, um die Dämonen, die ihn quälten, zurückzudrängen. Andere berichteten, er sei in die Gewohnheit verfallen, Hexen und Geisterbeschwörer zu befragen, elende Scheusale, die vorgaben, Kenntnisse von der Zukunft zu haben, die doch niemand besitzen kann; denn die Zukunft kennt nur der Herr. Meine Strategie gegen Sauls Verfolgung bestand darin, daß ich mich vor ihm in die Wildnis von Siph und in die hohen Berge zurückzog, wo meine Leute, die inzwischen an das rauhe Leben gewöhnt waren, bei jedem Scharmützel, das uns aufgezwungen würde, im Vorteil wären. Aber ich war zuversichtlich, daß wir die Schlacht vermeiden konnten und daß Sauls Armee sich bei der vergeblichen Verfolgung bald aufgerieben haben würde. Und meine Strategie war erfolgreich. Oft waren wir nur wenige Meilen weit von Saul entfernt, und doch ahnte er nichts von unserer Anwesenheit.

So hatte Saul auch in einer bestimmten Nacht in der Frist zwischen dem alten und dem neuen Mond knapp eine halbe Stunde von unserem Unterschlupf entfernt sein Lager aufgeschlagen, ohne zu wissen, wie nah er seiner ersehnten Beute war. Als ich meine Runde zu den Außenposten machte, packte mich der plötzliche Wunsch, den König daran zu erinnern, was für ein Mann ich war. Das sagte ich Abischai, Joabs Bruder, dem Hauptmann der Nachtwache. Abischai war ein Mann ohne jede Phantasie, aber treu und zuverlässig und bereit, mir zu folgen.

Wir richteten nur ein knappes Wort an unsere Leute und stiegen dann in dunkler Nacht den Hang hinunter. Saul hatte unzulängliche Wachen aufgestellt, und wir schlüpften ohne Mühe durch die äußere Absperrung seines Lagers. Übermäßige Zuversicht mußte der Grund gewesen sein, denn Abner befand sich beim König, und als erfahrener Taktiker hätte er sicher für straffere Wachen gesorgt, wäre er nicht einer fehlerhaften Aufklärung zum Opfer gefallen. Doch in Wahrheit war Sauls Benehmen inzwischen derart unberechenbar geworden, daß nicht einmal Abner es noch wagte, ihm zu widersprechen oder irgendwelche Patzer des Königs heimlich zu korrigieren. Saul hatte einen Zustand erreicht, in dem sein Zorn leicht gegen jeden entbrannte, der sich nicht in völliger Übereinstimmung mit ihm befand. Er war in diesem Stadium überhaupt nicht mehr fähig, König oder General der Armee zu sein; da er aber beides war, mußte Israel leiden.

Wir wußten, wie das Lager des Königs angelegt war, und so bewegten Abischai und ich uns, als wir einmal innerhalb der Linien waren, mit der Selbstsicherheit von Leuten, die ihren rechtmäßigen Angelegenheiten nachgehen. Solches Auftreten wird für gewöhnlich nie in Zweifel gezogen, und die Nacht war so dunkel, daß niemand unsere Gesichter erkennen konnte. Sicheren Schritts bewegten wir uns auf das Zelt des Königs zu.

Hier kam ein gefährlicher Augenblick, denn das Zelt wäre zweifellos von der Garde bewacht. Aber eine große Stille hing über allem; und es waren keine Wachen da. Wir betraten das Zelt, ohne daß uns jemand angehalten hätte, und dann standen wir vor dem schlafenden König, der auf seinem Strohsack lag. Neben ihm auf einem Schemel stand eine Öllampe, denn Saul fürchtete wie ein kleines Kind, ohne Licht zu sein. Sein Speer steckte neben ihm im Boden, wo seine rechte Hand ihn packen könnte, sobald er aufwachte. Er lag laut schnarchend auf dem Rücken, und schwerer Weindunst umwehte ihn.

Abischai legte seine Hand an den Speer. „David", wisperte er, „der Herr hat dir deinen Feind in deine Hand gegeben." Er zog den Speer aus dem Boden und hielt ihn mir entgegen. „Töte ihn mit seinem eigenen Speer. Man wird glauben, er sei von einem seiner eigenen Leute ermordet worden, jemand sei seines Wahnsinns müde gewesen und habe nicht länger darauf vertraut, daß er Israel führen könne, und so habe er seinem Leben ein Ende gemacht. Und dann wird entweder dein Freund Jonatan König, und du erhältst deine rechtmäßige Stellung wieder, oder das Volk wird sich an Samuel erinnern und dich als den Gesalbten des Herrn rufen."

Vielleicht hat er das nicht alles gesagt. Vielleicht waren es Gedanken, die ich in seinen Augen lesen konnte. Vielleicht schreibe ich auch dem phantasielosen Abischai Gedanken zu, die mir selbst durch den Kopf gingen.

Ich nahm Abischai den Speer ab und wog ihn in der Hand. Ich drückte die Spitze an Sauls Kehle und durchstach die Haut, so daß ein Blutstropfen hervortrat. Saul in seiner berauschten Starre rührte sich nicht. Sein Schnarchen dröhnte weiter, während ich den Speer zurückzog und ihn mit beiden Händen hoch über seinen wogenden Bauch hielt. Dies war der Augenblick, da ich zustoßen wollte.

Was hinderte mich? Ich wünschte, ich könnte sagen, es war die Furcht vor dem Herrn, der das Gebot gab: „Du sollst nicht töten." Vielleicht war es Klugheit. Mein Verstand sagte mir, daß Saul jetzt in wütender Entschlossenheit einen Lebensweg eingeschlagen hatte, der ins Unglück führen mußte. Später habe ich gedacht, daß es meine eigene Stellung als Gesalbter des Herrn war, die mich von meiner Tat abhielt. Aber ich glaube, das war es nicht. Ich glaube, ich schonte Saul, weil mir in diesem Augenblick sein Bild in den Sinn kam, wie er mir entgegenkam, als ich ihn das erstemal von seiner Raserei geheilt hatte, wie er meine Wange berührte, mit warmen Fingern und sicherer Hand, während er sagte: „Ich war fort, und du hast mich zurückgebracht."

„Nein. Ich kann es nicht tun", sagte ich zu Abischai.

„Dann gib mir den Speer", verlangte er, „und ich mache diesem Priestermörder ein Ende."

„Nein, Abischai", widersprach ich. „Lösch die Öllampe, und nimm sie mit. Ich trage Sauls Speer, und ich versichere dir, auch wenn du es jetzt nicht verstehst, daß wir einen größeren Sieg errungen haben, als wenn wir Saul getötet hätten."

Am Morgen, als die ersten Sonnenstrahlen die Berge berührten, begab ich mich zu einer Felskante an einem Hügelvorsprung, von wo ich auf das Lager des Königs hinabschauen konnte. Lajisch war bei mir, und er blies laut auf einem Widderhorn, um die Leute dort unten im Tal aufmerksam zu machen. Ich wölbte die Hände vor dem Mund und rief laut durch die klare Stille der Bergluft nach Abner. Es verging eine Weile, und Lajisch blies noch einmal auf seinem Horn, und dann sah ich, wie Abner an den Rand des Lagers kam.

Ich hob die Stimme und rief: „Bist du nicht ein wackerer Mann, Abner, und ein würdiger Wächter des Königs Saul? Geh zum Zelt des Königs und suche den Speer, der dort in der Erde stak bei seinem Bett, und die Lampe, die über ihn wachte, bei Nacht. Suche, und dann frage, wo sie sind."

Ich zog mich zurück und winkte Lajisch, es mir gleichzutun. Unten im Lager nahm ich große Unruhe wahr, und ich lachte, als ich sah, wie die Männer in Panik hierhin und dorthin rannten. Dann wurde es still im Lager, und ich sah, daß die Männer sich wie beschämt zurückzogen. Eine Stimme erhob sich zu den Bergen, wo wir verborgen lagen – eine zitternde und unsichere Stimme, aber ich erkannte sie dennoch: Es war Sauls Stimme.

„Bist du das, mein Sohn David?" rief er.

Ich trat vor, daß der König mich sehen konnte, denn ich war sicher, daß Saul von Scham erfüllt war und daß ich mich gefahrlos sehen lassen konnte. „Ich bin es, David, der zu Saul spricht, seinem Herrn und Meister", antwortete ich. „Und siehe, dies ist der Speer in meiner Hand, den ich letzte Nacht aus dem Zelt nahm, da du schliefst. Berühre deinen Hals, mein Herr und König, und fühle die Stelle, wo ich dich stach, da du mir und meinem Erbarmen ausgeliefert warst. Sollte es mein Wunsch gewesen sein, dir Böses anzutun, so haben nur mein eigener Wille und die Gnade des Herrn mich daran gehindert. Beweist dir das nicht, daß ich dein Feind nicht bin? Warum also jagst du mich wie ein wildes Tier in den Bergen?"

Lange war es still. Saul setzte sich auf einen Stein und bedeckte das Gesicht mit den Händen. Die Armee stand regungslos da und schaute zu. Meine eigenen Leute verbargen sich oben in den Felsen. Mir war, als hörte ich, wie sie den Atem anhielten.

Endlich erhob sich der König unsicher. Er kam, schwer auf Abner gestützt, heran, bis er außerhalb des Lagerbezirks stand, in Bogenschußweite für meine Männer. „Vergib mir, David, mein Sohn", bat er. „Kehre zu mir zurück, und ich schwöre, ich will dir kein Haar krümmen, und du magst deine Bestimmung erfüllen." Dann schluchzte er.

Ich glaube, in diesem Augenblick war er aufrichtig, und die Liebe, die er einst für mich empfunden hatte, wallte wieder auf in seiner Brust, und ich wünschte, ich hätte ihm vertrauen können. Aber ich wußte, er sprach nur in der Gefühlsregung des Augenblicks. Ich befahl Abner, mir einen der Offiziere des Königs heraufzuschicken, damit er des Königs Speer abhole. „Und die Öllampe", fügte ich hinzu, „die den König vor den Schrecken der Nacht beschützt, während seine Wächter schlafen."

Vor meinem geistigen Auge sah ich, wie Abner vor Scham errötete. Ich kannte ihn gut genug, um zu wissen, wie ihm zumute war, und ich bereute, daß ich ihn gedemütigt hatte.

Abner senkte den Kopf und führte den König weg. Nach einer Weile kam ein Offizier aus dem Lager und stieg den Berg zu mir herauf. Ich erkannte Adonija, einen Freund Jonatans, und da wußte ich, daß ich nichts zu fürchten hatte. Ich ging ihm entgegen und umarmte ihn. Lajisch schickte ich in unser Quartier, um Wein zu holen, und Adonija setzte sich neben mich auf den Felsensims, der uns einen Ausblick auf das Lager des Königs bot. Ich erkundigte mich nach Jonatan und fragte, ob er immer noch in Ungnade sei.

„Saul wird ihm nie wieder vertrauen", war die Antwort, „und zwar deinetwegen, David."

Lajisch brachte den Wein, und ich schickte ihn fort.

„Sag Jonatan, daß ich nicht vergessen habe, was wir einander versprachen", trug ich ihm auf. Dann reichte ich Adonija den Weinschlauch und sah zu, wie er trank. Er war ein hübscher junger Mann mit Trauer im Blick.

„Wenn der König Jonatan nicht vertrauen kann oder will, dann kann ich nicht auf das vertrauen, was er soeben zu mir gesagt hat", folgerte ich.

„Ich würde sterben für Jonatan", versicherte mir Adonija. „Vielleicht werde ich es müssen. Der König ist wie ein Wind, der nie zwei Tage lang aus derselben Richtung weht. Als er wahnsinnig war, David, und du ihn heiltest, da war es anders. Damals war ich zu jung, um im Lager zu sein, aber ich habe davon gehört, und Jonatan selbst hat mir erzählt, was du getan hast. Wie deine Musik und noch etwas anderes in dir die Dämonen aus seiner Seele vertrieben. Aber heute haben sie ihn fest in ihren Klauen. Es sind verschlagene Dämonen, die ihm den Anschein von geistiger Gesundheit lassen. Manchmal. Ein paar Tage lang. Aber tief in seinem Herzen ist Saul verrückt. Er traut keinem, nicht einmal den Leuten aus seinem eigenen Stamm Benjamin, nicht mal Abner, der ihn liebt. Saul lebt in den Klauen eines Grauens, das er nicht versteht, und selbst Abner beobachtet ihn mit Entsetzen. Weißt du, warum du gestern nacht so mühelos in sein Zelt gelangen konntest? Weil eine Stimme ihm gesagt hatte, er solle

sich vor seinen eigenen Wächtern hüten – und da hat er sie weggeschickt. Das Gemetzel an den Priestern von Nob plagt sein
Gewissen. Ich habe ihn sagen hören, er wate im Blut. Es gibt
Tage, da redet er nur vom alten Samuel und dem Fluch, den der
alte Priester gegen ihn geschleudert hat, und dann sagt er: ‚Weil
ich verflucht bin, kann mir jetzt nichts mehr verboten werden.'
Und dann wieder dreht er das Urteil um und erklärt, gerade
wegen des Fluches sei er zu nichts mehr fähig. Ich sage dir, David,
hättest du den König getötet, wärest dann offen ins Lager hinaus-
marschiert und hättest verkündet, was du getan hast – selbst
Abner wäre erleichtert gewesen, weil es endlich ein Ende gehabt
hätte mit Sauls Qualen und mit der Angst, die er verbreitet."

„Ich bin der Gesalbte des Herrn", wehrte ich ab, „und mein
Versprechen an Jonatan, seinem Haus und seiner Familie nichts
Böses zu tun, muß Saul mit einschließen."

Adonija trank noch etwas Wein, reichte mir den Schlauch
zurück und streckte die Beine in der Sonne aus. „Weißt du, was
Jonatan über dich sagt? Er sagt, selbst wenn Saul nicht glaubte,
daß Samuel dich als den Auserwählten des Herrn gesalbt habe,
würde er die gleichen Gefühle für dich hegen wie jetzt: ein
Gemisch aus Liebe, Eifersucht, Haß und Furcht. Aber Jonatan
sagt auch, Saul fürchte und hasse sich selbst. Es war ein schlechter Tag für Saul, als er auf der Suche nach den verlorenen Eselinnen seines Vaters Kisch zu Samuel kam."

„Jonatan ist ein guter Mann. Die Geschichte mit dem alten
Samuel und der Salbung ist wahr. Wenn also Samuel die Worte
des Herrn gesprochen hat, dann bin ich auserwählt. Und doch
bin ich kein so guter Mann wie Jonatan. Nur wenige – wie Jonatan – wachsen gerade wie eine Fichte."

„Er hat einen lahmen Sohn, einen Krüppel, er heißt Merib-
Baal", erzählte Adonija. „Der Junge ist nicht ganz wie andere.
Seine Gedanken irren zuweilen umher, aber Jonatan geht behutsam und liebevoll mit ihm um. Wenn du nur sehen könntest, wie
er ihn umsorgt, wie er ihn in den Armen hält. Ich wünschte, ich
könnte mich dir anschließen und dein Schicksal mit dir teilen,
aber ich kann Jonatan nicht verlassen, auch wenn ich fürchte,
daß Saul uns in den Untergang führen wird."

„Jonatan kann von Glück sagen, daß er dich hat", antwortete ich. „Und jetzt mußt du zum Heer zurückkehren, denn sonst wird Saul denken, wir verschwören uns gegen ihn. Versichere Jonatan, daß ich ihn liebe und daß ich von ganzem Herzen an ihn denke." Er stand auf, und wir umarmten einander. Er nahm Sauls Speer und die Öllampe. „Wir alle wären sicherer, wenn ich den Speer bei dir ließe", meinte er.

Ich sah ihm nach, wie er den Berg hinunterging, zurück zu seiner Armee und dem König, den er fürchtete.

Ich habe ihn nie wiedergesehen. Er fiel an Jonatans Seite in der unheilvollen Schlacht am Berg Gilboa, von der ich später berichten werde. Aber das Gespräch ist mir im Sinn geblieben und ebenso die Erinnerung an einen guten, unglücklichen jungen Mann, nach dem ich einen meiner Söhne benannt habe.

5

Das Gespräch mit Adonija hatte mich davon überzeugt, daß Sauls Reue über den Eifer, mit dem er mich bis aufs Blut verfolgt hatte, nicht von langer Dauer sein würde. Sein aufgewühlter Geist würde ihn schon bald wieder gegen mich hetzen. Ich spürte, daß tief in seinem gemarterten Herzen der Verdacht lauerte, er könnte beweisen, daß Samuel nicht das Wort des Herrn gesprochen hatte, indem er mich erschlüge. Wenn ich verjagt werden konnte, dann – so mußte es Saul in der Ratlosigkeit seines Wahns erscheinen – war der Umstand, daß Samuel ihn verstoßen hatte, ebensowenig Ausdruck göttlichen Willens wie die Tatsache, daß Samuel mich gesalbt hatte. Daher konnte ich nicht glauben, daß Saul die Verfolgung nicht schon bald wiederaufnehmen würde. Und als die Wochen vergingen und meine kleine Streitmacht sich in den ungastlichen Bergen von Juda immer mühsamer zusammenhalten ließ, da begann ich zu fürchten, daß Sauls nächster Angriff für mich vielleicht weniger glücklich enden könnte.

Die Notwendigkeit veranlaßte mich, unser Quartier zu verlegen, und mir blieb nichts anderes übrig, als den Philistern meine

Dienste anzubieten. Ich hatte Achisch, den König von Gat, bei Verhandlungen kennengelernt, als ich noch in Sauls Gunst gestanden hatte. Damals hatte er wie ein ehrlicher Mann gewirkt, wenngleich ein bißchen beschränkt, wie ich Joab, Abischai und Asael erzählte. Ich hatte die drei zu mir befohlen, um unsere Zwangslage mit ihnen zu erörtern. Mit Achisch konnte ich bestimmt Geschäfte machen.

Wie ich es erwartet hatte, erhob Joab Einwände. Abischai dagegen schwieg. Fragen der hohen Politik waren zu schwierig für ihn, und ich hatte ihn zu dieser Besprechung nur dazugebeten, weil er sonst beleidigt gewesen wäre. Asael mit seiner schnellen Auffassungsgabe sah sofort, wie gewichtig meine Argumente waren. In der Geschwindigkeit seines Verstandes lag sein großer Vorzug, auch wenn sich damit eine hitzige Phantasie verband, die ihn zuweilen zu Taten von rücksichtslosem Ungestüm verleitete. Joab jedoch wollte sich nicht überzeugen lassen.

„Meine Rede war immer, nur ein toter Philister ist ein guter Philister", erklärte er. Joab war stets voll von solchen abgedroschenen Auffassungen.

„Joab", wandte ich mich an ihn, „du weißt, wie hoch ich deine Meinung schätze und wie sehr ich mich in Fragen der Strategie und Taktik auf dich verlasse. Die Vortrefflichkeit unserer Truppe haben wir allein deinen Fähigkeiten als Ausbilder zu verdanken. Ich weiß, wie schwer du arbeitest und daß ich ohne deine Bemühungen in einer verzweifelten Lage wäre. Es ist verständlich, daß du, beschäftigt, wie du warst, nicht soviel Zeit hattest wie ich, um über die weitergehenden Aspekte unserer Lage nachzudenken. Aber die Wahrheit ist, daß wir hier zwischen den Streitkräften Sauls und denen der Philister in der Falle sitzen, und da der Winter heranrückt, sind unsere Tage hier gezählt. Bald wird der Tag kommen, da wir die Grundbedürfnisse unserer Leute nicht mehr erfüllen können. Etliche werden dann einfach verschwinden, und deine Arbeit war umsonst. Ich habe für die Philister genausowenig übrig wie du. Es gibt kaum einen, dem ich vertrauen würde, und wenn ich bei Achisch von Gat eine Ausnahme mache, dann nur, weil ich weiß, daß er kein durchschnittlicher Philister ist, sondern ein Mann von Ehre und Anstand. Dennoch würde ich nicht wagen, mich ihm zu nähern, wenn eines nicht wäre: unsere furchterregende Streitmacht. Wir haben ihm etwas anzubieten, was kein König zurückweisen kann, und gleichzeitig ist unsere Truppe hinreichend gut ausgebildet, um Achisch vor Verrat zurückschrecken zu lassen, selbst wenn ich mich in der Einschätzung seines Charakters irre. Wir stehen vor einer einfachen Wahl: Wir vertrauen uns und die Sicherheit unserer Frauen, Kinder und Geliebten Achisch an oder aber Saul. Du kennst Saul zu gut, um zu glauben, daß irgend jemand sich angesichts seines verstörten Zustandes auf ihn verlassen kann. Daher muß ich dich dringend bitten, mir zuzustimmen, wenn ich sage, daß von zwei Übeln das weniger gefährliche darin besteht, sich an Achisch zu wenden."

Meine Schmeichelei zeigte Wirkung. Joab, der immer geglaubt hat, man schätze ihn nicht so hoch, wie ihm gebühre, war für den Augenblick beschwichtigt. Er maulte noch eine Weile, aber das war eine reine Formsache und diente zur Unterstreichung seines starken Willens und der Unabhängigkeit seines Denkens.

Die Verhandlungen mit Achisch verliefen so leicht und angenehm, wie ich es erwartet hatte. Er war intelligent genug, um zu erkennen, daß der Zuwachs meiner gut ausgebildeten kleinen Truppe seine eigene Position in den Rivalitätskämpfen, die zwischen den Königen der Philister herrschten, beträchtlich stärken würde. Die Stärke und militärische Überlegenheit der Philister genügte, um die Kinder Israels zu vernichten und unser Volk zu unterwerfen, zumal jetzt, da Saul nicht mehr derselbe war wie einst. Nur die Unfähigkeit der Philister, untereinander Einigkeit und Harmonie zu bewahren, verhinderte es.

Achisch umarmte mich herzlich, und aufrichtig erklärte er, es sei ihm eine Freude, daß ich mich ihm anschließen wolle. Außerdem bereite ihm nichts größere Genugtuung als das Vertrauen, das ich in ihn setzte. „Wir haben hart gegeneinander gekämpft, David, und in der Schlacht hat jeder von uns gelernt, die Tugenden des anderen anzuerkennen. Mögen wir, die wir die größten Feinde waren, fortan und für alle Zeit die besten Freunde sein."

Ich pflichtete diesem Wunsch bei und gab ihm zu verstehen, daß seine Großzügigkeit mein Herz mit Freude erfülle.

Er gab ein großes Willkommensfest, bei dem er selbst in liebenswürdige Trunkenheit verfiel. Joab war mürrisch und besoffen, aber selbst in diesem Zustand stets wachsam und mißtrauisch. Ich trank mäßig, wie es immer meine Art war. Und wie Joab blieb ich wachsam. Ich wußte, es gab viele Oberhäupter unter den Philistern, die gegen mich eingenommen waren, weil ich ihnen Söhne, Brüder oder Väter geraubt und manchmal auch die Töchter verschleppt hatte. Auch wußte ich, daß einige unter ihnen eifersüchtig auf Achisch waren und nicht zögern würden, ihn zu beseitigen, wenn sich eine Gelegenheit böte. In dieser Hinsicht war Joabs Feindseligkeit gegen die Philister gerechtfertigt. Sie sind von Natur aus heimtückisch, denn es gibt keinen unter ihren Göttern und Göttinnen, der von ihnen Wahrheit verlangt, wie es der Herr und Gott Israels tut. Aus diesem Grund betrachten sie es nicht als Schande, ihr Wort zu brechen, und Loyalität ist ihnen fremd. Achisch war eine seltene Ausnahme unter ihnen. Seine Mutter war eine israelitische Gefangene aus meinem eigenen Stamm Juda, die als Sklavin und Konkubine zum Vater des Königs kam.

Wenig später hörte ich, daß man gegen uns murrte. Ich hatte das niederträchtige und selbstsüchtige Temperament der Philister nicht im vollen Ausmaß berücksichtigt. Ich hatte geglaubt, nicht nur Achisch werde meinen Wert an der Spitze einer Armee von sechshundert Mann erkennen. Doch eine solche Erkenntnis wurde durch Groll verhindert, und bald merkte ich, daß nicht nur wir in Gefahr waren, sondern daß Achischs Freundschaft zu mir ihn auch in seiner eigenen Stellung bedrohte. Königsmord ist eine verbreitete Praxis bei den Philistern.

Daher wandte ich mich an Achisch und schlug ihm vor, daß es zu unser beider Vorteil sein könnte, mir einen unabhängigen Posten zuzuweisen, vorzugsweise einen an der Grenze zu den Amalekitern, die mit Israel und den Philistern verfeindet waren. Dort könne ich ihm auf eine Weise dienstbar sein, die weniger geeignet sei, den Unmut seines Adels und seiner Hauptleute zu entflammen.

Achisch gab mir den Befehl über die kleine Stadt Ziklag, einen halben Tagesmarsch von Gat entfernt und ständig von den Amalekitern und anderen feindlichen Stämmen, die im südlichen Grenzland wohnten, bedroht. Ich schützte die Einwohner von Ziklag, indem ich Strafexpeditionen gegen ihre Feinde unternahm. Diese Strafexpeditionen dienten einem doppelten Zweck: Sie erhielten die Kampfkraft meiner kleinen Armee, und sie machten mich beliebt bei den Bürgern von Ziklag, die ich nicht nur von ihrer Angst befreite, sondern auch mit unserer Kriegsbeute beschenkte. Bald waren sie mir hingebungsvoll treu, und zwar in einem solchen Maße, daß sie mich immer noch als ihren Herrn betrachteten, als ich schließlich König erst von Juda und dann von ganz Israel wurde.

Da ich nie die Absicht gehabt hatte, mich dauerhaft bei den Philistern aufzuhalten, sondern stets daran dachte, daß ich der Gesalbte des Herrn war, bemühte ich mich, meine Streifzüge auf das Gebiet jener Stämme zu beschränken, die seit langer Zeit sowohl mit den Israeliten als auch mit den Philistern verfeindet waren. Wenn ich gelegentlich bekanntwerden ließ, daß ich auch Angriffe gegen die Städte Judas führte, so geschah dies lediglich, weil ich es für notwendig hielt, Achisch von meiner Loyalität zu überzeugen.

Bald kam es zu einer neuen Krise. Saul hatte in seinen raren Augenblicken der Klarheit in letzter Zeit ein paar Erfolge in Grenzgefechten mit den Philistern errungen, während Jonatan einen waghalsigen, aber erfolgreichen Ausfall gegen einige ihrer nördlichen Städte unternommen hatte. Die Philister waren alarmiert und ließen sich bewegen, die Streitigkeiten zwischen ihren kleinen Königtümern einstweilen zu vergessen und sich zu einer großen Armee zu vereinen, die sich dazu verschwor, „die Viper Saul", wie sie es ausdrückten, „und ihre ganze Brut auszurotten".

Natürlich befahl Achisch mir als seinem Vasallen, mich dem philistinischen Heerbann anzuschließen. Einige meiner Leute, darunter auch Asael, waren bestürzt über die Aussicht, an der Seite unserer traditionellen Feinde gegen israelitische Landsleute zu kämpfen.

Joab aber schlug mit der Faust auf den Tisch. „Das ist die Gelegenheit, auf die wir gewartet haben. Löschen wir Saul aus, und Samuels Versprechen wird in Erfüllung gehen."

Ich hatte Verständnis für Joab. Als er Saul verlassen hatte, um mir zu folgen, war er enttäuscht darüber gewesen, wie langsam unsere Armee gewachsen war. Er hatte gedacht, David und Joab würden mehr Abtrünnige anlocken, und er hatte sich nicht vorgestellt, daß unser Aufenthalt in der Wildnis so langwierig und gefährlich werden würde. Meinem Vorschlag, uns mit Achisch zu verbünden, hatte er teils widersprochen, weil er die Philister nicht mochte, teils aber auch einfach, weil es eine neue Idee gewesen war und er immer ein bißchen Zeit brauchte, um sich an neue Ideen zu gewöhnen. Inzwischen hatte er zwar seinen Widerwillen gegen die Philister nicht überwunden, hatte sich aber mit unserer Lage versöhnt. Sein Haß gegen Saul und dessen ganze Familie – sogar gegen Jonatan – war so intensiv, daß ihm vermutlich sogar ein Bund mit dem Satan willkommen gewesen wäre, wenn er damit Sauls Untergang hätte sicherstellen können. Jetzt sah er, daß der ersehnte Augenblick heranrückte, und in seiner Begeisterung bemerkte er nichts von den Schwierigkeiten, die für mich ersichtlich waren. Zwar würde mit Sauls Niederlage und seinem möglichen Tod in der Schlacht der Thron Israels frei werden. Aber ich konnte nicht sicher sein, daß ich allen Stämmen als Sauls Nachfolger willkommen sein würde – nicht, nachdem ich mit dem Heer der Philister gegen Saul und Israel gekämpft hatte. Möglicherweise würde Achisch mich als Marionettenkönig auf den Thron Israels setzen, und vielleicht würde ich mich, wenn ich erst König wäre, nach und nach von den Fesseln der Philister befreien können. Aber so wollte ich nicht König von Israel werden.

Lange betete ich zum Herrn, Er möge meine Schritte lenken und mir helfen, das Versprechen zu erfüllen, das ich ihm durch die Vermittlung Samuels gegeben hatte. Ich zerstreute die Unsicherheit meiner Männer, indem ich sie aufforderte, ihr Vertrauen in den Herrn der Heerscharen zu setzen, der über uns wachte. Ich erinnerte sie an die Mühen unserer Vorväter, die nach der Befreiung aus Ägypten vierzig Jahre durch die Wüste wanderten. Und zu Achisch sagte ich, als sein Vasall und im Bewußtsein der Dankbarkeit, die ich ihm schuldete, würde ich bereitwillig jede Aufgabe erfüllen, die er mir stellte. Aber ich sei nicht sicher, daß alle seine Landsleute glücklich wären, wenn sie mich mit ihnen gegen mein eigenes Volk marschieren sähen.

„Ich sage das nur, um dich zu warnen", endete ich. „Ich möchte nicht, daß meine Anwesenheit in deiner Armee die anderen Philisterkönige dazu bringt, kein volles Vertrauen mehr in dich zu setzen."

„David, wie immer sprichst du wie ein Ehrenmann", antwortete er. „Aber ich werde die anderen Feldherren davon überzeugen, daß mein Vertrauen in dich wohlbegründet ist."

Es kam so, wie ich es in meinen Warnungen vorhergesagt hatte. Als die anderen Philisterkönige hörten, daß ich mit ihnen marschieren sollte und daß Achisch mir sogar das Kommando über den rechten Flügel des Heeres geben wollte, da platzten sie fast vor Wut. David hat Achisch verhext, behaupteten sie. David ist ein Feind der Philister; der Streit zwischen Saul und David ist nur Theater; David arbeitet für Saul, der ihn in die Reihen der Philister geschickt hat, auf daß er sie verrate, wenn die Schlacht am wildesten tobt. David müsse als Spion hingerichtet werden, meinten manche. Auch wenn Achisch dem nicht zustimmen wird, so werden wir uns doch alle weigern zu marschieren, solange David und seine Männer in der Armee sind.

Achisch berichtete mir das alles. Er war erzürnt und beschämt zugleich. „Ich habe mir nicht vorstellen können, daß sogar der König von Asckelon, der so scheußlich ist wie dumm, so tief sinken könnte, daß er mich der Abscheulichkeiten bezichtigt, die er mir jetzt zum Vorwurf macht", gestand er. „Ich werde ihm nie verzeihen, obwohl er ein Vetter von mir ist. Aber jetzt, David, muß ich dich zu meiner Beschämung bitten, dich mit deinen Leuten aus dem Heer zurückzuziehen und nach Ziklag zurückzukehren, wo du unsere Südgrenze mit solchem Erfolg verteidigt hast. Verzeih mir diese Bitte, und sei sicher, sie bedeutet nicht, ich hätte in meinem Herzen auch nur den geringsten Zweifel an deiner Treue gegen mich."

Ich umarmte ihn und dankte ihm für sein Vertrauen. Dann versicherte ich ihm, ich würde mich seines Edelmuts bis zum Tag meines Todes erinnern. Und das habe ich wirklich getan.

So war ich nicht dabei, als der letzte Akt in Sauls Tragödie stattfand. In den letzten Tagen wurde Saul von einer neuen Störung des Geistes heimgesucht. Er litt nicht länger an dieser Austilgung des Verstandes, die ihn mit einer nachtschwarzen Wolke umschloß. Eher war es, als bewege er sich durch klammen Nebel, ohne etwas zu sehen, zu hören, zu verstehen, aber gleichwohl blieb er immer in Bewegung.

Inzwischen war Samuel gestorben. Ganz Israel hatte die Totenklage für ihn gehalten und ihn in Rama begraben. Als danach die Nachricht kam, daß die Philister gegen Saul Truppen zusammenzögen, ging er in seiner sonderbaren Verfassung zu einer Frau, von der es hieß, sie besitze durch Hexenkünste die Macht, die Toten heraufzubeschwören. Mit ihr wollte er sich beraten. Auf dem Höhepunkt seines Lebens hatte Saul Gesetze erlassen, mit denen er jene, die Kenntnisse der Schwarzen Künste zu haben behaupteten, aus dem Reich verbannte. Lügner hatte er sie genannt und Scharlatane. Und nun begab sich der elende Saul in Verkleidung nach En-Dor, um dieses Weib zu befragen, das sich brüstete, die Geister der Toten zur Befragung heraufbeschwören zu können.

Sie erkannte ihn ohne Mühe. „Ist das nicht der König, der mich bittet, den Geist des Samuel heraufzubeschwören?" fragte sie. „Und ist es nicht derselbe König, der verkünden ließ, daß Künste wie die meinen böse seien, und mich zu Tode steinigen oder aus Israel vertreiben lassen wollte?"

Saul warf sich vor ihr auf den Boden.

Sie lachte, als sie ihn so verzweifelt sah, und willigte ein zu tun, wie er wollte. Mit welchen Mitteln sie die Erscheinung des Hohenpriesters heraufbeschwor, weiß ich nicht. Aber diejenigen, die Saul begleiteten, bestätigten nachher, daß die Gestalt Samuels in einer Wolke aus rotem Dunst vor ihm aufstieg.

Saul sagte, der Herr habe ihn verlassen in seiner Not, und weinte. Die Philister hätten eine große Armee gegen ihn aufgestellt, aber wenn er Anleitung suche beim Herrn, so höre er nur den Wind in der Wildnis. Daher komme er nun zu Samuel, um ihn zu bitten, für ihn beim Herrn Fürsprache zu leisten, denn nur so könne Israel gerettet werden.

Das Weib zu En-Dor ließ die Gestalt, die es heraufbeschworen

**Ein Krieger bringt dem entsetzten
David die Krone König Sauls.**

**Das Weib von En-Dor läßt
Samuels Geist vor Saul erscheinen.**

hatte, Saul antworten. Die Worte, die sie Samuel sprechen ließ, waren hart. Darin zumindest war sie ehrlich, denn sie antwortete, wie sicher auch Samuel selbst geantwortet hätte. Saul sei vom Herrn verstoßen worden wegen seines Ungehorsams gegen das Wort des Herrn, dessen Willen er getrotzt habe, indem er die Amalekiter verschont hatte. Saul sei verdammt, und er werde untergehen in den Bergen von Gilboa.

Dann verschwand die Vision, und der König weinte. Das Weib gab ihm Brot und Wein und Fleisch von einem gemästeten Kalb. Ich würde gern glauben, daß sie es aus Mitleid tat, aber wahrscheinlicher ist, daß sie ihren Triumph auskosten und den Anblick des großen Königs als hilflos stammelndes Kind noch ein wenig länger genießen wollte. Nachdem Saul gegessen und getrunken hatte, bedankte er sich bei dem Weib auf eine Weise, die Spuren seiner früheren Majestät in sich trug. Seine Miene aber, sagten die Leute, war leer wie die Felswand, die sich aus dem Wüstensand erhebt; und in diesem Geist zog er in seine letzte Schlacht.

Als die Nachricht von seiner Niederlage und dem Blutbad an Jonatan und Sauls anderen Söhnen zu mir nach Ziklag gebracht wurde, da fühlte ich seine Qual, und mein Herz war wund. Saul selbst hatte sich in sein Schwert gestürzt, um nicht in die Gefangenschaft der Philister zu geraten und von ihnen zum Gespött gemacht zu werden. Die Nachricht brachte mir ein junger Mann, der geradewegs vom Schlachtfeld hergeeilt war. Bei sich hatte er Sauls Krone und sein Armgeschmeide. Doch ich fand heraus, daß er uns nicht die Wahrheit gesagt, sondern selbst den verwundeten Saul auf dessen Wunsch getötet hatte. Er kniete und begrüßte mich als König, und dann lächelte er, als erwarte er reiche Belohnung.

Ich starrte ihn voller Entsetzen an. „Du rühmst dich, den Gesalbten des Herrn getötet zu haben", warf ich ihm vor. „Betrachte wohl das Licht des Tages, junger Mann, denn du wirst es nicht noch einmal sehen."

Ich befahl, ihn fortzuschaffen und ihm die Augen auszustechen, denn, sagte ich, „er soll die Dunkelheit sein eigen nennen, da er Saul der ewigen Nacht übereignet hat. Aber laßt ihn leben", fügte ich hinzu, „auf daß er den Schmerz der Erniedrigung kennenlerne; so mag er sein Brot erbetteln von denen, die wissen, wie abscheulich er ist. Auf diese Weise wird er, der sich brüstet mit seiner Grausamkeit, bald fühlen, wie es schmerzt, Barmherzigkeit zu empfangen, und solange er lebt, wird er allen eine ständige Erinnerung daran sein, daß der Herr gerecht ist."

Er schrie entsetzlich, als der Akt vollzogen wurde. Als ich seine Schreie hörte, schauderte mich, und ich widerrief meinen ersten Befehl und verfügte, er solle in meiner Nähe gehalten werden. Auf diese Weise, sagte ich mir, habe ich ein warnendes Beispiel dafür vor Augen, wie tief ein Mensch sinken kann. Sieben Jahre blieb er in meinem Haushalt und erlitt die Verachtung aller; dann überantwortete ich ihn den Priestern mit der Anweisung, ihm eine Zelle zu geben, Brot und Wasser sowie die Gelegenheit, seinen Frieden mit dem Allmächtigen zu schließen.

In jener Nacht in meiner Kammer erinnerte ich mich an Saul, wie er gewesen war in seiner glorreichen Kraft. Mit schärferem Schmerz gedachte ich der Liebe Jonatans zu mir, und ich machte ein Gedicht.

Als ich fertig war, überkam mich große Müdigkeit, aber mein Schmerz war gemildert, denn ich wußte, meine Worte hatten Saul und Jonatan Unsterblichkeit verliehen, soweit das in meiner Macht stand. Ich sandte nach Lajisch, und als ich ihm meine Klage vorsang, brach er in Tränen aus.

„Saul trachtete dich zu töten, und nun singst du so schön von seinem Ruhm", wunderte er sich, als er sich wieder gefaßt hatte.

„Ja", gab ich zu, „ich verstehe es selbst nicht, aber ich habe das Lied so gemacht, wie ich es machen mußte. Mehr weiß ich nicht. Einst habe ich Saul geliebt. Dann habe ich ihn gefürchtet. Später habe ich ihn bemitleidet. Aber nie habe ich mir die Schändlichkeit gestattet, ihn zu hassen, wie er mich haßte. Ich glaube indessen, daß auch er gegen diesen Haß gekämpft hat. Um meinetwillen mußte ich dieses Lied machen, um mich vor der Verderbnis zu bewahren, indem ich Saul ehrte."

„Und Jonatan", ergänzte Lajisch.

6

Selbst Asael war erstaunt und erbost, weil ich mich nicht gleich zum gesalbten König Israels erklärte. Es stellte ihn nicht zufrieden, als ich ihm erläuterte, daß ich eines über die Staatskunst gelernt hätte: Man treffe eine Entscheidung immer erst, wenn der Augenblick reif dafür ist. Ungläubig schüttelte er den Kopf, als ich erklärte, ich wolle warten, bis man mich rufe.

Joab sei rasend vor Wut, berichtete er. Auch Joab verstand mich nicht. Asaels älterer Bruder frage sich, ob ich den Mumm verloren hätte.

„Zeit und Geduld", ermahnte ich alle. „Zeit und Geduld."

Achisch hatte ich diskrete Glückwünsche zu seinem Sieg zukommen lassen. Heimlich begab ich mich anschließend nach Hebron, der Hauptstadt von Juda. Das Königreich Israel war zu jener Zeit praktisch entzweigeschnitten, weil die Jebusiter noch immer Jerusalem besetzt hielten. Also ließ ich mich jetzt in Hebron nieder und wurde von den Männern von Juda als König akzeptiert. Abner jedoch, der mir zwar freundlich gesonnen, als

Vetter des toten Königs dem Hause Saul aber treu war, machte Sauls letzten überlebenden Sohn, Eschbaal, zum König an Sauls Statt. Das tat er, obwohl er wußte, daß Eschbaal eine jämmerliche Kreatur war, stumpfsinnig und schwerfällig, kein Soldat, sondern ein Feigling, den Saul um seines eigenen Stolzes willen der Armee ferngehalten hatte. Diese Treue rechnete ich Abner ehrenvoll an. Joab, den Abners Ansehen mit Eifersucht erfüllte, behauptete, dieser habe nur die Absicht, sich Eschbaal beizeiten vom Hals zu schaffen und selber König zu werden.

„Du weißt, wie groß mein Vertrauen in dein Urteil ist", beschwichtigte ich ihn, „aber wir müssen es abwarten. Vertraue auf den Willen des Herrn. Auch Abner gehört zum Hause Saul. Ich strebe nicht danach, das Königreich durch Blut an mich zu bringen. Dies wäre eine schwere Sünde."

Ich schickte freundliche Botschaften an Abner und Eschbaal und schlug vor, gegen die Philister zusammenzuarbeiten. Die Frage des Königtums erwähnte ich nicht. Abner antwortete im gleichen Ton und nannte eine Zeit und einen Ort für ein Treffen. Wir sollten in Gibeon zusammenkommen, das etwa fünf Meilen östlich von Gibea und sechs Meilen nordwestlich von Jerusalem und somit in dem Bezirk lag, den Eschbaal – wenn auch unzulänglich – beherrschte.

Ich willigte ein und beging dann einen der größten Fehler meines Lebens. Ich sah wohl, daß es gefährlich war, wenn ich selbst an einen solchen Ort ging, auch wenn ich eine Wache mitnahm und obwohl ich Abner vertraute. Also bat ich Joab, unsere Delegation zu führen.

„Eschbaal selbst wird nicht dasein", argumentierte ich. „Abner wird an der Spitze ihrer Delegation stehen, der zweite Mann in ihrem Königreich. Insofern wäre geziemender, wenn du als zweiter Mann in Juda mit Abner sprichst. So steht ihr auf gleichem Fuß. Denn du bist für mich, was Abner für Eschbaal ist."

Ich sagte dies, um Joab zu zeigen, wie groß mein Vertrauen in ihn und meine Achtung vor seinen Fähigkeiten war. Daß ich eine Falle fürchtete, erwähnte ich nicht. Gegen Abner hegte ich keinen Verdacht, aber ich erinnerte mich an Jonatans Verachtung für seinen Bruder Eschbaal und wie geringschätzig Michal von ihm gesprochen hatte. Deshalb fürchtete ich, er könne ohne Abners Wissen die Gelegenheit nutzen und meine Ermordung vorbereiten.

Was ich später von Abner selbst erfuhr, läßt mich annehmen, daß mein Argwohn gerechtfertigt war und daß eine solche Falle auf mich wartete, auch wenn Abner damals nichts davon wußte. Dennoch werfe ich mir vor, daß ich kein Risiko eingegangen bin, sondern mich von der Umsicht habe leiten lassen. Der Grund, weshalb ich es mir vorwerfe, liegt in dem, was dann geschah.

Die Konferenz begann freundschaftlich. Abner und Joab erinnerten sich vergangener Schlachten gegen die Philister, Schlachten, in denen sie beide Ruhm erlangt hatten. Dann kam von Abner der Vorschlag, daß ein paar der jungen Männer von beiden Seiten zur Erheiterung der Älteren ein Kampfspiel aufführen sollten. Joab willigte ein.

Lajisch war einer der Jünglinge, denen Joab befahl, sich für das Kampfspiel zu entkleiden. „Wir rangen miteinander", berichtete er mir unter Tränen, „und plötzlich sah ich, daß einer von Abners jungen Männern einen Dolch zog und sich anschickte, seinen Gegner zu erstechen. Es war Elhanan. Ich rief ihm eine Warnung zu, aber zu spät. Das Messer glitt zwischen Elhanans Rippen, und sein Körper erschlaffte. Es war furchtbar, David. Gerade noch ein Spiel, und im nächsten Augenblick ein Schlachtfeld. Joab brüllte, wir seien verraten worden, und zog sein Schwert, und alle die alten Kameraden, die gerade noch geplaudert und Wein miteinander getrunken hatten, fuhren sich gegenseitig an die Kehle. Joab kann ich es nicht verdenken. Er liebte Elhanan – und doch glaube ich, hätte er anders gehandelt, so hätte Abner selbst den Mörder zur Rechenschaft gezogen . . ."

„Sprich weiter", forderte ich Lajisch auf, „aber mach es kurz."

„Es kann keine Absicht dabeigewesen sein", meinte der Junge. „Weder Abner noch seine Leute waren auf einen Kampf vorbereitet. Joab indessen hatte uns im voraus gewarnt, unsere Waffen stets im Auge zu behalten, falls wir durch Verrat in Gefahr geraten sollten. So jagten wir sie bald in die Flucht, sogar Abner, der gerade noch Zeit hatte, einen Speer an sich zu raffen, bevor er in die Berge flüchtete. Asael rannte ihm nach . . . und kam nicht wieder ... Der Abend dämmerte, als wir seinen Leichnam fanden, mit einer einzigen Speerwunde ... Als der Mond aufging, entdeckten wir Abner und seine Leute auf einer Berghöhe. Abner rief zu Joab herunter: ‚Soll das Schwert denn ewig fressen? Soll ein Israelit den anderen erschlagen?'" Lajisch weinte. „Ich habe Asael geliebt. Wir haben ihn in der Gruft der Familie zu Betlehem bestattet. Abner hatte vielleicht keine Wahl, aber Joab wird ihm niemals vergeben."

„Jetzt muß auch ich lernen, mich in Geduld zu üben." Mehr hatte Joab mir nicht zu sagen.

ICH PREDIGTE Geduld, ich übte Geduld, ich erkannte die Notwendigkeit der Geduld, und trotzdem hatte ich diese Tugend allmählich satt. „Wie lange noch, Herr", betete ich, „wie lange noch, bis Dein Diener Einzug halten darf in das Königtum, das ihm versprochen wurde?"

Auch in Diplomatie übte ich mich. Ich bemühte mich in Hebron, gut zu regieren, um von meinen Untertanen geliebt und geachtet zu werden, aber mir war doch bewußt, daß die Jahre vergingen und daß ich älter wurde, ohne Gelegenheit zu bekommen, meine Erfüllung zu finden. Seit Abner Asael getötet hatte, war Joab noch mürrischer, und man konnte ihm immer weniger vertrauen.

Nur wenig tröstete mich. Gelegentliche, mir insgeheim übermittelte Briefe des weisen Ahitofel, der Saul beraten hatte und jetzt seinen Sohn beriet, versicherten mir, daß die Kinder Israels mit der Herrschaft Eschbaals immer unzufriedener wurden. Abner blieb dennoch verstockt bei seiner Gefolgschaftstreue, und es gab nirgends ein Zeichen für eine bevorstehende Revolte.

Um mir die Langeweile zu vertreiben, nahm ich mir in Hebron mehrere Frauen. Eine war darunter, die mir besonderes Vergnügen bereitete und deren Bild in meinen Träumen immer noch wiederkehrt. Warum das so ist, weiß ich nicht, denn aus dieser Ehe kam eine intensive Mischung von Liebe, Angst, Haß, Schmerz und Selbstvorwürfen – und Zorn.

Sie hieß Maacha. Sie war die Tochter von Talmai, dem König von Geschur, einem kleinen Fürstentum nordwestlich des Sees

Gennesaret. Sie war ein braunes Arabermädchen und von wildem Temperament. Sie gebar mir zwei Kinder: Abschalom, den liebsten meiner Söhne, und Tamar, die schönste meiner Töchter.

Endlich kam im nördlichen Königreich die Zwietracht zum Ausbruch, womit ich seit langem gerechnet hatte. Zur Krönung seiner Torheit begann Eschbaal einen Streit mit Abner, angeblich weil Abner von einem Mädchen Besitz genommen hatte, das einst Sauls Konkubine gewesen war und nach dem es ihn selbst gelüstete. Der wahre Grund lag tiefer. Seiner Unfähigkeit zum Trotz fühlte Eschbaal sich durch seinen Königstitel geschmeichelt und hielt sein Königtum inzwischen für Wirklichkeit. Dementsprechend wuchs sein Widerwille gegen die Vorherrschaft, die Abner sowohl durch die Kraft seines Charakters als auch aufgrund seiner Erfahrungen ausübte. Abner selbst ärgerte sich über den öffentlich gegen ihn gerichteten Tadel, und seine Verachtung für den König, den er nur aufgrund seiner Treue gegen Saul in das hohe Amt gehoben hatte, wurde verstärkt. Er entsann sich der Zuneigung und der Hochachtung, die er mir stets entgegengebracht hatte. Und so schickte er schließlich Botschafter mit dem Vorschlag aus, die beiden Königreiche zu vereinigen. Er selbst werde Eschbaal beseitigen, und ich solle dann als rechtmäßiger König über ganz Israel anerkannt werden.

Einen Augenblick lang zögerte ich dennoch. Ich bewunderte Abner, aber ich mußte den Verdacht hegen, daß er mich in eine Falle locken wollte. Deshalb stellte ich ihn auf die Probe: Ich ließ ihm mitteilen, ich sei mit einem Treffen nur einverstanden, wenn er mir bei derselben Gelegenheit auch Michal zurückbringe, auf daß sie in ihre rechtmäßige Stellung als mein Eheweib zurückkehre.

Ich machte mir etwas vor. In Wirklichkeit fürchtete ich keine Falle. Eher war dies die erste Äußerung der neuen Macht, die ich übernehmen würde: Michals Verlust und die Tatsache, daß Saul sie unverzüglich wieder verheiratet hatte, waren die schlimmsten Kränkungen gewesen, die ich je erfahren hatte. Michal war für mich ein Beweis dafür gewesen, daß ich als einer der mächtigen Männer Israels akzeptiert worden war. Die Demütigung durch ihren Verlust hatte in all den Jahren in der Wildnis in mir geschwärt. Es war, als hätte ich mit Michal auch einen Teil meiner Männlichkeit verloren. Deshalb war es notwendig, daß ich sie zurückbekam.

Trotzdem erwartete ich ihre Ankunft zitternd und mit Sorge. Mein Leben lang ist es mir leichtgefallen, Frauen zu beherrschen. Nicht nur, weil ich König bin, habe ich nicht einmal heute Mühe, meiner kleinen Schunemiterin ein Lächeln zu entlocken. Ich habe nie an meiner Fähigkeit, sie zu bezaubern, gezweifelt, und die Art ihres Lächelns beweist mir, daß diese Fähigkeit noch immer nicht dahin ist. Selbst Maacha, diese arabische Gazelle, errötete bei meinem Lächeln.

Michal aber bestand von unserer ersten Begegnung an darauf, daß wir als Mann und Frau gleich seien. Ihren Stolz als Tochter des Königs vermochte ich nie zu dämpfen.

Michal selbst muß gelitten haben. Daran konnte ich nicht zweifeln, obwohl ich immer Bedenken hatte, ob ihre Liebe zu mir der meinen zu ihr gleichkam. Sie war von ihrem Vater wie eine Sache behandelt worden, eine Sache, die ihm ermöglichte, seiner Abneigung gegen mich Ausdruck zu verleihen, die damals sein verstörtes Herz beherrschte. Er mißachtete ihren Stolz; gleichgültig gegen das, was sie fühlte, hatte er sie einem anderen verheiratet, einem Mann, den sie nicht kannte, von niederer Geburt. Er hatte seine Tochter behandelt wie ein Sklavenmädchen, das man verwertet, wie es einem gerade paßt. Michal mußte dabei bitteren Groll empfunden haben. Sie hatte diesen Groll verborgen, denn die öffentliche Zurschaustellung solchen Grolls verletzt gleichfalls den eigenen Stolz.

Aber ich konnte nicht sicher sein, daß ihr meine Anordnung nicht gleichermaßen widerstrebte. Ich fürchtete, sie könnte mich sehen, wie sie Saul gesehen hatte, als Mann der Macht, der nimmt, was er will.

Also mußte ich ihr zeigen, daß ich ihre Rückkehr gefordert hatte, weil sie mir mehr bedeutete als irgendeine andere Frau. Deshalb befahl ich Maacha, die für Michal als einzige unter meinen Frauen als Rivalin hätte erscheinen können, vorläufig zu ihrem Stamm zurückzukehren. Das tat sie, und unsere beiden Kinder, Abschalom und Tamar, nahm sie mit. Daß ich mich so, und sei es auch nur vorübergehend, der Gesellschaft nicht nur des Weibes beraubte, dessen Liebe mir das meiste Entzücken bereitete, sondern auch der beiden Kinder, in die ich so vernarrt war wie in keines sonst, ist Beweis für die Aufrichtigkeit meiner Sehnsucht nach Michal.

Joab meinte, ich sei ein Trottel, daß ich sie wiederhaben wolle. „Das Weib ist ein Luder. Die ganze Familie bringt nur Ärger. Das solltest du besser wissen als sonst jemand, David. Aber ich kann sagen, was ich will, du wirst dich nicht umstimmen lassen."

Selbst der treue Lajisch äußerte Zweifel. „Die Vergangenheit wiederbeleben? Kann man das? Ist es klug, das auch nur zu versuchen?"

Aber ich wartete auf sie, und als sie kam, flohen die Jahre von mir. Ihre Schönheit war unverändert. Sie fiel nicht auf die Knie, als sie vor mir stand, und in ihrem Gesicht spielte jenes alte, spöttische Halblächeln, als sie sagte: „David also, mein Gemahl und eine Art König."

„Dem seine wahre Königin fehlt."

„Hübsch reden konntest du immer, und es hat nie etwas bedeutet, genau wie dein Gesang meinen Vater aus seinem Wahnsinn hervorlocken konnte, doch auch das hat leider am Ende nichts bedeutet. Aber da du König bist – eine Art König jedenfalls – und ich dein treues Weib, dessen Rückkehr du verlangst, bin ich nun hier. Nimm mich, wie ich immer war."

Das hieß, wie ich wußte und von neuem entdeckte, sie blieb in gewissem Sinn fern von mir, selbst dann, wenn wir am innigsten miteinander vereint waren.

ABNER hatte seine Aufrichtigkeit bewiesen. Michal war mir zurückgegeben, meinem Bett, meinem Haushalt, wo sie den obersten Platz unter meinen Frauen einnahm. Ich verabredete nun eine Zeit und einen Ort für mein Treffen mit Abner. Da ich Joabs Feindschaft gegen Abner kannte, eine Feindschaft, die noch verschärft wurde durch die Befürchtung, daß Abner aufgrund seiner Talente, seines Charakters und der Dienste, die er mir jetzt erweisen würde, an Joabs Stelle treten könnte, entsandte ich Joab an die Grenze, damit er dort ein paar Probleme mit den Philistern aus dem Weg räumte.

Abner gab zu, einen Fehler begangen zu haben, als er nach der Schlacht beim Berg Gilboa Eschbaals Sache gefördert hatte. „Aber", fuhr er fort, „ich hatte Saul auf dem Höhepunkt seiner Verzweiflung versprochen, daß ich sein Haus nicht im Stich lassen würde, und so schien mir, daß ich keine Wahl hatte. Wäre ich in Herz und Verstand frei gewesen, mich an dich zu wenden, David, so hätte ich es getan. Ich habe stets bedauert, daß Saul dich mit solchem Haß verfolgte. Aber dieser Haß war eine Tatsache. Außerdem waren unter den großen Männern Israels viele, die am Berg Gilboa Väter, Brüder, Söhne oder andere Verwandte verloren hatten und die nun wegen deiner Verbindung mit den Philistern nicht gut auf dich zu sprechen waren. Ich fürchte, David, daß dir vielleicht nie recht klar war, wie sehr dir deine Verbindung mit den Philistern geschadet hat."

„Was hätte ich denn für eine Wahl gehabt?" antwortete ich. „War es nicht Saul, der mich in die Wildnis trieb, wo ich verschmachtet wäre, wenn ich mich nicht an Achisch gewandt hätte?"

Abner legte mir eine Hand aufs Knie. „Glaube mir, du hast mein ganzes Mitgefühl. Wenn du wüßtest, wie viele Male ich versucht habe, Saul zu überreden, seinen Krieg gegen dich einzustellen. Wie oft haben Jonatan und ich in deinem Namen gesprochen! Aber dieser verfluchte Besuch Samuels im Haus deines Vaters zu Betlehem – das war das Thema, zu dem Saul immer wieder zurückkehrte. Es steckte wie eine Gräte in seinem Schlund. Und daher konnte es uns nicht gelingen. Nichts war stärker als der Haß und die Angst, mit der Saul an Samuel dachte."

Er trank einen Schluck Wein. „David", setzte er hinzu, „selbst wenn ich Saul nicht geschworen hätte, sein Haus zu verteidigen, hätte ich nach der Katastrophe von Gilboa in Israel nicht mehr für dich eintreten können. Die Stimmung gegen dich war hitzig."

„Aber jetzt liegen die Dinge anders?"

„Gewiß. Ich habe die Angelegenheit ausführlich mit Ahitofel besprochen. Zunächst einmal ist Zeit vergangen, und die Erinnerung an dein Bündnis mit Achisch ist verblaßt. Die Leute sind eher bereit, es dir zu verzeihen. Vielleicht hatte David keine Wahl, sagen sie. Jedenfalls beweist sein Verhalten seitdem, daß er kein Freund der Philister ist. Zweitens: Eschbaals brutale Dummheit ist allen zuwider. Sie ist ein Makel auf dem Andenken Sauls. Saul, so sagen die Leute, war in seiner Jugend groß und tapfer, aber mit dem Alter ist sein Charakter verfallen. Eschbaal kann man mit der Herrlichkeit Sauls in seiner Jugend nicht vergleichen, aber auch er zeigt Anzeichen des Verfalls. Doch man hört, daß David in Hebron mit Geduld und Gerechtigkeit herrsche. Und dann redet man von Samuel . . ."

„Und was reden die Leute über Samuel?"

„Daß er das Wort des Herrn gesprochen habe. Daß Eschbaals Betragen die Verkörperung von Samuels Weisheit sei, mit der er erkannt habe, daß der Herr das Haus Saul verstoßen hat. Daß es vielleicht die Wahrheit sei, wenn die Leute sagen, Samuel habe in David den wahrhaft Auserwählten des Herrn erkannt."

„Endlich ist die Zeit also reif . . .", meinte ich.

„Das ist sie. Überlaß die Sache nur mir, David."

Und so war es abgesprochen: Abner würde nach Norden zurückkehren und seine Überredungskünste an die führenden Männer des Reichs und der Stämme richten, daß sie einwilligten, Eschbaal zu verstoßen, wie der Herr Samuel angewiesen hatte, Saul zu verstoßen. Sieben Jahre der Geduld und der Diplomatie würden ihren Lohn finden. Mein Ehrgeiz würde sich erfüllen, und das Wort des Herrn würde Gestalt annehmen.

Aber obwohl ich stets auf den Herrn vertraut habe, habe ich doch auch gelernt, daß das Schicksal noch die klügsten Pläne verhindern kann.

Joab erledigte seine Aufgabe an der Grenze mit der erwarteten Tüchtigkeit, aber auch mit unvorhergesehener Geschwindigkeit. Er kehrte nach Hebron zurück, als Abner gerade abreisen wollte. Die Nachricht von seiner Heimkehr hatte mich noch nicht erreicht, da ich gerade mit Maacha beschäftigt war, die ich heimlich zurückgerufen und in einem Haus untergebracht hatte, das in die Ostmauer von Hebron eingebaut war. Ich hatte festgestellt, daß Michal trotz der Liebe, die ich ihr entgegenbrachte, jene sinnliche Erregung und die Seligkeit der sexuellen Entspannung, die Maacha in ihrer Leidenschaft für mich herbeiführte, mir nicht bieten konnte oder wollte. So lag ich bei Maacha, als Joab zurückkam und Abner am Nordtor der Stadt begegnete.

Beide zeigten sich überrascht, als sie einander gewahrten. Auf Abners Seite war die Überraschung echt, aber mir scheint, daß Joab, der – wie ich vermutete – selbst unter den vertrautesten Dienern meines Haushalts seine Spitzel unterhielt, von Abners Mission erfahren hatte und in aller Eile zurückgekehrt war, um ihn abzufangen. Gleichwohl gaben beide sich erfreut über diese Begegnung und umarmten sich. Joab schlug vor, sich in eine nahe gelegene Schenke zurückzuziehen und Wein zu trinken, als Symbol für vergangene Freundschaft und künftige gute Beziehungen. Abner war einverstanden.

Worüber sie in der dunklen Schenke redeten, weiß ich nicht. Vielleicht hat es nicht einmal einen Streit gegeben. Aber bevor die Sonne den Winkel des Schattens verschoben hatte, kam Joab wieder heraus, mit einem blutigen Dolch in der Hand, und rief Abischai zu, daß ihr Bruder Asael endlich gerächt sei. Und dann fielen Joabs Soldaten, als sei es so verabredet, über Abners kleine Truppe her. Etliche erschlugen sie und packten die übrigen, banden ihre Handgelenke zusammen und führten sie in den Kerker des Militärpostens, der mit Joabs Garde besetzt war.

Als man mir die Nachricht brachte, weinte ich und zerriß meine Kleider. Dann rief ich Joab zu mir.

Er stand vor mir, stur, mürrisch, vorwurfsvoll. „David, was bist du für ein Mann?" fragte er. „Du wußtest, daß Abner jahrelang dein Feind war, auch wenn er dir dauernd seine Freundschaft beteuerte. Du wußtest, daß Eschbaal ohne seine Hilfe niemals König über Israel geworden wäre, sondern daß du König wärest und ich der zweite Mann im Staat wie jetzt in Hebron. Du wußtest, daß er der Mörder meines Bruders Asael war, deines Neffen, den auch du geliebt hast. Und dennoch schickst du mich unter einem Vorwand an die Grenze, damit ich dort einen Auftrag erfülle, den jeder Feldwebel hätte erledigen können. Nachdem du so für meine Abwesenheit gesorgt hast, lädst du unseren Feind hierher ein und verhandelst mit ihm. David, niemand hat dir treuer gedient als meine Brüder und ich. Um deinetwillen sind wir aus Sauls Diensten, wo wir uns Ehre erworben hatten, desertiert. Um deinetwillen haben wir Tod und Unehre in Kauf genommen, und du hast uns schäbig belohnt. Du hast Abner vorgezogen, den Feind unseres Hauses und deinen eigenen Feind, denn er hing Saul an. David, du hast etwas Widernatürliches in dir, das dich dazu bringt, deine Feinde zu lieben und deine Freunde zu verachten. Ich habe das gleich zu Beginn bei dir bemerkt, als ich dir das Tor zum Ruhm öffnete, indem ich dir Zugang zu Saul verschaffte. Du hast es mir nie gedankt, sondern hast dich von mir abgewandt zu Jonatan, dem Sohn des Königs. Und jetzt, da ich Abner, den Feind unseres Hauses und Mörder meines liebsten Bruders, erschlagen habe in einem gerechten Kampf, der sich jäh erhob, da machst du mir Vorwürfe und betrauerst ihn. David, das ist unmännlich und deiner nicht würdig. Bedenke nur dies: Was hat Abner für dich getan, und was habe ich, Joab, für dich getan? Wäge diese beiden Fragen ab und sieh, welche von beiden den Waagbalken sich neigen läßt . . ."

Die Aufrichtigkeit seines Zorns rührte mich, wie Joab mich noch nie zuvor gerührt hatte. Ich nahm seinen Arm und führte ihn hinaus auf die Terrasse. Es wurde Nacht, und die ersten Sterne und ein neugeborener Mond standen dicht über den Bergen von Juda.

„Joab, wenn ich dir Unrecht getan habe, so verzeih mir", bat ich. „Ich kenne und schätze deine Dienste und deine treue Ergebenheit mehr, als Worte es sagen können. Auch ich habe Asael geliebt. Auch ich trauere um ihn. Aber ein König ist nicht nur ein Mensch. Ein König darf sich nicht gestatten, nur zu fühlen, wie ein Mensch fühlt. Ich bekam Kunde von einer gewissen Unzufriedenheit im Norden. Du selbst hast mich ehedem gescholten, weil ich beschlossen hatte, auf eine solche Kunde zu warten. Du wolltest, daß ich statt dessen gleich losmarschiere und den Thron an mich reiße. Es war Abner, der auf einem Treffen zwischen uns beiden bestand. Ja, du hast recht, ich hielt es für ratsam, dich mit einem Auftrag fortzuschicken. Das bedaure ich jetzt. Aber . . . wenn meine Zusammenkunft mit Abner nicht gut verlaufen wäre . . ., ich fürchtete, daß dann geschehen würde, was nun geschehen ist. Wenn alles so gekommen wäre, wie ich es hoffte, wollte ich es dir natürlich erzählen, sobald du zurückgekehrt wärest. Ich habe versucht, allzu schlau zu sein, allzu vorsichtig, und die Schuld liegt bei mir. Es tut mir leid, Joab." Dann nahm ich ihn in die Arme.

Viele fragten sich damals, warum ich Joab nicht für den Mord an Abner bestrafte. Nichts hätte mich in den Augen der Stämme des Nordens und von Abners umfangreicher Verwandtschaft vollständiger vom Verdacht der Komplizenschaft reinwaschen können. Außerdem verlangt das Gesetz, daß ein Mörder hingerichtet wird – auch wenn es sich bei der Tat um Rache handelt. Aber ich schlug lediglich vor, er solle sich für ein paar Monate in die stille Zuflucht seines Vaterhauses in Betlehem zurückziehen.

Joabs Ausbruch hatte mir klargemacht, daß seine Gefühle komplizierter und bewundernswerter waren, als ich angenommen hatte, und sein Charakter tiefer und vielschichtiger. Aber ich war auf diese Weise immer schon leicht zu rühren und doch am nächsten Morgen zu kaltem Handeln fähig.

Es gab noch einen Grund. Bei der Beschäftigung mit Diplomatie und Staatspolitik hatte ich die alltägliche Führung der Armee vernachlässigt. Diese Arbeit hatte ich Joab überlassen, auch die Rekrutierung der Soldaten. Daher konnte ich nicht sicher sein, ob meine Truppen in einem kritischen Augenblick mir oder ihrem unmittelbaren Befehlshaber Joab gehorchen würden.

Abner bekam von mir ein prachtvolles Begräbnis. Die Musiker meiner königlichen Garde spielten ein Klagelied, das ich selbst komponiert hatte. Ich ging an der Spitze der Prozession, bekleidet nur mit einem schlichten Trauergewand, barfuß und mit Asche auf meinem Haupt. Am Grab hob ich die Stimme und sang. Dann befahl ich einen Fastentag für die ganze Stadt.

So machte ich meine Trauer offensichtlich, und die Kunde davon drang bis zu den Stämmen des Nordens und vor allem zu Abners Familie. Ich hörte, daß ihre Herzen sich für mich erwärmten wegen dieser Trauer und der Achtung, die ich ihrem toten Oberhaupt erwiesen hatte. Aber seinen Mörder erwähnte ich nicht, denn ich sah keinen Grund, weitere Feindseligkeiten aufzurühren. Dennoch bewahrte ich die Erinnerung an Joabs Tat tief in meinem Herzen.

Durch meine Korrespondenz mit Ahitofel war ich sicher, daß die Meinung unter den großen Männern im Norden täglich weiter zu meinen Gunsten umschwang, während Eschbaal, dem der Verlust seines Ansehens bewußt war, nun täglich der Gewohnheit frönte, sich zu berauschen. Die Ängste, unter denen er litt, waren eines Königs unwürdig.

Bei unserer letzten Begegnung hatte ich Abner gefragt, ob von Jonatans Familie noch einer am Leben sei. Es gab nur einen: Merib-Baal, den lahmen Jungen, den seine Amme vor Schreck hatte fallen lassen und der nun am Hof seines Onkels, des Königs, als Gegenstand des allgemeinen Spotts gehalten wurde.

Über Ahitofel sandte ich Nachricht, daß der Junge in Hebron willkommen sei. Das tat ich nicht nur, weil es mir gefiel, auf diese Weise zurückzuzahlen, was ich Jonatan schuldete, sondern auch, weil ich wußte, daß es mir beim Stamm Benjamin Ansehen verschaffen würde, wenn sich herumspräche, daß ich dem unglücklichen Kind des heroischen Sohnes Sauls solche Gunst erwies. Ahitofel sorgte dafür, daß der Junge aus dem Haus Eschbaals entkommen konnte, und ließ ihn in der Obhut vertrauenswürdiger Gardesoldaten etappenweise bei Nacht nach Hebron bringen.

Der Junge war schüchtern, blaß, schmal und klein für sein Alter. Sein lahmer Arm und sein hinkender Gang machten ihn offensichtlich befangen. Aber wenn er lächelte, sah man den Schatten von Jonatans Lächeln, und wenn er ruhte, hatte sein Gesicht den gleichen Ausdruck wie Jonatans in Augenblicken der Ratlosigkeit.

Ich rief ihn zu mir und ließ ihn sich auf meinen Schoß setzen. „Dein Vater war der beste und treueste Freund, den ich in meinem Leben gekannt habe", erzählte ich ihm. „Und deshalb sollst du all die Tage, die mir noch bleiben, hier willkommen sein, beschützt und geehrt als Gast im Haus Davids." Ich streichelte ihm das Haar und küßte ihn, dann stellte ich ihn auf den Boden. Er faßte meine Hand und bedeckte sie mit Küssen. Alle ringsum applaudierten, und der Junge errötete.

„Hab keine Angst", ermutigte ich ihn. „Du wirst bald lernen, nicht mehr schüchtern zu sein."

Nur eine Person war nicht erfreut darüber, daß ich ihn aufgenommen hatte: Michal, seine Tante. „Warum demütigst du mich, David?" fragte sie. „Du beteuerst, mich mehr zu lieben als irgendeine andere Frau, und doch setzt du mich dieser öffentlichen Beleidigung aus. Du weißt, daß ich – nicht durch eigene Schuld, sondern durch den Willen des Herrn und vielleicht auch infolge der Behandlung, die mein Vater mir angedeihen ließ – kein Kind empfangen kann. Natürlich machen die anderen Frauen deines Haushalts Bemerkungen darüber, wenn auch nicht in meiner Gegenwart. Aber jetzt holst du diesen Krüppel her, von dem sie wissen, daß er der Sohn meines Bruders ist, so daß sie mit Fingern auf ihn zeigen und sagen können: ‚Hätte sie ein Kind bekommen, so wäre es auch ein solches Ungeheuer.‘ Überlegst du dir, was du da tust, David? Nimmst du je Rücksicht auf meine Gefühle?“

„Aber der Junge ist doch nicht als Krüppel auf die Welt gekommen. Seine Amme hat ihn fallen lassen, als er ein Säugling war. Darum ist er, wie er jetzt ist. Und er ist Jonatans Sohn.“

„Rede nicht von Jonatan, den du mir gestohlen hast.“

„Was meinst du damit?“

„Wirklich, David, manchmal glaube ich, du bist nicht anders als der Hirtenknabe, den ich damals kennenlernte, stinkend nach Schafen und Ziegen.“

7

Die Ehren, die ich Abner erwies, und die Berichte über meinen Zorn auf Joab und die Aufnahme, die Jonatans Sohn bei mir fand, hatten die gewünschte Wirkung. Fast täglich empfing ich Gesandte aus dem Norden, die mich drängten, meine Truppen zu mobilisieren und den unerträglichen Eschbaal zu beseitigen. Dennoch zögerte ich und wartete darauf, daß die reife Frucht von selbst vom Baum falle. Nachts stand ich auf dem Dach meines kleinen Palastes unter dem Himmel und schaute nach Norden, während der Mond sich über die Berge erhob. Und ich betete zum Herrn, er möge mir ein Zeichen geben.

Jeder Bericht, den ich erhielt, deutete darauf hin, daß Eschbaals Anhängerschaft verrann wie ein Becher Wasser im Sand der Wildnis. Sein Ende war jäh und brutal. Zwei ungebärdige Männer, Rechab und Naanan, die Söhne des Rimmon aus Beerot, drangen unter einem Vorwand in den Palast des Königs ein und gelangten

90

bis in sein Schlafgemach, wo sie ihn nach den Ausschweifungen der Nacht betrunken fanden, obschon es gegen Mittag war. Sie erstachen ihn mit ihren Dolchen, schnitten ihm den Kopf ab und entkamen aus dem Palast, denn die Wächter versahen ihren Dienst gleichgültig. Sie zogen nach Süden, machten mir in Hebron ihre Aufwartung und holten den blutverkrusteten Kopf Eschbaals aus einem Sack. Als sie ihn mir zeigten, lächelten sie.

„David, sieh das Haupt deines Feindes, des Sohnes Sauls, der dich zum Tod verurteilte", forderte mich der eine auf. „Israel ist dein, mein Herr."

„Es war Gottes Wille", meinte der andere. „Was wir getan haben, haben wir auf Geheiß des Herrn der Heerscharen getan, der dich durch Samuels Hand mit Öl salbte."

Sie knieten vor mir nieder und erwarteten, daß ich mich freute und sie belohnte. Aber ich wich entsetzt zurück.

Ich will ehrlich sein. Natürlich war ich froh, daß Eschbaal beseitigt worden war, denn nun würde ich den Thron bekommen, ohne daß im Krieg ein Israelit den andern erschlug. Dies war das Zeichen, um das ich den Herrn gebeten hatte. Aber mir war auch elend zumute, denn ich wußte, wenn ich einen Königsmord belohnte, würde ich damit meine eigene zukünftige Stellung gefährden. Ein Staat kann nicht sicher sein, wenn das Leben des Königs nicht als sakrosankt gilt.

Also sagte ich zu ihnen mit lauter Stimme, so daß alle Umstehenden es hören konnten: „Als mir nach der Schlacht am Berg Gilboa ein Narr Sauls Kopf brachte, weil er dachte, er mache mir damit eine Freude, wie habe ich ihn belohnt? Und jetzt bringt ihr mir den Kopf seines Sohnes, der ebenfalls König in Israel war, und erwartet, daß ich euch belohne für den Mord an einem Mann, der in seinem Bett lag. Ihr sollt einen ähnlichen Lohn bekommen, wie ich ihn dem Amalekiter gab, der mir Sauls Kopf zum Geschenk machen wollte."

Ich rief meine Garde, ließ die Männer verhaften und verurteilte sie. Die Garde schlug sie nieder, hackte ihnen Hände und Füße ab und hängte die Leichen zur Warnung aller am Teich zu Hebron auf. Eschbaals Haupt ließ ich in der Gruft bestatten, die ich für Abner angelegt hatte.

Mit der Ermordung Eschbaals war mein Erbe gesichert, denn die Strafe, die ich über seine Mörder verhängte, überzeugte alle, die dem Hause Sauls immer noch treu ergeben waren, daß meine Hand bei seinem Tod nicht im Spiel gewesen war. Und so ward die Verheißung erfüllt, die mir der Herr durch den Mund Samuels hatte zuteil werden lassen, und in meinem dreißigsten Jahr wurde ich König von ganz Israel.

Ich beschloß, einen Plan in Gang zu setzen, den ich schon seit Jahren im Kopf hatte, seit jenem ersten Abend, als ich mit Joab zu Sauls Palast unterwegs gewesen war, um den König von seinem Wahnsinn zu heilen. Damals hatten wir auf der anderen Seite des Tals die Lichter von Jerusalem funkeln sehen, und ich hatte Joab gefragt, warum wir es hinnähmen, daß die Jebusiter eine Stadt beherrschten, die doch von der Natur und dem Herrn dazu ausersehen war, der bedeutendste Ort in ganz Israel zu sein. Als ich mich jetzt fragte, wo ich meinen Hauptwohnsitz nehmen sollte, da wandte ich das Gesicht erneut nach Jerusalem.

Natürlich tat es mir leid, Hebron zu verlassen. Sieben Jahre lang hatte ich hier glücklich und in Ehren gelebt. Aber Hebron war nicht nur als Hochburg meines eigenen Stammes Juda an sich schon als Residenz ungeeignet, wenn ich die erst vor kurzem gewonnene Loyalität der nördlichen Stämme behalten wollte. Seine Lage im äußersten Süden des Landes Israel war außerdem höchst ungünstig, wenn ich das ganze Land effizient regieren wollte, zumal die Verständigungsweise zwischen dem Norden und dem Süden dadurch gestört war, daß die Jebusiter Jerusalem und seine Umgebung in ihrem Besitz hatten.

Saul hatte hauptsächlich in Gibea residiert, aber Gibea war die Stadt des Stammes Benjamin, und ich fürchtete, daß Juda nicht einverstanden sein würde, wenn ich Gibea wählte. Schilo war lange die heilige Stätte Israels gewesen. Die Priester hatten dort die Bundeslade bewacht, bis zu jenem schmählichen Augenblick, da die Philister sie geraubt und nach Gat entführt hatten. Zu Schilo hatte Samuel bei dem alten Hohenpriester Eli gedient, und für einen heiligen Ort hielt man es noch immer. Aber seit die Philister es geplündert hatten, waren die Mauern nie vollständig repariert worden, und obwohl ich es zwar immer für klug gehalten habe, den Priestern gegenüber Ehrerbietung zu zeigen, wollte ich doch nichts tun, was die Menschen an jene Zeiten hätte erinnern können, da Israel von den Richtern und vom Hohenpriester regiert wurde, nicht von einem König. Außerdem lag Schilo im Land Efraim, und zu einem gewissen Grad galt hier der gleiche Einwand wie bei Hebron und Gibea. Ich war entschlossen, König von ganz Israel zu sein und die zwölf Stämme zu einem machtvollen, geeinten Nationalstaat zusammenzuschweißen. Und diese Aufgabe würde desto schwieriger zu bewerkstelligen sein, je enger man mich mit einem bestimmten Stamm in Verbindung bringen könnte.

Aus all diesen Gründen schien mir Jerusalem die ideale Stadt für meinen Wohnsitz zu sein, und daher gab ich bekannt, es sei der Wille des Herrn, daß Jerusalem in die Hände Israels falle, auf daß es seine Hauptstadt und die Stadt Davids werde.

Auch erschien es mir gut, gleich zu Beginn meiner Regentschaft eine Tat zu vollbringen, die allen Stämmen meine Größe eindrucksvoll vor Augen führte. Ich war kaum ein paar Wochen als König von ganz Israel anerkannt, als ich Joab anwies, mit der Planung zu einem Angriff auf Jerusalem zu beginnen.

„Das sind gute Gründe", stimmte er mir zu, „aber . . . wenn wir scheitern . . . und es kann sein, daß wir scheitern, denn Jerusalem ist so gut befestigt, daß bei den Jebusitern schon die Redensart geht, Blinde und Lahme genügten zu seiner Verteidigung – wenn wir also scheitern, wird das deiner Autorität und Macht einen Schlag versetzen, von dem du dich nur schwer wieder erholen wirst."

„Dein Rat ist wie immer gut, Joab", versicherte ich ihm. „Und ich wünschte, ich hätte dich früher befragt. Aber leider habe ich bereits bekanntgegeben, es sei der Wille des Herrn, daß wir Jerusalem erobern. Du wirst einsehen, ein Rückzug ist unmöglich."

Widerwillig pflichtete Joab mir bei. Natürlich hatte ich meine öffentliche Erklärung in Erwartung seiner Einwände abgegeben.

„Joab", sagte ich, „ich erinnere mich, wie du vor vielen Jahren vorgeschlagen hast, wie die Stadt genommen werden könnte: wenn du dein Heer aufteiltest und so tätest, als solle der Hauptangriff von Süden geführt werden, um so die Verteidiger von den nördlichen Mauern abzuziehen, die durch die Natur weniger geschützt sind. Wenn diese Anlagen geschwächt wären, wolltest du mit der Hauptmasse des Heeres dort einen Angriff unternehmen. Und deshalb vertraue ich dir die Führung des Angriffs an. Du sollst die Ehre und den Ruhm haben, sowohl der Urheber als auch der Verwirklicher dieses Plans zu sein. Doch wenn die Stadt eingenommen ist, will ich die Jebusiter schonen. Es wird uns nützen, wenn sie uns alles, sogar ihr Leben, schulden und in Israel keine Freunde haben außer dem König und seinem edlen General."

Joab sah, was ich meinte. Er selbst hätte seinen Soldaten erlaubt, sich einer Blutorgie hinzugeben, aber er verstand, wie klug mein Vorschlag war.

Alles ging so, wie ich es mir gedacht hatte. Die Stadt, die sich derart sicherer Verteidigungsanlagen rühmte, fiel uns um einen geringen Preis zu. Als die Jebusiter hörten, daß ihr Leben und ihre Habe geschont werden sollten, begrüßten sie mich wie einen Befreier und nicht wie einen Eroberer.

So errang ich meine Hauptstadt und machte mich sofort daran, den Staat neu zu ordnen. Gleichzeitig beschloß ich, mir einen Palast bauen zu lassen, der eines großen Königs würdig wäre. Zu diesem Zweck verhandelte ich mit Hiram, dem König von Tyrus. Als junger Mann war ich von der Zivilisation der Philister beeindruckt gewesen, auch von ihren Leistungen in der Baukunst. Aber während meines Aufenthalts am Hof meines Freundes Achisch hatte ich erfahren, daß die Philister in dieser Hinsicht ihrerseits dem phönizischen Volk von Tyrus und Sidon unterlegen waren. Selbst Achisch gestand mir, daß ihre prächtigsten Bauwerke nur plumpe Imitationen dessen seien, was die Phönizier vollbracht hätten.

Daher sandte ich Ahitofel, den Mann mit der raffiniertesten Intelligenz unter all meinen Leuten, nach Tyrus, um König Hiram ein Bündnis vorzuschlagen. Freilich gab es wenig, was ich für das, was ich von ihm zu bekommen hoffte, anbieten konnte. Die Phönizier sind ein Volk, das mehr dem Handel als der Kriegführung zuneigt, und wie alle, denen es gutgeht, fürchten sie Menschen, die ein rauhes Dasein führen und diejenigen verachten, die ein verweichlichtes Luxusleben führen. Ahitofel sollte bei König Hiram den Eindruck entstehen lassen, daß wir Israeliten ein solches Volk seien. Er sollte mich als einen Mann schildern, der durch ein Meer von Blut zu seinem Thron marschiert sei, der den Krieg genieße und den ein weiser und friedfertiger Monarch lieber zum Verbündeten als zum Feind haben sollte. „Außerdem", sollte Ahitofel sagen, „leben östlich des Jordans Stämme, die noch wilder sind als die zwölf von Israel, die David jetzt geeint und zu einer mächtigen, bewaffneten Nation geformt hat. Diese Stämme jenseits des Jordans gelüstet es nach den Reichtümern von Tyrus und Sidon, aber zwischen ihnen und dir steht David, der deine Freundschaft sucht. Wenn du sie ihm schenkst, wird er dir als Bollwerk gegen die wilden und gierigen Stämme der Wüste dienen. Verweigerst du sie ihm – nun, David ist jähzornig, und ich werde Mühe haben, ihn zu besänftigen. Er wird sich versucht fühlen, auf seine Kriegsherren zu hören, auf Joab und Abischai, und dann wird er sich an die Spitze der wilden Wüstenstämme stellen und eine mächtige Armee gegen dich führen."

Hiram war ein intelligenter Mann. Er zog Frieden und Freundschaft den Gefahren eines Krieges vor. Er war sofort bereit, einen Vertrag mit mir zu schließen und mir für die Sicherheit, die ich ihm bot, die Handwerker und Baustoffe zu liefern, die ich brauchte, um meinen Traum von einem Palastbau zu erfüllen.

Das nächste Jahr verbrachte ich damit, dem Bau meines Palastes zuzuschauen. Ich war glücklich in dem Wissen, daß ich mit dieser Schöpfung nicht nur eine neue Pracht nach Israel brachte, sondern mich zugleich dem Volk als König präsentierte, der Saul an Glorie und Herrlichkeit in den Schatten stellte. Und während ich täglich sah, wie mein Traum Wirklichkeit wurde, dachte ich erheitert daran, wie sehr Sauls Palast mich in der Ahnungslosigkeit und Unschuld meiner Jugend beeindruckt hatte.

Mein Wunsch war es, mit meinen Nachbarn in Frieden zu leben, aber meine Erfolge weckten bei ihnen Eifersucht und Angst. Achisch lebte nicht mehr, und die neuen Philisterkönige sahen bestürzt, wie meine Macht und mein Ansehen wuchsen. Weil sie ein großes Heer zusammenzogen und in Israel einfielen, war ich gezwungen, das militärische Leben wiederaufzunehmen.

Ich ließ mein Heer im Tal von Refaim südlich von Jerusalem aufmarschieren und wartete auf ihren Ansturm. Als sie näher kamen, zog ich mich vor ihnen zurück, als hätte ich, erschrocken ob der Größe ihrer Streitmacht, beschlossen, in die Mauern der Stadt zurückzuweichen und eine Belagerung auf mich zu nehmen. Auf dem Grund des Tals wechselte ich die Marschrichtung und manövrierte meine Truppen in die Flanke des Feindes. Dann verbargen wir uns in einem Wald von Maulbeerbäumen.

Meinem Widerwillen zum Trotz machte es Spaß, meinen Verstand wieder mit dem des Feindes zu messen. In langer Erfahrung im Partisanenkampf hatte ich die Gegend erkundet und gelernt, die Gewohnheiten des Wetters zu beobachten. Ich wußte, daß in diesem Tal ein leichter Wind aufkam, kurz bevor die Sonne hinter den Bergen versank. Das Rauschen des Windes in den Maulbeerbäumen glich dann dem Marschtritt eines mächtigen Heeres. Ich erzählte meinen Soldaten, kurz vor Sonnenuntergang werde der Herr uns eine unsichtbare Streitmacht zu Hilfe schicken und das Geräusch ihrer marschierenden Füße sei für uns das Zeichen zum Angriff auf die Philister. Während der Nachmittagshitze lagerten wir im Schatten der Bäume, und ich beobachtete, wie das Heer der Philister über den Hügel kam und in das Tal hinunterzog, das es nach Jerusalem führen sollte. Als die Sonne unterging, erwachte der leise Wind. Er schüttelte die Bäume, und die Blätter rasselten.

„Der Herr der Heerscharen kommt uns zu Hilfe!" rief ich, und wir fielen den Philistern in die Flanke. Die Überraschung war vollkommen. Sie hatten keine Zeit, sich in Schlachtordnung aufzustellen. Wir trieben sie auseinander, und sie flüchteten vor uns, entsetzt und verwirrt. Die Verfolgung währte, bis der Mond am Himmel stand, dann gab es das Heer der Philister nicht mehr.

Ich sollte noch andere Kriege führen, gegen Edom und Moab. Auch dort sollte ich siegreich sein, aber dieser Sieg über die Philister im Tal von Refaim war der größte in meiner Laufbahn. Die Philister hatten Israel viele Generationen lang unterdrückt. Der mächtige Samson hatte gegen sie gekämpft. Sie hatten Israel unterworfen und ausgeplündert in den Tagen Elis. Saul hatte gegen sie gekämpft, bis er am Berg von Gilboa überwältigt worden war. Doch ich brach die Macht der Philister im Tal von Refaim und zwang sie, um Frieden zu flehen.

Ich machte ihnen strenge Auflagen. Die Philister mußten ihre Befestigungen schleifen und meine Befehlsgewalt anerkennen. Einige ihrer tapfersten Kämpfer holte ich in meine Leibwache, um ihnen eine Ehre zu erweisen, aber auch weil eine Leibwache, die überwiegend aus Ausländern bestand, mich sicherer beschützen würde als eine, die sich aus den eifersüchtigen Stämmen Israels zusammensetzte. Und das Wichtigste: Ich verlangte, daß sie die Bundeslade auslieferten, die sie in den Tagen Elis aus Israel geraubt hatten.

In der taufunkelnden Pracht eines Sommermorgens brachte ich die Bundeslade in die Behausung des Herrn zurück nach Jerusalem.

Noch hing der Nebel an den Rändern der Olivenhaine, als die Lade aus dem Haus des Obed-Edom gebracht wurde, eines Leviten. Dort war sie drei Monate lang aufbewahrt worden, während ich ihren Einzug in die Stadt des Herrn vorbereitete. Als die Priester sie hervorholten und mit Ehrfurcht auf einen Ochsenkarren stellten, warf ich mich auf den Boden und betete zum Herrn der Heerscharen.

Opfer wurden gebracht, wie das Gesetz es befahl, und sieben Sängerchöre wurden zusammengestellt, die vor der Lade einhermarschieren sollten, während wir den Hügel nach Jerusalem hinaufzogen. Als die Prozession sich in Bewegung setzte, brach die Sonne durch die Wolken, und es erhob sich der Ruf, daß der Herr ein Wohlgefallen habe.

Ich schritt allein hinter dem letzten Sängerchor und spielte auf der kleinen Harfe. Die Musik war von mir selbst komponiert. So näherten wir uns Jerusalem, und die Menge drängte heran, um die Lade zu sehen, und streute Blumen über uns. Ein kleines Mädchen löste sich aus dem Gedränge und hängte mir eine Blumengirlande um den Hals.

Auf dem offenen Platz vor meinem Palast hatte ich ein großes Tabernakel errichten lassen, das die Lade aufnehmen sollte. Als wir uns nun näherten, erhob ich meine Stimme und sang, und ein Chor von Knaben mit ungebrochenen Stimmen, die in weißen Tuniken vor dem Tabernakel aufgestellt waren, sang die Anrufung. Die Trompeten ertönten, die Zimbeln klirrten, und die ganze Schar

Oben: König David läßt die
Bundeslade nach Jerusalem
überführen.
Rechts: David in der Schlacht.
Französische Buchmalerei aus
dem 15. Jahrhundert

Israels, die dort versammelt
war, hieß die heimgekehrte
Lade willkommen.

Ich legte meine Harfe beiseite, trat auf den freien Platz
vor dem Tabernakel, und ich
sprach zum Volk: „Als unsere Vorväter in der Wildnis waren, nachdem sie der Tyrannei Ägyptens entronnen waren, da schloß der
Herr einen Bund mit Moses und mit allen Kindern Ägyptens, daß
dieses Land Israel uns gehören solle bis in alle künftigen Ge-
schlechter. Und die Lade, Behausung des Herrn, war Zeichen dieses Bundes. Und in den finsteren Tagen Israels, in der Zeit des Hohenpriesters Eli, führten die Philister grausamen Krieg gegen Israel
und legten gottlos Hand an die Bundeslade und schleppten sie fort
in ihre eigenen Städte, auf daß Israel fürchte, der Herr habe sich
abgewandt von seinem eigenen Volk. Da legte sich Dunkelheit
über das Land. Doch noch immer vertrauten die Kinder Israels auf
den Herrn der Heerscharen. Der große König Saul kämpfte wider
die Philister, und in seinem Dienst vermochte es ein einfacher
Schafhirt durch die Gnade des Herrn der Heerscharen, den Vorkämpfer der Philister zu töten, den Riesen Goliat. Doch immer

noch ward uns die Lade vorenthalten. Samuel hatte diesen Hirtenknaben mit Öl gesalbt, um zu zeigen, daß er der Auserwählte des Herrn sei, und als Saul grausam ermordet wurde, da wurde dieser Hirtenknabe, nämlich ich selbst, König an seiner Statt. Mit Hilfe meiner Soldaten und mit dem starken Arm des Herrn der Heerscharen besiegte ich die Philister und vertrieb sie aus Israel bis hin zu den Toren von Gat. Und ich zwang sie, sich zu unterwerfen, mir und dem Willen Israels und des Herrn der Heerscharen. Und so lieferten sie die Bundeslade aus, die wir am heutigen Tag zur Ehre des Herrn aufstellen in dieser Stadt Jerusalem, und die sei von heute an ein heiliger Ort."

Bei diesen Worten ließ ich mein Königsgewand von mir hinuntergleiten und stand nackt bis auf ein Lendentuch vor allem Volk, als wäre ich der niederste aller Priester des Herrn. Dann gab ich ein Zeichen, die Musikanten spielten, und ich fing an zu tanzen.

Die Musik wurde schneller, und der Tanz wurde wilder und sprach von der Größe und Schönheit der Schöpfung des Herrn. Die ganze Zeit stand das versammelte Volk schweigend da, doch alle waren verzückt.

Die Musik brach ab, als Tanz und Tänzer in Demut vor der Lade zu Boden fielen. In dieser Lage, wo ich den warmen Staub knirschend an meiner nackten Haut spürte, hob ich den Kopf und sang ohne Begleitung den Psalm, den ich für Saul in seinem Wahnsinn gedichtet hatte: „Der Herr ist mein Hirte; mir wird nichts mangeln."

Als ich zum letzten Vers kam – „und ich werde bleiben im Hause des Herrn immerdar" –, lief ein Schauder des Wiedererkennens durch das versammelte Volk, und wir alle waren vereint in Staunen und Ehrfurcht vor der Majestät und Güte des Allmächtigen. In diesem Augenblick war ich wirklich vermählt mit meinem Volk, und ich wahrte das Schweigen, bis meine zitternden Glieder zur Ruhe kamen und das Rasen meines Herzens nachließ. Lang hingestreckt lag ich vor der Lade, während die Priester dem Allmächtigen ihr Dankgebet sangen. Endlich erhob ich mich.

Ich hatte vollbracht, was ich angestrebt hatte, und ich wußte, mein Triumph war vollkommen. Aber ich wußte auch, daß es notwendig war, das Volk von den Höhen des Frohlockens wieder hinunterzuleiten in die Ebene der alltäglichen Erfahrung, damit auf die Eindringlichkeit der Zeremonie eine fröhliche Festtagsstimmung folge. Ich hatte dafür gesorgt, daß dem Volk ein Festschmaus bereitet wurde, und beaufsichtigte nun selbst die Verteilung von Brot, Fleisch, Rosinenkuchen und Wein an jedermann. Sobald alle fröhlich speisten, zog ich mich in meinen Palast zurück.

Der Tag hatte seinen Zenit überschritten, und ich ruhte immer noch, während der Lärm des Festes von der Stadt zu mir heraufschallte. Ich verspürte einen tiefen Frieden, ein Glück, das aus der Erkenntnis rührte, daß ich in dieser Zeremonie zum Ruhm des Allmächtigen ein vollkommenes Kunstwerk geschaffen hatte.

Als ich aufwachte, dämmerte es. Ein Diener kam mit einer Lampe in meine Kammer und ließ mich wissen, die Herrin Michal wünsche mich zu sprechen. Bevor ich meine Zustimmung geben konnte, wurde der Vorhang beiseite gerissen, und Michal war bei mir. Sie stand vor meinem Lager, das Zwielicht milderte die eckige Schönheit ihres Gesichts, und ich streckte die Arme nach ihr aus. Aber sie spuckte mir ins Gesicht.

„Angeber!" beschimpfte sie mich. „Hanswurst! Was habe ich getan, daß du mich so demütigst? Du hast mir Schande gemacht." Ihre Stimme war kalt. „Du hast mich gedemütigt vor allem Volk. Daß du, ein König, nackt vor den jungen Mägden der Stadt tanzt, ja, vor den Huren! Wie konntest du? Hast du keine Selbstachtung? Glaubst du, mein Vater, König Saul, hätte sich vor seinem Volk entblößt und seinen Kopf durch den Staub geschleift wie ein Narr?"

Ich dachte: Sie versteht mich nicht. Sie hat mich nie verstanden. Sie hat kein Gefühl für das, was wir dem Allmächtigen schuldig sind. Außerdem habe ich mich geirrt. Ich habe sie für eine erhabene Person gehalten, in deren äußerer Schönheit sich die Schönheit der Seele widerspiegelt. Ich habe mich getäuscht. In dieser Hinsicht stimmt es, daß ich ein Narr bin.

„Michal, ich habe vor dem Herrn getanzt zu Ehren seines heiligen Namens, der er mich zum König von Israel erwählte, als er deinen Vater Saul verstieß", erklärte ich ihr. „Wenn du es für verächtlich hältst, sich vor dem Herrn demütig in den Staub zu werfen, so dauert es mich für dich. Laß dir sagen, daß selbst die armen Mägde der Stadt und auch die Huren verstanden haben, was ich heute tat, denn so elend ihr Alltag auch sein mag, heute haben sie einen Schimmer vom Glanz des Allmächtigen gesehen. Du aber, eingesperrt in Palästen, voller Verachtung für das Volk, verachtest auch den Allmächtigen, wenn du mich verachtest, seinen Diener. Es macht mich unglücklich, wenn ich sehe, wie du gefesselt bist von deinem Stolz, deiner Selbstsucht und deiner Unwissenheit."

„Worte", stieß sie hervor, „du findest immer Worte, die alles rechtfertigen, was du tust."

Was sie sagt, ist vielleicht wahr, überlegte ich, aber es hat nichts zu tun mit dem, was sie als Ursache für ihren Zorn angibt. Sie lebt mit mir als die Frau, die ich am meisten liebe, und doch kennt sie mich nicht, denn sie hat mich niemals kennen wollen. Sie hat mich nie geliebt. Vielleicht ist sie unfähig zur Liebe. Ich habe sie lieben können, aber vielleicht nur, weil ich abgelehnt habe, sie zu kennen, und mir statt dessen eingeredet habe, sie sei so, wie ich sie haben wollte, und nicht, wie sie in Wirklichkeit ist. Vielleicht ist sie wirklich das engstirnige, Gott verleugnende Ding, das jetzt vor mir erscheint.

Dieser Gedanke machte mich traurig, aber ich war auch zornig. Ich erhob mich von meinem Lager und stellte mich vor sie hin. Wir waren gleich groß. Ich schaute ihr in die Augen. „Ja, Michal, es kann sein, daß die Huren der Stadt dem Herrn lieber sind als du, denn sie verleugnen ihn nicht in ihrem Herzen."

„Du Schauspieler", empörte sie sich. Dann wandte sie sich ab und verließ meine Gemächer.

Ich trank Wein aus dem Krug und merkte, daß ich zitterte. Wir hatten im Lauf der Jahre so manchen Streit gehabt, und zumeist hatte er damit geendet, daß wir einander liebten. Aber dieser konnte so nicht enden. Wir haben wirklich das Ende erreicht, dachte ich, und ich bin nicht sicher, ob ich darüber betrübt bin. Wir sind wie zwei Menschen, die sich auf einer Reise trennen, und man kann nichts daran ändern.

Ich gab den Befehl, Michal ehrenvoll zu behandeln, sie aber in ihren Gemächern festzuhalten, bis ich sie in einer eigenen

Wohnung unterbringen könnte, und ihr jeglichen Zutritt zu den meinen oder zu mir zu verwehren.

Als ich Michal verstieß, legte sich der kalte Hauch des Winters auf mich. Ich hatte Michal alles gegeben, was ich konnte: Die größten meiner Taten wurden um ihretwillen vollbracht. Im Exil, in den langen Nächten in der Wildnis, war ihre Schönheit in meinen Träumen zu mir gekommen. Ich hatte gedacht, ich hätte mein Haus auf einem Felsen gebaut, und ich erfuhr, daß seine Fundamente verrutschten wie der Sand der Wüste.

Etwas in mir war zerbrochen, und es ist nie wieder geheilt worden. Monatelang hatte ich keine Freude an Frauen, und meine anderen Weiber und die Konkubinen erwiderten mein mangelndes Interesse mit gesenkten Blicken unter tränenfeuchten Wimpern.

Trost suchend widmete ich mich noch tatkräftiger der Aufgabe, für die der Allmächtige mich auserwählt hatte: aus den Stämmen Israels eine mächtige Nation und einen festen Staat zu formen. Von früh bis spät plagte ich mich. Oft färbte die Morgendämmerung den Himmel rosenrot, bevor die Lampe in meinem Arbeitszimmer gelöscht wurde.

Zu Zeiten Sauls wurden die Zuständigkeiten für die Verwaltung und die Regierung des Volkes auf beiläufige, willkürliche Weise zurückgewiesen – Saul verstand nichts von methodischem Vorgehen. Zu seiner Zeit hatte dies keine unheilvollen Folgen, denn der Haushalt des Königs war klein und ebenso der Umfang der Regierungsaufgaben. Ich war inzwischen zu der Ansicht gelangt, daß Saul, den ich in meiner Jugend gefürchtet und dem ich mit Hochachtung gedient hatte, nicht mehr als der Kriegshäuptling eines Stammes gewesen war. Er befehligte die Armee, aber beim Volk hatten die Stammesführer und die Oberhäupter der Dörfer das Sagen. Und in Rechtsangelegenheiten galt noch immer das Wort der Priester.

Jetzt sah ich, daß dies nicht mehr genügte. Als König herrschte ich nicht nur über die Kinder Israels. Zu meinen Untertanen gehörten auch viele aus anderen Stämmen. Ich mußte die Beziehungen unter ihnen regeln und für ein gewisses Maß an Gleichartigkeit sorgen. Eine große Hilfe bei diesen Bestrebungen war mir der Scharfsinn Ahitofels, der näher als sonst jemand daran war, meine Ziele zu begreifen. Auch Huschai, der Arachiter, half mir, der als Schreiber in meine Dienste getreten war, den ich aber aufgrund seiner Intelligenz bald beförderte. Huschai war von schmächtiger Gestalt und zog das linke Bein ein wenig nach. Er war kein Soldat, und aus diesem Grund verachtete ihn Joab, aber ich überlegte mir, daß das, was ich zu schaffen versuchte, alle möglichen Talente erforderte. Schließlich kann ein Mann, dem die militärischen Tugenden fehlen, dennoch ein brauchbarer Mann sein. Mein Urteil erwies sich als richtig, denn Huschais Rat war scharfsinnig, und da er hinsichtlich seines Alters meinen Söhnen näherstand als mir, konnte er mich über das, was die jüngeren Leute dachten, auf dem laufenden halten. Ich habe oft gesehen, wie ein Königreich verfällt, wenn ein König alt wird.

Eine meiner Hauptsorgen war es, die Armee zu stärken, denn Israel war von feindseligen Nachbarn umgeben. Ich rekrutierte eine erstklassige Garde. Ein Bataillon war immer meiner Person zugeteilt, als königliche Leibwache, während die anderen beim Hauptteil des Heeres eingesetzt waren, am Ort der höchsten Gefahr. Die beiden Bataillone tauschten jedes halbe Jahr den Dienst. So stellte ich sicher, daß alle ein persönliches Verhältnis zu mir hatten, und jeder Gardist mußte dem König, nicht Israel, seinen Treueeid schwören. Ich war immer bereit, auch Ausländer aus ferneren Gegenden in die Garde eintreten zu lassen. Meine Männer waren frei von Stammesloyalitäten und dienten nur mir. Die Soldaten verdingten sich für zwanzig Jahre, während der Hauptteil des Heeres aus kurzfristig Dienstverpflichteten bestand.

Eine solche Truppe zu unterhalten war teuer, und ich kümmerte mich intensiv um die Reform des Verwaltungssystems, die notwendig war, um die Zahlung der Steuern regelmäßig sicherzustellen. Populär konnte so etwas nicht sein, aber ich vertraute darauf, daß meine Autorität ausreichen würde, um den Gehorsam meiner Untertanen zu garantieren. Außerdem war ich darauf erpicht, einen Schatz zusammenzutragen, mit dem ich einen Tempel erbauen könnte, wie er der Größe des Herrn der Heerscharen würdig wäre.

Der Kommandeur der Garde war Benaja, ein Mann von äußerster

Integrität aus meinem eigenen Stamm Juda. Joab konnte ihn nicht leiden, und auch Benaja empfand keine besonders herzliche Zuneigung für meinen Stellvertreter. Joab hatte den Befehl über die Garde an seinen Bruder Abischai geben wollen. Aber mir war Benaja lieber. Viele der Söldner waren Philister, und Abischai hatte seine Vorurteile gegen diese Nation immer noch nicht abgelegt.

Als ich dem Propheten Natan meine Absicht kundtat, einen Schatz zusammenzutragen, um dem Herrn ein Haus zu bauen, hatte Natan als wandernder Prophet für diesen Plan nichts übrig. Die Priesterkaste der Leviten andererseits, deren Oberhaupt jetzt mein alter Freund Abjatar war, unterstützte mein Vorhaben mit Begeisterung und hatte keinen Zweifel daran, daß dem Herrn der Bau eines Tempels, der Zeugnis Seiner Glorie ablegen würde, willkommen sein werde.

Der Bau eines Tempels ist ein großes und kostspieliges Unternehmen. Ich hatte nicht den Wunsch, meinem Erben einen Berg Schulden zu hinterlassen. Daher beschloß ich, mit dem Bau erst zu beginnen, wenn ich genügend Mittel zusammengebracht hätte, um den Plan zu finanzieren. Jetzt, da es soweit ist, bin ich zu alt, um ein Unterfangen in Angriff zu nehmen, dessen Abschluß ich nicht mehr erleben werde. Ich habe die Aufgabe daher Salomo anvertraut. Er wird sie bewundernswert ausführen, denn er hat von seiner Mutter wie auch von mir einen ausgezeichneten Geschmack geerbt. Mein langes und geduldiges Ansammeln von Reichtümern wird ihm ermöglichen, die Arbeit zu tun, ohne das Volk auszubluten und seine Popularität zu opfern.

Aber ein König sollte die Popularität niemals suchen, so glücklich er sich schätzen darf, wenn sie sein Lohn ist. Popularität ist flüchtig. Ich selbst habe Wechselfälle des Glücks erlebt und auch Verschwörungen gegen mein Leben. Dank der Tüchtigkeit meines Geheimdienstes, mit dessen Leitung ich Ahitofel betraut hatte, habe ich sie alle überlebt.

Auch mehr als hundert Schlachten habe ich überlebt, dem Herrn sei Dank. Ich habe die Macht der Philister vernichtet. Ich habe das Königreich Moab unterworfen. Ich habe über Edom und Syrien triumphiert. Ich habe dafür gesorgt, daß mein Name in der ganzen Welt gefürchtet wird. Ich habe die Grenzen Israels gesichert und meine Feinde vor mir hergetrieben. Niemand vor mir hat den Namen Israels zu einem Wort gemacht, das Furcht erregt unter den Nationen der Erde.

Ich habe Verrat ertragen und überwunden. Als Nahasch, der König von Ammon, starb, schickte ich eine Botschaft an seinen Sohn Hanun, daß ich in Freundschaft fest zu ihm stehen würde wie zu seinem Vater. Der junge Mann war voller Groll gegen meine Größe, die Nahasch so beeindruckt hatte. Hanun empfing meine Gesandten mit Beleidigungen und Trotz. Er schnitt ihnen die Bärte ab und zerriß ihre Gewänder, um ihr Geschlecht zu entblößen. Dann verbündete er sich mit den wilden Stämmen der Syrer von jenseits des großen Flusses Euphrat und begann einen Krieg gegen Israel. Auf meinen Rat hin teilte Joab unsere Streitkräfte, jagte Hanun in seine Stadt Rabba, zerstreute die syrischen Stämme und belagerte die Stadt. Sie war stark befestigt, und die Belagerung war langwierig, aber ich zweifelte nicht, daß wir am Ende Erfolg haben würden.

Ich selbst nahm nicht teil an diesem Krieg, sondern begnügte mich damit, ihn von Jerusalem aus zu leiten. Ich war des Krieges müde geworden und suchte meine Freude in anderen Dingen. Aber seit ich Michal verstoßen hatte, kannte ich keine Freude mehr. Mein Leben war in eine herbstliche Stimmung verfallen, und nur die unablässige Aufmerksamkeit, die ich den Regierungsgeschäften widmete, half mir, den Schmerz zu verbergen, den ich fühlte, und hinderte mich an der Verzweiflung. Selbst mein Talent zur Dichtung war verdorrt, und ich fühlte mich wie eine welke Hülse. Ich schaute hinauf zu den Sternen und sah sie verhüllt von schweren Wolken.

8

In den heißen Nächten des Frühsommers konnte ich nicht schlafen. Tagsüber plagte mich eine ungewohnte Müdigkeit. Wenn ich mich aber in meine Kammer zurückzog, blieb mir der Schlaf versagt. Früher hätte ich mir eine Konkubine gerufen, jetzt aber spürte ich, daß mir das weder Erleichterung noch Befriedigung bringen würde.

Ich hatte Ruhm erlangt und Gunst gefunden in den Augen des Herrn. Gleichzeitig langweilte ich mich und hatte das alles satt. Ich konnte nicht beten und weder Musik noch Verse machen. Was mir jetzt fehlte, war das, was ich so schneidend gefühlt hatte: die Ungeduld meines Körpers und die hellwache Phantasie meiner Seele.

Eines Nachts war ich besonders unruhig. An diesem Tag hatte ich eine erbitterte Unterredung mit Ahitofel geführt, der mir gemeldet hatte, seine Agenten hätten ihm von einem Zusammentreffen zwischen meinem ältesten Sohn Amnon und gewissen Philisterkönigen berichtet.

„Wer hat dich befugt, deine Spitzel auf meinen Sohn zu hetzen?"

„Mein Herr und König", antwortete er, „ich handele um der Sicherheit Israels willen."

Aber das glaubte ich ihm nicht, sondern hatte den Verdacht, daß er aus eigenem Interesse den Wunsch hatte, mich gegen Amnon einzunehmen, der ihn noch nie hatte leiden können. „Amnon ist ein Junge von schwierigem Temperament", ergriff ich Partei. „Aber er liebt mich, und er ist loyal. Ich will nichts mehr davon hören, und ich befehle dir, die Spitzel abzuziehen."

„Sehr wohl, mein Herr und König", lenkte er ein, aber ich hörte einen Unterton von Ironie in seiner Stimme, und ich war mir nicht sicher, daß er mir gehorchen würde. Aber ich wagte nicht, ihn zu entlassen, denn ich wußte, daß er seine Stellung benutzt hatte, um sich zahlreiche Freunde und Abhängige zu schaffen. Tatsächlich fühlte ich mich umgeben von Leuten, die eher Ahitofel als mir selbst treu ergeben waren. Und ich wußte, daß er emsig daran gearbeitet hatte, sich seine Klientel unter den jungen Männern bei Hof und im Heer aufzubauen. Ich fürchtete, daß er sie gegen Amnon aufgehetzt hatte, und sah mich doch machtlos und unfähig, etwas gegen Ahitofel zu unternehmen, so, wie ich auch gegen Joab ohnmächtig war.

Als ich ihn fortgeschickt hatte, fragte ich mich aber, ob die Nachricht von Amnons Umgang mit den Philistern nicht vielleicht stimmte. Ich liebte Amnon, meinen Erstgeborenen, den Sohn meiner Ahinoam aus den Tagen, da ich noch nicht König war, sondern ein Flüchtling vor der Eifersucht Sauls. Vielleicht weil seine Kindheit so unruhig und gefahrvoll gewesen war, war er ohne das Selbstvertrauen aufgewachsen, das ich stets empfunden hatte und das bei seinem jüngeren und schöneren Bruder Abschalom, Maachas Sohn, so unübersehbar vorhanden war. Ich wußte, daß Amnon eifersüchtig auf Abschalom war, und ich fürchtete, daß er glaubte, sein jüngerer Bruder sei mir lieber als er. Obwohl ich Amnon ungezählte Zeichen meiner Liebe und Gunst gegeben hatte, konnte er nicht glauben, daß sie Wirklichkeit waren, weil er an sich selbst nicht glauben konnte.

Daher konnte ich die Berichte von Ahitofels Spitzeln nicht völlig von der Hand weisen. Aber zugleich fand ich sie unerträglich und ärgerte mich über das Wissen, das Ahitofel zu haben behauptete. Ich war verwirrt und verstört, und meine Seele war schwer von dunklen Ahnungen.

In dieser unzufriedenen Stimmung erhob ich mich von meinem Lager und ging auf die Terrasse vor dem Schlafgemach. Die Luft war warm, und der Mond stand hoch über der Stadt. Ich lehnte mich an die Brüstung, und mir war, als sei ich nie im Leben so einsam gewesen. In den Nächten meiner Jugend in den Bergen oberhalb von Betlehem war mir stets bewußt gewesen, daß mich eine glorreiche Zukunft erwartete. Und jetzt war das alles Staub und Asche und Verzweiflung.

Da bewegte sich eine Gestalt auf einem der Dächer der Häuser unterhalb des Palastes. Es war eine Frau. Ohne etwas von meiner Gegenwart zu ahnen, entkleidete sie sich und wusch ihren Körper, indem sie einen Schwamm in ein Becken tauchte und das kühle Wasser über sich strömen ließ. Als sie sich wieder über das Becken beugte, beschien sie der wandernde Mond, und ich hielt den Atem an: Noch nie hatte ich so anmutige Bewegungen, eine solch vollkommene Gestalt gesehen. Das Haar fiel über ihre Brüste, und sie warf den Kopf zurück, daß die Zöpfe hinter sie schwangen. Einen Augenblick blieb sie nackt dort stehen und streckte die Arme dem Mond entgegen. Dann raffte sie ihr dünnes Gewand um sich und stieg hinunter in die Dunkelheit ihres Hauses.

„Batseba im Bad". Gemälde von Sebastiano Ricci (1659–1734)

Lange Zeit starrte ich auf die Stelle, an der sie verschwunden war. Ich dankte dem Herrn, daß er mir einen solchen Anblick geschenkt hatte, kehrte zurück in meine Kammer und läutete nach einem Sklaven, damit er meinen Neffen Jonadab wecke, den ich zu meinem Kammerdiener gemacht hatte.

Er kam bald und rieb sich den Schlaf aus den Augen. Ich beschrieb ihm, was ich gesehen hatte, und fragte ihn, wer die Frau sei.

Jonadab lachte. Er war ein schmächtiger, schmalgesichtiger, heiterer Junge, und er liebte den Tratsch und die Intrige. „Es ist ungewöhnlich, mein Herr und König, daß du danach fragen mußt", sagte er, „denn ihr Name ist Batseba, und sie ist die schönste Frau von Jerusalem."

„Aber wer ist sie, und warum hat man sie mir vorenthalten?"

„Herr, sie ist noch sehr jung, und sie ist die Enkelin Ahitofels. Erst kürzlich ist sie in die Stadt gekommen. Tatsächlich ist sie überhaupt erst vor kurzem so schön geworden. Noch vor sechs Monaten war sie ein rundliches, hübsches Mädchen, aber nicht mehr als das."

„Hol sie mir her."

„Aber natürlich, mein Herr und König – nur . . . eines solltest du vielleicht wissen. Sie ist keine Jungfrau, sondern eine verheiratete Frau. Aber . . . ihr Mann weilt nicht in Jerusalem. Er ist ein gewisser Urija, ein Hetiter, Offizier der Leibwache und zur Zeit im Dienst des Königs bei der Belagerung von Rabba. Wünscht mein Onkel, daß ich sie hole?"

„Ich muß sie haben, Jonadab", beharrte ich auf meinem Wunsch. „So einfach und so schrecklich ist es. Was immer die Folgen sein mögen."

Er lächelte. „Ich verstehe. Aber sie ist keine Frau, die man in aller Offenheit kommen lassen kann. Ich werde ihr deshalb sagen, der König habe durch einen Boten des Heeres eine Nachricht erhalten, die ihren Mann betreffe und die er ihr schleunigst und persönlich eröffnen wolle."

„Liebt sie ihren Mann?"

„Sie hat ihn auf Befehl ihres Großvaters geheiratet. Urija ist schon seit langem einer seiner Agenten."

„Wird sie einem solchen Ruf denn folgen?"

„Wer kann sich dem König verweigern?"

Ich spülte mir den Mund mit Pfefferminzöl, um meinen Atem zu reinigen. Nur das Hundegebell in den Gärten der Stadt unterbrach die Stille. Die Ruhe des Palastes hüllte mich ein, als ich mich an eine kühle Marmorsäule lehnte und wartete.

Mit leichtfüßigem Schritt kam sie in meine Kammer, fiel vor mir auf die Knie und nahm meine Hände. „Jonadab sagt mir, du hast Nachricht, mein Herr und König, von meinem Gemahl Urija."

Ich legte meine Hand in den weichen Wald ihres Haares und flocht meine Finger hinein. Ich schaute über ihr Haupt hinweg zu Jonadab und gab ihm ein Zeichen, uns allein zu lassen. Er zog sich zurück, und ich richtete Batseba auf und faßte ihr Kinn, damit sie mir in die Augen schaute. „Du riechst nach Mandelblüten", stellte ich fest. „Ich habe keine Nachricht von deinem Gemahl."

„Oh, mein Herr und König, dann sollte ich nicht hier sein." Sie seufzte. Ich zog sie an mich und küßte ihren Mund, schob meine Hand unter ihr dünnes Gewand und riß es entzwei.

Sie drückte sich an mich. „Ich liebte den König schon, als ich ihn das erstemal sah", murmelte sie. „Ich war ein kleines Mädchen und hatte keine Brüste."

Ich hob sie hoch und trug sie zum Bett. Wir waren ein Fleisch, und sie seufzte die gebrochenen Worte der Liebe, und dann schlief sie in meinen Armen, die dunkelblauen Augen zufrieden geschlossen, und die kunstvollen Flechten ihres Haares breiteten sich über mich.

Als der Morgen graute, regte sie sich, und es war weder Bangigkeit noch – wie ich befürchtet hatte – Scham in ihrer Miene. Sie zog mich an sich und wollte mich, obgleich es hell wurde, noch immer nicht verlassen.

War es, weil ich von Anfang an wußte, daß Batseba die letzte Frau sein würde, der ich mich ganz hingab, die letzte, die mich ganz und gar in Anspruch nehmen sollte, daß ich sie mit einer Eindringlichkeit liebte, wie ich sie nie zuvor erlebt hatte? In der Jugend hat die Liebe ihre eigene Inbrunst, denn da ist sie eine Forschungsreise. Aber im reifen Alter liegt auch Erinnerung darin, das Bewußtsein, daß der Wagen der Zeit der Nacht entgegenrast. Ihr Verlangen zwang sie dazu, sich meinen Forderungen restlos zu unterwerfen. Sie kannte, wie von Natur aus, all die Fertigkeiten, mit denen sich die Lust zugleich vertiefen und verlängern läßt – und sie muß sie von Natur aus gekannt haben, denn als ich sie befragte, blieb sie beharrlich dabei, daß ihr Gemahl Urija in der Kunst der Liebe keineswegs bewandert sei. Sie hatte die Glut meiner wilden, halb gezähmten Maacha, gepaart mit Phantasie und Geschicklichkeit.

Eines Morgens, als ich in ihren Armen erwachte und fühlte, wie sie sich an mich schmiegte, da dachte ich daran, wie Michal einen Teil ihrer selbst, vielleicht den wesentlichen Teil, von mir ferngehalten hatte, wie sie mir die anbetende Unterwerfung verweigert hatte, die den Geliebten selbst zur Hingabe zwingt, und ich fragte mich, wie ich je hatte annehmen können, daß ich Michal wirklich liebte. Wahre Liebe bedeutet, jemanden vollkommen zu kennen, und dies hatte Michal mir stets verwehrt. Batseba nahm, was ich zu bieten hatte und was ich tat, als wären alle Akte, die wir gemeinsam schufen, eine andauernde Feier der

Einheit von Mann und Frau, Leib und Seele, Vergangenheit und Gegenwart.

Es lag Gefahr in ihren allzu häufigen Besuchen im Palast. Das Gesetz des Moses ist hart, und die Strafe für Ehebruch ist der Tod.

Wenn sie an Urija dachte, weinte sie, aber vor Zorn, nicht vor Mitleid. Sie verfluchte Ahitofel, der sie zu dieser Ehe gezwungen und ihre Liebe so zu einer Sünde wider das Gesetz gemacht hatte. Denn wir beide wußten, daß selbst der König das Gesetz nicht übertreten darf und daß nicht einmal mein Schutz ihr Leben vor dem Gesetz sichern könnte, wenn Urija es zu Hilfe riefe. Auch ihr war es klar, denn sie war so intelligent wie schön, und sie wußte, daß die Macht der Priester sich auch auf den König erstreckt. Das Bewußtsein unserer Sünde und der Gefahr, in der sie schwebte, ragte wie eine Gewitterwolke in den hellen Morgen unserer Liebe.

Ich gewöhnte mir an, aus dem Palast zu schleichen, wenn es dunkel wurde, und mich verkleidet zu Batsebas Haus zu begeben. Ihre alte Amme, auf deren Treue sie vertraute, war der einzige Mensch, den wir in unser Geheimnis einweihten, und sie war diskret genug, sich nicht anmerken zu lassen, daß sie den König erkannte, obwohl meine Verkleidung sie nicht täuschen konnte.

Batseba hörte gern, wenn ich von meinen Taten erzählte, von den Kriegen und Schlachten, an denen ich teilgenommen hatte, vom Zorn Sauls und von der Liebe Jonatans. Ihr allein gestand ich meine Abneigung gegen Joab, und sie warnte mich daraufhin vor ihrem Großvater Ahitofel.

„Glaub mir, mein Lieber, er ist zerfressen von Eifersucht. Zwar hast du ihn zu einem großen Mann in Israel gemacht, aber er glaubt, er müßte noch größer sein. Und weil er von Natur aus ein Heimlichtuer und Betrüger ist, dient deine Tugend ihm zum ständigen Vorwurf. Er hat mich zu dieser Ehe gezwungen, um Urija an sich zu binden, und Urija berichtet ihm alles, was sich in der Armee ereignet, meldet ihm jedes Gerücht, jede Unzufriedenheit. Ahitofel benutzt Urija, um junge Offiziere anzulocken, damit sie nach einer Weile glauben, sie schuldeten ihm Gefolgschaftstreue, und nicht dir, dem König."

Eines Nachts weinte sie, und als ich sie bedrängte, gestand sie: „Ich habe Angst. Urija ist ein wilder, gewalttätiger Mann, und wenn er unsere Liebe entdeckt . . ."

„Aber glaubst du denn, ich werde dich nicht schützen?"

„Vor dem Gesetz?"

„Vor dem Gesetz." Aber ich wußte, daß sie mir nicht glaubte und sich nicht auf meine Macht verließ.

Und dann sagte sie mir, daß sie schwanger sei. Freude und Entsetzen mischten sich in ihr. „Urija wird mich vor Gericht zwingen." Sie schluchzte. „Und der König kann seine Sünde nicht vor allem Volk bekennen. Meine Amme Sara wird das Kind fortbringen."

Ich verstand, was sie vorhatte. „Nein. Das Leben des Kindes ist ein Geschenk des Herrn!" rief ich.

Am nächsten Tag weihte ich sie in meinen Plan ein. „Ich werde Urija vom Heer hierherbefehlen. Ich werde einen Vorwand finden, der keinen Verdacht erregt. Dann werde ich ihn zu dir schicken, und du mußt ihn bei dir liegen lassen. Dann wird er glauben, das Kind sei von ihm, und alles wird gut."

Sie sah mich vorwurfsvoll an. „Wenn du mich liebtest, würdest du mich nicht auffordern, bei meinem Mann zu liegen, der mir nie ein wahrer Gemahl gewesen ist."

„Gerade weil ich dich liebe und mich um dich sorge, fordere ich dich dazu auf."

Lange Zeit widerstand sie. „Wenn du mich liebtest, würdest du um meinetwillen alles aufgeben, du würdest Amnon den Thron übergeben und mich mit dir fortnehmen. Und ich würde zufrieden mit dir in der Wildnis leben."

Ich wußte, daß sie log. Aber sie wußte es nicht, sondern betrog sich selbst.

„Sei nicht zornig auf mich, Geliebter, weil ich schwach und furchtsam bin", bat sie, „aber ich kann nicht tun, was du verlangst. Ich kann mich diesem Mann nicht hingeben. Lieber würde ich sterben."

Ich schmeichelte, ich lockte, ich begründete. Als der Morgen dämmerte, trat sie der aufgehenden Sonne entgegen und sagte, es solle geschehen, wie ich wollte.

„Aber ich tue es um deinetwillen", fügte sie hinzu, „daß du nicht in Schande gerätst vor dem ganzen Volk, denn ich selbst würde lieber den Tod wählen."

ER STAND vor mir, ein schwarzes Vieh von einem Mann, und grinste schief. Er bewegte seinen schweren Körper ungelenk. Ich befragte ihn nach der Belagerung von Rabba und dem Geist der Truppe. Ich deutete an, Ahitofel habe mich wissen lassen, daß er, Urija, ein Mann sei, der es mir zuverlässig berichten würde, sollte es Unzufriedenheit oder Zweifel hinsichtlich der Art und Weise geben, wie Joab die Belagerung der Stadt durchführte. Ich fragte ihn, warum sie seiner Meinung nach so lange dauerte. Ich sagte ihm, daß die Macht des Königs begrenzt sei, weil er auf die Informationen derer angewiesen sei, denen er notgedrungen vertrauen müsse, die aber Gründe finden könnten, ihn zu täuschen. Deshalb hätte ich ihn zu mir gerufen, denn Ahitofel habe mir versichert, er sei ein Mann, in den ich unbegrenztes Vertrauen setzen könne. Überdies hätte ich erfahren, daß Ahitofel seine Hochachtung für ihn dadurch unter Beweis gestellt habe, daß er ihm seine Enkeltochter anvermählt habe. Ich ging so weit anzudeuten, daß ich Urija auf Ahitofels Empfehlung hin zu einer Beförderung vorgesehen hätte, auf höchste Ebene. Joab werde schließlich alt, und seine Kräfte könnten nachlassen.

Er antwortete mir in grobem Soldatenton und mit der gedankenlosen Selbstsicherheit, die aus Empfindungslosigkeit gegen andere herrührt. Während er redete, sah ich Batsebas Ansicht bestätigt: Der Mann war verdrießlich, schwerfällig und selbstgerecht und hatte keinen Funken Phantasie. Er würde gewiß eifersüchtig sein.

Gleichzeitig war aber nicht zu übersehen, daß er ein gewisses Verständnis für militärische Dinge an den Tag legte. Seine Kommentare zur Belagerung waren nicht unvernünftig. Als er sich von der Sympathie, die ich zur Schau trug, zur Unbedachtheit provozieren ließ und verächtlich über Joab und dessen Art der Führung redete, sah ich Gerissenheit in seinem Urteil. Ich konnte nicht bestreiten, daß er wahrscheinlich ein exzellenter Regimentsoffizier war. Allerdings verriet seine angeborene Brutalität, die in seiner

Redeweise zutage trat, daß er seinen untergebenen Soldaten wohl eher Angst als Zuneigung einflößte. Als er mir, um Eindruck auf mich zu machen, erzählte, wie er einmal eine drohende Meuterei im Keim erstickt hatte, da war meine Bewunderung für seine Tüchtigkeit beeinträchtigt durch den Abscheu, den seine offenbare Freude an den Strafen, die er verhängt hatte, in mir erregte.

„Ich sehe, du bist ein Soldat von seltenem Kaliber", sagte ich, „ein Mann nach meinem Herzen, auf dessen Vernunft und Scharfblick ich mich verlassen kann. Ich bin dir dankbarer, Urija, als ich sagen kann. Du kannst dir kaum vorstellen, wie schwierig es für mich ist, mir hier, weitab vom Schlachtfeld, ein klares Bild von der Lage an der Front zu verschaffen. Du hast auf bewundernswerte Weise die Lücken aufgefüllt, die andere Berichte offengelassen haben, und du hast mir Maßnahmen vorgeschlagen, über die ich nachdenken werde. Aber du bist ein junger Mann und ohne Zweifel voller Lebenslust, und länger, als tunlich ist, halte ich dich nun schon fern von den Freuden, die ein Soldat in seinem Urlaub erwartet. Du wirst darauf brennen, zu deinem Weib zu kommen, und wenn sie so schön ist, wie man es mir berichtet, dann ist dieser Eifer verständlich. Ich werde dich also jetzt in ihre liebenden Arme entlassen. Und als kleinen Ausgleich für deine Gemahlin, deren Namen ich leider nicht in Erinnerung habe, werde ich einen Teller mit feinen Speisen aus meiner Küche in dein Haus bringen lassen und dazu Wein vom besten Jahrgang. So magst du nun gehen, und nimm meinen Dank und meinen Wunsch, daß du eine Nacht der Liebe genießen mögest, wie du sie verdient hast."

Er zog sich zurück, und als er davonmarschierte, schleuderte er die Beine auf jene eitle und selbstzufriedene Weise von sich, die ich schon immer verabscheut habe, weil ich darin eine physische Arroganz sehe, in der sich eine viehische Seele spiegelt.

Dennoch war ich sehr zufrieden mit unserem Gespräch. Einerseits befreite mich die Abneigung, die er in mir geweckt hatte, von jeglichem Schuldgefühl, das in mir hätte aufkommen können. Andererseits hatte ich vollbracht, was ich mir vorgenommen hatte, obwohl mir bei der Vorstellung, daß er mit meiner geliebten Batseba spielte, übel wurde.

Ich konnte in dieser Nacht nicht schlafen, und kaum war der Morgen heraufgedämmert, ließ ich Jonadab in meine Kammer rufen. „Schicke sofort jemanden nach Urija, dem Hetiter!" befahl ich. „Ich muß noch einmal mit ihm sprechen, bevor er zum Heer zurückkehrt."

„Das wird nicht nötig sein", meinte Jonadab, „denn ich bin über ihn gestolpert, als ich auf dem Weg hierher durch das Wachzimmer kam. Er ist nicht aufgewacht, obwohl ich ihm gegen den Kopf getreten habe. Ich bezweifle, daß er so bald marschfähig sein wird. Er wird Kopfschmerzen haben wie ein kranker Bär."

„Willst du damit sagen, daß er letzte Nacht nicht bei seinem Weib gelegen hat?" fragte ich und dachte: Sie hat ihm nicht gehört, hat ihn vielleicht hinausgeworfen, weil sie den Ekel nicht überwinden konnte. Aber wenn das so ist, hat sie sich selbst vernichtet.

Jonadab wußte von meinem Verhältnis zu Batseba. Daß sie schwanger war, wußte er jedoch nicht. Deshalb glaubte er, er bringe mir eine Nachricht, die ich gern hören wolle, als er mir erzählte, daß Urija betrunken in der Wachstube liege. „Als Urija von dir fortging, da hatte er vielleicht die Absicht, zu seinem Weib zu gehen", mutmaßte er. „Aber dann traf er alte Kameraden bei den Offizieren der Wache. Sie fingen an zu trinken, und Urija brüstete sich mit seinen Großtaten vor Rabba. Eins kam zum andern, und als ich mich entfernte, war Urija schon fast besinnungslos. Und so liegt der Trottel nun betrunken da." Er lächelte mit fröhlicher Boshaftigkeit und war sicher, daß er mir eine Freude gemacht hatte. Vielleicht hatte er sogar Urija selbst dazu verführt, so wüst zu trinken. Ich schickte ihn weg, doch bevor er ging, beauftragte ich ihn, alle meine Verabredungen für den Vormittag abzusagen.

„Du wolltest Ahitofel eine Audienz geben", erinnerte er mich. „Sag ihm, ich sei unpäßlich. Aber tu es ohne großen Nachdruck, damit er nicht beleidigt ist und auch nicht neugierig wird." Ich dachte an Batseba. Ich war glücklich, weil ihr Mann nicht bei ihr gewesen war, und ich hatte schreckliche Angst vor den Folgen.

Am Nachmittag rief ich Urija wieder zu mir. Er trat vor mich hin, und sein Atem stank von der Ausschweifung. Ich lachte, tat, als empfände ich kameradschaftlich, und rief nach Wein. Ich drängte ihm einen Becher auf und trank selbst. Über den Rand meines Bechers hinweg schaute ich ihn an. „Was für ein schüchterner Kerl du doch bist, daß es dir anscheinend widerstrebt, dich mit einer Dame zu vergnügen, von der alle Welt sagt, sie sei so schön!"

„Mein Herr und König", antwortete er, „ich bin ein einfacher Soldat und rede, wie mir der Schnabel gewachsen ist."

Er zögerte, und einen Augenblick lang fühlte ich Bangigkeit, denn er sprach wie ein Mann, der die Untreue seiner Frau entdeckt hat. Ich hatte zwar alle denkbaren Vorsichtsmaßnahmen ergriffen, um meine Affäre mit Batseba geheimzuhalten, aber ich konnte nicht sicher sein, daß Urija immer noch nichts von seiner Schmach ahnte. Schon weil ich nicht daran zweifelte, daß Ahitofel Agenten in meinem eigenen Haushalt unterhielt, die ihn über mein Kommen und Gehen auf dem laufenden hielten. In meiner schwarzen Stimmung stand plötzlich fest: Wir waren verraten worden. Aber ich lächelte. „Selbst ein einfacher Soldat sehnt sich doch nach Weibern."

„Mein Herr und König", begann er wieder, „ich komme vom Heer, wo mein Herr Joab und die Diener meines Herrn auf der öden Ebene lagern. Warum sollte ich da in mein Haus gehen und zwischen Leintüchern schlafen und mich an einem Weib erfreuen? Der Gedanke ist mir ein Graus, und ich werde es nicht tun."

Am liebsten hätte ich ihn geschlagen oder verhaften lassen, um ihm Verstand und bessere Manieren beizubringen. Hatte nicht ich ihn gedrängt, sich seinem Weib zu widmen, und war er nicht ungehorsam gegen mich gewesen? Aber wieder lächelte ich und machte einen beiläufigen Scherz darüber, daß zu den Pflichten des Soldaten auch die Aufzucht neuer Krieger gehöre. „Aber wie ich sehe, bist du ein Mann von festen Grundsätzen", stellte ich fest. „Wir werden heute abend zusammen speisen, und dann werde ich die Gelegenheit nutzen, dich davon zu überzeugen, daß die eine Pflicht – die Pflicht, die du deinem König schuldest – die andere nicht ausschließt, die du deinem Weibe schuldig bist, sondern daß die beiden sich mischen in deiner Pflicht gegenüber Israel."

116

Den ganzen Tag lang lechzte ich danach, jemanden zu Batseba zu schicken, um zu erfahren, wie es ihr ging. Doch ich wagte es nicht. Am Nachmittag kam ich auf den Gedanken, daß Urija jetzt zu ihr gegangen sein könnte, und ich erkundigte mich bei Jonadab, wo er sei.

„Er würfelt mit deinen Offizieren und prahlt damit, daß er deine besondere Gunst genießt, mein Herr und König."

Ich gab ihm Wein beim Essen und erzählte Liebesgeschichten. Urija lachte und erzählte daraufhin eigene Geschichten, in denen weder Witz noch Schönheit war, sondern eher ein Haß auf Frauen und Freude an ihrer Erniedrigung, daß mir ganz übel wurde. Er schien überhaupt nicht darauf zu brennen, endlich zu Batseba zu kommen. Doch als er meine Gemächer schließlich betrunken taumelnd verließ, war ich nicht sicher, ob er nun nicht doch zu ihr gehen würde, und Haß nahm Besitz von meiner Seele. In finsterer Nacht wandte ich dunkle Gedanken hin und her, und als der erste Schimmer des Morgengrauens den Himmel berührte und die Hähne krähten, da wußte ich, ich könnte nicht mehr zufrieden sein, solange Urija die Erde mit mir teilte. Ich sagte mir: Er brüstet sich damit, Soldat zu sein . . ., nun, dann laß ihn den Soldatentod sterben.

Am Morgen rief ich Urija wieder zu mir und befahl ihm, zum Heer zurückzukehren. Ich vertraute ihm eine Botschaft an, die er Joab überbringen sollte. Stolz nahm er sie entgegen und ahnte nicht, daß er sein eigenes Todesurteil übermittelte.

Natürlich befahl ich Joab nicht, Urija ermorden zu lassen. Das war nicht nötig. Ich konnte mich darauf verlassen, daß Joab zwischen den Zeilen las; er übernahm solche Aufgaben mit Genuß. Daher konnte ich Batseba mit der Versicherung trösten, daß alles gut werden würde. Ich zeigte meine Erleichterung darüber, daß ihr Mann sich nicht dazu aufgerafft hatte, sie zu besuchen. Glücklich begnügte sie sich damit, die Zukunft sich selbst zu überlassen und darauf zu vertrauen, daß ich für sie sorgen würde.

Drei Tage später kam ein Bote von Joab im Lager vor Rabba zu mir. Es war ein junger Mann, den ich nicht kannte, und er war schmutzig und sah nervös aus. Er fiel vor mir auf die Knie. „Mein

Herr und König, ich komme von dem Herrn Joab, deinem getreuesten und heute auch unglücklichsten Diener. Denn Rabba, das wir belagerten, ist noch immer in der Hand des Feindes, und ein großer Angriff gegen die Mauern der Stadt ist fehlgeschlagen."

Mit gesenktem Kopf schilderte er mir, wie Joab einen Frontalangriff gegen einen Teil der Stadtmauer geführt hatte, den er im Vergleich zu anderen Abschnitten für spärlich bemannt hielt. Aber entweder war er getäuscht worden, oder Spione hatten seine Absicht entdeckt, denn der Angriff war mit großen Verlusten an Menschenleben zurückgeschlagen worden.

Ich befragte ihn eingehend, denn mir schien, daß Joab unbedacht gehandelt hatte, indem er einen so großen Teil seiner Streitmacht einem so zweifelhaften Unternehmen ausgesetzt hatte, daß er ein ganz unnötiges Glücksspiel eingegangen war, weil er nur die Blockade hätte aufrechterhalten müssen, um die Stadt am Ende sicher in die Hände zu bekommen.

Als spüre er meinen aufsteigenden Zorn, hob der junge Mann den Kopf. „Mein Herr Joab hat mir außerdem aufgetragen, dich wissen zu lassen, daß zu seinem großen Bedauern auch Urija, der Hetiter, unter den Toten ist."

Ich wandte mich ab und schaute über die Stadt. Stille lag in der Hitze der Nachmittagssonne. Ich schaute hinüber zum Dach von Batsebas Behausung und dachte daran, wie sie dort gewartet hatte, zitternd vor Angst, sie könnte Urijas Schritte hören. Ein großer Frieden senkte sich auf mich.

Der junge Mann trug nun einen Katalog der Gefallenen vor, und als ich den Namen Lajisch hörte, weinte ich. Aber als der Bote am Ende den Namen Urija noch einmal wiederholte, da trocknete ich meine Augen und rief nach Wein, um den jungen Mann zu erfrischen. „Sag Joab, er soll nicht mutlos sein und nicht traurig, denn so ist das Kriegsgeschick", wies ich ihn an. „Das Schwert frißt den einen wie den anderen. Sag ihm, daß ich ihn dränge, die Schlacht gegen die Stadt erneut zu beginnen und sie zu überrennen, damit unsere Leute nicht vergebens gefallen sind. Und richte ihm aus, er habe Gefallen gefunden in meinen Augen, denn ich weiß, es ist kein Mann in Israel, der tapferer wäre, und keiner auch, in den ich größeres Vertrauen setzte."

Dann rief ich Jonadab und befahl ihm, Batseba Nachricht vom Tod ihres Mannes zu schicken, der mutig in der Schlacht gefallen sei. Er solle ihr mein Beileid übermitteln und das Geheiß, Trauerkleidung anzulegen für einen Mann, der gestorben sei im Dienst für Israel und seinen König. Das tat ich, damit niemand mit dem Finger auf sie deute.

Als ich in dieser Nacht heimlich zu ihr kam, sprachen wir nicht von Urija. Er war für uns beide jetzt wie Spreu, im Winde verweht.

Sie trug noch Trauerkleidung, als sichtbar wurde, daß sie ein Kind bekam, und die Leute sagten, wie traurig es doch sei, daß Urija von ihr genommen wurde, bevor sein Sohn zur Welt gekommen war. Nur ihr Großvater Ahitofel, erzählte Batseba mir, betrachte sie mit wunderlichem Blick und tue, als wolle er etwas sagen, doch dann bleibe er still.

„Wenn wir verheiratet sind, dann möchte ich, daß du ihn von seinem Posten enthebst und aus Israel verbannst", forderte sie. „Oder wenigstens aus Jerusalem, denn ich glaube, er hegt einen Verdacht."

„Wenn wir verheiratet sind, wen kümmert es dann noch, wer der Vater des Kindes sein könnte?"

„Ich glaube, sein Verdacht geht noch weiter."

Ich nahm sie in die Arme. „Wie weit kann er gehen? Urija war hier, ich habe ihn ehrenvoll behandelt. Ich habe ihn gedrängt, zu dir zu gehen. Wer möchte wagen, auf seinen Eid zu nehmen, daß er den Befehl des Königs mißachtet hat? Nicht einmal Ahitofel. Und dann ist Urija tapfer den Soldatentod gestorben – in einer Schlacht, in der mein geliebter, treuer Freund Lajisch ebenfalls gefallen ist. Außerdem, Geliebte: Ahitofel sollte stolz und glücklich sein, dich als Königin zu sehen."

„Trotzdem", beharrte sie. „Ich fürchte ihn."

Batseba urteilte klüger als ich. Das mag seltsam erscheinen, denn sie war ein junges Mädchen und wußte nichts vom Gang der Welt. Wie Ahitofel zu der Überzeugung gelangte, daß ich für Urijas Tod verantwortlich sei, weiß ich nicht. Aber ich bin sicher, daß die Gerüchte, die zumindest von meiner Komplizenschaft berichteten und die ich von Jonadab überbracht bekam, von meinem Ratgeber ausgingen, den ich einst mit meinem Vertrauen geehrt hatte, der aber jetzt danach trachtete, mich zu vernichten.

„Bezichtigen die Leute mich des Mordes?" fragte ich Jonadab.

„Das nicht gerade, mein Herr und König, aber sie sagen, Urijas Tod habe sich glücklich für dich getroffen, und ich höre, daß manche auch tuscheln, Joab habe den Männern befohlen, im Kampf von Urija abzufallen."

„Wissen sie denn nicht, daß auch Lajisch tot ist? Glauben sie, auch das habe sich ‚glücklich für mich getroffen'?"

Jonadab senkte den Blick und wollte mir diese Frage nicht beantworten, und es war, als hörte ich Ahitofels dünne Stimme, wie sie flüsterte, daß David wohl auch seinen liebsten Freund opfern würde, um Urija zu vernichten, dessen Weib er begehrte.

Ich befahl Jonadab, Spitzel auf Ahitofel anzusetzen. Er verbreitete offenkundig aufrührerische Reden, und vor allem unter den jungen Männern gab es etliche, die bereitwillig zuhörten – diejenigen, die aufgewachsen waren, während ich König war, und die auf Abwechslung brannten. Aber einen Beweis gegen Ahitofel konnte ich nicht in die Hand bekommen. Also behielt ich ihn in meiner Nähe und in seinem Amt, denn ich dachte, er könnte noch gefährlicher werden, wenn ich ihn entließe. Ich fragte mich auch, ob Joab unbedachte Reden geführt hatte, vielleicht im Zustand der Trunkenheit.

Ein paar Wochen nachdem ich Batseba geheiratet hatte und unser Sohn geboren war, kam der Prophet Natan zu mir, ein Mann, den ich schätzte.

„Gepriesen sei der Herr und Gott Israels", begrüßte er mich und setzte sich vor mir auf die Erde. „Mein Herr und König, du weißt, daß ich dich immer geliebt und dir von ganzem Herzen gedient habe."

„Das weiß ich", antwortete ich, und etwas an seiner Haltung gefiel mir nicht.

„Ich will dir eine Geschichte erzählen", begann er. „In einer gewissen Stadt waren zwei Männer. Der eine war über die Maßen reich, der andere ebenso arm. Der Reiche hatte viele Herden, aber der Arme hatte nichts als ein kleines Lamm, das er mit viel

Liebe und Sorgfalt aufzog, als wäre es sein Kind. Nun kam ein Reisender zu dem reichen Mann, und dieser machte sich daran, ihn zu speisen. Aber statt ein Lamm aus seiner eigenen Herde zu schlachten, nahm er sich das Lamm des Armen, um ein Mahl für seinen Gast zu kochen." Er sah mich forschend an.

„Wenn es Gerechtigkeit gibt, so sollte dein reicher Mann bestraft werden", meinte ich. „Und da ich Richter bin in Israel, soll es geschehen. Sag mir, wer es ist, und ich werde ihn vor mich bringen lassen."

Natan schüttelte den Kopf. „Das ist nicht nötig, David. Du bist dieser reiche Mann."

Ich schwieg, er aber stand auf und verkündete: „So spricht der Herr der Heerscharen: Ich habe dich gesalbt zum König von Israel durch die Hand Samuels, meines Propheten, und als Saul sich gegen dich erhob, da errettete ich dich vor seinem Zorn. Und ich habe dich zum König gemacht und dir drei Frauen und große Reichtümer gegeben. Du aber hast dich gegen mich gewandt, hast Böses getan in meinen Augen und mein Gebot mißachtet. Niederträchtig hast du gemordet den Hetiter Urija, und niederträchtig hast du dir sein Weib genommen. Deshalb soll das Schwert nicht weichen von deinem Haus. Ich werde das Böse aufstehen lassen wider dein Haus, und deine Weiber werde ich von dir nehmen und sie deinem Nachbarn geben, auf daß er bei ihnen liege vor den Augen der Welt. Denn du, David, hast es heimlich getan. Der Herr aber wird öffentlich handeln, auf daß alle Welt deine Verstöße sehe und wisse, daß nicht einmal der König über dem Herrn der Heerscharen steht."

Er redete in jener archaischen Sprache, wie sie die Priester und Propheten benutzen, um ihre Worte eindrucksvoller zu gestalten. Seine Worte beunruhigten mich. Wenn Samuel gegen Saul sprach und ihn verdammte im Namen des Herrn, dann konnte ein unvoreingenommener Zuhörer sich des Gedankens nicht erwehren, daß der göttliche Zorn doch in ungewöhnlich harmonischem Einklang mit Samuels eigener Eifersucht gegen Saul stand, der ihm als Beherrscher Israels nachgefolgt war. Aber Natan war stets mein Anhänger gewesen. Er beanspruchte nur moralische Autorität, und ich wußte, daß er mich liebte und bewunderte.

**Der Prophet Natan ermahnt David,
weil dieser Gottes Gebot mißachtet hat.**

„Die Zunge ist die Zunge Natans, aber die Worte klingen in meinen Ohren, als habe Ahitofel sie gesprochen", warf ich ihm vor.

„Die Worte sind die Worte des Herrn, mein König."

Er sah mich traurig an, und ich fühlte mich klein, denn er sagte die Wahrheit. Ich bedauerte nicht, daß Urija tot war, aber ich wünschte, ich hätte ihn mit eigener Hand getötet. Die Art und Weise, wie ich seinen Tod bewerkstelligt hatte, war gemein. Das konnte ich nicht bestreiten. Und doch hätte es auf keine andere Weise geschehen können, ohne Batseba Beleidigungen und Schlimmerem auszusetzen.

„Natan, Batseba ahnt nicht, was ich getan habe, und ist daher unschuldig. Aber du hast recht. Ich habe gesündigt wider den Herrn." Ich fiel auf die Knie. „Herr, ich bekenne, daß ich gesündigt habe!" rief ich. „Was ich dir zum Opfer darbringe, ist nur ein verstörter Geist und ein gebrochenes, zerknirschtes Herz. Ich bitte dich, verschmähe es nicht."

Als ich so betete, berührte Natan sanft meinen Kopf, dann ging er fort und überließ mich meiner Scham und der Angst vor dem Herrn.

Aber Batseba sagte ich nichts von alldem.

Eine Zeitlang glaubte ich, der Herr habe mir vergeben, und verbannte alle Erinnerung an Urija. Als Joab siegreich von der Belagerung Rabbas zurückkehrte und berichtete, die Stadt sei erobert und eine große Zahl von Feinden getötet, da umarmte ich ihn vor allem Volk und gab ein Festmahl zu seinen Ehren. Aber nicht einmal, als er betrunken war, wurde Urija erwähnt. Dennoch fühlte ich mich unbehaglich mit Joab, als habe er zum erstenmal einen Vorteil mir gegenüber.

Ein wenig später wurde der Sohn, den Batseba geboren hatte, krank. Er bekam hohes Fieber. Batseba saß an seinem Bett und wachte über sein Leiden. Ich wandte mich an den Herrn und erniedrigte mich vor Ihm, ich rief Ihn zum Zeugen dafür, daß ich meine Sünde bereut hatte, und ich bedrängte Ihn, mein Kind zu verschonen. Sieben Tage aß und trank ich nicht, sondern rang mit dem Herrn um die Errettung des Knaben.

Aber meine Sünde war zu groß. Der Herr ließ sich nicht zur Barmherzigkeit rühren. Das Kind starb, und als Batseba vor mir stand, den kleinen Leichnam auf dem Arm, da wußte sie, was sie zuvor nicht hatte wissen wollen: um welchen Preis ich ihr Leben und unsere Liebe gekauft hatte. „Lieber wäre mir, man hätte mich als Ehebrecherin zu Tode gesteinigt, als daß dies geschehen wäre", eröffnete sie mir. Sie wandte sich ab und verweigerte sich mir.

Wolken und ein kalter Wind legten sich auf unsere Liebe. Ich hatte gesündigt um Batsebas willen und wurde bestraft für ihre Sünde, und lange Zeit wollte sie nicht auf mich hören und wies mich ab. Dann kamen wir wieder zueinander. Wir hatten noch ein Kind, das wir Salomo nannten. Aber es war nie wieder wie früher. Es war eine Leere in unserer Liebe, denn Batseba konnte mir nie verzeihen, was ich für sie getan hatte. Sie wußte, es war unrecht, mir nicht zu vergeben, doch sie konnte es nicht. Der Schatten unseres toten Kindes lag sogar auf unserem Bett.

9

Kurz nach Salomos Geburt trat ich in den Herbst der Jahre ein, und die Früchte schmeckten bitter. Die Könige aller Länder, die an Israel grenzten, ehrten mich in Anerkennung meiner Tugend, meiner Macht und Weisheit. Doch an ihren Worten lag mir weniger als an dem Lob, mit dem Mägde am Brunnen in meiner Jugend meine Lieder überhäuft hatten.

In meiner Ratlosigkeit fand ich wenig Genuß an Weibern oder an der Suche nach Weisheit und auch nicht an starkem Trunk oder am Tanz. Batseba erfreute mich nicht mehr, aber ich suchte keine Freude an ihrer Statt. Oft besprach ich mich mit Natan, denn er kannte mein Herz. Aber er konnte es nicht zur Seligkeit zurückführen.

Ich hängte die Trompete des Krieges an den Nagel und überließ anderen die Schlachten und das Streben nach Ruhm. Es gab Tage, da sehnte ich mich nach dem Tod, und Nächte, da fürchtete ich sein Kommen. Die Musik, die ich machte, war melancholisch, und meine Lieder waren voller Bitterkeit.

Ein weiser Mann sucht, wenn er alt wird, Freude in seinen Kindern, doch die meinen brachten mir nur Unbill. Amnon erfüllte mich mit Beschützerdrang, mein Erstgeborener, gezeugt und geboren inmitten von lauter Gefahren. Er war mein Erbe, der Israel regieren sollte. Ahitofel hatte versucht, mich gegen ihn einzunehmen – vergebens. Ich liebte ihn gerade wegen seiner Zerbrechlichkeit.

Es war nicht leicht, sich mit Amnon zu unterhalten. Er war düster und verschlossen. Er konnte sich selbst nicht vertrauen und auch kein Vertrauen bei andern erwecken. Als er größer wurde, trieb er sich mit wilden Jünglingen herum, die ein paar Jahre älter waren als er und denen es gefiel, mit dem Sohn des Königs bekannt zu sein, ihn vom rechten Weg abzubringen und ihn zu lehren, wie man trank und sich verächtlich gegen Frauen zeigte. Von ihnen lernte Amnon, ein rauhes, soldatenhaftes Benehmen an den Tag zu legen, und darin las ich ein tiefes Verlangen danach, anders zu sein, als er war. Ich sah eine Ähnlichkeit mit Saul in ihm, obwohl keine Blutsverwandtschaft bestand. Seltsamerweise war die einzige Frau, bei der er sich wohl fühlte, ausgerechnet Michal, die jetzt in einem Haus ein paar Meilen außerhalb von Jerusalem wohnte. Dort, so berichtete man mir, verbrachte Amnon manche Stunde im Gespräch mit ihr. Zu ihr ging er, wenn er Sorgen hatte. Vielleicht sah sie in ihm ein Abbild jener Unzufriedenheit, die sie selbst schon immer gekannt hatte. Wie Michal konnte auch Amnon sich nicht im Handeln verlieren. Es war, als beobachte er alles, was er tat, als verachte er es, noch während er es tat, und finde es wertlos.

Amnon haßt sich, sagte ich mir. Ist es meine Schuld, daß er so ist?

Wie anders waren die Kinder von Maacha, meinem wilden Arabermädchen aus der nördlichen Wüste. Abschalom, mein Sohn, war der schönste Jüngling in ganz Israel, Tamar, meine Tochter, das hübscheste Mädchen. Es war, als spiegelten sie einander.

Ich wußte, daß Amnon eifersüchtig auf Abschalom war. Er warf mir vor, daß ich seinen jüngeren Bruder bevorzugte. Was konnte ich darauf erwidern? Die Wahrheit konnte ich ihm nicht sagen: daß ich Abschalom wegen seiner Vollkommenheit liebte. Also speiste ich ihn mit einer Antwort ab, die so unbestimmt war, daß sie unaufrichtig wirkte. Aber ich versicherte ihm noch einmal, daß er mein Erbe sei und nach mir König sein solle.

Eines Tages kam Jonadab zu mir. „Mein Herr und König, Amnon ist krank. Willst du ihn besuchen?" erkundigte er sich.

Ich tat es und fand ihn im Bett, bleich und schwach, als habe er nicht gegessen, sondern im Fieber gelegen. Als er sprach, war seine Stimme leise, und ich mußte mich über ihn beugen; er nahm meine Hand und drückte sie.

„Ich werde Batseba zu dir schicken", schlug ich vor. „Sie versteht sich auf Krankheiten besser als ich."

„Belästige die Königin nicht", flüsterte er. „Bitte meine Schwester Tamar, sie soll zu mir kommen. Ich habe keinen Appetit, und doch fühle ich ein starkes Verlangen nach den kleinen Mandelkuchen, die sie macht."

Eine sonderbare Bitte, aber Amnon sah so blaß, matt und unglücklich aus, daß ich sie ihm nicht abschlagen konnte. Ich habe nie erfahren, was danach wirklich geschah, denn ich hörte verschiedene Versionen der Geschichte.

Ich spürte, wie im Palast alles zu schrumpfen und still zu werden schien. Eine Atmosphäre akuter Bangigkeit breitete sich aus, als sei irgendein Mißgeschick passiert, und niemand wagte, dem König etwas davon zu sagen. Aber Israel lag doch im Frieden. Ich schickte nach Jonadab, um ihn zu fragen. Er wollte mir nicht ins Gesicht sehen und beteuerte, er wisse gar nichts.

„Ist Amnon tot?" fragte ich.

„Nein, mein Herr und König. Amnon lebt."

„Mir ist klar, daß du mir etwas Furchtbares verbirgst." Ich musterte Jonadab. „Sag mir, was es ist, und fürchte nicht meinen Zorn, denn du bist der Sohn meiner Schwester und mir im Blut nah verwandt, und du bist mir teuer im Angesicht der Dienste, die du mir erwiesen hast."

Er warf sich auf den Boden, umklammerte meine Knie und weinte. „Mein Herr und König, sei gnädig. Amnon, dein Sohn, ist krank, aber seine Krankheit ist im Geist und nicht im Körper. Er ist krank vor Liebe zu seiner Schwester – seiner Halbschwester – Tamar . . ."

In diesem Augenblick wurde die Tür aufgestoßen, und Abschalom kam unangemeldet herein. Er hielt inne, als er Jonadab erblickte, der immer noch meine Beine umschlungen hielt. Ich richtete Jonadab auf und wandte mich Abschalom zu. Seine Wangen waren ohne Farbe, aber seine Augen blitzten. Er war halb von Sinnen vor Schmerz und Wut. Er erzählte mir, daß Tamar, wie ich es veranlaßt hatte, zu Amnon gegangen war. Amnon habe alle seine Diener weggeschickt, und als sie allein waren, habe er dem Mädchen seine Liebe erklärt. „Seine Liebe." Abschalom spuckte die Worte förmlich aus. „Besser sagt man, seine Wollust, seine abartige Wollust."

„Und was hat sie gesagt?"

„Sie sagte . . ., sie habe Mitleid mit ihm."

Mehr wollte ich nicht hören. Aber Abschalom zwang mich zuzuhören. Er berichtete mir, wie Amnon Tamar gepackt, ihr Gewand zerrissen und sie aufs Bett geworfen und wie er ihr dann Gewalt angetan hatte.

„Und dieses Ding, das jetzt hier bei dir ist", rief Abschalom, „war sein Zuhälter, sein Kuppler!"

Jonadab wimmerte, leugnete halb. Ich brachte ihn mit einem Blick zum Schweigen.

Nach der furchtbaren Tat, berichtete Abschalom weiter, habe Amnon sich von Tamar abgewandt, wie von Abscheu erfaßt, und ihr befohlen zu gehen. Abschalom selbst habe sie gefunden, mitten auf der Straße, wie sie sich Asche auf das Haupt streute und ihre Verzweiflung hinausheulte. Er habe sie in sein Haus geholt und sei dann geradewegs zu mir gekommen.

„Ich wußte nicht, was Amnon beabsichtigte", jammerte Jonadab. „Bitte glaubt mir, ich wußte es nicht."

„Sie ist besudelt!" schrie Abschalom. Er war bleich wie der Tod, und auf seiner Stirn stand der Schweiß. „Ich kenne das Gesetz", versicherte er. „Wenn jemand seine Schwester nimmt, seines Vaters Tochter oder seiner Mutter Tochter, und ihre Blöße schaut und sie wieder seine Blöße, das ist Blutschande. Die sollen ausgerottet werden vor den Leuten ihres Volks. Das ist das Gesetz. Und Amnon, mein Bruder, hat Schlimmeres getan, denn er hat Tamar mit Gewalt genommen und geschändet."

In diesem Augenblick durchfuhr es mich wie ein Stich, und ich wußte, wie Saul gelitten hatte, denn es schien, als habe der Herr mich verlassen. Amnon war mein Kind, mein Erstgeborener, und ich war verantwortlich für ihn – Blut von meinem Blut, Fleisch von meinem Fleisch. Wenn er schuldig war, konnte ich mich nicht für unschuldig halten. Urijas Geist klopfte an meine Tür.

„Er hat mich nur um einen Rat gebeten, wie er seine Liebe gestehen könne", behauptete Jonadab. „Ich hätte mir niemals träumen lassen . . ."

Armer Amnon, dachte ich, daß die Verzweiflung dich derart zum Äußersten treiben konnte, wagte es aber nicht zu sagen. Ich sagte, was man sagen konnte, um Abschalom zu trösten und zu beschwichtigen. „Zuerst müssen wir dafür sorgen, daß Tamar beschützt wird", erklärte ich dann. „Sie ist geschändet und dann verstoßen worden, eine doppelte Schmach, die um ihretwillen verhüllt bleiben muß."

„Um ihretwillen? Verhüllt?"

„Abschalom, mein Sohn, willst du sie in den Wahnsinn treiben? In deinem rechtschaffenen Zorn redest du vom Gesetz. Glaubst du, du kennst das Gesetz so gut wie ich? Willst du das arme Mädchen seiner Härte, seiner Strenge aussetzen? Willst du, daß sie gezwungen wird, ihre Schande öffentlich zu gestehen? Niemals."

Was ich sagte, war die Wahrheit und von großem Gewicht, und er verstand mich. Ich ließ ihn Stillschweigen schwören, vorläufig.

„Wir haben Feinde", rief ich ihm in Erinnerung, „sogar in Israel, die sich begierig an diesem Frevel laben würden."

Ich lobte seine Liebe zu seiner Schwester, aber ich bestand darauf, daß er schwieg. Zuerst müsse ich mich mit Batseba beraten, die in diesen Dingen klug sei. Abschalom trug ich auf, Tamar zu mir zu bringen, wenn es ihr wieder so gut ginge, daß sie mich besuchen könnte: einstweilen solle er sie gut bewachen und ihr Trost bieten, so gut er könne.

„Er hat sie zerstört", stieß er hervor. „Die Rose Israels ist abgerissen, ihre Blütenblätter sind verstreut."

„Abschalom, mein liebster Sohn, geh in Frieden, und der Herr sei mit dir an diesem schrecklichen Tag."

Als er gegangen war, befahl ich Jonadab, Amnon schleunigst unter Bewachung zu stellen. „Und nimm ihm seine Waffen ab", wies ich ihn an, „damit er sich in seiner Verzweiflung nicht selbst den Tod gibt."

„Soll ich ihn in Arrest nehmen?"

„Nein", beschloß ich. „Stelle deine Wachen geschickt auf. Sie sollen ihn schützen, nicht mehr. Aber geh auch selbst zu ihm und sag ihm, es sei mein Wunsch, daß er im Haus bleibe, bis ich zu ihm komme. Diese Angelegenheit verlangt eine feinfühlige Behandlung, wenn sie nicht den Untergang für uns alle bedeuten soll, für das ganze Haus David."

Tamar erholte sich nicht. Sie war schöner denn je, aber ihre Schönheit war jetzt die Schönheit des Winters. Ihre Blicke wanderten umher, ihre Wangen waren weiß wie der Schnee auf den Bergen. Sie achtete nicht mehr auf ihre Kleidung oder ihre Sittsamkeit. Die Schande wohnte jetzt in ihrem Herzen. Sie plapperte sonderbar. Eines Tages fand man sie auf der Straße, wo sie sich feilbot, und ihr Geist war aus den Fugen. Von da an war ich gezwungen, sie einsperren zu lassen.

Abschalom allein besaß ihr Vertrauen. Wenn ich mit ihr sprach, wimmerte sie und verbarg entweder ihr Gesicht hinter einem Schleier oder, was noch schrecklicher war, entblößte sich vor mir, als wäre ich, weil ich Amnons Vater war, auch ihr Verführer und als wäre sie entschlossen, ihm die Ungeheuerlichkeit seiner Tat vor Augen zu führen. Aber an Abschalom klammerte sie sich wie ein kleines Kind. Ich fürchtete, ihre Hilflosigkeit und ihr Leid könnten seinen Zorn gegen Amnon zu erneuter Glut entfachen, und ich war versucht, ihm das Zusammentreffen mit seiner Schwester zu verbieten. Aber aus Furcht vor seinem Ungehorsam und den möglichen Folgen wagte ich es nicht. Ich konnte Abschalom aber überreden, mit Amnon Frieden zu schließen, als ich seinen Bruder aus dem Hausarrest entließ. Sie umarmten einander vor meinen Augen, und Amnon, angeleitet von mir und von Huschai, dem Arachiter, der ihn ebenso bemitleidete wie ich, bekannte seine Sünde und bat seinen Bruder um Vergebung.

„Um unseres Vaters willen", antwortete Abschalom.

Es hatte sich als unmöglich erwiesen, das Geschehene geheimzuhalten. Joab kam zu mir. „David, sogar das Heer ist gespalten", berichtete er. „Manche unterstützen Amnon, andere Abschalom. Wenn du diese Angelegenheit nicht klärst, wird alles noch schlimmer werden. Die offene Wunde wird schwären. Wenn Amnon König werden soll, dann muß Abschalom in die Verbannung geschickt werden, denn für beide ist im Königreich kein Platz."

Batseba pflichtete ihm bei. Sie hatte eine Schwäche für Amnon und verstand seinen schwierigen Charakter. „Amnon hat unrecht getan", urteilte sie. „Was er getan hat, war böse. Aber er wurde gereizt. Du betest Abschalom an und bist blind gegen seine Fehler. Vielleicht weißt du nicht einmal, wie Abschalom die jungen Männer, die er um sich sammelt, dazu ermuntert hat, sich über seinen Bruder lustig zu machen, und wie er das Gerücht verbreitet oder zumindest angefacht hat, Amnon sei abartig, und wie er gleichzeitig Tamar angespornt hat, ihre Reize vor diesem zur Schau zu tragen."

Es fiel mir schwer, ihr das zu glauben, denn natürlich wollte ich es nicht glauben. Ich wußte, daß sie eifersüchtig auf Abschalom war. Vielleicht war sie schon damals entschlossen, daß Salomo, obwohl er noch ein Kind war, König werden solle nach mir; und sie sah in Abschalom, nicht in Amnon, seinen größten Rivalen.

Auch Ahitofel kam zu mir. Zwar hatte ich gelernt, ihm zu mißtrauen, aber noch immer spürte ich den Zauber seines Benehmens und seines Verstandes. „David", sagte er, „wir haben viel zusammen erlebt. Nicht immer waren wir uns einig, aber immer haben wir zum Wohl Israels gearbeitet. Und du weißt, ich habe immer gesagt, was ich denke, furchtlos und ohne mich vor der Wahrheit zu verstecken. Es ist nur natürlich, daß du es jetzt tust. Schließlich ist Amnon dein Sohn, und du liebst ihn genauso wie seinen Bruder Abschalom. Glaube mir, alter Freund, ich kann dir dieses Dilemma nachfühlen. Aber ich erinnere mich auch an den Knaben, der zu Saul ins Lager kam und gegen Goliat antrat, als das ganze Heer sich vor ihm fürchtete. Und ich weiß noch, wie du ihn tötetest, obwohl du nur mit einer Schleuder und ein paar Kieselsteinen aus dem Bach bewaffnet warst – und mit dem dir eigenen Selbstvertrauen und Mut. Dieses Selbstvertrauen, diesen Mut brauchst du auch heute. Amnon ist nach dieser Freveltat nicht geeignet, König über Israel zu werden, denn nach dem, was er getan hat, kann kein Mensch in Israel mehr Vertrauen zu ihm haben. Deshalb dränge ich dich, ihn ins Exil zu schicken und Abschalom, den das Heer und die jungen Männer anbeten, zu deinem Alleinerben zu ernennen."

Und so bedrängte man mich mit widersprüchlichen Ratschlägen und marterte mich mit den Stacheln der Vernunft und des Gefühls.

Jonadab, der meine Schlafkammer bewachte, war jetzt – zusammen mit Huschai – mein wichtigster Vertrauter. Dafür war ich ihm dankbar, denn er überschüttete mich nicht mit Ratschlägen, die ich nicht hören wollte. Und so sprach ich, da ich die Worte nicht in meinem Herzen einschließen konnte, mit ihm, auch wenn ich wußte, daß er ein Plappermaul war. Tatsächlich war aus seiner losen Zunge sogar ein Vorteil zu schlagen: Mit ihrer Hilfe konnte ich meine Absichten verbreiten, ohne sie öffentlich bekanntzugeben. „Der König ist entschlossen, die Eintracht im Königshaus und in der Nation wiederherzustellen", erzählte Jonadab dann wohl weiter. „Seine Absicht steht fest, er wird die Thronfolge nicht ändern" – und so weiter. Unterdessen vertraute ich auf Zeit und Geduld, meine alten Verbündeten.

Amnon sträubte sich lange Zeit dagegen, mit mir allein zu sein. Er fürchtete meine Liebe mehr als meinen Tadel.

„Schuldbewußtsein und Selbsthaß mischen sich in seiner Seele", berichtete mir Jonadab.

Amnon gab sich frommen Übungen und Bußen hin. Sein Verbrechen verstärkte noch seine natürliche Melancholie. Er lächelte nie, und wenn man ihn in einer Sache um seine Meinung bat, seufzte er und gab zur Antwort, ein Mann wie er sei nicht würdig, ein Urteil abzugeben. Seine Bescheidenheit trug ihm die Achtung der Priester ein, und das war nicht ungefährlich. Denn es hatte den Anschein, als sei das Haus Israel in Zwietracht mit sich selbst, da die Priester zu Amnon neigten, das Heer aber zu Abschalom. Solange Joab jedoch mein Oberbefehlshaber war, konnte das Militär nicht vorbehaltlos für meinen jüngeren Sohn eintreten. Es ärgerte mich, daß ich mich von Joab abhängig fühlte, wenngleich ich nicht bestreiten konnte, daß ich es war.

Die Zeit verging, und es hatte den Anschein, als werde meine Geduld belohnt. Amnon gewann Selbstvertrauen, und Abschalom benahm sich seinem Bruder gegenüber, wie ich es wünschte. Sie trafen sich zwar nie allein, aber im Rat behandelte Abschalom seinen Bruder höflich und respektvoll und zeigte sich sogar bereit, ihn als Thronerben zu betrachten.

Mir gegenüber benahm er sich so liebevoll wie früher. Seine Anwesenheit gab mir Lebenskraft, und sein bezauberndes Benehmen war mir eine ständige Freude. Als er eines Tages zu mir kam und mir sagte, er habe vor, zur Zeit der Schafschur auf seinem neuen Anwesen in Baal-Hazor ein großes Festmahl zu veranstalten, und hoffe, daß ich bei der Gesellschaft zugegen sein würde, kostete es mich daher große Mühe abzulehnen. Trotzdem tat ich es, weil ich meinte, daß die Anwesenheit des Königs dem Fest eine gewisse Feierlichkeit aufnötigen würde, die nicht willkommen wäre.

Abschalom gab seiner Enttäuschung Ausdruck. „Ich hoffe aber, daß mein Bruder Amnon meine Einladung annehmen wird."

„Warum willst du ihn dabeihaben? Ich weiß doch, daß du ihn nicht liebst."

„Nein", gab Abschalom zu, „ich kann ihn nicht lieben. Wir sind aus zweierlei Holz gemacht. Doch er ist der Sohn meines Vaters und der Erbe des Throns. Die Entfremdung zwischen uns hat zu lange gewährt, und ihre Folgen sind gefährlich. Es gibt jetzt zwei Parteien unter den jungen Männern: die einen sind für mich, die andern für meinen Bruder. Ich halte das nicht für richtig, und ich weiß, es ist nicht das, was du willst, Vater. Deshalb hoffe ich, daß Amnon als Gast in mein Haus kommen wird, damit ich allem Volk zeigen kann, daß wir miteinander in Frieden leben und daß es keinen Grund zur Uneinigkeit gibt. Da Amnon mir mißtraut, wäre ich froh, Vater, wenn du ihn drängen könntest zu kommen."

Ich war erfreut über seine vornehmen Absichten und erklärte mich dazu bereit. Ein Lächeln erhellte sein Gesicht. Er fiel mir um den Hals und küßte mich, und dann schritt er hinaus, strahlend, mit kraftvollen Gliedern und voll Anmut.

FRAUENGESCHREI und hastige Schritte weckten mich. Ich stieß meine Konkubine beiseite, warf mir den Mantel über und stürzte aus meinem Schlafgemach. Draußen warf sich ein junger Mann mit wild leuchtenden Augen vor mir auf den Marmorboden und umklammerte meine Fußknöchel. Er hob den Kopf und rief: „Verrat und Mord! Alle Söhne des Königs sind ermordet, und keiner ist mehr am Leben!"

Ich weiß nicht, wie es weiterging. Die Balladensänger erzählen, ich hätte mich zu Boden geworfen und meine Kleider zerrissen und geheult wie ein Hund. Mag sein, aber ich erinnere mich nicht. Wenn man von einer solchen Katastrophe hört, dann erlischt alle Erinnerung.

Dann war ich in meiner Schlafkammer. Die Konkubine zitterte vor Entsetzen, und ihr Mund öffnete sich in lautlosem Klagen. Im Vorzimmer erhob sich die Trauerklage. Ich schickte das Mädchen weg und verlangte nach Jonadab. Dann kleidete ich mich an. Ich saß auf dem Ende meines Bettes und hielt ein Schwert in beiden Händen, die Spitze auf den Boden gerichtet, zwischen den Beinen. Nach einer Weile rief ich eine der Frauen herbei. „Ist Batseba wohlbehalten? Und schickt jemanden in die Kinderstube, und seht nach, ob Salomo auch nichts fehlt."

Endlich kam Jonadab. Er kniete vor mir nieder und legte seine Hände auf meine, die das Schwert umfaßt hielten. „Es stimmt nicht, daß alle Söhne des Königs tot sind", sagte er. „Nur Amnon ist tot."

„Abschalom?"

„Abschalom, mein Herr und König, hat für sich und seine Schwester Tamar Rache für das Unrecht genommen, das sie hat erleiden müssen. Er hatte es, so fürchte ich, lange geplant. Aber nur Amnon ist tot. Er wurde getötet, als er voll des Weines war, doch zuvor hat Abschalom noch mit ihm gesprochen."

„Wo ist Abschalom?" fragte ich.

„Abschalom ist geflohen, nach Norden, ins Land Geschur, das Land seiner Mutter."

„Geh!" befahl ich, aber er wollte nicht gehen, bis er mich dazu gebracht hatte, das Schwert loszulassen, das ich festhielt.

So hatte ich zwei Söhne verloren und trauerte um beide. Ermattet wandte ich mich an den Herrn: „So ist Urija, der Hetiter, gerächt. Erbarme Dich Deines Dieners, o Herr, und suche mich nicht heim mit weiterem Schmerz."

Aus Geschur schickte Abschalom mir Briefe, in denen er sein Verhalten rechtfertigte. Immer wieder beteuerte er mir seine innige Liebe. Seine Worte schmerzten mich, denn ich konnte sie nicht lesen, ohne sein hübsches Gesicht zu sehen und seine Stimme zu hören, leicht, liebevoll und erfüllt von spöttischem Geist. Ich sehnte mich nach ihm. Mein Herz sagte mir, ich solle Abschalom aus der Verbannung zurückholen, doch ich tat es nicht. Er hatte sich die Sünde Kains zuschulden kommen lassen, und selbst während ich seine Briefe las, schien der bleiche Schatten von Amnons Gesicht vor meinem Blick zu flimmern. Und ich betete zum Herrn, Er möge mich leiten auf den Pfaden der Rechtschaffenheit.

Auch Batseba war entschlossen, Abschalom im Exil bleiben zu lassen. „Das Land wird ruhiger ohne ihn", meinte sie. „Ich weiß, du liebst ihn sehr, David, um so mehr vielleicht, als er wild und eigensinnig ist und gefährlich wie ein ungezähmtes Fohlen. Aber wenn du bedenkst, wie ruhig es jetzt in Israel ist, dann erkennst du sicher auch, daß Abschaloms Abwesenheit zu dieser Stille beiträgt. Die Wahrheit ist, daß es uns allen ohne ihn bessergeht, und nur deine Liebe zu dem Jungen, deine unmäßige Voreingenommenheit, macht dich blind für die Tatsachen."

Ich war wehrlos gegen Batseba, denn sie hatte die Fähigkeit, mich zu verstören und mir mein Leben elend werden zu lassen, und beides war zu stark für mich. Es ist nicht gut für einen Mann, so abhängig von einer Frau zu sein, wie ich es in diesen Jahren von Batseba war. Darüber hinaus beteiligte sie sich zunehmend an den Regierungsgeschäften, sehr zu Joabs Abscheu.

Israel lebte in Frieden. Die Nachbarkönige leisteten meiner Größe mit Freuden Tribut, und die Reichtümer, die sie mir schickten, blieben meinem Plan vorbehalten, dem Herrn ein würdiges Haus zu bauen. Architekten, Steinmetzen, Zimmerleute und Edelsteinschleifer wurden angeworben und ausgebildet, damit dieses Werk getan werden konnte.

In jenen Friedensjahren widmete ich mich mit neuerwachtem Eifer der Dichtung und der Musik. Ich gründete eine Bibliothek, in der Sammlungen von Versen aufbewahrt werden sollten, daß die Nachwelt staunend sehe, wie groß die Werke waren, die ich schuf. Außerdem setzte ich zwei Schreiber ans Werk, Jehosafat und Senaja, damit sie eine Geschichte der Kinder Israels verfaßten, eine Aufgabe, die noch nie zuvor versucht worden war.

Die ganze Zeit über sehnte ich mich nach Abschalom, und meine Freude an diesen Werken war getrübt durch seine Abwesenheit.

Zum Ausgleich verbrachte ich viel Zeit mit meinem nächsten Sohn Adonija, dem Sohn Haggits, eines Mädchens von sanfter Schönheit. Leider war sie gestorben, als sie ihn zur Welt brachte. Adonija hatte viel von Abschaloms Anmut und Zauber, die alten Frauen allerdings behaupteten, er gleiche mir in meiner Jugend. Ich dachte mir, wenn Abschalom sich zu meinem tiefsten Bedauern durch seine eigene Tat von der Thronfolge ausgeschlossen hatte, so müsse nun Adonija an seiner Stelle herangebildet werden. Von dieser Absicht sagte ich Batseba allerdings nichts. Es gab noch einen Grund, den Jungen zu fördern: Jonadab hatte mir berichtet, Ahitofel tue es ebenfalls. Adonija neigte zu impulsiven, unbedachten Reden, aber er brachte mich zum Lachen, und bei ihm fühlte ich mich jünger. Daneben zeigte er ein Talent für militärische Dinge, das ihm sogar Joabs Bewunderung eintrug.

Dennoch ernannte ich ihn nicht zu meinem Nachfolger, weil ich einerseits immer noch hoffte, daß Abschalom zurückkehren würde, mich andererseits aber nicht stark genug fühlte, die eisige Wut zu ertragen, mit der Batseba auf eine solche Nachricht reagieren würde.

Außerdem konnte Batseba mich noch immer mehr beglücken als jede andere Frau, wenn sie nur wollte, und so war ich an sie gebunden durch ein verknotetes Seil aus Mitleid, Liebe, Lust und Schuld.

Eines Tages begehrte eine Frau Audienz bei mir. Sie trug Trauerkleidung und warf sich vor mir auf den Boden. „Ich bin eine arme Witwe", klagte sie, „und ich hatte zwei Söhne, prächtige Knaben alle beide. Aber obgleich ich sie beide liebte, liebten sie einander nicht. Sie stritten, der Jüngere tötete den Älteren und lief dann, da er um sein Leben fürchtete, davon, während ich in meiner Trauer um seinen Bruder weinte. Und jetzt bedrängt mich der Rest meiner Familie wie auch die Familie meines Mannes und die Familie der Frau meines toten Sohnes, ich solle den König bitten, meinen jüngeren Sohn zu suchen und ihn als den Mörder seines Bruders zu töten. O Herr und König, mein Sohn bekennt ja seine Schuld, und ich bekenne sie dem König, aber wenn er getötet wird, habe ich keinen Sohn mehr. Sein Bruder ist tot und kann nicht mehr zum Leben erweckt werden, und mir wird elend bei dem Gedanken, daß ich auch meinen anderen Sohn verlieren soll und so keinerlei Erinnerung an meinen Gemahl oder an mich selbst auf dem Antlitz der Erde zurücklassen werde. Deshalb bitte ich den König, meines Sohnes Leben zu retten und ihn mir zurückzugeben."

Ich versprach ihr, zu tun, worum sie mich bat, und den Jungen unter meinen Schutz zu nehmen.

Da warf sie den Schleier zurück. „O Herr und König, ich habe dich getäuscht", gestand sie, „denn ich habe keine Söhne, aber du. Und der liebste von ihnen schmachtet im Exil, und sein Leben wird bedroht von seinen Feinden, genau wie das des Sohnes in meiner Geschichte. Nachdem du sie gehört hattest, hast du gut und weise geurteilt. Kannst du denn weniger tun im Fall deines geliebten Sohnes Abschalom?"

„Sehe ich Joabs Hand in dieser Komödie, die du mir da vorgespielt hast?" fragte ich.

Denn ich wußte, Joab war eifersüchtig auf Batsebas Einfluß und glaubte, es werde zu seinem Vorteil sein, wenn Abschalom zurückgerufen würde. Aber da die Frau mir mein eigenes Herz offenbart hatte, zürnte ich Joab nicht. Ich ließ ihn kommen und ihn wissen, daß ich seinen Plan durchschaut hatte, lächelte und hieß ihn, Abschalom aus der Verbannung zurückzuholen.

Batseba kam zu mir, und ihr Lächeln war wie gemalt auf ihren Lippen. „So soll Abschalom also zurückkehren", stellte sie fest. „Dein geliebter Sohn, der Mörder, soll mit Freuden empfangen werden – und ich wurde nicht einmal gefragt. Soll es ihm freistehen, nun auch Salomo zu ermorden oder vielleicht Adonija . . ."

„Batseba, bitte . . ."

Aber sie redete in diesem Ton weiter. „Ich dachte, du liebst mich", sagte sie weinend. „Oft hast du dich deiner Liebe zu mir gerühmt. Aber jetzt sehe ich, was das wert ist – bloße Worte." Und war sie anderer Stimmung, wie sie mich glauben machen wollte, klagte sie: „Daß du es getan hast, ohne mich zu befragen, das ist es, was schmerzt." Und dann wieder: „Jeder bei Hof weiß, daß ich gegen Abschaloms Rückkehr war. Wenn man mich fragte, habe ich nicht gezögert, meine Meinung zu sagen. Und jetzt beschämst du mich vor allem Volk und machst mich zum Gespött." Oder: „Glaubst du denn, daß Abschalom dich liebt? Wie könnte er, wenn er Amnon, deinen Erstgeborenen, tötet? Ist das die Art, wie ein Sohn die Liebe zu seinem Vater zeigt?"

Wenn ich die Hand zu ihrem Gesicht hob und ihre Lippen berührte, wie ich es früher getan hatte, oder wenn ich sie auf ihre Brüste legte, dann wandte sie sich ab und verweigerte sich mir.

„Nein!" rief sie. „Mit sanften Worten und liebenden Gesten hast du mich schon früher gewonnen, und jetzt weiß ich, daß alles nur Trug war. Habe ich mich denn dafür von meinem rechtmäßigen Gemahl Urija abgewandt und um der Liebe zu dir willen Tadel auf mich gezogen und meinen Großvater Ahitofel schwer beleidigt, daß du mich jetzt belohnst, indem du mich beschämst? . . . David", fuhr sie unter Tränen fort, „David, wenn du mich liebtest, würdest du mich nicht so behandeln. Nun, ich war töricht. Mir war deine Liebe teuer, und jetzt sehe ich, es war nur ein Mittel, mich zu gewinnen, deine Macht zu beweisen, mich deinem Willen zu unterwerfen. Um deinetwillen ertrug ich die Verachtung der Weiber. Alles nahm ich auf mich, weil ich glaubte, daß du mich liebst . . ."

Ich dagegen dachte: Ich habe gesündigt um deinetwillen. Ich habe Urija ermordet um deinetwillen. Ich habe mich verstoßen lassen aus der Liebe des Allmächtigen um deinetwillen. Und jetzt . . .

Aber ich konnte diese Worte nicht aussprechen. Batseba war zu stark für mich. Ich hatte mich gegen Goliat gestellt. Ich hatte mich gegen Saul gestellt. Ich hatte die Heerscharen der Philister unter meinen Füßen zertrampelt – aber wenn Batseba das Gesicht zur Wand drehte und mich abwies, dann wurde mein Wille zu Wasser.

„Also gut", lenkte ich ein. „Ich werde meine Entscheidung, daß Abschalom zurückkehren darf, nicht aufheben. Dazu ist es zu spät, und es würde Unwillen wecken. Aber er soll mein Gesicht nicht sehen. Der Zutritt zum Palast soll ihm verwehrt sein, und er soll immer in seinem Haus am Rand der Stadt bleiben. Wirst du damit zufrieden sein?"

Da hing sie an meinen Lippen, und sie gab sich mir hin mit süßen Worten, und wieder erfuhr ich köstliche Lust. Aber noch auf dem Höhepunkt meiner Leidenschaft verachtete ich mich, denn ich hatte zugelassen, daß mein Weib mich regierte.

10

Zwei Jahre hielt ich mein Gelübde. Abschalom richtete Proteste und Bitten an mich, doch ich hatte Batseba mein Wort gegeben und gedachte nicht, es zu brechen. Aber die ganze Zeit war mir jämmerlich zumute. Meine Freuden erschienen mir schal und sinnlos. Mir graute davor, morgens mein Bett zu verlassen, und abends konnte ich es nicht erwarten, wieder hineinzukommen, obgleich ich es seit dem Knabenalter zum erstenmal allein für mich hatte.

Wenn ich Batseba ansah, bemerkte ich oft einen Ausdruck in ihrem Blick, der mich zu messen schien, als wolle sie beurteilen, wie lange ich noch durchhalten und wie bald die Krone zu Salomo kommen würde. Einst, und es war nicht so lange her, wäre ich betrübt gewesen zu sehen, um wieviel tiefer die Liebe zu ihrem Sohn war als die zu mir. Jetzt war es mir gleichgültig.

Zu meiner Überraschung stimmte Ahitofel meiner Entscheidung zu, daß Abschalom von mir ferngehalten werden solle. „Du weißt, daß der Junge meine Zuneigung hat", versicherte er mir. „Doch zu meinem Leidwesen muß ich sagen, daß Abschalom zu ungestüm ist, um König zu werden. Du wärest besser beraten, als Thronfolger Salomo zu bestimmen."

Nichtsdestoweniger, meldete mir Huschai, pflegte Ahitofel weiterhin Umgang mit Abschalom und auch mit den jungen Männern, die sich um ihn versammelten.

In einer Nacht im Winter, als der Wind von den Bergen an den Dächern Jerusalems rüttelte, war meine Stimmung schwarz wie der sternenlose Himmel. „Mein Gott", rief ich, „warum hast du mich verlassen?" Dann dachte ich: Abschalom und die jungen Männer mögen meiner spotten, weil ich mich von einem Weib regieren lasse. Ich schickte nach Jonadab, und als er kam, fragte ich ihn, was die Leute jetzt über mich sagten.

Er starrte zu Boden und wollte mir keine Antwort geben.

„Sag mir", wechselte ich das Thema, „kennst du das Haus, in dem Abschalom zu finden ist, und kannst du mich heimlich dorthin führen?"

Ich zog einen Mantel an und bedeckte mein Gesicht mit seinen Falten, und Jonadab führte mich hinaus in die Stadt.

„Wenn uns jemand begrüßt", flüsterte ich meinem Begleiter zu, „so vergiß nicht: Ich bin nicht der König, sondern ein Reisender aus einem fremden Land."

Am Tor von Abschaloms Haus wurden wir aufgehalten. Ich blieb im Hintergrund, während Jonadab den Einlaß aushandelte. „Ich muß ihn allein sehen", flüsterte ich, denn ich hatte nicht den Wunsch, in eine Gesellschaft der Freunde meines Sohnes einzudringen.

Also blieb ich in einem Vorzimmer zurück, während Jonadab

sich auf die Suche nach Abschalom machte. Dann wurde der Vorhang beiseite gerissen, und er war bei mir. Sein Gesicht war gerötet. Er fiel vor mir auf die Knie und umklammerte meine Beine. Ich richtete ihn auf und küßte ihn und hielt ihn in den Armen, und lange Zeit sprachen wir nicht. Aber ich fühlte Frieden.

Wir redeten die ganze Nacht. Er versicherte mich seiner tiefen Liebe und beteuerte, daß er keinerlei Groll hege. Ich bat ihn um Vergebung und er mich.

„Ich war versucht zu verzweifeln", gestand er. „Ich dachte, du hättest mich verstoßen."

„Mein Lieber", tröstete ich ihn, „ich habe selber im Tal der Verzweiflung gehaust. Aber Verzweiflung ist eine Sünde gegen den liebenden Gott."

„Ich habe kaum ein Zeichen von der Liebe Gottes gesehen", bekannte er bitter. „Es gibt da . . . etwas . . ., das ich dir zeigen muß."

Ich folgte ihm durch lange, gewundene Gänge. Unser einziges Licht war die Lampe, die er trug. Wir stiegen eine Treppe hinunter in die kalten Tiefen seines Hauses. Er zog einen Schlüssel aus dem Gürtel und schloß eine eisenbeschlagene Tür auf. Wir gelangten in einen langen, feuchtkalten Korridor. Durch eine zweite Tür kamen wir in einen kleinen Raum, in dem eine einzelne Öllampe brannte. Eine alte Vettel saß auf einem dreibeinigen Schemel und nähte. Eine eiserne Gittertür neben ihr führte in eine hintere Kammer. Sie blickte auf, und ihre Hängebacken bebten, als sie mich erkannte. Abschalom legte ihr die Hand aufs Handgelenk.

„Ich bringe meinen Vater zu meiner Schwester. Wie geht es ihr heute?"

„Sie war rastlos, Herr, hat gestöhnt und geschrien den ersten Teil der Nacht und hätte sich das Gesicht zerkratzt, wenn ich ihr die Hände nicht gebunden hätte. Aber jetzt schläft sie."

Ich spähte durch das Eisengitter. Eine Gestalt lag auf einer Matratze. „Tamar . . .", flüsterte ich. „Aber du hast doch Nachricht aus Geschur geschickt, sie sei tot."

„Es wäre besser, wenn sie es wäre", antwortete Abschalom. „Sie selbst will es so. Viele Male hat sie versucht, sich das Leben zu nehmen, und ich habe es verhindert. Vielleicht hatte ich unrecht, aber ich habe nie daran gezweifelt, daß sie genesen wird. Tamar, mein Liebling!" rief er sie mit sanfter Stimme.

Er rief sie noch zweimal. Da erhob sich das Mädchen von dem Bett und kam auf uns zu. Sie trug nur eine schmutzige, zerlumpte Tunika. Ihr Gesicht war vernarbt wie von alten Messerschnitten und streifig von schmutzigen Tränen. Ihre Augen blickten wild und doch abwesend, aber das lange Haar war gekämmt. Als sie Abschalom sah, stammelte sie seltsame Laute. Sie packte Abschaloms Hände durch das Gitter der Tür und drückte sie an ihre Lippen.

Ich konnte nicht sprechen. Von Jammer erfüllt, wandte ich mich ab.

„Du siehst, Vater", sagte Abschalom, als wir diesen Anblick des Grauens hinter uns gelassen hatten und zurück in den Raum gegangen waren, in dem er mich empfangen hatte, „sie gleicht einem Ungeheuer. Um ihrer selbst willen muß sie eingesperrt sein."

„Es wäre besser gewesen, wenn sie gestorben wäre."

„Das stimmt", pflichtete er mir bei. „Sie hat Augenblicke der Klarheit, und das sind die schlimmsten, denn dann erinnert sie sich, was sie war, und weiß, was sie jetzt ist."

„Sie hat mich nicht erkannt", bedauerte ich.

„Sie kennt nur mich und Anna, die alte Frau, die für sie sorgt."

„Abschalom, ich habe dir unrecht getan", erklärte ich. „Ich habe auf die gehört, die dich nicht lieben, habe mich von Batseba überreden lassen, dir unrecht zu tun. Ich bin wahrhaft betrübt und reumütig."

Wir umarmten einander. Begleitet von Jonadab kehrte ich in der Morgendämmerung zum Palast zurück.

Am Morgen gab ich bekannt, daß Abschalom wieder in meiner Gunst stehe und seinen rechtmäßigen Platz in der Führung Israels einnehmen solle. Ich sah, daß ich in die Irre gegangen war, indem ich Batseba zuviel Einfluß auf mich eingeräumt hatte, und beschloß, sie fortan von mir fernzuhalten. Unter vier Augen trug ich Jonadab auf, ihr auszurichten, es sei mein Wunsch, daß ihr der Zutritt zu mir verwehrt werde.

Abschaloms Rückkehr gab meiner Herrschaft eine Popularität

zurück, die sie beinahe verloren hätte. Jonadab berichtete mir, wie groß die Abneigung meiner Ratgeber gegen Batseba gewesen und wie unbeliebt sie beim Volk geworden sei. Von Huschais Agenten erfuhr ich, wie tief die Unzufriedenheit gegangen war. Sie berichteten mir von Verschwörungen, die unter den Stämmen des Nordens ausgebrütet worden waren, und ich handelte rasch, um sie zu unterdrücken und die Schuldigen zu bestrafen.

Abschalom konnte es nicht erwarten, daß ich ihn als meinen Erben benannte. Doch ich hielt mich zurück. „Für Batseba steht fest, daß Salomo mir als König nachfolgen soll", erklärte ich. „Soll sie ihre Träume träumen. Um so mehr Ruhe haben wir dann. Salomo ist nur ein fleißiger Jüngling ohne jede Kriegserfahrung. Wenn es soweit ist, wirst du schon wissen, was mit ihm zu geschehen hat."

In Wahrheit waren die Dinge längst nicht so einfach. Mir war bewußt, daß mit dem Fortschreiten der Jahre ein Nachlassen der körperlichen und geistigen Kräfte einhergeht, und ich fürchtete, wenn ich einen Nachfolger benennen wollte, würde manch einer denken, es sei nun Zeit, mich abzulösen. Ich zweifelte nicht an Abschaloms Liebe und Loyalität, aber bei einigen Leuten in seiner Umgebung war ich nicht so sicher. Also hielt ich seine Ernennung lieber in der Hinterhand. Aber um Abschalom zu besänftigen, machte ich ihn zum Statthalter über Juda, mein Heimatland, dessen Treue zu mir, wie ich dachte, vorbehaltlos war. Und als er sich verabschiedet hatte, war ich sicher, daß ich klug gehandelt hatte.

Tamar hatte ich in den Palast holen und dort unterbringen lassen, wie es sich für eine Königstochter geziemt. Doch kurz nach Abschaloms Abreise nach Hebron verweigerte sie die Nahrung und starb. Ihr Begräbnis beging man mit äußerster Pracht und einer Demonstration öffentlicher Trauer.

Batseba sandte mir vorwurfsvolle Briefe; sie beschimpfte mich wegen meiner Grausamkeit und, wie sie meinte, Unehrlichkeit. Ich antwortete ihr, sie habe versucht, mich gegen meinen geliebten Sohn Abschalom einzunehmen, und befahl, daß sie und Salomo sich aus Jerusalem entfernen und von nun an in Schilo wohnen sollten, denn ich hatte sie satt.

141

Ich bin sicher, daß Abschalom mich liebte. Aber wenn er nicht bei mir war, hörte er auf die Worte meiner Feinde. Einige von denen waren Leute, die mir viel zu verdanken hatten. Maßgeblich unter ihnen war Ahitofel, und seine Beweggründe sind mir noch heute rätselhaft. Wir hatten zusammengearbeitet, und ich hatte ihn immer in Ehren gehalten. Ich bewunderte seine Intelligenz und hatte ihm ein hohes Amt gegeben, aber irgend etwas in ihm rebellierte gegen meine Größe. Das Krebsgeschwür der Mißgunst nagte an seiner Seele. Sein Leben lang hielt er sich für intelligenter als andere und pflegte sich über seine Intelligenz zu verbreiten, um sein Unvermögen in militärischen Dingen auszugleichen. Er trug eine große Verachtung für Soldaten zur Schau, wenngleich er sie in Wirklichkeit beneidete. Joab und er waren unversöhnliche Feinde. Von mir fühlte Ahitofel sich zurückgesetzt.

Aber obwohl ich Ahitofels Einstellung kannte, war ich nicht beunruhigt, als ich erfuhr, daß er ständig bei Abschalom war. Ich vertraute auf die Liebe meines Sohnes, und ich wußte, daß er von jemandem, der in der Staatskunst so bewandert war wie Ahitofel, viel lernen konnte. Selbst als Joab zu mir kam und sagte, seiner Ansicht nach werde dort ein Komplott geschmiedet, war ich nicht alarmiert. Joab sei bloß eifersüchtig, dachte ich.

Eines Morgens im Frühsommer war ich im Bad, als Jonadab in meine Gemächer stürzte. „Die Trompeten erklingen in ganz Israel!" rief er. „Und Abschalom hat man in Hebron zum König ausgerufen. In ganz Juda herrscht Revolte."

„Aber Juda gehört mir", entgegnete ich.

„Juda gehört Abschalom. Die Herzen der jungen Männer sind bei ihm."

Ich rief meine Sklaven, damit sie mich ankleideten. Während sie es taten, versuchte ich meine Gedanken zu sammeln. Erstens: Dies war das Ende. Der Herr hatte mich verlassen. Zweitens: Ahitofel steckte dahinter. Er handelte in Abschaloms Namen. Wie wird Batseba sich freuen, durchzuckte es mich.

Ich befahl Jonadab, die Ratsversammlung einzuberufen. „Zumindest werden wir dann sehen, wer von meinen Generälen und Ministern nicht desertiert ist", meinte ich.

Mein Leben lang hat die Gefahr mich angeregt. Jetzt aber war ich überwältigt von einer Lähmung des Willens und lernte die Angst kennen. Welchen Tod hatte Ahitofel wohl für mich geplant?

Ich betrat das Ratszimmer, auf Jonadabs Schulter gestützt, und ich sah Angst in jedem Gesicht, außer bei Joab. Ich sank auf einen Stuhl und lud Joab mit einer Handbewegung ein zu sprechen.

Seinen Worten konnte ich jedoch kaum folgen. Ich sah nur Abschaloms Gesicht mit liebevollem Blick, und ein Zittern ergriff meine Hand. Andere redeten, und noch immer brachte ich es nicht über mich, zuzuhören oder gar einzugreifen. Die Argumente klirrten wie Schwerter über meinem gesenkten Haupt.

Dann schlug Joab mit der flachen Hand auf den Tisch. „Genug!" rief er. „Der Rebellion muß man gewaltsam begegnen, unverzüglich, ehe sie sich ausbreitet. Deshalb werde ich meine Garde zusammenziehen und nach Süden gegen Hebron marschieren. Ich habe keinen Zweifel daran, daß wir unterwegs weitere Einheiten zur Verstärkung anziehen werden, und dann werden wir die Rebellen zerschmettern."

Ich hob den Kopf. „Nein", widersprach ich. „Wir werden Jerusalem aufgeben. Jerusalem ist eine Falle. Joab, du erinnerst dich an Keila und daran, wie entzückt Saul war, als er glaubte, wir würden uns dort zur Verteidigung einrichten."

Es war, als hätten die Wolken sich verzogen und die klare Gestalt der Berge offenbart. Ich konnte nicht darauf vertrauen, daß Joab Abschaloms Streitkräfte besiegen würde. Wenn er scheiterte, würden wir vernichtet werden. Weder auf die Loyalität der Bevölkerung von Jerusalem konnte ich bauen, noch konnte ich mich darauf verlassen, daß sie bereitwillig die Strapazen einer Belagerung auf sich nehmen würde. Ich befürchtete, daß sich die Rebellion bis zu den Stämmen des Nordens ausbreiten würde, wo es viele gab, die meine Herrschaft nur widerwillig geduldet hatten. Ich mußte sie in ihrer Pflichttreue bestärken, und der sicherste Weg dazu bestand darin, daß ich mit meinem Heer zu ihnen zog.

Ich schickte eine Nachricht zu Batseba nach Schilo und ersuchte sie dringend, Truppen auszuheben und zu meiner Verfügung zu halten. „Du warst klüger in deinem Urteil als ich", ließ ich sie wissen. Es war bitter, diese Worte zu schreiben, aber notwendig. Ich gab Joab den Befehl, den Marsch zur Stadt hinaus nach Norden vorzubereiten. Dann entließ ich den Rat und behielt nur Huschai bei mir.

„Ich habe eine schwierige und gefährliche Aufgabe für dich, mein Freund."

„Ich tue, was du befiehlst."

„Ich will, daß du in der Stadt bleibst", erklärte ich. „Wenn Abschalom kommt, wirst du zu ihm gehen und ihn als König ehren. Du wirst ihm versprechen, ihm so treu zu dienen, wie du mir gedient hast, und dann wirst du deine Klugheit darauf richten, Ahitofels Pläne in Verwirrung zu stürzen. Auf diese Weise habe ich einen Freund im Haus des Feindes, und wir werden einen Weg finden, wie du mich über alle Absichten unterrichten kannst."

Ich wußte, daß ich Huschai damit eine schwere Bürde auferlegte, denn ich fürchtete, daß Ahitofel seine Beteuerungen mit Argwohn vernehmen und Abschalom davon überzeugen würde, daß Huschai ein Spitzel sei. Doch Huschai willigte ohne Zögern ein. Wir vereinbarten, daß er eine Möglichkeit finden solle, mit mir über Zadok und Abjatar zu kommunizieren, die beiden Hohenpriester, denen ich gleichfalls befahl, in der Stadt zu bleiben.

„Die Bundeslade des Herrn muß in Jerusalem bleiben", schärfte ich ihm zum Schluß ein. „Denn dies ist die Stadt, die ich dem Herrn geweiht habe."

Ich hatte zwei Gründe für diese Entscheidung. Zum einen wollte ich uns nicht mit der Notwendigkeit belasten, die Bundeslade zu schützen, zum andern wußte ich, daß mein Befehl, sie in Jerusalem zu lassen, jedem, der etwa schwankte, klarmachen würde, daß ich fest entschlossen sei zurückzukommen.

Doch als unsere kleine Kavalkade im Schatten des Abends aus der Stadt ritt und wir die Nachricht bekamen, daß Abschaloms Vorhut nur drei Meilen vor dem südlichen Tor war, da wurde mir das Herz schwer, und meine Gedanken waren bitter.

Wiederum hätte mich die Kraftlosigkeit beinahe überwältigt, und machtvoll war die Versuchung, zurückzukehren und mich Abschalom zu unterwerfen. Ich wollte ihn nur bitten, das Leben meiner Freunde zu schonen und mir zu erlauben, mich an einen heiligen Ort zurückzuziehen, wo ich meine letzten Tage im Dienst des Herrn verbringen wollte. Nur der Gedanke an Ahitofels Triumph hinderte mich daran, das Spiel aufzugeben. Aber daß Abschalom seine Urteilskraft und seine Liebe den sanften Hetzreden Ahitofels unterworfen haben sollte, das schmerzte mich tief.

Wir waren jenseits des Ölbergs, als die Nacht sich auf uns herabsenkte. Aber ich ließ nicht zu, daß unsere kleine Streitmacht dort rastete, obwohl mir selbst die Glieder schwer wurden. Statt dessen befahl ich Joab, der grimmig auf seinem Pferd saß, weiterzumarschieren. Allerdings war ich jetzt so schwach, daß ich eine Sänfte benötigte.

Im ersten Morgengrauen stiegen wir nach Bahurim hinunter, auf einem Weg, der zu einer Furt über den Jordan führte. Da erscholl ein Ruf von den Felsen, und als ich hinaufschaute, sah ich einen alten Mann dort oben, den ich als Schimi erkannte, einen Vetter Sauls und meinen Feind.

„Bist du es, David, Feind meines Hauses, feige auf der Flucht vor deinem eigenen Sohn?" rief er mir zu. „Flieh nur, denn ich sehe, daß der unwürdige Sohn eines unwürdigen Vaters das Werkzeug des Herrn ist, der dir heute heimzahlt, daß du das Blut des Hauses Saul vergossen hast."

Dann lachte er schrecklich – Wahnsinniger, der er war.

Abischai, der neben mir ritt, wandte sich zu mir, und sein Gesicht war grimmig. „Warum darf dieser Hund den König verfluchen, und warum nimmt der König es hin? Laß mich diesen Felsen hinaufsteigen und ihm den Kopf von den Schultern schlagen, damit ganz Israel weiß, daß niemand den König ungestraft beleidigt."

Ich fühlte mich versucht, meine Einwilligung zu geben. Aber wir waren jetzt im Land Benjamin. Schimi mochte verrückt sein und abscheulich, doch immerhin gehörte er zum Stamm Benjamin und zur Familie Sauls, und er hatte weitreichende Beziehungen. „Laß ihn in Ruhe", befahl ich Abischai deshalb. „Der Mann ist verrückt. Seine Flüche sind leicht zu tragen an einem Tag, da mein Sohn sich gegen mich erhoben hat und mich vernichten will."

Wir ritten weiter, von Schimis Flüchen verfolgt, und gelangten zum Ufer des Jordans. Als Joab unsere Männer zur Furt führte, kam Kunde, daß Batseba mit einer kleinen Truppe nahte.

In Jerusalem empfing man Abschalom mit all der Begeisterung, zu der eine wankelmütige und undankbare Bevölkerung fähig ist. Dies meldete mir Huschai durch zwei junge Männer.

Sobald Abschalom die Begrüßung entgegengenommen hatte, ließ er eine der Konkubinen kommen, die ich im Palast zurückgelassen hatte, und nahm auf Ahitofels Anraten vor den Augen des Volkes Besitz von ihr, um so zu beweisen, daß er König in meinem Palast sei.

Dann begann eine Debatte über die Maßnahmen, die nun ergriffen werden sollten. Huschai zufolge war Ahitofels Rat eindeutig. Der König habe sich aus der Stadt zurückgezogen, erklärte er, aber er habe Abschalom nicht den Thron übergeben. Der König sei ein gerissener Stratege. Er habe sich nur zurückgezogen, um seine Kräfte zu mobilisieren und neue anzuwerben. Dazu dürfe man ihm keine Zeit geben. Andernfalls würden Abschalom und seine Anhänger sich womöglich gezwungen sehen, sich zu einem Zeitpunkt zur Schlacht zu stellen, den David erwählte, und zwar an einem Ort, den er sich zur Verteidigung ausgesucht hatte. Daher drängte Ahitofel darauf, unverzüglich die Verfolgung aufzunehmen, um unsere kleine Schar zu zermalmen, solange wir noch entmutigt und unvorbereitet waren.

Zu Huschais Erleichterung zögerte Abschalom – warum, konnte er nicht sagen. Vielleicht hoffte er immer noch, daß ich mich unterwerfen würde. Wie auch immer, er brachte es nicht über sich, der Wirklichkeit ins Auge zu schauen.

Huschai sah, daß Abschalom zögerte, und bat mit bescheidenen Worten darum, seine Meinung sagen zu dürfen.

David und Joab seien die beiden größten Heerführer des Zeitalters. Ihre Streitmacht sei klein, aber sie bestehe aus Veteranen, die so manchen Triumph gemeinsam errungen hätten und die jetzt lieber bis zum letzten Mann kämpfen würden, als sich zu unterwerfen.

Statt alles auf eine Konfrontation mit ungewissem Ausgang zu setzen, schlug Huschai vor, solle Abschalom sich lieber der Un-

146

terstützung der nördlichen Stämme versichern, damit der flüchtige König erkenne, wie hoffnungslos seine Lage sei, und seine Armee den Mut verliere.

Ahitofel protestierte, aber die Meinung des Rates neigte Huschai zu, und Abschalom akzeptierte die Entscheidung der Mehrheit.

Als man uns diese Nachricht überbrachte, rief Joab, der Herr sei immer noch mit uns. „Groß ist sein Name", brüllte er, „denn er hat unseren Feind verrückt gemacht!"

Ungehindert überquerten wir den Jordan und bezogen unsere Stellung im Wald von Efraim.

Krank am Herzen, zog ich selbst mich in die Stadt Mahanajim zurück und sandte von dort aus Botschaften an alle Führer Israels, auch an diejenigen, die Abschalom als König anerkannt hatten, und rief sie zu Pflichterfüllung und Gehorsam auf.

Es schmerzte mich zu erfahren, daß auch mein Neffe Amasa mich im Stich gelassen und sich Abschalom angeschlossen hatte. Er war zum Befehlshaber der Rebellenarmee ernannt worden. Amasa war ein junger Mann, den ich selbst in der Kriegskunst geschult hatte, und ich befürchtete, daß er sich als guter Schüler erweisen könnte.

Joab machte sich daran, unser Heer für den Krieg im Wald auszubilden, mit dem die Israeliten im allgemeinen nicht vertraut sind. Denn ich hatte beschlossen, in Efraim Stellung zu beziehen und den Feind einzuladen, zu uns zu kommen.

Ich selbst fühlte mich zu elend, um mich tatkräftig an den Vorbereitungen zu beteiligen. Zwar wußte ich, daß eifriges Tun ein Heilmittel für ein wundes Herz ist, aber ich war von einer seltsamen Kraftlosigkeit befallen.

Oft erwog ich, den Kampf aufzugeben und mich Abschalom zu unterwerfen, denn ich sagte mir: Er ist dein geliebter Sohn, Erbe deines Throns, verehrt in ganz Israel. Warum willst du ihm nicht nachgeben und den Abend deiner Tage in Frieden verbringen? Eine Generation vergeht, und eine neue kommt nach ihr.

Batseba schickte Salomo zu mir, und es war, als messe er mich mit seinen Blicken, um schon das Grabtuch zu bestellen.

„Nun?" fragte ich. „Kommst du zur Armee?"

„Nein, Vater", widersprach er, „du hast Soldaten, die für dich kämpfen können. Dir ist sicher klar, Vater, daß mein Bruder Abschalom sterben muß?"

„Das sind doch die Worte deiner Mutter", sagte ich ihm auf den Kopf zu und schickte ihn fort.

Batseba ließ ich nicht zu mir, sondern nahm statt dessen eine Konkubine, die Tochter eines Schankwirts in der Stadt, um meine Gedanken zum Schweigen zu bringen.

Der Tag kam, da uns von Huschai eine Nachricht erreichte. Abschalom und Amasa sammelten ihre Streitkräfte und gedachten nun, gegen uns zu marschieren. „Man kann ihn nicht länger zurückhalten", ließ Huschai ausrichten.

„Gut", sagte Joab. „Die Männer sind kampfbereit. Heute abend werden wir in Jerusalem speisen."

„Joab, du wirst darauf achten, daß Abschalom kein Haar gekrümmt wird", ordnete ich an.

Es ist seltsam, nur eine Stunde weit von einer kämpfenden Armee entfernt in einer Stadt zu sitzen und nichts zu wissen. Ich schaute zum Wald, und es war still in der Hitze des Tages. Die Schatten der Stadtmauer krochen vor mir hin, als die Sonne sank, und keine Nachricht kam. Hinter mir, in der Stadt, spürte ich das Beben der Angst.

Am Tor erhob sich ein Rufen, und jemand kam zu mir und meldete, man sehe eine Gestalt, die auf uns zukomme.

„Ein Mann nur? Dann ist es ein Bote, kein Flüchtling aus der Schlacht." Ich zog mich in das Haus zurück, in dem ich mein Quartier genommen hatte, und ließ den Boten zu mir bringen.

Es war Ahimaaz, der Sohn des Priesters Abjatar, der als Huschais Kurier aus Jerusalem gedient hatte. Er fiel vor mir zu Boden. „Gepriesen sei der Herr und Gott Israels, der die Feinde des Königs in seine Hände gegeben und Israel aus der Finsternis geführt hat!" rief er.

Ich dankte ihm, wie es sich gehörte, und schickte jemanden mit der Nachricht in die Stadt. „Ist Abschalom wohlauf?" fragte ich.

Ahimaaz senkte den Kopf. „Mein Herr und König, als Joab den Diener des Königs herschickte, damit er die Kunde vom Sieg des Königs überbringe, da herrschte ein großer Tumult rings um ihn, aber ich weiß nicht, was es war . . ."

In diesem Augenblick wurde ein zweiter Bote hereingeführt. Es war ein äthiopischer Sklave aus Joabs Haushalt.

„Ist Abschalom wohlauf?" fragte ich ihn.

„Den Feinden meines Herrn und Königs und allen, die sich im Krieg wider ihn erheben, möge es ergehen wie diesem jungen Mann."

Ich zog mich in ein inneres Gemach zurück und überließ mich dort meinem Schmerz. Lange Zeit später ließ ich den Äthiopier kommen und befahl ihm, mir zu erzählen, wie Abschalom gestorben war.

„Er verfing sich in einer Eiche und wurde von Joab erstochen."

Ich gab dem Sklaven Gold, weil er mir die bittere Nachricht gebracht hatte, die ich zugleich gefürchtet und ersehnt hatte. Dann befahl ich, daß es kein Frohlocken in der Stadt geben dürfe, sondern nur Achtung vor dem Schmerz des Königs.

Es wurde Nacht, und der Schlaf wurde mir versagt. Ich saß in Dunkelheit und Kälte und rief den Herrn an, Er möge mir zeigen, für welche Sünde Er mich derart bestrafe. Und ich dachte an Saul und wie der Herr ihn in gleicher Weise verlassen hatte.

Da wurde der Vorhang, hinter dem ich mich vor den Augen der Menschen verbarg, beiseite gerissen, und Joab stand vor mir, befleckt vom Schmutz der Schlacht, und in der rechten Hand hielt er das blanke Schwert, mit dem er meinen Sohn getötet hatte. „Trauerst du hier um die tapferen Männer, die heute für dich gestorben sind, David? Wir haben einen machtvollen Sieg über deine Feinde errungen, und ich komme im Triumph und erwarte, dich frohlocken zu sehen und deinen Dank entgegenzunehmen. Und was finde ich? Der König weint wie ein Weib, und die ganze Stadt erzählt mir, es ist wegen deines Sohnes, dieses Verräters, der dir das Leben und den Thron genommen hätte, wenn nicht ich, Joab, es verhindert hätte. Wäre es dem König etwa lieber, daß dieses tapfere und treue Heer vernichtet worden wäre, damit sein unwürdiger Sohn weiterleben könnte? Es gibt Frauen hier in der Stadt, die heute abend Grund haben zu weinen. Es sind die Mütter, die Frauen, die Geliebten tapferer Männer, die gestorben sind, damit du König bleiben kannst. Und tröstet der König sie? Nein, er weint um den Elenden, der für ihren

Tod verantwortlich ist. David, dein Leben lang hast du meine Geduld auf eine harte Probe gestellt, und dennoch hat niemand dir treuer zur Seite gestanden als ich. Aber alle Treue hat eine Grenze, selbst die meine. Was werden deine tapferen Soldaten sagen, wenn sie erfahren, daß es dir lieber wäre, sie wären gestorben, um das Leben Abschaloms zu retten? Nun, noch ist es nicht zu spät. Sie werden verstehen, daß du den Tod deines Sohnes betrauerst, auch wenn da nicht ein Mann im ganzen Heer ist, den es nicht mit Dankbarkeit erfüllt, daß der Herr heute auf unserer Seite gekämpft hat und daß Abschalom den Frieden in Israel nicht länger stören wird. Aber nur, wenn du morgen vor sie hintrittst und dem Heer deine Dankbarkeit erklärst und ein Dankesfest ausrufst für unsere Erlösung von Rebellion und Bürgerkrieg."

Ich fügte mich seiner brutalen Vernunft, obgleich Joabs Anwesenheit mich mit Bitterkeit erfüllte.

Joabs Annahme, die Rebellion sei zu Ende, erwies sich indessen als voreilig. Amasa zeigte genau jenes frühreife militärische Talent, das mich veranlaßt hatte, ihn als künftigen General Israels vorzumerken. Es gelang ihm, das geschlagene Heer neu zu formieren, so daß es sich in guter Ordnung nach Jerusalem zurückziehen konnte.

Joab war dafür, unverzüglich auf die Stadt zu marschieren und ihre Mauern zu stürmen. Aber ich war anderer Meinung. „Es ist genug Blut vergossen worden; außerdem sind die Befestigungen von Jerusalem, die ich gebaut habe, stark, und die Armee in der Stadt wird verzweifelt sein und sich nicht bereitwillig ergeben."

Dafür schickte ich Ahimaaz mit einer Botschaft zu seinem Vater Abjatar und zu Zadok, den beiden Hohenpriestern, die immer noch in Jerusalem waren und die Bundeslade bewachten. Ich wies sie an, mit Amasa zu sprechen und allen eine Amnestie anzubieten, wenn sie ihre Waffen niederlegten und sich mir ergaben.

Amasa verstand die Weisheit meines Angebots und kam selbst zu mir, um mir sein Schwert zu übergeben und mich um Vergebung zu bitten. Nachdem ich ihn öffentlich empfangen hatte, sagte ich, ich wolle ihn unter vier Augen sprechen.

Zuerst redeten wir über Abschalom, den wir beide geliebt hatten, und wir weinten und umarmten einander und trösteten uns gegenseitig in unserem Schmerz.

„Es gibt noch eine Bedingung", erklärte ich dann. „Du mußt mir Ahitofel ausliefern, daß ich ihn bestrafe für das Böse, das er getan hat, indem er meinen Sohn verführte und ins Verbrechen brachte."

Amasa schüttelte den Kopf. „Ahitofel ist dir entkommen. Als die Nachricht von unserer Niederlage kam, ritt er von Jerusalem südwärts zu seinen eigenen Ländereien und seinem Haus. Dort ordnete er seine Angelegenheiten, dann warf er ein Seil über einen Balken und erhängte sich."

„Ein ruchloser Mann bis zu seinem Ende", verurteilte ich Ahitofel.

David beweint Abschaloms Tod.

„Seine Worte waren weicher als Öl, doch sie ließen Schwerter aus ihren Scheiden fahren. Aber nun will ich den Frieden in Israel wiederherstellen", fuhr ich fort. „Du führst noch immer das Kommando über die Männer von Juda, und nach dem Bericht, den du mir über deinen Rückzug aus Efraim und über deine Fähigkeiten im Krieg gegeben hast, habe ich entschieden, daß der beste Weg zur Versöhnung darin besteht, daß ich dir den Oberbefehl über die Armee von ganz Israel gebe."

Er war überwältigt. Trotz der Zusicherungen, die ihm Abjatar und Zadok gegeben hatten, war er in Furcht und Bangigkeit zu mir gekommen, denn er konnte nicht glauben, daß meine Großherzigkeit so weit gehen und ich das Leben desjenigen schonen würde, der diese herausragende Rolle in dem Aufstand gespielt hatte. Doch er erhob den naheliegenden Einwand: Was sagte Joab dazu?

„Joab wird sich wie immer meinem Willen fügen. Er weiß, daß ich nie vergessen habe, wie er Abner ermordet hat, und er weiß, daß es in meiner Macht steht, ihn vor Gericht zu bringen und für dieses Verbrechen hinrichten zu lassen. Er weiß auch, daß es jetzt nichts mehr gibt, was mich davon abhalten könnte, da er Abschalom gegen meinen ausdrücklichen Befehl ermordet hat."

Als ich dies sagte, wußte ich nicht, was ich später auf bittere Weise lernen mußte: daß die Autorität einen sterbenden König verläßt. Bei der ersten Gelegenheit handelte Joab mit der gleichen Skrupellosigkeit, die er immer schon gezeigt hatte, und ermordete Amasa, erstach ihn, wie Abner und Abschalom, mit seinem eigenen Schwert.

Als man mir meldete, daß Amasa ermordet worden sei, fühlte ich nichts, und ich konnte nicht weinen. Eine Stimme ertönte in meinem Ohr: „Verfluche Gott und stirb."

Salomo kam in meine Kammer.

„Nein", sagte ich. „Ich bin noch nicht tot. Du mußt noch ein Weilchen warten. Es tut mir leid, daß ich dich enttäuschen muß."

Er verneigte sich höflich. Die Ehrerbietigkeit, mit der er mich behandelt, ist unerträglich.

Ich dachte: Warum sollte Adonija nicht an Salomos Statt König werden? Salomo las meine Gedanken. Er wurde bleich, und er warf mir einen Blick voller Bosheit zu. Dann war die Maske wieder da. Er tat, als wisse er nicht, was ich dachte, und redete fürsorglich.

ICH HÖRTE ein lautes Rufen aus der Stadt, ein Beifallsgeschrei, wie ich es oft vernommen habe. Aber ich wußte nicht, kam es aus der Stadt, oder war es wie die anderen Stimmen, die ich hörte. So lag ich da, hilflos wie ein Kind, das sich fürchtet vor den Schrecken der Nacht.

Als Jonadab zu mir kam, wagte ich nicht, ihn nach dem lauten Rufen zu fragen, aus Angst, ich hätte es mir nur eingebildet.

„Hörte der König ein großes Getöse aus der Stadt? Und brennt der König nicht darauf zu erfahren, was es war? Adonija traf Anstalten, sich zum König zu erklären", bestürmte mich Jonadab. „Als Königin Batseba das hörte, ließ sie Salomo auf den Platz vor der Bundeslade führen, und auf ihren Befehl verkündeten die Priester, daß du, der du nun hochbetagt seist, Salomo ernannt habest, daß er an deiner Statt regiere und König sei über ganz Israel und Juda."

„Und Adonija?"

„Er hat sich an einen sicheren Ort geflüchtet, niemand weiß, wohin."

„Ich zweifle nicht, daß du Salomo dienen wirst, wie du mir gedient hast", sagte ich.

„Hat der König noch einen Befehl für seinen Diener?"

„Wer bin ich, daß ich etwas zu befehlen hätte?"

Jeder Mensch wandelt in eitlem Gebaren, dachte ich. Schätze und Reichtümer häuft er auf und weiß doch nicht, wer sie am Ende einsammeln wird. Und jetzt, Herr, worauf warte ich noch? Ich bin nur ein Gast hier wie alle meine Väter, und ich bin bereit für die lange Nacht der Finsternis, die alles bedeckt . . .

DIES schrieb Ahimaaz, Sohn des Priesters Abjatar: Der edle König David, der Diener des Herrn, starb, nachdem er vierzig Jahre über Israel geherrscht hatte, sieben in Hebron und dreiunddreißig in Jerusalem. Und alles Volk betrauerte seinen Tod, und König Salomo regierte an seiner Statt.

um 1200 v. Chr.	Die von Nordwesten kommenden Seevölker zerstören das Hetiterreich (sog. Seevölkersturm). Die zu den Seevölkern gehörenden Philister beginnen die Küste Palästinas zu besiedeln und bilden einen Staatenbund, bestehend aus Aschdod, Aschkelon, Ekron, Gasa und Gat.
12./11. Jh.	Illyrische Wanderung (auch Griechische oder Dorische Wanderung genannt)
ab 11. Jh.	Philister und Ammoniter bedrängen die israelitischen Stämme. Zur Abwehr der Gefahr geht Israel zum Königtum über.
1166	Ramses III., der letzte große Pharao Ägyptens, stirbt.
um 1150	Untergang von Mykene
1085	Untergang des Neuen Reichs in Ägypten
ab 1050	Kämpfe zwischen den israelitischen Stämmen und den Philistern
um 1034	David wird in Betlehem als jüngster Sohn des Isai vom Stamm Juda geboren.
um 1024	Saul herrscht als erster König über die zwölf Stämme Israels.
um 1004	Tod Sauls David kommt nach Hebron und wird zunächst König von Juda, später auch König des Nordreichs.

um 1000	Beginn der Eisenzeit in der Ägäis und in Mitteleuropa Die Phönizier werden zur wichtigsten Seehandelsmacht an der Levante.
um 998	David wird König von ganz Israel und verlegt die Hauptstadt von Hebron nach Jerusalem.
973–942	Hiram regiert über Tyrus
um 965	König David stirbt. Ihm folgt Salomo, der Sohn von David und Batseba, auf den Thron.
um 950	Gründung des assyrischen Reichs
um 926	Tod Salomos und Zerfall des Reichs Israel
um 800	Etruskische Stadtstaaten entstehen in Mittelitalien. Das Auftreten der keltischen Kultur nördlich und östlich der Alpen kennzeichnet die erste Phase der europäischen Eisenzeit, die Hallstattzeit.
800–700	Die auf dem Trojanischen Krieg basierenden Epen *Odyssee* und *Ilias* entstehen.
776	Erste Siegerliste der Olympischen Spiele
753	Der Legende zufolge wird Rom gegründet.
um 750	Griechische Kolonisation Früheste archäologische Zeugnisse für eine phönizische Besiedlung Karthagos

Deutschland zuliebe

LEBEN
UND
STERBEN DER

GESCHWISTER
SCHOLL

Eine Kurzfassung des Buches von

Richard Hanser

Mit vielen Fotografien

Am 18. Februar 1943, jenem Tag, als im Berliner Sportpalast eine aufgepeitschte Menge auf die Frage „Wollt ihr den totalen Krieg?" mit einem begeisterten „Ja" antwortete, wurden in München zwei Studenten beim Verteilen von Flugblättern verhaftet. Ihre Namen: Hans und Sophie Scholl. Gemeinsam mit gleichgesinnten Freunden hatten sie es unter der Bezeichnung „Die Weiße Rose" gewagt, dem geistigen und politischen Terror des Nationalsozialismus ein „Nein" entgegenzusetzen und Widerstand zu leisten. Dafür wurden sie zum Tode verurteilt und hingerichtet.

Richard Hanser hat auf der Grundlage von Tagebuchaufzeichnungen, Dokumenten und Auskünften von Angehörigen den Lebensweg der Geschwister Scholl und ihrer Freunde nachgezeichnet. Sein Buch ist zugleich eine späte Würdigung ihres Muts und ihrer persönlichen Integrität.

1

Leo Samberger, ein junger Münchner Jurist, öffnete an einem Morgen im Februar 1943 seine Post und hielt plötzlich ein Flugblatt in Händen. Es war sauber und mit engem Zeilenabstand getippt. Samberger hielt den Atem an, während seine Augen über die Zeilen glitten.

„... Der Tag der Abrechnung ist gekommen, der Abrechnung der deutschen Jugend mit der verabscheuungswürdigsten Tyrannis, die unser Volk je erduldet hat ...“

In Sambergers erste Aufregung mischten sich Mißtrauen und Angst. Es war in höchstem Maße schockierend, solche Aussagen schwarz auf weiß vor sich zu sehen – sosehr man ihnen in seinem Innern auch zustimmen mochte. Im Deutschland Adolf Hitlers zog eine solche Zustimmung dieselben Konsequenzen nach sich wie ein Akt offener Blasphemie zu Zeiten der Inquisition.

Leo Samberger untersuchte das Flugblatt. War es eine Fälschung, eine Falle? Es war keineswegs auszuschließen, daß die Geheime Staatspolizei solches Material in Umlauf setzte und darauf lauerte, ob der Empfänger es den Behörden melden würde oder nicht. Es nicht zu melden konnte ein fast ebenso schweres Verbrechen sein, wie es herzustellen.

Aber Samberger, der an der Münchner Universität sein juristisches Staatsexamen abgelegt hatte, fühlte sofort, daß dieser Text nicht von einem Geheimpolizisten stammen konnte. In diesen Worten lag eine Überzeugungskraft, die nur jemand aufbrachte, der mit Sprache umzugehen wußte und voller Leidenschaft für seine Sache eintrat. Mit großer Intensität brandmarkte das Flugblatt die Amateurstrategie des „Weltkriegsgefreiten“, die das deutsche Volk im Blutbad von Stalingrad soeben fast 150 000 seiner Söhne gekostet hatte. Gegen Ende des Textes folgte ein leidenschaftlicher Aufruf zum Widerstand: „Der deutsche Name bleibt für immer geschändet, wenn nicht die deutsche Jugend endlich aufsteht, rächt und sühnt zugleich, ihre Peiniger zerschmettert und ein neues geistiges Europa aufrichtet . . ."

Samberger untersuchte den Umschlag, in dem das Flugblatt gesteckt hatte. Es gab keinerlei Hinweis, woher er kam oder wer ihn geschickt hatte. Samberger nahm ein dickes Buch aus dem Regal in seinem Arbeitszimmer und versteckte das Flugblatt darin. Als er das Buch ins Regal zurückstellte, drehte er automatisch den Kopf zur Seite und blickte sich ängstlich um, obwohl er allein im Zimmer war. In Hitlers Deutschland war diese Geste als „deutscher Blick" bekannt – ein rascher, flüchtiger Blick über die Schulter, um sicherzugehen, daß man nicht beobachtet wurde. Samberger wertete das Flugblatt als Zeichen dafür, daß sich unter der Oberfläche Münchens möglicherweise explosive Kräfte rührten – nach zehn Jahren nationalsozialistischer Herrschaft ein kaum mehr erwarteter Vorgang.

Zwei Tage nachdem Leo Samberger das Flugblatt erhalten hatte, besuchte er wie gewöhnlich in der Universität ein Seminar. Es war der 18. Februar 1943. Samberger fiel auf, daß es kurz vor Mittag auf dem Gang vor dem Hörsaal außergewöhnlich unruhig wurde. Man hörte hin und her eilende Schritte und Stimmengewirr, und als das Seminar beendet war, befand sich die ganze Universität in Aufregung. Gerüchte wurden laut, daß einige Studenten dabei gefaßt worden seien, als sie Flugblätter auf den Gängen und Treppen verteilten und sie schließlich aus dem Obergeschoß in den Lichthof der Universität hinabflattern ließen. Die Flugblätter waren vom Hausmeister hastig eingesammelt und in Verwahrung genommen worden.

Die Namen der Urheber blieben zunächst geheim, ebenso ihr Schicksal. Die Zeitungen erwähnten den Vorfall mit keinem Wort. Doch vier Tage danach, am 22. Februar 1943, kaufte Samberger sich wie immer in einem Laden nicht weit vom Justizpalast seine Zigaretten. Der Inhaber erzählte, daß an diesem Morgen im Justizpalast ein ungewöhnlicher Fall verhandelt werde. Roland Freisler, der Präsident des Volksgerichtshofs, sei eigens aus Berlin eingeflogen worden, um den Vorsitz zu übernehmen.

„Wer sind die Angeklagten?" wollte Samberger wissen.

„Ein paar Studenten, hat man mir gesagt." Samberger eilte zu dem Gebäudekomplex, wo, wie er wußte, der Volksgerichtshof tagte. Er stieg die Stufen zum Verhandlungszimmer 216 hinauf. Der Prozeß war in vollem Gange und der Raum so überfüllt, daß er bei der Tür stehenbleiben mußte, und selbst das wurde ihm nur gestattet, weil er sich als Gerichtsreferendar ausweisen konnte. Die Verhandlung war nicht öffentlich. Zutritt hatte nur, wer eine offizielle Einladung vorweisen konnte. An der großen Zahl der Uniformierten aus allen Rängen des Partei- und Regierungsapparates konnte Samberger erkennen, daß der Prozeß für die deutsche Führung von größter Bedeutung war.

Die Szene wurde von der Gestalt auf der Richterbank beherrscht. Roland Freisler trug eine flammend rote Robe, die durch seine weit ausholenden Bewegungen wie eine Fahne im Wind flatterte. Das Gesicht unter dem Barett war zu einer finsteren Maske erstarrt. Zornig schleuderte er die Worte der Anklageschrift in den Saal: „. . . landesverräterische Feindbegünstigung, Vorbereitung zum Hochverrat . . ., Aufruf zur Sabotage der Kriegsindustrie und Wehrkraftzersetzung . . ."

Jetzt wurde klar, warum der Präsident des Volksgerichtshofs aus Berlin eingeflogen worden war und warum im Gerichtssaal die Repräsentanten von Staat und Wehrmacht vorherrschten. Die von Freisler verlesenen Anklagepunkte gehörten zu den schwerwiegendsten, die in Kriegszeiten gegen einen Deutschen vorgebracht werden konnten. Das Beweismaterial gab Auskunft darüber, daß die von der Anklage behaupteten schändlichen Taten über viele Monate hinweg von einer Organisation mit dem Namen „Die Weiße Rose" begangen worden waren. Seite um Seite wurden die Aktivitäten dieser Gruppe aufgezählt, die im Untergrund Tausende von Flugblättern hergestellt, in vielen Städten in Umlauf gebracht und damit die Sicherheit des Reichs angeblich aufs höchste gefährdet hatte.

Leo Samberger ließ seine Augen von der flammend roten Richterfigur zur Bank der Angeklagten schweifen. Es waren drei. Obwohl er sie nicht persönlich kannte, waren ihm ihre Gesichter aus den Münchner Konzertsälen vertraut, die er selbst häufig besuchte. Es waren Studenten, jung, gebildet und ordentlich. Es schien kaum vorstellbar, daß sie dort auf der Anklagebank saßen, in der fast sicheren Erwartung des Todesurteils.

Was den Richter und den Ankläger am meisten beunruhigen mußte, war die Tatsache, daß die drei, ein Mädchen und zwei junge Männer, unter der Ägide des Nationalsozialismus herangewachsen waren. Er hatte von frühester Jugend an ihr Weltbild geformt. Zwei von ihnen, die Geschwister Hans und Sophie Scholl, waren begeisterte Mitglieder der Hitlerjugend gewesen. Und der dritte Angeklagte, Christoph Probst, war Sanitätsfeldwebel in der deutschen Wehrmacht, wie Hans Scholl. Für Freisler und die gesamte nationalsozialistische Hierarchie war es ein Schock und ein Skandal, daß drei so „reinrassige" Zöglinge des Hitlerismus als Vaterlandsverräter auf der Anklagebank saßen.

Im Verlauf der Verhandlung wurde deutlich, daß es keine nennenswerte Verteidigung für die Angeklagten gab. Die vom Gericht bestellten Verteidiger zeigten deutlich ihre Abneigung gegen diese Aufgabe und gaben sich auch keine Mühe, ihren Abscheu über die den Angeklagten zur Last gelegten Taten zu verbergen. Das Urteil selbst stand außer Zweifel. Berlin hatte Roland Freisler nicht nach München gesandt, damit er einen Freispruch verkünde. Schließlich wurde von der Richterbank das erwartete Urteil gesprochen: „. . . gab es für den Volksgerichtshof zum Schutze des kämpfenden Volkes und Reiches nur *eine* gerechte Strafe: die Todesstrafe. Der Volksgerichtshof weiß sich darin mit unseren Soldaten einig!" Dann erhob sich Roland Freisler und rauschte, gefolgt von den beisitzenden Richtern, von denen keiner auch nur den geringsten Beitrag zu dem Verfahren geleistet hatte, aus dem Gerichtssaal. Noch bevor sich das Feldgrau, Schwarz und Braun der Zuhörer verlaufen konnte, umschloß ein Polizeikordon die Verurteilten, legte ihnen Handschellen an und führte sie ab.

Der Schock war für die Nazihierarchie deshalb so schwer, weil hier zum erstenmal ein organisierter Widerstand gegen Adolf Hitler ans Licht der Öffentlichkeit gekommen war. Junge Leute hatten öffentlich versucht, aus der uniformierten und gegängelten Volksgemeinschaft auszubrechen. Und sie entstammten einer

Gruppe, deren sich das Regime besonders sicher gefühlt hatte. Immer wieder hatte es sich damit gebrüstet, die Jugend fest hinter sich zu wissen. Vor allem die Universitäten galten als Brutstätten begeisterter Nationalsozialisten. Und nun war ausgerechnet an der Münchner Universität, in der „Hauptstadt der Bewegung", ein erster tiefer Riß aufgetaucht. Ruhte das Regime etwa doch nicht auf Granit? Waren in den Fundamenten vielleicht noch weitere Sprünge dieser Art zu finden? Und tatsächlich zeigten die folgenden Ereignisse, daß die Studenten in ihrem Widerstand keineswegs allein waren.

ALS ADOLF HITLER an die Macht kam, war Hans Scholl vierzehn, seine Schwester Sophie elf. Mit ihren Eltern, zwei Schwestern und einem weiteren Bruder lebten sie in Ulm an der Donau. Ein neuer Reichskanzler sorgte in jenen Tagen in Deutschland kaum für Aufregung; dazu folgten sie zu rasch aufeinander. Und wer auch immer gerade an die Regierung kam: Brüning, von Papen, von Schleicher – nichts schien sich zu ändern, zumindest nicht zum Besseren. Die weltweite Depression nahm ständig zu, und Deutschland war besonders heftig von ihr betroffen. Es gab sechs Millionen Arbeitslose, weitere Millionen Menschen lebten am Rand des Existenzminimums.

Auch in Ulm konnte man sich nicht erklären, warum Adolf Hitler ausgerechnet zu diesem Zeitpunkt zum Reichskanzler ernannt worden war. Kaum jemand hatte das erwartet; nicht einmal seine Anhänger. Seine Partei, die Nationalsozialisten, stellte zwar die größe Fraktion im Reichstag, und er selbst hatte seit Jahren landauf, landab mit Feuereifer für sich Stimmung zu machen versucht, doch bis jetzt war er noch in kein wichtiges öffentliches Amt gewählt worden. In weiten Kreisen betrachtete man ihn als Emporkömmling. Bei keiner Reichstagswahl gelang es den Nazis, mehr als 37 Prozent der Stimmen für sich zu gewinnen. Trotzdem hatte jetzt der Reichspräsident, Generalfeldmarschall Paul von Hindenburg, Hitler zum Kanzler ernannt und damit die Geschicke der Republik in dessen Hände gelegt.

Von dem fünfundachtzigjährigen Reichspräsidenten wußte man, wie leicht er sich von seiner Umgebung beeinflussen ließ.

Aber wie es zu diesem Schritt gekommen war, blieb auch vielen erfahrenen Beobachtern der politischen Szene unklar. In Regierungskreisen war bekannt, daß Hindenburg nur wenige Monate zuvor Hitler als den „kleinen böhmischen Gefreiten" bezeichnet und abgelehnt hatte. Doch politische, industrielle und militärische Interessen hatten zusammengewirkt, um dem greisen Generalfeldmarschall und damit der Nation den Exgefreiten aufzuzwingen. Hitlers Ernennung sollte zumindest vorübergehend die fortdauernde Kabinettskrise beseitigen, die jede Regierungsarbeit lähmte. Und Hitler schien ein leicht manipulierbarer Befehlsempfänger zu sein, den man im Falle seines Mißerfolgs einfach durch einen andern ersetzen konnte. Das politisch-militärisch-industrielle Establishment war überzeugt davon, den neuen Reichskanzler nach Belieben kontrollieren und sich seiner jederzeit wieder entledigen zu können. Das sollte sich als schmerzliche Selbsttäuschung erweisen. Genauso irrten sich die vielen andern, die der Ernennung Hitlers keine große Bedeutung beimaßen. Kaum einer nahm ernst, was der neue Reichskanzler durch einen seiner Sprecher ausländischen Zeitungskorrespondenten mitteilen ließ: „Sie müssen begreifen, meine Herren, daß das, was in Deutschland geschehen ist, kein normaler Wechsel ist. Die Zeiten des Parlaments und der Demokratie sind vorbei. Eine neue Ära hat begonnen!"

In Städten wie Ulm und in Familien wie den Scholls hatte die neue Ordnung zunächst keinen spürbaren Einfluß auf die Lebensgewohnheiten. Allerdings tauchten an den Rockaufschlägen von Nachbarn, Bekannten und manchmal auch persönlichen Freunden immer häufiger Hakenkreuzabzeichen auf. Sie signalisierten, daß ihr Träger Mitglied der NSDAP geworden war. Gleichzeitig wurde die schwarzrotgoldene Fahne der Weimarer Republik von vielen Masten an städtischen Gebäuden und öffentlichen Anlagen eingeholt. Dafür zog man das schwarzweißrote Hohenzollernbanner auf. Im Kaiserreich hatte Deutschland seine größte Machtentfaltung und Anerkennung als Weltmacht erlebt. Die Fahne der Republik symbolisierte dagegen die Niederlage im Weltkrieg und das nachfolgende Chaos des ersten demokratischen Versuchs der Deutschen. Neben der alten Reichsfahne, und nicht selten ohne sie, flatterte die Hakenkreuzfahne der Nationalsozialisten. Bald war sie allgegenwärtig.

Die Initialen NSDAP stachen bald ebenfalls überall ins Auge. „Nationalsozialistische Deutsche Arbeiterpartei" war eine irreführende Bezeichnung. Das „sozialistisch" war nicht mehr als ein Köder für die Arbeiter; man tat so, als ob die Partei sich gegen die Landjunker, die Reichen und Aristokraten stellte. Irgendwelche Verbindungen zum Sozialismus von Marx und Engels sollten damit auf keinen Fall angezeigt werden. Der Bezug auf die „Arbeiter" war ebenfalls nicht mehr als eine Propagandabehauptung, denn die Mehrzahl der Parteimitglieder kam aus ganz anderen Schichten des Volkes. Die NSDAP war die „Bewegung" der unteren Mittelklasse. Das „national" war wohl der bedeutsamste und ernstzunehmendste Bestandteil des Parteinamens. Gemäß Hitlers Programm bedeutete es rechtsgerichtet, ultrapatriotisch mit starken antisemitischen Akzenten. Ein Gefolgsmann der NSDAP brauchte weder mit dem Sozialismus noch mit dem Proletariat etwas im Sinn zu haben. Er mußte lediglich Nationalist bis auf die Knochen sein.

Eine neue herrschende Klasse drängte nun in Deutschland an die Oberfläche. Durch das Parteiabzeichen im Knopfloch, die Hakenkreuzarmbinde oder den Mitgliedsausweis der Partei in der Brieftasche autorisiert, begannen sich die bisher Übersehenen Gehör zu verschaffen. Ladengehilfen legten ihre SA-Uniform an und rückten ohne weiteres in Verwaltungsposten vor. Der Feuerwehrhauptmann, der nicht in der Partei war, wurde durch ein Parteimitglied einfach von seinem Posten verdrängt. Hotelportiers mit braunen „Empfehlungsschreiben" herrschten ihre Vorgesetzten an. Auf allen Ebenen des sozialen und politischen Lebens setzte eine Art Sickerprozeß ein, der entgegen den Naturgesetzen von unten nach oben verlief.

Mit Hilfe seiner hypnotisierenden Rednergabe, die keinem seiner demokratischen Gegner zu eigen war, benebelte Adolf Hitler Millionen von Hirnen mit der Idee, daß er und nur er alle Heilmittel zur Behebung ihrer Ängste und Notlagen in Händen hielt. Er war der Retter, der Deutschland aus seiner Anarchie und Agonie herausführen konnte. Wo andere Politiker als große Zögerer und Zweifler erschienen, bot er Gewißheiten. Damit wollte er alle Probleme der Inflation, der Arbeitslosigkeit und der politischen Zersplitterung in den Griff bekommen. Für viele kritisch Denkende klang sein Programm allzu simplifizierend, reaktionär und gefährlich. Doch mit seinem Willen zur Macht unterwarf sich Hitler die Massen in kürzester Zeit. Obwohl er bei keiner freien Wahl die absolute Mehrheit der Stimmen bekommen hatte, sicherte ihm sein agitatorisches Geschick die Zustimmung einer breiten Basis, von der aus er operieren konnte. Innerhalb weniger Wochen nach seiner Ernennung zum Reichskanzler hatte er die demokratischen Fesseln der Weimarer Verfassung abgeworfen. Unter anderem hob er das Recht der freien Meinungsäußerung, die Presse- und die Versammlungsfreiheit auf. Alle politischen Parteien außer der NSDAP wurden verboten. Noch vor Ende seines ersten Regierungsjahres hatte Hitler Deutschland in eine Diktatur verwandelt. Aber Einsprüche und Proteste blieben aus; statt dessen wuchs in der Welt die Bewunderung für die rasche Konsolidierung seines Regimes. Endlich besaß Deutschland wieder eine Führung, die wußte, was sie wollte, und sich ihrer Ziele sicher war! Zu Beginn war die Zustimmung zu Adolf Hitlers Machtergreifung so umfassend, daß sich sogar viele Juden zu ihr bekannten. Schon wenige Jahre später sollte sich die schreckliche, tragische Ironie dieses Vorgangs zeigen.

Zu den Millionen Deutschen, die in Hitlers Machtergreifung einen Grund zur Freude sahen, zählte auch Inge Scholl, die ältere Schwester von Hans und Sophie. Sie war sechzehn, als sie vor ihrer Schule in Ulm von einer Klassenkameradin die Neuigkeit erfuhr. Inge war ein Mädchen mit intelligenten Augen und einem lebhaften Interesse für alles, was um sie vorging. Die neue Regierung war noch nicht lange im Amt, als sie und ihre Geschwister einen frischen Wind zu spüren glaubten, der jene Stagnation und Apathie hinwegfegte, die so lange das gesamte öffentliche Leben gelähmt hatten.

Eine patriotische Welle überflutete das Land. Keinem der fünf Scholl-Geschwister – Inge, Hans, Elisabeth, Sophie und Werner – brauchte eine offizielle Regierungspropaganda die Liebe zum Vaterland erst einzuhämmern. Sie waren von einem instinktiven

Patriotismus erfüllt, der sich auf ihre unmittelbare Umgebung bezog. Und das war eine Landschaft, in die man sich leicht verlieben konnte. Was immer später ihnen und ihrem Land zustoßen sollte – die Hügel, Felder und Wälder rings um Ulm blieben ihrem Herzen stets nah. Hier floß die Donau durch fruchtbare Landstriche, in denen Ackerland mit Obst- und Weingärten wechselte. Für die jungen Scholls lag über dem Vaterland immer der Duft von Reben und Äpfeln, der würzige Geruch von schwerem Ackerboden und feuchtem Waldmoos.

Schwaben war kein schlechter Nährboden für künftige Freiheitskämpfer. Das Land war bekannt für seinen unbeugsamen Menschenschlag, der sich schon oft in der Geschichte gegen Unrecht und Anmaßung zur Wehr gesetzt hatte. Im übrigen rühmt sich das Land so freiheitlicher Dichter und Denker wie Schiller und Hegel.

Hans Scholl kam 1918 in Ingersheim zur Welt. Als die Scholls 1930 nach Ulm zogen, war die Kinderschar inzwischen auf fünf angewachsen. Die Beziehungen zwischen den Familienmitgliedern waren eng und herzlich. Keines der Kinder war vom andern durch sehr viel mehr als ein Jahr getrennt. Und obwohl sie nach Charakter und Temperament verschieden waren, blieb das enge und herzliche Verhältnis erhalten, solange sie lebten.

Hans Scholl war im Geschwisterkreis die dominierende Gestalt, und das nicht nur, weil er der älteste Sohn, der „große Bruder" war. Er verkörperte den dunklen, gutaussehenden Typus, den man in Süddeutschland nicht selten findet. Etwas wie ein italienischer Einschlag verlieh seinen Zügen eine besondere Attraktivität. Er war groß und schlank. Ein gesammelter, fast gespannt wirkender Ausdruck verriet die gebändigte Energie in seinem Innern. Einige seiner Freunde sprachen von seinem „glühenden" oder auch „strahlenden" Wesen, das bei bestimmten Gelegenheiten zum Durchbruch kam. Beim Gehen war der Oberkörper leicht vornübergebeugt, als ob er nicht erwarten könnte, sein Ziel zu erreichen.

Das Leben innerhalb der Familie verlief sorglos und behütet. In der Erinnerung erscheint es Inge als eine Insel, die jeden ihrer Bewohner vor den wachsenden Unruhen draußen schützte. Je

Hans und Sophie mit Vater und Geschwistern vor Schloß Favorite in Ludwigsburg

bedrohlicher die Zeitungsschlagzeilen klangen, desto mehr flüchtete man sich hier in die reiche Vorstellungs- und Bilderwelt des schwäbischen Dichters Friedrich Hölderlin, oder man las die schwärmerische Lyrik Rainer Maria Rilkes. Oder die Bibel. Magdalene Scholl, die Mutter, war vor ihrer Heirat Mitglied eines protestantischen Schwesternordens gewesen und hatte als Diakonisse Kranke gepflegt. Auf ihre sanfte Weise bestand sie darauf, daß der Weg Jesu der einzig wahre und richtige sei. Auf die Kinder wurde jedoch keinerlei Druck ausgeübt; man zwang sie weder zum Kirchgang noch zur Teilnahme an Gemeindeveranstaltungen. Aber die Bibel war immer zur Hand. Und sie wurde auch gelesen.

Auch die Scholls blieben von den allgemeinen Erschütterungen, die Hitlers Machtergreifung in ganz Deutschland auslöste, nicht lange verschont. In Ulm bestand seit 1922 eine Ortsgruppe der NSDAP, die nach der Machtergreifung, wie überall im Reich, zur Keimzelle für die vielen Verordnungen zur Einschränkung der persönlichen Freiheit wurde. Die Auswirkungen der neuen Ordnung machten sich zuerst in den Schulen bemerkbar. Zu den obersten Zielen der Nationalsozialisten gehörte es, die Gefolgschaftstreue der Jugend zu gewinnen, um sie auf diese Weise absolut kontrollieren zu können. „Wer die Jugend hat, dem gehört die Zukunft", formulierte Adolf Hitler.

In den Klassenzimmern wurde das Bild des Reichskanzlers und Führers des Deutschen Reiches aufgehängt. Die Schulbüchereien wurden von „subversiver" Literatur gesäubert, gleichgültig, ob es sich um Dichtung oder Sachbücher handelte. Verdächtig war jedes Werk, in dem liberale Ideen zum Ausdruck kamen oder in dem die Überzeugung vertreten wurde, daß das Individuum sein Schicksal selbst bestimmen sollte. Man ersetzte sie durch Texte, die nationalistische und militaristische Gedanken glorifizierten. Den angeblich abgedroschenen Begriff der Objektivität gab man ebenso auf wie die Vorstellung, die Schule diene lediglich der Vermittlung von Wissen. Jetzt sollte sie die Heranwachsenden zu Männern und Frauen erziehen, wie sie der nationalsozialistische Staat bei seinem Kampf um nationale Größe brauchte. Unter den Direktoren und Lehrern regte sich kaum Widerstand gegen diese neuen Richtlinien. Die meisten traten nach Hitlers Machtergreifung dem NS-Lehrerbund bei. Und um ganz sicherzugehen, daß keinerlei abweichende Meinungen in deutschen Klassenzimmern gelehrt wurden, verlangte man von den Kindern, daß sie ihre Lehrer bei der Partei denunzierten. Jeden Morgen begann der Unterricht mit dem sogenannten Deutschen Gruß, einem zackigen „Heil Hitler!".

Die Nazis waren sich bewußt, daß die Schule im Leben der Kinder nur eine untergeordnete Rolle spielte. Deshalb schufen sie sich in der Hitlerjugend ein zusätzliches Kontrollinstrument. Hitler selbst formulierte, welches Ziel sie hatte: eine Jugend, „hart wie Kruppstahl, zäh wie Leder, flink wie die Windhunde". Das war ein Ideal, das den Heranwachsenden wie auf den Leib geschrieben war. Nach der Machtergreifung wuchsen die Fähnlein und Züge der Hitlerjugend um Tausende und Zehntausende begeisterter Jugendlicher.

Hans Scholl trat mit einer Entschlossenheit in die Hitlerjugend ein, die seine Handlungen stets charakterisierte, wenn er von etwas zutiefst überzeugt war. Für ihn war das ein erster Akt des Loslösungsprozesses aus der kindlichen Autoritätsgläubigkeit gegenüber dem Vater, hin zur Männlichkeit.

Robert Scholl sah erschrocken, wie alle seine Kinder unter Führung von Hans so rasch der Verführung durch die Nazis erlagen. Er stand ihnen von Anfang an mit größter Distanz gegenüber, und es dauerte nicht lange, bis er sie für eine Plage und ein Unglück hielt. Er hatte eine weltoffene, liberale Einstellung.

Robert Scholl war Bürgermeister in verschiedenen südwest-
deutschen Städtchen gewesen, in Ingersheim, wo Hans geboren
wurde, und in Forchtenberg, dem Geburtsort Sophies. Es war
ihm gelungen, seine Familie fast unbeschadet durch die Wirren
von Inflation und wirtschaftlicher Depression zu bringen. Nachdem er bei einer Bürgermeisterwahl verloren und das Gefühl
hatte, die Nazis würden seine Karriere so oder so beenden, ließ er
sich in Ulm als Steuer- und Wirtschaftsberater nieder. Seine Kinder respektierte er als eigenständige Persönlichkeiten mit dem
Recht auf eine eigene Meinung. Nie wurde bei den Scholls einfach etwas befohlen. Bei unterschiedlichen Standpunkten wurden heftige Diskussionen ausgefochten, die manchmal auch in
Tränen endeten. Der Bruch mit Hans war besonders schmerzlich.
Hans und seinen Geschwistern schien der Vater hoffnungslos alt-
modisch zu sein. Warum verhielt er sich gegenüber der aus Berlin
kommenden neuen Heilslehre so stur? Sie setzten alles daran,
ihn zu überzeugen.

Für Hans bedeutete der Eintritt in die Hitlerjugend den Ausbruch aus dem eng gewordenen Bereich von Familie und Schule
und die Eroberung eines Platzes in einer größeren Welt. Hero-
ische Taten schienen in der Luft zu liegen, und auch er fühlte sich
zu Großem berufen. Hier fand er eine Bewegung, die sich auf die
Jugend und ihre Lebensfreude gründete, und Hans Scholl war
jung und voller Leben. Außerdem gab es in ihm einen starken
idealistischen Zug, der vom Leben einen Sinn verlangte, der in
den Alltäglichkeiten eine Substanz suchte. Und das Programm
der Hitlerjugend hielt dafür Antworten bereit. Als oberster Wert
galt die Selbstaufopferung für eine gute Sache; die Unterdrückung des „Ich" für das „Wir", für die Gruppe und das Volk.

Hans' Einführung in die Reihen der HJ wurde feierlich über-
höht durch die Überreichung eines Dolches mit dem eingravier-
ten Schwur „Blut und Ehre". Auch in diesem „Programmpunkt"
ließ sich erkennen, worauf er in der HJ vorbereitet werden sollte:
auf seine Rolle als zukünftiger Verteidiger des Vaterlandes. Hans
war bereit, sein Land freudig zu verteidigen, wenn er dazu aufgerufen würde. Er unterzog sich mit Energie und Elan der vorge-
schriebenen Ausbildung. Er erfuhr auch etwas über den Symbol-

gehalt der nationalsozialistischen Fahne. Der rote Untergrund, so erklärte man ihm, verkörpere die „soziale Idee" der Bewegung. Der weiße Kreis in der Mitte stehe für die Reinheit der nationalen Ziele, und das schwarze Hakenkreuz im Kreis deute die Überlegenheit der „arischen" beziehungsweise nordischen Rasse an, zu der die Deutschen zählten.

Hitler hatte sein rassistisches Symbol mehr oder weniger zufällig ausgewählt, denn durch die Jahrhunderte hatte sich die Bedeutung des Hakenkreuzes immer wieder verändert. In einer Version sollte es die Bahn der Sonne am Firmament symbolisieren. Außerdem beschränkte sich das Hakenkreuz keineswegs auf den germanischen oder „arischen" Bereich. Es erschien in fast jedem Zeitalter und in den verschiedensten Kulturen. Seine wirklichen Ursprünge sind unbekannt. Doch erst auf Hitlers Fahnen zog es die Aufmerksamkeit der ganzen Welt auf sich. Die rassistischen Dogmen störten Hans zunächst nicht. Tatsächlich war es schmeichelhaft, immer wieder von Autoritäten erklärt zu bekommen, man sei Mitglied einer Herrenrasse, die allen anderen überlegen sei.

Die Schule trat gegenüber der politischen Indoktrination durch die Hitlerjugend zunehmend in den Hintergrund. Die HJ wurde neben der Wehrmacht zur „Schule der Nation". Geist und Körper wurden hier für die neue Ordnung ausgebildet.

Körperliche Ertüchtigung an frischer Luft, Indoktrination und Disziplin formten eine ganze Generation junger Deutscher, die mit sonnengebräunten, lachenden Gesichtern und durchtrainierten Körpern die Bewunderung vieler ausländischer Beobachter errangen. Hitlers Jugend war das „Material", mit dem er eine neue Welt schaffen wollte.

Hans Scholl war das Musterbeispiel eines dieser Jungen. Seine Einsatzbereitschaft bei der HJ war so beispielhaft, daß er zum Fähnleinführer beim Jungvolk befördert wurde. Auch alle drei Scholl-Mädchen, Inge, Sophie und Elisabeth, traten dem Bund Deutscher Mädel bei, der Schwesterorganisation der HJ. Sie waren von derselben Begeisterung erfüllt wie ihre Brüder. Die Mitglieder des BDM wurden mit Spielen und Sport „körperlich ertüchtigt", lernten Marschieren und Grüßen wie die Jungen.

Auch sie wurden angehalten, sich bedingungslos dem national-sozialistischen Dogma zu unterwerfen, vor allem soweit es sich auf die Frau erstreckte. Bezeichnenderweise widmete Hitler in „Mein Kampf" der Erziehung der Jungen dreißig Seiten, während für die Mädchen sieben Zeilen ausreichten. Dort heißt es: „Das Ziel der weiblichen Erziehung hat unverrückbar die kommende Mutter zu sein." Seelische oder gar geistige Werte wurden erst in zweiter Linie gefördert.

Auch Sophie marschierte, sang und grüßte gemeinsam mit ihren neuen Kameradinnen. Die körperlichen Aktivitäten an der frischen Luft machten ihr großen Spaß. Sie war schon immer ein Wildfang gewesen. Als Kind war sie durch den Kocher ge-schwommen, das kleine Flüßchen, an dem ihr Geburtsort lag. Furchtlos erkletterte sie die höchsten Baumwipfel. Auch beim Laufen und Schwimmen war sie ihren Schwestern meist überle-gen und machte sogar den Brüdern Konkurrenz. Äußerlich ent-sprach sie allerdings nicht gerade dem Ideal eines deutschen Mädels, das blond und blauäugig zu sein hatte und das Haar zu einem „Nest" oder zu Zöpfen geflochten trug. Sophies Haar und Augen waren dunkel. Ihr zierlicher Körper hatte nichts von einer Walküre. Ihr Haar war oft knabenhaft kurz geschnitten, wobei ihr einige nicht zu bändigende Strähnen übers linke Auge fielen.

Aber wie ihr Bruder Hans tat sie nichts halbherzig. Sie besaß eine rasche Auffassungsgabe und schien ihren Jahren immer um einiges voraus zu sein. Bald nahm sie denselben Rang im BDM ein wie Hans in der HJ. Sophie und ihre Kameradinnen fühlten sich eins in der „Ablehnung einer abgelebten Vergangenheit und der Schaffung des Neuen", wie es offiziell hieß. Sie waren jung, und nicht nur sie übersahen, daß jeder einzelne von ihnen und damit die Nation auf schreckliche Weise mißbraucht wurde. Auch sehr viel ältere und lebenserfahrenere Menschen ließen sich blenden. Aber einige Signale und Symptome wurden selbst von den jungen Menschen schon recht früh wahrgenommen. Eines Nachts lagen Sophie und Inge zusammen mit ihren BDM-Kameradinnen nach einer anstrengenden Fahrradtour unter einem weiten Sternenhimmel in ihren Schlafsäcken. Sie unter-hielten sich noch über die Erlebnisse dieses schönen Tages. In

Hans Scholl in der Hitlerjugend

eine Pause hinein sagte eine ihrer fünfzehnjährigen Kameradinnen ziemlich unvermittelt: „Alles wäre schön – nur die Sache mit den Juden, die will mir nicht hinunter." Keine von ihnen wußte, wie sie darauf reagieren sollte, bis sich die Führerin einmischte und meinte, Hitler wisse schon, was er tue, und man müsse um der großen Sache willen manches Unbegreifliche akzeptieren. Das Mädchen war mit dieser Antwort genausowenig zufrieden wie Sophie, die sich ähnliche Fragen schon mehr als einmal gestellt hatte.

Als sie mit zwölf in den BDM eingetreten war, hatte sich sofort ein Problem für sie ergeben, denn einer ihrer Freundinnen, Luise N., war die Aufnahme versagt worden, weil sie Jüdin war. Sophie war das unbegreiflich, was sie auch laut zu verstehen gab. Luise war blond und blauäugig und verfügte auch sonst über alle Merkmale der arischen Herrenrasse.

Sophies scharfe Beobachtungsgabe und die Offenherzigkeit, mit der sie ihre Meinungen verkündete, waren nicht selten ein Stein des Anstoßes. So brachte sie einmal eine hohe BDM-Führerin gegen sich auf, als sie darauf bestand, daß niemand von sich behaupten könne, über deutsche Dichtung Bescheid zu wissen, der Heinrich Heine nicht kenne. So richtig das auch war – dies in einer Zeit laut auszusprechen, in der man den Juden Heine verbot und totschwieg, grenzte an Tollkühnheit.

Zunächst dachte Sophie, daß die neue Jugendbewegung ihr bisher ungeahnte Möglichkeiten zur Selbstentfaltung böte. Doch ihre Begeisterung begann zu verfliegen, als sie begreifen mußte, daß auch der BDM, wie alle übrigen Nazi-Organisationen, keineswegs die Befriedigung des einzelnen, sondern seine Einbindung in die Volksgemeinschaft auf sein Banner geschrieben hatte. Und Sophie Scholl besaß einen viel zu unabhängigen Charakter, um sich längere Zeit in eine ideologische Zwangsjacke stecken zu lassen. Ihre Entfremdung vom Bund Deutscher Mädel und allem, was er repräsentierte, war also unvermeidlich.

ADOLF HITLERS Bewegung hatte eine Leidenschaft für Fahnen. Zehntausende flatterten 1936 beim Reichsparteitag über dem riesigen Zeppelinfeld in Nürnberg. In seiner Rede, die die Massen in fanatische Begeisterung versetzte, sprach der Führer ausdrücklich jene an, die inmitten der aufmarschierten Kolonnen dazu ausersehen waren, die nationalsozialistischen Fahnen zu tragen. Einer der Standartenträger bei dieser Massenkundgebung war Hans Scholl. Er trug der Ulmer Abordnung der Hitlerjugend die Fahne voran, eine große Ehre, die ihm als dem eifrigsten und bestaussehenden Jungen seiner Einheit praktisch in den Schoß gefallen war.

Die Fahrt im flaggengeschmückten Sonderzug nach Nürnberg war für Hans – wie für jedes andere HJ-Mitglied – ein erregendes Erlebnis. Noch nie war er allein so weit von zu Hause weg gewesen. In Nürnberg empfing ihn ein atemberaubendes Spektakel von Naziuniformen, bierseligen Parteigenossen und schmetternden Marschkapellen. Hans Scholl und seine Kameraden sahen sich inmitten eines Taumels nationaler Selbstbeweihräucherung und eines ungezügelten Chauvinismus. Sie waren in einer abgesonderten Zeltstadt untergebracht, die sich über viele Hektar erstreckte. Die Teilnehmer standen auf, frühstückten, exerzierten, sangen, marschierten, genossen die karg bemessene Freizeit und

**Massenaufmarsch von SA-Fahnenträgern auf dem
Reichsparteitag der NSDAP in Nürnberg 1936**

krochen alle zur selben Zeit wieder in die Schlafsäcke – alles
nach einem genauen Stundenplan. Den ganzen Tag über dröhn-
ten ihnen die Ohren von kriegerischer Marschmusik – dem
„Horst-Wessel-Lied" der SA, dem „Badenweiler", Hitlers Lieb-
lingsmarsch, und immer wieder „Deutschland, Deutschland über
alles". Dazwischen gellten die Heil-Rufe: „Heil Hitler! Sieg Heil!"
Und dazu wurden automatisch die Arme zum Nazigruß hochge-
rissen.

Der Parteitag fand seinen Höhepunkt in einer nächtlichen
Rede des Führers vor seinen braunen Bataillonen – ein feierliches
Ereignis, das das Propagandaministerium mit größtem Pomp vorbereitet hatte. Bei seiner Abschlußrede war Hitler außergewöhnlich versöhnlich gestimmt. Sein Regime stand in voller Blüte und
konnte auf drei Jahre ununterbrochener Erfolge zurückblicken.
Während dieser kurzen Zeit hatte er fast alle Folgen der deutschen Weltkriegsniederlage rückgängig gemacht. So war die Saar
mit ihren reichen Kohlevorräten wieder ins Reich eingegliedert
worden, mit der Einführung der allgemeinen Wehrpflicht hatte er
den Versailler Vertrag in einem zentralen Punkt durchlöchert,

und mit zwei weiteren Erfolgen jüngsten Datums war seine Stellung als „Führer" und als Staatsmann, mit dem die Welt rechnen mußte, nach innen wie nach außen gefestigt: So hatte er, ohne daß ihn die Engländer oder Franzosen dafür zur Rechenschaft zogen, seine Truppen ins entmilitarisierte Rheinland einmarschieren lassen, und bei den letzten Reichstagswahlen entfielen auf die Nazi-Kandidaten neunzig Prozent der abgegebenen Stimmen. Kein Wunder also, daß Begeisterungsstürme über das Zeppelinfeld fegten, als Hitler auf dem Podium erschien, um seine jährliche Grußadresse an die treuen Parteigenossen abzugeben. Die Rede schloß mit einem erneuten Gruß an die deutsche Jugend.

Hans Scholl hätte allen Grund gehabt, mit gesteigerter Begeisterung für die Hitlerjugend aus Nürnberg zurückzukehren. Schließlich hatte die Regie nichts ausgelassen, um durch dieses Riesenspektakel neuen Fanatismus in die Herzen ihrer Anhänger zu säen. Darüber hinaus hatte der Führer Hans und seine Altersgenossen geehrt, als er darauf hingewiesen hatte, daß sie Deutschlands Hoffnung auf eine bessere und größere Zukunft verkörperten. Eine besondere Stellung kam dabei allen Flaggenträgern der Partei zu. Das sei nicht nur eine Ehre, sondern nehme sie auch besonders in die Pflicht, hatte der Führer betont – und Hans Scholl trug eine dieser Flaggen. Er konnte also durchaus das Gefühl haben, Adolf Hitler habe ihn ganz persönlich angesprochen, und daraufhin stolz nach Ulm zurückkehren.

Er tat es nicht. Inge Scholl erinnert sich, wie überrascht sie war, als ihr Bruder aus Nürnberg heimkehrte. Voller Freude war er ausgezogen, aber jetzt sah er müde aus, und in seinem Gesicht lag eine große Enttäuschung. Weder Inge noch Sophie oder die Eltern versuchten in ihn zu dringen, aber sie alle spürten, daß etwas geschehen war. Normalerweise war Hans sehr offen und umgänglich. Doch manchmal zog er sich ganz in sich zurück, bis er seine Probleme durchdacht und geklärt hatte. Nürnberg war ein Wendepunkt für ihn gewesen, nur war er im Augenblick noch nicht fähig, die sich daraus für seine Zukunft ergebenden Folgen abzuschätzen. Erst allmählich erfuhren die Geschwister, was ihn seither quälte. Er hatte sich neue Anregungen und Erfahrungen versprochen, Kontakte zu anderen Menschen, vielleicht sogar neue Freundschaften. Statt dessen fand er nichts als Drill und Uniformierung. Er traf auf keine interessanten Altersgenossen, sondern auf lauter kleine SA-Leute; und die Erwachsenen waren fanatisierte Parteigenossen. Die Gespräche waren genauso uniform wie die Kleidung. Wieder und wieder dieselben Phrasen – die Größe des Führers, das Wunder von Deutschlands Erwachen, die überlegenen Tugenden des deutschen Volks und der germanischen Rasse, die Bösartigkeit der Juden. Ein Schwall von Schlagwörtern und Klischees, die ihn bald fast zu ersticken drohten. Nur wenige Jahre später führte das dazu, daß Hans Scholl den Nazis auf einem seiner Flugblätter vorwarf, „das Volk in einem Nebel leerer Phrasen zu ersticken".

In Nürnberg hatte Hitler ihn und seine Kameraden aufgefordert, so zu werden wie die „Männer der ersten Stunde", die Steigbügelhalter und Funktionäre des Regimes. Aber Hans Scholl konnte und wollte nicht leben wie diese Partei- und SA-Chargen, die mit Hitlers Worten „blinder Gehorsam und absolute Disziplin" auszeichnete.

Hans versuchte seine Enttäuschung hinter Ausflüchten zu verbergen, aber seine Schwestern ahnten den Grund für sein mürrisches und verschlossenes Wesen. Aus einem gewissen Gefühl der Loyalität heraus verzögerte sich der endgültige Bruch mit der Hitlerjugend und ihren Prinzipien. Außerdem fühlte sich Hans vorläufig noch durch seinen Schwur an die Bewegung gebunden. Dabei spielte auch eine Rolle, daß man ihm die Verantwortung für eine Jungvolk-Gruppe übertragen hatte, deren Mitglieder zehn- bis vierzehnjährige Jungen waren. Doch gerade dies sollte zu seiner endgültigen Ernüchterung entscheidend beitragen.

Um den Mitgliedern seines Fähnleins ein ganz besonderes Gefühl der Zusammengehörigkeit zu geben, machte Hans den Vorschlag, sie sollten sich anstelle der üblichen Hakenkreuzwimpel eine eigene Fahne machen. Mit seiner Hilfe nähten sich die Jungen eine prachtvolle Fahne mit einem großen Sagentier. In einem feierlichen Ritual wurde sie dem Führer geweiht, und jeder der Jungen schwor ihr Treue. Die kleine Gruppe war auf ihr besonderes Wahrzeichen ungeheuer stolz.

Eines Abends waren sie zum Appell vor einem höheren Führer angetreten. Über ihnen flatterte ihre Fahne in der frischen Brise. Der Besucher starrte die Fahne überrascht an. „Was soll das?" fragte er schneidend.

„Unsere Gruppenfahne", antwortete Hans.

„Gib sie her!" forderte der höhere Führer den fröhlichen zwölfjährigen Jungen auf, der sie trug. „Ihr braucht keine besondere Fahne. Haltet euch an die, die für alle vorgeschrieben ist."

Aus den Reihen der angetretenen Jungen wurden Proteste laut, und Hans konnte nicht länger an sich halten. Sah denn der andere nicht, was diese Fahne seinen Jungen bedeutete! Er trat aus der Reihe und stellte sich zwischen den Jungen und den Führer. „Lassen Sie dem Jungen die Flagge", sagte er. Es gab ein kurzes Handgemenge, und Hans versetzte dem Führer eine Ohrfeige – ein unerhörter Akt der Auflehnung. Von da an war Hans Scholl nicht mehr Fähnleinführer.

Zusammen mit den in Nürnberg gemachten Erfahrungen trug dieser Vorfall zu einer Sinnesänderung bei Hans bei. Allmählich veränderte sich seine gesamte Einstellung gegenüber dem Nationalsozialismus und der von ihm geschaffenen „neuen Welt". Jedes neue Erlebnis bestärkte ihn in seinem Skeptizismus demgegenüber, was er zuvor mit so großer Begeisterung für wahr und richtig erachtet hatte – bis er schließlich am entgegengesetzten Pol der Beurteilung angekommen war. Und wie ihm erging es auch seinen Geschwistern. Allerdings verlief bei Hans diese Sinnesänderung aufgrund einer besonderen Charakterveranlagung emotional sehr viel drastischer: Nachdem er einmal diesen neuen Weg beschritten hatte, gab es für ihn kein Halten mehr auf halber Strecke oder gar eine Umkehr.

2

An einem Sommertag des Jahres 1937 machte Hans mit Inge einen Ausflug nach München, um das neueröffnete Haus der Deutschen Kunst zu besuchen, an dessen Plänen Hitler selbst mitgearbeitet hatte und in dessen Sälen von ihm ausgewählte Bil-

178

der aufgehängt waren. Kulturelle Ereignisse spielten eine wichtige Rolle bei den Scholls. Alle Geschwister waren für Literatur, Kunst und Musik sehr empfänglich. Sophie hatte ein überdurchschnittliches Talent fürs Zeichnen. Gemeinsames Singen, oft von Hans auf der Gitarre begleitet, gehörte im Haus der Scholls fast zum Alltag.

Hans und Inge waren bei der ersten Begegnung mit dem neuen Haus der Deutschen Kunst eher verblüfft als beeindruckt. Es war Ausdruck nationalsozialistischer Architekturvorstellungen: eine nüchterne und starre Fassade, eine Mischung ultramoderner und semiklassischer Elemente. Im Innern warteten auf Hans und Inge ungefähr neunhundert Gemälde, Zeichnungen und Skulpturen, die der erfolglose Künstler Adolf Hitler für Kunst hielt. Dem Geschmack des Führers entsprechend, zeigten die Bilder überrealistische Klischeehelden – kräftige, gesunde Bauern bei der Arbeit, tapfer blickende SA-Leute, deutsche Mädels, die ihre Zöpfe flochten, junge Mütter, die ihrem Kleinen die Brust gaben.

Hans und Inge wurden immer deprimierter und enttäuschter, als sie die langen Reihen gleichbleibend einfallsloser Bilder entlanggingen. Und sie fragten sich verwirrt, wo wohl die Gemälde geblieben sein mochten, die München zu einem berühmten europäischen Kunstzentrum gemacht hatten, das einst Neuerer aus vielen Ländern anzog – beispielsweise Wassily Kandinsky. Wo waren Paul Klee und die anderen bekannten zeitgenössischen Maler – Oskar Kokoschka, Otto Dix, Käthe Kollwitz, Max Beckmann und Franz Marc? Wie Hans und Inge entdeckten, ignorierten die Nazis jedoch die moderne Kunst und ihre Vertreter nicht völlig. Denn es fand noch eine andere Ausstellung in München statt, die von Joseph Goebbels und seinem Ministerium für Volksaufklärung und Propaganda zusammengestellt worden war. Hier fand sich alles, was bei den Nazis als „entartete Kunst" galt. Die Bilder waren unter diffamierenden Überschriften thematisch gruppiert: „Wie kranke Geister die Natur sehen"; oder: „Bauern in der Manier jüdischer Maler". Daneben zeigte man Bilder von Geisteskranken, um ihre Verwandtschaft mit den „Entarteten" zu dokumentieren. Hier fanden sich alle großen Namen der zeitgenössischen deutschen Kunst. Der vom Propagandaminister beabsichtigte Zweck verfehlte bei Hans und Inge Scholl seine Wirkung. Sie fanden diese Bilder sehr viel aufregender und bedeutender als die sanktionierten Klischees im Haus der Deutschen Kunst. Sie verbrachten Stunden in dieser Ausstellung, und sie waren mit ihrer Reaktion keineswegs allein. Die „entartete Kunst" lockte so viele Interessierte an, daß die Ausstellung schließlich abgebrochen wurde – sie hatte sich als Fehlkalkulation von Goebbels erwiesen.

Aber die dahinterstehende Politik wurde verstärkt fortgesetzt. In Deutschland konnte nun selbst der begabteste Künstler „Malverbot" erhalten, wenn er als „politisch unzuverlässig" eingestuft wurde. Künstler, die es ablehnten, kräftige Bauern und tapfere SA-Leute zu malen, verließen in steigender Zahl Deutschland. Das Wort „Verbot" nahm für immer mehr Deutsche des kulturellen und intellektuellen Lebens eine bedrohliche Bedeutung an. Dazu brauchte man noch nicht einmal Maler, Bildhauer oder Schriftsteller zu sein; es reichte schon, wenn man sich eigene Gedanken über die Verhältnisse machte oder sich für bestimmte Dinge interessierte. Wie Hans Scholl.

Als Junge hatte er ein Lieblingsbuch, das für diese Altersstufe keineswegs typisch war: Stefan Zweigs „Sternstunden der Menschheit". Er las es immer wieder. Jedes Kapitel eröffnete ihm neue Einsichten, neue Erfahrungen. Doch wie die selbstgemachte Fahne verursachte auch dieses Buch einen Vorfall, der Hans weiter gegen die Reglementierungen der Hitlerjugend aufbrachte. Zwischen zwei Übungen hatte er sich abseits gesetzt und las wieder einmal in den „Sternstunden". Da näherte sich ihm ein höherer Führer und fragte, womit er sich beschäftige. Hans reichte ihm das Buch.

Der Führer warf einen Blick auf den Titel und sagte: „Du weißt doch, daß dieser Mist verboten ist!"

Hans zuckte zusammen. „Warum?" wollte er wissen.

„Schau doch, wer es geschrieben hat", sagte der Führer und deutete auf den Einband mit dem Namen. „Ein Jude. Alle Bücher von Stefan Zweig sind verboten. Laß dich ja nicht noch einmal beim Lesen solcher Sachen erwischen."

Das war eine neue und zutiefst verwirrende Erfahrung für

Hans. Eine Fahne zu verbieten, das ließ sich vielleicht noch rechtfertigen, aber ein Buch? Und dann auch noch ein Buch des berühmten Stefan Zweig!

Er hatte Gerüchte von den Bücherverbrennungen gehört, die schon 1933, kurz nach Hitlers Machtergreifung, stattgefunden hatten. Aber das schien ihm damals nicht mehr als eine politische Fehlreaktion zu sein, der außerhalb der Naziclique keine Bedeutung zukam. Jetzt erfuhr er, daß Zweigs gesamtes Werk auf dem Nazi-Index stand. Als Hans wissen wollte, wie dies einem Mann geschehen konnte, dessen Bücher in dreißig Sprachen auf fünf Kontinenten übersetzt waren, erklärte man ihm: Zweig ist Jude, Pazifist und Demokrat. Die Verächtlichmachung und Unterdrückung seines Lieblingsbuchs hinterließ einen nachhaltigen Eindruck auf Hans.

Der Vorfall mit der Fahne und das Verbot des Buches waren zwei bittere Erlebnisse, die den jungen Hans Scholl direkt betrafen. Doch überall in Deutschland begann die neue Ordnung mehr Einfluß auf das Alltagsleben jedes einzelnen zu nehmen.

„In uns begann eine gläubige, reine Welt zu zerbrechen, Stück um Stück", sagte Inge Scholl später in ihren Erinnerungen. „Was hatte man in Wirklichkeit aus dem Vaterland gemacht? Nicht Freiheit, nicht blühendes Leben, nicht Gedeihen und Glück jedes Menschen, der darin lebte. Nein, eine Klammer um die andere hatte man um Deutschland gelegt, bis allmählich alles wie in einem großen Kerker gefangen saß."

Der „deutsche Blick", das ängstliche Über-die-Schulter-Schauen, wurde zur Alltagsgewohnheit; und es hatte seinen Grund. Man konnte kaum noch etwas tun, ohne überwacht zu werden. Jedes Haus bekam einen Blockwart zugeteilt, ein ergebenes Parteimitglied, das die Aufgabe hatte, seine Mitbewohner zu bespitzeln. Jedes unbesonnene Wort wurde so zu einer Gefahr. Die Blockwarte standen normalerweise auf der sozialen Leiter ganz unten – Gärtner, Hausmeister, Handwerksgehilfen –, aber sie waren allgegenwärtig, und hinter und über ihnen lauerte die Geheime Staatspolizei. Ein eng gespanntes Netz von Mitgliedern überschattete das Leben auf allen Ebenen in Deutschland. Man brauchte keinen wirklichen Akt von Subversion oder direkter

Auflehnung zu begehen, um in ihre Fänge zu geraten. Eine Verordnung wie das „Heimtückegesetz" machte ein einziges offenes Wort gegen das Regime oder die kritische Diskussion mit andern zu einem strafbaren Vergehen.

Während sich so die Klammern immer dichter um das deutsche Volk schlossen, hielten die meisten still und ließen es geschehen. Immer mehr strömten in die NSDAP. Bereits zwei Jahre nach der Machtergreifung zählte die Partei zweieinhalb Millionen Mitglieder, und bis zum Kriegsende wuchs diese Zahl auf fast das Vierfache an. Die meisten von ihnen bekannten sich mit Begeisterung zum Einführungssatz des Parteihandbuchs: „Der Führer hat immer recht." Aber unter den mehr als sechzig Millionen Einwohnern des Deutschen Reichs gab es auch viele, die kein Parteibuch hatten und davon überzeugt waren, daß der Führer grundsätzlich unrecht hatte. Dazu zählten Millionen von Altliberalen und Sozialdemokraten, aufrechte Konservative und überzeugte Christen. Sie waren sich nur zu klar darüber, was in ihrem Land geschah.

Die Ernüchterung, die Hans Scholl in Nürnberg erfahren hatte, wirkte ansteckend auf die Geschwister. Das dauernde Marschieren, Singen, Grüßen verlor seinen Reiz. Die Scholls waren bis jetzt von direkten Nachteilen durch das neue Regime verschont geblieben. Sie hatten auch keine Probleme mit dem „Ahnenpaß", jenem Dokument, in dem jeder Deutsche Auskunft bis zurück zu den Großeltern väterlicher- und mütterlicherseits geben mußte, um festzustellen, ob vielleicht jüdische Vorfahren darunter waren. Den Nürnberger Gesetzen zufolge wurde jeder, der diesen Nachweis nicht erbringen konnte, aus der Volksgemeinschaft ausgestoßen; man beraubte ihn seiner bürgerlichen Rechte, seiner wirtschaftlichen Existenz und bedrohte ihn mit Deportation in ein Lager oder Gefängnis. Da die Scholls nachweislich „Arier" waren, blieben sie von alldem verschont. Die Familie hätte sich wie Millionen andere im Schutz eines anonymen Mitläufertums durch die Hitler-Ära lavieren können. Aber in den Scholls, in den Eltern wie in den Kindern, lebte ein unbeugsamer Sinn für Anständigkeit; ihr unbedingtes Festhalten an den erprobten Werten der Vergangenheit ließ nicht zu, daß sie dem Geschehen draußen in der Welt teilnahmslos gegenüberstanden.

Als die Kinder zu begreifen begannen, wie recht der Vater mit seinen bösen Vorahnungen gehabt hatte, rückten sie wieder enger zusammen. Immer wieder drangen Gerüchte an Robert Scholls Ohr, die seine Befürchtungen bestätigten. So hörten er und die Kinder in jenen Tagen von einem beliebten jungen Lehrer, der verschwunden war. Es hieß, er sei in ein KZ gesteckt worden. Das erste Konzentrationslager war nicht allzuweit von Ulm entfernt errichtet worden: in Dachau, etwa dreißig Kilometer vor München. Bevor hier der Prototyp der vielen nachfolgenden Lager – wie Buchenwald, Sachsenhausen, Auschwitz – gebaut wurde, war dies ein freundlicher Marktflecken gewesen.

Als die Scholl-Kinder den Vater fragten, wozu diese Lager dienten, versuchte er es ihnen so gut wie möglich zu erklären, obwohl er zu diesem Zeitpunkt auch nur über bruchstückhafte Informationen verfügte. „Sie sind ein Verbrechen gegen das Volk", meinte Robert Scholl zu seinen Kindern, als sie eines Abends an der Donau spazierengingen. In diesen Lagern, erklärte er, würden die politischen Feinde des Regimes festgesetzt – Sozialisten und Kommunisten, Gewerkschaftsführer, Pazifisten, einige aufrechte Kirchenmänner, vor allem aber Juden. Sie alle pferche man wie Vieh hinter Stacheldraht ein, bewacht von SS-Männern. Die Kinder waren entsetzt.

Die abendlichen Gespräche versöhnten Hans Scholl endgültig mit seinem Vater. Das warme Verhältnis, das früher zwischen ihnen geherrscht hatte, stellte sich wieder ein. Die Familie rückte enger zusammen, und wenn die Wohnung zuvor eine Insel gewesen war, so glich sie jetzt eher einer Burg, hinter deren Mauern die Scholls Schutz vor den Übergriffen ihrer Umwelt suchten. Sie wurde zu einem sicheren Hafen in feindlicher Umgebung.

Aber sie waren jung. Keines der Scholl-Kinder blieb hinter dem Ofen sitzen, wenn sich draußen die Sommersonne im Fluß spiegelte oder im Winter die schneebedeckten Hügel zum Ski- und Schlittenfahren verlockten. Außerdem mußte man Hausaufgaben machen und Prüfungen ablegen. Und so erlebten die Scholl-Kinder trotz allem in Ulm eine verhältnismäßig glückliche Zeit. Sie hatten ihre Freunde und lasen ihre Lieblingsbücher.

Abends wurden die politischen Geschehnisse oft am Familientisch erörtert. Robert Scholl versuchte seine Kinder über die Hintergründe und Zusammenhänge der Ereignisse aufzuklären, die in Zeitungen und im Radio meist höchst verzerrt dargestellt wurden. Jedes der Kinder konnte offen seine Meinung äußern – und jedes hatte eine eigene Meinung. Ein so freizügiges Familienforum war damals in Deutschland nicht üblich. Normalerweise wurde die Autorität des Vaters nicht in Frage gestellt, das war Tradition. Aber Robert Scholl dachte darüber anders. Diese Haltung war außergewöhnlich bei einem Mann, der als Bauernjunge in einem abgelegenen Waldgebiet aufgewachsen war, also in einer Umwelt, die alles andere als liberale oder kosmopolitische Vorstellungen pflegte. Robert Scholls Intelligenz und sein Lerneifer waren dem einheimischen Pastor aufgefallen, der dafür gesorgt hatte, daß der Junge eine höhere Schule hatte besuchen können. Seine moralische Unbeugsamkeit hatte er im Ersten Weltkrieg unter Beweis gestellt, als er trotz der allgemeinen Kriegsbegeisterung den Dienst mit der Waffe verweigert und nur als Sanitäter gedient hatte. Je deutlicher sich der Zweite Weltkrieg abzeichnete, desto stärker regte sich in ihm wieder die alte Aversion gegen einen sinn- und geistlosen Nationalismus.

Nicht selten stand er nach dem Essen auf und sagte: „Ihr müßt mich jetzt entschuldigen, aber ich will mir wieder einmal eine Gefängnisstrafe einhandeln." Alle wußten, was damit gemeint war. Er wollte einen verbotenen Sender abhören – Radio Straßburg oder den Schweizer Rundfunk, denn nur dort konnte man sich einigermaßen genau und wahrheitsgemäß informieren. Das „Schwarzhören" galt im Dritten Reich als Verbrechen. Um es unmöglich zu machen, wurden sogenannte „Volksempfänger", mit denen nur nahe gelegene Sender gehört werden konnten, zu günstigen Preisen angeboten. Aber sie ließen sich leicht umrüsten, so daß man ausländische Stationen damit empfangen konnte.

Alle Kinder machten sich ein Goethe-Zitat zu eigen, das der Vater häufig gebrauchte. Besonders für Hans und Sophie sollte es später eine entscheidende Bedeutung bekommen. Wenn Kummer und Sorgen ihn zu überwältigen drohten, murmelte Robert Scholl oft vor sich hin: „Allen!" Die Familie wußte, was damit gemeint war: „Allen Gewalten zum Trutz sich erhalten!"

Das Familienleben der Scholls vermittelte eine ganz besondere Atmosphäre, in der verwandte Seelen Trost und Zuflucht suchten. Ganz in der Nähe wohnte die Familie Hirzel, deren Oberhaupt der allseits verehrte Pastor der protestantischen Martin-Luther-Kirche war. Sein Sohn, Hans Hirzel, war oft zu Besuch bei den Scholls. Er bewunderte vor allem Hans, von dem er sich häufig erklären ließ, was in der Welt vorging. Er besaß einen wachen Verstand, und so konnte es nicht ausbleiben, daß von ihm bald dieselben rebellischen Gedanken Besitz ergriffen, die auch in Hans Scholl rumorten. Wie dieser kam er aufgrund seiner persönlichen Überlegungen zu der Überzeugung: „Es muß etwas getan werden." Seine Schwester Susanne, genannt Suse, war ein hübsches, lebhaftes blondes Mädchen, das Cello lernte. Sie war in Sophies Alter und verbrachte viele Stunden bei der Freundin. Es kamen auch Gäste von außerhalb.

Ernst Reden beispielsweise stammte aus Köln. Er leistete in Ulm den verhaßten Wehrdienst ab. Dankbar nutzte er das Haus der Scholls als Zuflucht vor dem öden Drill und der Kaserne. Vor allem für Inge und Sophie war er eine romantische Gestalt. Er schrieb Gedichte und konnte mit viel Feuer über zeitgenössische Dichter und ihre Bücher sprechen, von denen Inge und Sophie bis dahin noch nichts gehört hatten.

Ernst Redens Abscheu gegenüber Drill und Verboten aller Art war kaum weniger heftig als der von Hans Scholl. Zusammen organisierten sie eine Gruppe gleichgesinnter Jungen und Jugendlicher und schlossen sich der Deutschen Jungenschaft an, die sich selbst geheimnisvoll d.j.1.11. nannte. Man benutzte die Kleinschreibung in Anlehnung an Stefan George, da man sich als modern und progressiv verstand. In Geist und Stil war die d.j.1.11. dann auch das genaue Gegenteil der Hitlerjugend. Ziel war die freie Entfaltung der Persönlichkeit durch Sport und Spiel in kameradschaftlicher Gemeinschaft. An den Wochenenden unternahmen die zwölf- bis siebzehnjährigen Jungen Ausflüge in die

Wälder und Berge. Gruppen dieser Art gab es über ganz Deutschland verstreut. Sie besaßen eine eigene Zeltform, die Kote, die nach dem Vorbild der Lappen aus schwerem schwarzem Tuch gemacht war und wie ein Wigwam an der Spitze eine Öffnung hatte, damit der Rauch entweichen konnte. Die Idee dazu stammte von Eberhard Köbel. Nach Streifzügen durch Skandinavien hatte er am 1. 11. 1929 die Deutsche Jungenschaft gegründet, in die er nicht nur die Kote, sondern auch viele nordische Volksweisen einbrachte. Und er führte die Balalaika als Ergänzung zur Gitarre ein, die in allen deutschen Jugendverbänden eine große Rolle spielte.

Da Hans Scholl recht gut Gitarre spielte und eine angenehme Stimme hatte, wurde er zum Mittelpunkt des abendlichen Liedersingens, ohne das kein Zeltabend ausklang. Er beherrschte eine Vielzahl von Liedern aus aller Herren Länder, darunter Kosakenweisen und Balladen vom Balkan. Daß in der Hitlerjugend ausschließlich deutsche Volkslieder geduldet wurden, war einer der Gründe für seine innere Abkehr von ihr. In der d.j.1.11. konnte er singen und spielen, was er wollte.

Die Deutsche Jungenschaft stand in der langen Tradition deutscher Jugendgruppen, die seit der Jahrhundertwende auf große Fahrt gingen, um in der Natur Befreiung aus der kleinbürgerlichen Enge von Schule und Elternhaus zu finden. Diese Hinwendung zur Natur und die Vorstellung von der mystischen Einheit der Gruppe beinhalteten ethische und transzendentale Komponenten, die die deutsche Jugendbewegung von den internationalen Pfadfinderverbänden deutlich abgrenzten. Die Hitlerjugend übernahm einige der Rituale und der mystischen Vorstellungen ihrer Vorgänger, vereinfachte und banalisierte aber alles auf das eine Ziel hin, die Jugend im Sinne des neuen Staats zu disziplinieren. Hans und seine Kameraden aber wollten sich diese „Magie" nicht stehlen lassen. Seine Aktivität in der d.j.1.11. war ein weiterer Versuch, sein Leben so zu gestalten, wie er ganz persönlich es für richtig hielt.

Die d.j.1.11. hatte jedoch noch eine andere Seite. Denn trotz des jugendlichen Überschwangs stellte sie in den Anfangsjahren des Hitler-Regimes eine Art Untergrundorganisation, ja fast eine

Geheimgesellschaft dar. Bereits im Jahr der Machtergreifung wurde die HJ zur Staatsjugend erhoben und damit für jeden heranwachsenden Deutschen nahezu obligatorisch. Und als solche duldete sie keine Rivalen neben sich. Die Tage der Deutschen Jungenschaft und anderer Jugendgruppen waren gezählt.

Hans Scholl bereitete sich am Ulmer Gymnasium auf sein Abitur vor. Mit dem Reifezeugnis in der Tasche feierte er am 22. September 1937 seinen neunzehnten Geburtstag. Das Pauken fürs Abitur hatte Hans in diesem Jahr kaum noch Zeit für die Jungenschaft gelassen, der er sowieso jetzt langsam entwachsen war. Statt dessen interessierte er sich zunehmend für Mädchen und machte Eindruck bei ihnen. Die Schwester eines Freundes meinte, er habe „etwas Unerklärliches in seiner Persönlichkeit, das ihn unwiderstehlich macht". Vieles ließ sich durch sein Aussehen erklären. Sein Gesichtsausdruck konnte im einen Augenblick nachdenklich und grüblerisch wirken und im nächsten in ein warmes, gewinnendes Lächeln umschlagen. Das dunkle Haar war in einer großen, weichen Welle aus der breiten, offenen Stirn gekämmt. Die tiefliegenden Augen besaßen einen eigentümlichen Glanz, der den wachen und aktiven Geist verriet. Nur wenige, die seine persönliche Bekanntschaft machten, blieben von ihm unbeeindruckt.

Die Mädchen, die eigentlich zu den Scholls kamen, um eine der Schwestern zu besuchen, waren meist sofort von ihm eingenommen. Eine davon war Lisa, eine Freundin, mit der Sophie Radausflüge unternahm. Sie war über ihre Jahre hinaus reif und verfügte über ein überschäumendes Temperament, verbunden mit einer höchst drolligen Sprechweise. Hans hatte sie schon als Kind gekannt. Lisa, gerade fünfzehn geworden, genoß sein Interesse, aber es dauerte nicht lange, bis sie eine Entdeckung machte, die noch einige Mädchen bei Hans machen mußten. Trotz seiner Bereitschaft, neue Beziehungen zu knüpfen, bewahrte er immer eine gewisse Zurückhaltung. Er hatte ein beharrliches Unabhängigkeitsstreben, das ihn selbst in Augenblicken wärmster Zuneigung davon abhielt, sich ganz zu geben, sich aufzugeben. Selbst unter romantischen Vorzeichen ging er keine endgültigen Verpflichtungen ein, aus denen er sich nicht mehr lösen konnte.

Unter normalen Verhältnissen wäre Hans nach dem Gymnasium an die Universität gegangen. Aber auch hier griff das neue System ein: Jeder Heranwachsende, gleichgültig, ob Mann oder Frau, wurde mit neunzehn Mitglied des Arbeitsdienstes, wo er beim Bau von Straßen oder auf Bauernhöfen eingesetzt wurde. Damit verfolgte der nationalsozialistische Staat zum einen den Zweck, die jungen Leute so lang wie möglich unter seiner Aufsicht zu behalten; zum anderen verschwanden Hunderttausende von jungen Arbeitskräften vom freien Arbeitsmarkt, wodurch die Arbeitslosenstatistik plötzlich sehr viel besser aussah. Außerdem wurde verhindert, daß die Jugendlichen auf den Straßen herumlungerten und eventuell dem Staat Schwierigkeiten machten.

Hans Scholl wurde in der Nähe von Göppingen beim Straßenbau eingesetzt, im Rahmen des neuen Autobahnprojekts. Für einen kräftigen Neunzehnjährigen bedeutete die Arbeit mit Schaufel und Hacke an der frischen Luft zwar keine besondere Anstrengung, aber Hans empfand den Arbeitsdienst als weiteren staatlichen Zwang, der ihm verwehrte, sein Leben so zu gestalten, wie er es für richtig hielt. Und nach der Straßenarbeit kam der Dienst in der Wehrmacht.

Zwei Jahre zuvor, 1935, hatte Hitler die allgemeine Wehrpflicht wiedereingeführt und damit die letzten Illusionen hinweggefegt, die die nackte Tatsache der deutschen Wiederaufrüstung bis dahin noch verdeckt hatten. Die letzte Beschränkung des Versailler Vertrags war damit außer Kraft gesetzt. In den vier Jahren seit der Machtergreifung hatte Hitler die Streitkräfte um das Vierzehnfache verstärkt.

Hans Scholl hatte schon immer Pferde geliebt und war ein guter Reiter. Er ritt, wann immer sich eine Gelegenheit dazu bot. Um sich den Dienst in der Wehrmacht erträglicher zu gestalten, verpflichtete er sich freiwillig, denn dann konnte er die Waffengattung selbst wählen. Er meldete sich zur Kavallerie. Seine Einheit war in Bad Cannstatt stationiert, kaum mehr als achtzig Kilometer von Ulm entfernt. Der Dienst war nicht besonders anstrengend. Hans fand sogar Zeit zum Bücherlesen; die Armee war in solchen Dingen viel nachsichtiger, als es die HJ gewesen war. Daneben hielt er Kontakt zu den früheren Kameraden der Deutschen Jungenschaft.

Doch das sollte sich als gefährlicher Fehler erweisen. Denn die Gestapo startete eine neue Verhaftungswelle, durch die alle Jugendgruppen ausgerottet werden sollten, die sich neben der Hitlerjugend noch gehalten hatten. Ohne richterliche Haftbefehle wurden in ganz Deutschland frühere, gegenwärtige oder auch nur mutmaßliche Mitglieder dieser verbotenen Organisationen festgenommen und ins Gefängnis geworfen.

Hans Scholl wurde in der Kaserne verhaftet und in eine Zelle des Gestapogefängnisses in Stuttgart überführt. Der Schock der Festnahme schlug eine tiefe Wunde, die nie mehr ganz verheilte. Hans war wie betäubt. Trotz allem, was er in den letzten Jahren hatte erfahren müssen, war sein Selbstwertgefühl noch nie so verletzt worden wie durch diesen Vorgang.

Die Gestapo begnügte sich aber keineswegs mit der Verhaftung Hans Scholls. Sie überfiel auch die Wohnung der Familie in Ulm und führte Sophie, Inge und Werner vor den Augen der protestierenden Eltern ab. Nur Elisabeth entging der Bekanntschaft mit einer Gestapozelle. Sophie, damals sechzehn, konnte noch am selben Tag nach Hause zurückkehren. Sie schien den Schergen zu jung und kindlich zu sein, um eine Bedrohung für den Staat darzustellen. Wie sehr sich die Gestapo in ihr täuschte, sollte sich wenige Jahre später herausstellen. Es läßt sich nicht genau sagen, wann Sophie beschloß, offen gegen den Nationalsozialismus anzukämpfen. Zweifellos beruhte dieser Entschluß auf einer ganzen Reihe kleinerer und größerer Beleidigungen und Verstöße gegen das, was sie für anständig, moralisch und gerecht hielt. Aber diese Festnahme war bestimmt ein wichtiger Anstoß dazu.

Inge und Werner wurden tagelang festgehalten und immer wieder verhört. Die Gestapo wollte weitere Namen aus ihnen herausholen und suchte außerdem nach Beweisen für staatsfeindliche Aktivitäten, um jene, die sich dem Regime gegenüber gleichgültig oder ablehnend verhielten, überführen zu können. Werner war wie Hans Mitglied in der d.j.1.11. gewesen. Inge wurde vorgeworfen, von den strafbaren Taten ihrer Brüder gewußt zu haben. Es war bekannt, wie sehr sie an Hans hing und wieviel sie mit ihm gemeinsam hatte. Doch weder gegen Werner noch gegen Inge lag etwas Konkretes vor, und so mußten sie nach ungefähr einer Woche ebenfalls entlassen werden.

Ernst Reden kam nicht so gut davon. Obwohl er im Grunde ein eher unpolitischer Mensch und schon gar kein Aktivist gegen das Regime war, wurde er mehr als sechs Monate lang festgehalten, ein Teil davon im KZ Welzheim – ein trauriges Beispiel dafür, wie wahllos und zufällig die Gestapo nach ihren Opfern griff. Ausgerechnet das am wenigsten politisch motivierte Mitglied der Gruppe wurde am schwersten bestraft.

Methodisch durchsuchte die Gestapo die Wohnungen der Verdächtigen, darunter auch die der Scholls. Sie beschlagnahmte Tagebücher, Zeitschriften, Gedicht- und Aufsatzhefte, Volksliedersammlungen – alle Zeugnisse jugendlicher Aktivitäten außerhalb der Hitlerjugend. Das Material wurde eingestampft. Hans Scholl wurde wochenlang verhört. Die Staatspolizei witterte in ihm einen gefährlichen Gegner. Aber die Beweise gegen ihn waren spärlich. Vor allem suchten sie nach Informationen über weitere Mitglieder der d.j.1.11. und verwandter Organisationen. Doch von Hans erfuhren sie nichts. Zwischen den Verhören saß er unerträgliche Stunden lang in seiner engen Gewölbezelle, während in ihm Groll und Bitterkeit wuchsen.

Man hätte ihn vielleicht auf unabsehbare Zeit in Haft gehalten, wäre nicht von außen Druck auf die Gestapo ausgeübt worden. Hans zog fast überall, und meist ohne eigenes Zutun, Freunde und Förderer an. So hielt der Rittmeister seiner Einheit große Stücke auf ihn; zudem empfand er die Untersuchung der Gestapo als ungerechtfertigte Einmischung in Wehrmachtsangelegenheiten. Er intervenierte, und Hans Scholl wurde mit einer Verwarnung zu seiner Einheit entlassen. Aber von jetzt an wurde er schärfer überwacht, seine Post beispielsweise zensiert. Er hatte im Gefängnis gesessen; es gab eine Akte über ihn.

Hans reagierte auf diese Vorgänge mit noch größerer Verachtung. Immer öfter dachte er darüber nach, was sich gegen all dieses Unrecht unternehmen ließe. Aktiven Widerstand hielt er zu diesem Zeitpunkt nicht für notwendig, denn er war überzeugt,

daß sich ein so brutales und primitives System wie der Nationalsozialismus sowieso nicht lange an der Macht halten könnte.
Diesen Glauben teilte er mit vielen Tausenden von Deutschen,
die in Adolf Hitler einen Emporkömmling sahen, der nur vorübergehend das Land unter seine Herrschaft hatte bringen können. Auch viele ausländische Journalisten und Politiker vertraten
diese Ansicht, und so konnte später gesagt werden, die Geschichte Adolf Hitlers und des Nationalsozialismus sei die Geschichte ihrer Unterschätzung gewesen.

Die Gestapozelle in Stuttgart hinterließ ihre Spuren bei Hans
Scholl. Seine Abneigung gegen das Regime hatte sich verhärtet.
Weil er durch seinen Wehrdienst von vielen Interessen abgehalten wurde, hatte er Zeit, über das nachzugrübeln, was der Staat
ihm, seinen Geschwistern und seinen Eltern angetan hatte. Er
konnte das weder vergeben noch vergessen. Aber er ließ den Drill
der Ausbildung über sich ergehen und grüßte seine Vorgesetzten – allerdings mit dem traditionellen Wehrmachts- und nicht
dem Hitler-Gruß. Er wollte der Gestapo keine Gelegenheit bieten, für den Rest seiner Militärzeit noch einmal nach ihm zu greifen.

Seine wirklichen Gefühle jedoch entdeckte seine Schwester
Inge, als sie einmal eines seiner Bücher aufschlug und auf dem
Vorsatzblatt las: „Reißt uns das Herz aus dem Leibe – und ihr
werdet euch tödlich daran verbrennen."

3

Im März 1938 beherrschte ein neues Thema die abendlichen
Diskussionen am Familientisch der Scholls. Adolf Hitler war in
Wien eingezogen und hatte unter fanatischem Beifall den „Anschluß" Österreichs an das Deutsche Reich vollzogen. Die deutschen Panzerkolonnen waren nirgendwo auf Widerstand gestoßen. Ohne einen Schuß abzugeben, hatten sie die Grenze
überquert. Eine unblutige Operation also, sah man von den vorausgegangenen politischen Morden und dem nachfolgenden Terror ab. Jetzt war Hitler der führende Staatsmann Europas, und

ganz Österreich lag ihm zu Füßen. Vor allem in Wien kannte der Jubel keine Grenzen. Hier, in der alten Hauptstadt der k. u. k. Monarchie, hatte Hitler einmal als kleiner Gelegenheitsarbeiter und „Kunstmaler" ein Leben am Rand der Gesellschaft gefristet. Und jetzt „gehörte" ihm nicht nur diese Stadt, sondern die ganze „Ostmark".

Die Welt zeigte sich vom Anschluß Österreichs völlig überrascht, obwohl er von Hitler schon viele Jahre zuvor angekündigt worden war. In „Mein Kampf" spricht bereits der erste Abschnitt von seiner Entschlossenheit, Österreich mit Deutschland zu vereinen. Aber wie seine anderen politischen Vorhaben, die in diesem Buch vermerkt sind, wurde diese Erklärung von kaum jemand ernst genommen. Hätte man alles aufmerksam studiert und entsprechende Gegenmaßnahmen eingeleitet, hätte nicht jedes Wort in „Mein Kampf" 125 Menschenleben gekostet, wie jemand nachträglich einmal ausrechnete. Robert Scholl hatte im Gegensatz zu vielen anderen seiner Landsleute das Buch wirklich gelesen – und es auch verstanden, genau wie sein Sohn Hans.

Der so mühelos vollzogene Anschluß bestärkte Hitler in seinem Glauben, daß das Schicksal auf seiner Seite stünde. Mit diesem Handstreich hatte er auf dem Kontinent eine entscheidende Machtverschiebung erreicht. Seine Armeen standen an der Schwelle zum Balkan. Der Weg für weitere Aggressionen war offen.

Robert Scholl begriff die sich abzeichnenden Konsequenzen nur zu gut. Er versuchte sie seinen Kindern zu erläutern, die sich inzwischen leidenschaftlich für Politik interessierten. Mit Poststempel vom 14. März, dem Tag, an dem Hitler in Wien einzog, erreichte die Familie ein Brief von Hans aus seiner Kaserne in Bad Cannstatt. Er schrieb unter anderem: „Ich verstehe die Menschen nicht mehr. Wenn ich durch den Rundfunk diese namenlose Begeisterung höre, möchte ich hinausgehen auf eine große einsame Ebene und dort allein sein."

Sophie Scholls Verhältnis zum Bruder war so eng, daß sie kaum seine Briefe brauchte, um über seine Gefühle und Reaktionen auf die politischen Ereignisse Bescheid zu wissen. Sie stimmte in allem mit ihm überein, doch oft machte sie sich Sorgen über die Offenheit seiner Äußerungen. Freunde, die beide gut kannten, bezeichneten Sophies Verhalten als nüchterner und beherrschter, als stärker unter rationaler Kontrolle. Sie war weniger spontan und ungestüm und versuchte immer wieder mäßigend auf Hans einzuwirken. Gern hätte sie ihn vor allen Problemen beschützt, doch wenn sie unumgänglich waren, stand sie ohne Zögern an seiner Seite. Gelegentlich stellte sie fest, daß ihr starkes politisches Interesse auf andere „unweiblich" wirkte. Aber sie hatte nun einmal einen wachen Verstand, der sich nicht einfach ausschalten ließ.

Auch sie wollte das Abitur machen und sich dann an einer Universität einschreiben. Sie stellte allerhand Anforderungen an sich, nahm aber ihre kleinen Schwächen mit Humor. Ausdruck ihres heiteren Lebensgefühls waren die weiße Blüte, die sie sich häufig hinters Ohr steckte, und ihre Liebe zum Lachen, „dem Salz und Pfeffer des Lebens", wie sie es nannte.

An der Schule hatte sie sich, Neigung und Begabung entsprechend, für Englisch entschieden. Sie machte die Entdeckung, daß die Schule noch nicht vollständig vom Ungeist der Nazis infiziert war. Einige der Lehrerinnen galten als „politisch zurückhaltend". Das konnte bedeuten, daß sie weniger fanatisch als die Mehrheit waren, vielleicht sogar, daß sie insgeheim an der neuen Ideologie zweifelten. Manchmal machten es solche Lehrer auf verwegenen Pfaden möglich, daß in der Klasse über Ideen und Verhaltensweisen gesprochen werden konnte, die nach den neuen Erziehungsrichtlinien einem strikten Verbot unterlagen. Doch dabei gerieten die Diskussionen manchmal so hitzig und unzweideutig, daß die Lehrerin sie abrupt abbrach, aus Angst, die Dinge könnten ihr außer Kontrolle geraten. Für Sophie waren solche Anlässe ein Zeichen dafür, daß es selbst in den am strengsten reglementierten Schichten etliche gab, die insgeheim ihre Zweifel hegten und es sogar wagten, ihre abweichenden Meinungen, zumindest „getarnt", zur Diskussion zu stellen.

Der kritische Punkt, an dem Protest und offener Widerstand zum moralischen Imperativ wurden, war bislang nicht erreicht. Noch immer war es möglich, den braunen Herren lediglich durch Lippenbekenntnisse zu dienen, um jeder Konfrontation mit ihren überzeugten Anhängern aus dem Weg zu gehen. Deutsche und ausländische Besucher waren beeindruckt, wie rasch die Nazis das Chaos der Weimarer Republik in den Griff bekommen hatten. Deutschland begann erst langsam wieder in der Staatengemeinschaft Fuß zu fassen, und kaum ein Deutscher zweifelte deshalb zunächst daran, daß Hitler legitime nationale Ziele verfolgte.

Doch im November 1938 bekam die Fassade plötzlich tiefe Risse. Ein junger Mann namens Herschel Grynszpan, dessen Vater zusammen mit Tausenden anderer in Deutschland lebender polnischer Juden in Güterwagen zur polnischen Grenze transportiert worden war, wo sie zunächst im Niemandsland kampieren mußten, da die Polen ihre Aufnahme verweigert hatten, meldete sich am 7. November bei der deutschen Botschaft in Paris, da er dem Botschafter angeblich ein wichtiges Dokument zu überbringen habe. Man verwies ihn an den Botschaftssekretär Ernst vom Rath. Als dieser das Dokument zu sehen verlangte, zog Grynszpan einen Revolver und sagte: „Sie sind ein dreckiger Boche, und hier ist Ihr Dokument – im Namen von zwölftausend verfolgten Juden!" Darauf streckte er vom Rath mit fünf Schüssen nieder. In der Person des Botschaftssekretärs traf er allerdings den falschen; vom Rath war alles andere als ein Antisemit und stand selbst unter Gestapoaufsicht, da seine Treue zum Regime bezweifelt wurde. Herschel Grynszpan war ein verzweifelter Siebzehnjähriger, der für seine Tat kaum verantwortlich zu machen war, doch Joseph Goebbels hatte den Einfall, die Sache politisch auszuschlachten. Er löste das erste Pogrom des zwanzigsten Jahrhunderts in einer westlichen Kulturnation aus. Die Presse bekam den Auftrag, das Attentat als Teil der „jüdischen Weltverschwörung" gegen Deutschland hochzuspielen und dem Verlangen nach Vergeltung Ausdruck zu verleihen. Das Propagandaministerium organisierte überall im Reich in der Nacht vom 9. zum 10. November „spontane Kundgebungen". Unter der Führung von SA-Trupps, denen sich fanatisierte Nazis und krimineller Pöbel anschlossen, wütete der Terror in Deutschlands Straßen. Die Schaufenster jüdischer Geschäfte wurden eingeschlagen, Läden verwüstet und geplündert, Wohnungen aufgebrochen. Und überall brannten die Synagogen. In dieser Schrekkensnacht wurde ein für allemal die Illusion zerstört, daß Nazideutschland ein Staat sei, in dem Recht und Gesetz den einzelnen schützten.

Auch nach der „Reichskristallnacht" gingen die Verwüstungen und tätlichen Angriffe gegen Juden weiter. Man zerstörte nicht nur ihr Eigentum, sondern hetzte und quälte sie; aus den brennenden Synagogen warf man die heiligen Schriftrollen auf die Straße, zerriß sie und schlug auf die Rabbis ein. Die Polizei stand nicht selten tatenlos dabei und nahm hilfesuchende Juden in „Schutzhaft".

Eine brennende Synagoge in München während der „Reichskristallnacht" am 9./10. November 1938

Der angerichtete Sachschaden belief sich auf mehrere hundert Millionen Mark. Rund zwanzigtausend Juden waren festgenommen worden. Es hatte zahlreiche Verletzte und über hundert Tote gegeben. Der Korrespondent der *New York Times* kabelte nach Hause, einen solchen Massenterror und solche Verwüstungen habe es in Deutschland seit dem Dreißigjährigen Krieg nicht mehr gegeben.

In Ulm und Umgebung – selbst in Universitätsstädten wie Tübingen und Freiburg – röteten die Flammen der brennenden Synagogen den Nachthimmel. Die Glassplitter auf den Straßen Ulms bestätigten Robert Scholls Voraussage, daß Hitler zuerst Krieg gegen das eigene Volk führen würde. Die brennenden Synagogen, die geplünderten Läden und erschlagenen Juden

signalisierten mehr als nur den Ausbruch ungezügelten Vanda-
lentums. Am Familientisch der Scholls verbreitete sich das Gefühl, daß weitere Bedrohungen in der Zukunft lauerten.

NACHDEM Hans Scholl im Herbst 1938 seinen Wehrdienst abge-
leistet hatte, mußte er für ein halbes Jahr die Sanitätsschule in
Tübingen besuchen, denn inzwischen hatte er sich entschlossen,
Medizin zu studieren. Für seinen weiteren Lebensweg erwies sich
diese Wahl als vorteilhaft.

Nach den zwei Jahren bei der Kavallerie wurde Tübingen für
ihn zum angenehmen Zwischenspiel. Der nahe Schwarzwald lud
zu Ausflügen, der Neckar zum Schwimmen und Bootfahren ein.
Das Städtchen selbst, seine Fachwerkhäuser, der mittelalterliche
Marktplatz und das Schloß mit seiner Renaissance-Atmosphäre
strömten einen schläfrigen Charme aus.

Denn trotz seiner tatkräftigen Energie war Hans Scholl ein junger Mann, in dessen Notizbuch sich Sätze wie die folgenden finden: „Ich suche Läuterung. Ich will, daß alle Schatten von mir
weichen . . ." Diese Suche nach dem Licht in einer zunehmend in
Dunkelheit und Verwirrung versinkenden Welt führte ihn immer
weiter weg vom Lärm gegenwärtiger Auseinandersetzungen und
Konflikte. Er las Nietzsche, fand aber auch bei ihm nichts, was
die „brennende Leere" seines Innern löschen konnte, wie es seine
Schwester Inge formulierte. Dann entdeckte er Pascal und
notierte sich eine Stelle aus den „Pensées": „Das Denken gibt
dem Menschen seine Würde. Deshalb muß er alles daransetzen,
klar und vernünftig zu denken; das ist wahre Moral."

Hans Scholl bemühte sich, in allem klar zu denken.

Seine Mutter hatte ihm schon früh den Weg zur Bibel gewiesen.
Jetzt nahm er sie erneut in die Hand und las sie mit neuer Intensität. Er staunte darüber, wie viele Stellen auf seine Gegenwart
zu passen schienen. Das führte ihn zu den Kirchenvätern, wo er
weitere Haltepunkte suchte und fand. Bei Thomas von Aquin
fand er viele Anstöße und Motivationen für seinen späteren
Widerstand. Die sublime Verbindung von Vernunft und Glauben
in Thomas' Schriften wurde für Hans zum Bestandteil der geistigen Grundlagen für die verbleibenden Jahre seines Lebens.

Gesellschaft und Staat, sagte Thomas, existieren für das Individuum und nicht um ihrer selbst willen. Die von Gott abgeleitete Staatsgewalt hat dem Volk zu dienen. Der Fürst verfügt über die gesetzgebende Macht nur so lange, wie er den Willen des Volkes repräsentiert. Sollte der Herrscher sich zum Tyrannen entwickeln, ist das Volk berechtigt, ihn abzusetzen. Er ist dem Gesetz verpflichtet, hat es zu achten und ihm zu dienen. Laut Thomas soll der Staat eine Analogie der göttlichen Ordnung darstellen – dieser Gedanke tauchte später in einem der Flugblätter der „Weißen Rose" auf. Hans Scholl wurde durch Gedanken dieser Art in seiner Überzeugung bestärkt, daß der Nationalsozialismus durch und durch geistfeindlich war. Adolf Hitler und seine Anhänger verdammten das deutsche Volk zu einem Leben, dessen intellektuelle und soziale Aspekte allem hohnsprachen, was zweitausend Jahre westliche Zivilisation hervorgebracht hatten. In einer Welt, die das Gebot „Liebet einander" gehört hatte, war Hitlers „Stärke ist das erste Gebot" eine ideologische Verirrung, der man Widerstand entgegensetzen mußte. Die christliche Ethik, das Wort Gottes, wurde zum festen Halt für den Rest von Hans Scholls Leben.

Da Tübingen nur ungefähr achtzig Kilometer von Ulm entfernt liegt, konnte Hans häufig nach Hause fahren. Im Familienkreis, vor allem mit dem Vater und Sophie, fand sich in diesem Sommer mehr als genug Gesprächsstoff. Vieles davon gab ihren Sorgen neue Nahrung. So wurde im Mai mit großem Pomp in Berlin der „Stahlpakt" mit Italien unterzeichnet. Diese Militärallianz sollte die Beziehungen zwischen den beiden faschistischen Mächten noch enger gestalten. Und kaum drei Monate später schlug „die gewaltigste Bombe in der langen diplomatischen Geschichte Europas ein", wie ein Historiker formulierte. Am 23. August 1939 unterzeichneten Nazideutschland und Sowjetrußland im Kreml einen Nichtangriffspakt.

Während der sechs Jahre seit der Machtergreifung und schon lange davor war einer der Leitsätze in Adolf Hitlers politischem Credo der, daß der Bolschewismus der Todfeind Deutschlands, Europas, ja der gesamten westlichen Zivilisation sei. Keine Schmähung war der Nazipresse zu extrem, um Stalin und das von ihm repräsentierte System zu denunzieren. Umgekehrt waren die Nazis für den Kreml „faschistische Bestien" und „blutige Mörder der Arbeiterklasse", die vom Proletariat ausgemerzt gehörten. Ein Staunen ging durch die Welt, als sich jetzt plötzlich der braune Tyrann Hitler und der rote Tyrann Stalin in die Arme fielen. Zwei Mächte, die sich ewige Feindschaft geschworen hatten, sah man nun ungeachtet ihrer konträren ideologischen Standpunkte Freundschaftsgesten austauschen. Dahinter stand die nackte Zweckdienlichkeit. Stalin benötigte eine Erholungspause für sein durch eine Serie blutiger Säuberungen in der militärischen und politischen Führungsschicht geschwächtes Regime; außerdem kämpfte das Land mit ökonomischen Problemen. Da er im übrigen nicht wissen konnte, wie sich Großbritannien und Frankreich verhalten würden, falls Hitler ihn angriff, entschloß er sich zu diesem Abkommen.

Für Hitler war der Pakt ein nüchtern kalkuliertes Stück Realpolitik, um den Weg zu weiteren Eroberungen freizumachen. Indem er Rußland neutralisierte, schloß er die Möglichkeit aus, in einen Zweifrontenkrieg verwickelt zu werden, falls es mit dem Westen zu kriegerischen Auseinandersetzungen kommen sollte. Manche Deutsche, wie beispielsweise die Scholls, waren durch diese Entwicklung nicht nur überrascht, sondern im höchsten Grade verwirrt. Doch auch die ausländischen Kommentatoren waren über diesen abrupten Kurswechsel der beiden Diktaturen so verblüfft, daß ihre Analysen nur weitere Verwirrung stifteten. Einig war man sich lediglich darüber, daß Hitler irgendwelche gefährlichen Absichten verfolgte.

Und das sollte sich rasch bewahrheiten: Der zwischen Nazis und Sowjets ausgehandelte Nichtangriffspakt bedeutete Krieg. Das Opfer dafür hatte Hitler schon lange ausersehen: Polen. Und diesmal wollte er sein Ziel nicht auf dem Verhandlungsweg erreichen, diesmal wollte er den Krieg. In einem Geheimprotokoll des deutsch-russischen Nichtangriffspaktes hatte man Osteuropa in Interessensphären aufgeteilt. Stalin gab Hitler damit freie Hand für den geplanten Überfall.

Hitler erfand einen propagandistischen Grund, mit dem der Überfall gerechtfertigt werden sollte. SS-Männer in polnischer

Uniform täuschten einen Angriff auf den deutschen Sender Gleiwitz nahe der polnischen Grenze vor. Sie feuerten einige Schüsse ab und verlasen eine kurze polnische Botschaft, bevor sie sich wieder zurückzogen. Als „Beweis" ließen sie einige Tote zurück, die später als KZ-Häftlinge identifiziert wurden. Das deutsche Außenministerium informierte die Welt, daß zur Verteidigung gegen polnische Übergriffe deutsche Truppen am frühen Morgen zum Angriff gegen Polen angetreten seien. Es war der 1. September 1939. Zwei Tage später erklärten Großbritannien und Frankreich im Rahmen ihres Beistandsvertrags mit Polen Deutschland den Krieg. Mit diesem primitiven Täuschungsmanöver an der deutsch-polnischen Grenze im Herzen Europas begann der Zweite Weltkrieg. Als er endete, hatten 55 Millionen Menschen, Soldaten und Zivilisten, das Leben verloren.

Sophie Scholl war achtzehn, als die deutschen Truppen in Polen einmarschierten. Als sie die Nachricht im Radio hörte, schrieb sie an einen Freund: „Ich kann nicht begreifen, daß nun dauernd Menschen in Lebensgefahr gebracht werden von anderen Menschen." Sie fügte hinzu: „Sag nicht, es ist fürs Vaterland."

In Polen kämpfte eine veraltete Reiterarmee gegen die Übermacht deutscher Panzer an. Sie wurde in kürzester Zeit niedergewalzt. Mit den ersten Meldungen von der Front kam ein neues Wort in das Kriegsvokabular: „Blitzkrieg". Bei dieser radikalen Form des Angriffs überrennen gepanzerte motorisierte Verbände mit maximaler Schnelligkeit die konventionellen gegnerischen Verteidigungen, reißen die Front auseinander und tragen Chaos und Panik ins Hinterland. Unterstützt wurden die Angriffe der deutschen Bodenverbände durch eine bisher unbekannte Art des Terrors, der vom Himmel kam: die Stukas. Begleitet vom entsetzlichen Heulen ihrer in den Tragflächen montierten Sirenen, das unter den Angegriffenen Panik auslöste, stießen die Sturzkampfbomber auf Bodenziele hinab, warfen ihre Bomben ab und schossen die Magazine ihrer Maschinengewehre leer.

In kaum mehr als einer Woche waren die besten polnischen Divisionen zerschlagen oder eingeschlossen, und die Deutschen streiften durch die Außenbezirke von Warschau. Bevor der

September zu Ende war, konnte der Feldzug als abgeschlossen gelten, und dreiundzwanzig Millionen Europäer mehr mußten sich der Herrschaft Adolf Hitlers beugen.

Dieser Waffengang hatte so geringe Anforderungen an das Dritte Reich gestellt, daß Tausende junge Männer im wehrpflichtigen Alter nicht eingezogen wurden. Auch Hans Scholl konnte wie viele andere sein Studium fortsetzen. Im Mai 1939 hatte er sich an der Münchner Universität eingeschrieben und war Mitglied einer Studentenkompanie. Für die Wehrmacht hatte die Ausbildung medizinischen Personals Vorrang.

In der jetzt beginnenden Periode des „Sitzkriegs" hielt sich Hitler zurück, und auch die andere Seite unternahm keinerlei aggressive Aktionen. Als Mitglied der Studentenkompanie wurde Hans Scholl im Mai 1940 in die Nähe von Göttingen versetzt. Er nutzte die Gelegenheit, um an der Göttinger Universität einige Kurse zu besuchen. Doch mit der Invasion Dänemarks und Norwegens, die am 9. April 1940 begann, entfesselte Hitler einen Eroberungssturm, wie ihn Europa noch nie gesehen hatte. In wenigen Wochen warfen Panzer, Stukas und Infanterie Dänemark, Norwegen, Luxemburg, Belgien, die Niederlande und Frankreich nieder. In weitem Bogen umgingen die motorisierten Kampfverbände Frankreichs berühmte Maginotlinie und verdammten sie zur Lächerlichkeit. Das britische Expeditionskorps, das bei Dünkirchen zusammengetrieben wurde, konnte sich in letzter Minute über den Kanal retten. Frankreich, das über das größte Landheer Europas verfügte, brach zusammen, und Hitler konnte als Sieger in das zur offenen Stadt erklärte Paris einziehen.

Hans Scholl wurde während des Frankreichfeldzugs zu einer Sanitätskompanie eingezogen. Er überquerte die Grenze mit widersprüchlichen Gefühlen. Er empfand alles Neue als aufregend und stimulierend, verspürte aber keine Lust, das Dritte Reich bei seiner Expansion auch noch zu unterstützen.

Als Sanitäter blieb ihm die brutale Realität des Kriegs genausowenig verborgen wie dem kämpfenden Frontsoldaten. Er erlebte auf Verbandsplätzen und in Feldlazaretten seine Bluttaufe. Er fühlte sich schuldig. Die Wehrmacht requirierte die besten Häuser, vertrieb ihre Bewohner und quartierte deutsche Truppen ein. „Ich hätte lieber weiterhin auf Stroh geschlafen", war Hans' Reaktion. Seine Einheit übernahm nach Einstellung der Kampfhandlungen ein Feldlazarett mit vierhundert verwundeten Soldaten. Pro Tag wurden rund zwanzig größere Operationen vorgenommen. Ab und zu mußte auch Hans, obwohl er erst wenige Medizinsemester hinter sich hatte, selbständig kleinere chirurgische Eingriffe vornehmen.

Hans begrüßte es, als eine Gruppe einheimischer Krankenschwestern zur Unterstützung seiner Einheit eingesetzt wurde. Er interessierte sich sehr für französische Lebensgewohnheiten und nutzte jede Gelegenheit, um die Menschen näher kennenzulernen, mit denen er lebte. Doch das erwies sich als schwierig; die Franzosen blieben – verständlicherweise – reserviert und mißtrauisch. Schließlich war er im Gefolge der Panzer und Stukas in ihr Land gekommen. Die meisten Franzosen mußten in ihm einfach einen dieser Barbaren sehen.

Hans Scholl wurde durch kosmopolitische Neigungen geleitet, woher sie auch immer stammen mochten. Und die französische Kultur, einschließlich ihrer Küche, bot ihm Gelegenheit, seinen Horizont zu erweitern. Er war dankbar für jeden Kontakt mit den Einheimischen und machte sich daran, seine Sprachkenntnisse zu vervollkommnen.

Aber die Schrecken der deutschen Besatzung konnten über längere Zeit nicht ignoriert werden. Allerdings war die Besatzungspolitik der Deutschen in Frankreich noch vergleichsweise milde, dachte man an das, was im Osten geschah und noch geschehen würde. Hans Scholl erlebte jedoch genug, um seiner Ablehnung des Regimes, dessen Uniform er trug, neue Nahrung zu geben. So sah er, wie der gefürchtete Sicherheitsdienst des Reichsführers SS (SD) sofort hinter der Armee ins Land kam und seinen Terror ausübte. Überall tauchten die roten Anschläge mit dem schwarzen Rand auf, auf denen meist die Namen der französischen Geiseln standen, die wegen irgendeines Übergriffs gegen die deutsche Besatzungsmacht hingerichtet worden waren. Und er sah die Lastwagenkolonnen der Wehrmacht, die militärischen Nachschub ins Land brachten und mit Beutegut wieder zurückfuhren. Er beobachtete, wie Frankreich, das er als Land der *liberté, égalité* und *fraternité* schätzte, sich unter den deutschen Besatzern in einen unterdrückten und angepaßten Staat verwandelte.

Dann bekam Hans Scholl einen neuen Aufgabenbereich. Er sollte für den Rücktransport und die Unterbringung französischer Flüchtlinge sorgen, die durch den raschen Vormarsch der deutschen Wehrmacht aus ihrer Heimat vertrieben worden waren und nun rückgesiedelt werden sollten. Dabei ließen sich viele neue Kontakte zu Franzosen knüpfen. Doch auch jetzt fühlte er sich nicht besonders wohl im Feldgrau von Hitlers Wehrmacht. Deshalb war er fast erleichtert, als im Herbst 1940 seine Einheit nach Deutschland zurückbeordert wurde.

Nach Ulm zurückgekehrt, fand er seine Familie voller Angst und böser Vorahnungen vor. Die sensationellen Siege des „Blitzkriegs" im Westen hatten Hitlers Druck auf das deutsche Volk weiter verstärkt. Wochenlang erklangen im Großdeutschen Rundfunk die Siegesfanfaren. Millionen Deutsche verfolgten gebannt die französische Kapitulation, die auf derselben Lichtung im Wald von Compiègne entgegengenommen wurde, auf der die Deutschen vor zweiundzwanzig Jahren ihre Niederlage hatten besiegeln müssen.

Für die „alten Kämpfer" unter den Nazis war dies der letzte Beweis für das militärische und politische Genie ihres Führers, und die Zweifler mußten zumindest die Stärke und Leistungsfähigkeit des nationalsozialistischen Systems anerkennen. Keine Macht der Erde, so schien es, konnte sich mit der deutschen Kriegsmaschine messen. Aber für eine Familie wie die Scholls, die auf die Stärke und Entschlossenheit der Westmächte gebaut hatte, um Hitler endlich Einhalt zu gebieten, war dies eine Zeit enttäuschter Hoffnungen und tiefer Bestürzung.

Sophie Scholl war so entmutigt vom Verlauf der Ereignisse, daß sie notierte: „Auch mir ist manchmal danach zumute, die Waffen zu strecken." Doch wenn die Mutlosigkeit sie zu überwältigen drohte, murmelte sie trotzig den Leitspruch des Vaters vor sich hin: „Allen Gewalten zum Trutz sich erhalten!" Inge Scholl charakterisierte die damalige Situation: „Hans fiel dieses zwiespältige Leben besonders schwer. Schwerer noch und dunkler aber lastete auf ihm, daß er in einem Staat leben mußte, in dem die Unfreiheit, der Haß und die Lügen nun zum Normalzustand geworden waren . . . Denn niemand war davor sicher, einer geringfügigen Bemerkung wegen verhaftet zu werden, vielleicht für immer zu verschwinden . . . Ganz Deutschland schien von geheimen Ohren belauscht."

Auch in Ulm gab es inzwischen kaum noch eine Straße, aus der nicht irgendein Nachbar verschwunden war. Bisweilen konnte man sogar beobachten, wie kleine Menschengruppen von Uniformierten zum Bahnhof geführt wurden. Halb ahnte man es, halb wußte man, warum diese Menschen – Männer, Frauen, Kinder – zusammengetrieben und deportiert wurden. Es waren Juden. Man brachte sie nach Polen, ins KZ . . .

Den Scholls stellte sich immer wieder dieselbe Frage wie vielen anderen anständigen Deutschen: „Was kann man tun?" Offener Widerstand war selbstmörderisch und sinnlos. Bei langen Abendgesprächen erwogen die Scholls, wie man zumindest in kleinem Rahmen opponieren könnte. Alles nur passiv hinzunehmen erschien ihnen unvorstellbar.

Sophie mit ihren neunzehn Jahren ließ sich trotz allem durch die bedrohliche Weltsituation nicht unterkriegen. Oft reichte eine zweistündige Fahrradtour mit ihrer älteren Schwester Inge, um ihr wieder Mut zu machen. Sie kam zurück voller erfrischender neuer Eindrücke, aus denen sie wieder Kraft schöpfte. Nachdem sie ihr Reifezeugnis erhalten hatte, begann sie sich als Kindergartenschwester ausbilden zu lassen in der Hoffnung, dadurch vielleicht dem sechsmonatigen Arbeitsdienst zu entgehen. Hans war inzwischen wieder zu einer Studentenkompanie nach München abkommandiert worden, um dort, halb Soldat, halb Student, weiter Medizin zu studieren. Er setzte alle Hebel in Bewegung, Sophie den Arbeitsdienst zu ersparen, aber durch den Krieg wurden alle Ausbildungs- und Dienstvorschriften noch strenger gehandhabt. Niemand sollte studieren dürfen, bevor er alle staatlichen Vorbedingungen erfüllt hatte. Sophie mußte sogar nach der Ableistung des Arbeitsdienstes das Studium für ein weiteres halbes Jahr zurückstellen, da inzwischen ein Kriegshilfsdienst

Sophie Scholl auf der Schwäbischen Alb im Frühjahr 1940

eingeführt worden war. Sie mußte ein volles Jahr Zwangsarbeit für den verhaßten Nazistaat leisten, bevor sie hoffen konnte, zusammen mit Hans in München zu studieren.

Sie wirkte noch ernster und in sich gekehrter als gewöhnlich. Unter Fremden war sie oft das Gegenteil des offenen, lachenden jungen Mädchens, als das ihre Familie und ihre Freunde sie kannten und liebten. Doch ihre Selbstkontrolle sollte sich in den schweren Zeiten, die auf sie warteten, als außerordentlich nützlich erweisen. Sie hatte es sich zur Regel gemacht, sich rasch und nüchtern auf jede neue Situation einzustellen, sich irgendwie zu arrangieren, um insgeheim ihr eigenes Leben führen zu können. So packte sie gleichmütig ihre Tasche für den Arbeitsdienst, verabschiedete sich rundum und machte sich wie befohlen nach Krauchenwies bei Sigmaringen auf, rund siebzig Kilometer südwestlich von Ulm.

Dort wurde sie mit achtzig anderen Mädchen in einem kleinen Jagdschloß einquartiert; diese Unterkunft und die reizvolle Umgebung entschädigten sie etwas für den Zwangsaufenthalt. Mit zehn Mädchen teilte sie sich einen Schlafsaal. Häufig gingen ihr deren Gekicher und Getue so auf die Nerven, daß sie sich unter ihre Decke verkroch und das Kissen auf die Ohren preßte. Sie konnte sich noch so sehr zwingen, wenigstens ab und zu am Treiben ihrer Umgebung teilzunehmen; es half nichts. Es schien ihr ein Verrat an ihren Prinzipien zu sein.

Sophie litt stark unter Heimweh. Ihre Reserviertheit schützte sie in gewisser Weise vor ihrer Umgebung. Doch gleichzeitig vergrub sie sich dadurch immer mehr in sich selbst. Sie spürte, daß viele Ereignisse, die sie früher brennend interessiert hätten, plötzlich an Bedeutung für sie verloren. So reagierte sie auf die Nachricht von der Kapitulation Griechenlands und der Besetzung Athens in diesem Frühjahr 1941 nur mit schmerzlicher Resignation. Zuflucht fand sie jetzt nur noch bei den Büchern.

Die Mädchen wurden auf den umliegenden Bauernhöfen zu den verschiedensten Arbeiten eingeteilt. Da es in dieser überwiegend ländlichen Umgebung keinerlei Unterhaltungsmöglichkeiten gab, mußten die Mädchen sich für ihre Freizeitgestaltung selbst etwas einfallen lassen. Im Lager des Arbeitsdienstes gab es kein Buch, das Sophie gern gelesen hätte. Die Bibliothek enthielt nur ideologisch zuverlässige Literatur. Private Bücher waren streng verboten. Aber Sophie war es gelungen, ein Bändchen einzuschmuggeln, das ihr nun dort durch die langen, leeren Abende half – eine Auswahl der Schriften von Augustinus. Sie fand darin Trost und Ruhe für ihr aufgewühltes Inneres.

Sie grübelte oft darüber nach, daß das Leben nicht mehr sei als ein Durchgang zur Ewigkeit; dann machte sie sich Sorgen darüber, daß die Zerstreuungen des Tages sie gegenüber dem eigentlichen Sinn des Lebens blind machen könnten. In einer solchen Stimmung schrieb sie: „Da verliert sich das Herz in diesen kleinen Unruhen und vergißt seinen großen Heimweg."

Doch dasselbe Mädchen konnte nur kurze Zeit später in heiterem Ton einen Brief an einen jungen Mann, dem augenblicklich seine Sympathie gehörte, schreiben: „Ich bedaure die Leute, die nicht über jede Kleinigkeit lachen können, das heißt nicht an jedem Ding etwas zum Lachen entdecken können … Ja, ich glaube, in der traurigsten Minute könnte ich noch etwas Lächerliches finden, wenn nötig."

Der junge Mann gehörte zu ihrem Ulmer Freundeskreis; häufig begleitete er sie auf Radtouren und zu Picknicks, abends besuchten sie zusammen Gesellschaften und Konzerte. Er hieß Fritz

Hartnagel und diente als Offizier in der Wehrmacht. Er war Mitglied der Hitlerjugend gewesen und stand treu zu seinem Vaterland. Aber er hatte sich nicht korrumpieren lassen; seine Anständigkeit und seine Intelligenz machten Eindruck auf Sophie. In ihren Briefen an ihn gab sie ihrer Meinung über das Regime, dem er diente, ziemlich unverblümt Ausdruck, ohne allzuviel Rücksicht auf seine Gefühle zu nehmen, und wurde schließlich zum Anlaß für seine Abkehr vom Nationalsozialismus. Sie äußerte die Hoffnung, daß er den Krieg überleben werde, ohne zu seinem Sklaven zu werden. Dabei bekannte sie, daß sie keineswegs der Ansicht sei, ein Soldat müsse seinem Land in blindem Gehorsam dienen. Für sie gebe es moralische Imperative, die diesen traditionellen Treuebegriff außer Kraft setzen könnten – ein in seiner Radikalität zu dieser Zeit lebensgefährlicher Gedanke. Sie wies die Vorstellung zurück, daß alles gut sei, was Deutschland nütze. Für sie brauchte jede Handlung und jedes Urteil eine objektive Basis. Der Krieg stellte für sie nichts anderes dar als eine vom Menschen verursachte sinnlose Ausdehnung des „alltäglichen Schreckens". Sie konnte nicht verstehen, daß man ihn guthieß und sogar noch Beifall klatschte, wenn ein starkes Land ein schwaches überfiel und zerstörte.

Eines der Mädchen beim Arbeitsdienst, eigentlich ein „nordischer Typ", groß gewachsen und blond, war nicht nur attraktiv, sondern auch intelligent: Gisela Schertling stellte eine Ausnahme unter den „Arbeitsmaiden" dar. Zwischen ihr und Sophie entwickelte sich eine herzliche Freundschaft. Beide waren zurückhaltend und verschwiegen, und viele Dinge sahen sie vom gleichen Standpunkt aus. Gisela interessierte sich für Kunst und ihre Geschichte und wollte sich ebenfalls an der Münchner Universität einschreiben.

An den sogenannten „Reisesonntagen", wenn die Mädchen nach Hause fahren durften, lud Sophie Gisela verschiedentlich ins Haus am Münsterplatz ein, in das die Familie 1939 umgesiedelt war. Hin und wieder war auch Hans an diesen Wochenenden auf Urlaub zu Hause. Er zeigte bald großes Interesse für Gisela. Mit der Zeit entwickelte sich eine Romanze zwischen ihnen.

Der Krieg hatte durch Hitlers Angriff auf die Sowjetunion im

Juni 1941 und die Kriegserklärung an die Vereinigten Staaten im Dezember einen globalen Charakter bekommen. Durch den Bruch des Nichtangriffspaktes mit Stalin und den Vormarsch der deutschen Wehrmacht tief nach Rußland hinein wurden seismische Erschütterungen ausgelöst, die den Verlauf der Geschichte auf unvorhersehbare Weise änderten. Hitler hatte von Anfang an den Plan verfolgt, die Weltordnung umzustülpen und alle gesellschaftlichen Strukturen so umzuformen, daß sie seinen Vorstellungen entsprachen. Aber mit dieser neuen Aggression hatte er Kräfte freigesetzt, die sich schon bald seiner Kontrolle entziehen sollten.

Als Außenminister Joachim von Ribbentrop den russischen Botschafter Wladimir Dekanosow morgens um vier zu sich bestellte, um ihm die Kriegserklärung auszuhändigen, erklärte dieser empört: „Sie werden es bereuen, die Sowjetunion angegriffen zu haben. Das ist eine gemeine, hinterhältige und durch nichts gerechtfertigte Aggression. Dafür werden Sie teuer bezahlen." Hitler war anderer Ansicht. Wenn erst das Tor aufgestoßen sei, werde das ganze morsche Gebäude zusammenbrechen, erklärte er seinem Chef des Wehrmachtführungsstabes. Seiner Meinung nach würde der Ostfeldzug in spätestens vier Monaten beendet sein.

Und zunächst stürmte die Wehrmacht auch im Osten von Sieg zu Sieg. Die deutschen Truppen drangen so schnell und so tief nach Rußland ein, daß ganze Divisionen der Roten Armee zerschlagen oder eingeschlossen wurden. Zehntausende, dann Hunderttausende von Rotarmisten wurden gefangengenommen. Minsk, die Hauptstadt von Weißrußland, war schon nach fünf Tagen in deutscher Hand. Invasionstruppen rollten unaufhaltsam weiter – Richtung Leningrad im Norden, Richtung Moskau im Zentrum und Richtung Ukraine und Kaukasus im Süden. Gegen Ende Juli waren selbst die Stabsoffiziere im Oberkommando der Wehrmacht, die sich zunächst dem Angriff auf Rußland widersetzt hatten, davon überzeugt, daß der Feldzug so gut wie vorüber sei. Während der folgenden Wochen verging kaum ein Tag ohne Meldungen des Großdeutschen Rundfunks über „die größten Siege in der Weltgeschichte".

Diese Erfolgsmeldungen aus Rußland mußten die antinazistische Opposition in Deutschland entmutigen. Für Menschen wie die Scholls schien die Situation hoffnungsloser denn je. Frankreich war zusammengebrochen, England vom Kontinent vertrieben, der Balkan unterworfen, die Hakenkreuzfahne auf der Akropolis – und jetzt drohte die riesige Sowjetunion mit der größten Armee der Weltgeschichte unter den blitzschnellen Schlägen der deutschen Waffen im Chaos zu versinken. Wie sollte man einem so erfolgreichen System Widerstand leisten? Welchen Sinn konnte ein solcher Versuch haben?

Die Scholls blieben den organisierten Siegeskundgebungen fern. Sie lebten in einem Zustand der „inneren Emigration", wie sie ein deutscher Dichter beschrieb, der sich nach wenigen Monaten der Begeisterung angeekelt zurückgezogen hatte. Die Ausweitung des Kriegs auf die Sowjetunion veranlaßte die Geheime Staatspolizei zu verstärkten Überwachungsaktionen und immer neuen Verhaftungen. Wer liberaler oder gar kommunistischer Sympathien verdächtigt wurde, wanderte ins Gefängnis oder ins KZ. Das Augenmerk galt vor allem auch jenen, die zuvor schon aufgefallen waren. Die Scholls lebten in ständiger Angst, erneut in die Fänge der Gestapo zu geraten.

Hans studierte während dieser Zeit in München. Sophie war noch beim Arbeitsdienst. Die Familie war nur vollzählig um den Familientisch versammelt, wenn die beiden Urlaub bekamen. Inzwischen gehörte ein ernsthafter und intelligenter junger Mann namens Otto Aicher zum inneren Kreis der Scholls. „Otl", wie er von allen genannt wurde, war ungefähr im Alter der Scholl-Geschwister. Zwischen ihm und Inge entwickelte sich bald eine herzliche und dauerhafte Beziehung. Otto Aichers Überzeugungen deckten sich mit denen der Scholls. So begannen er und Inge ihre Gedanken in Form von Essays und Kommentaren zu Papier zu bringen. Das entwickelte sich zu einer Art System von Rundbriefen, die man einer Handvoll gleichgesinnter Freunde und Bekannter schickte, die sie ihrerseits weiterreichten. Als diese Briefe mit einiger Regelmäßigkeit zu erscheinen begannen, gab man ihnen einen Titel und damit fast den Charakter einer Publikation. Man entschied sich für *Windlicht*.

Waren Hans und Sophie zu Hause, trugen sie ebenfalls zu den *Windlicht*-Briefen bei, die auf Schleichwegen Sprachrohr eines geistigen Widerstands im Bekanntenkreis der Scholls wurden. Grundsätzlich wurden nur kulturelle Themen behandelt; offene Politik oder gar direkte Angriffe auf das System waren nicht zu finden. Das *Windlicht* gab ganz persönlichen und privaten Ansichten Ausdruck, und zwar in einer Form, die sie dem Zugriff des Staates entzogen. Jedes Wort mußte genau bedacht werden, um jeden Verdacht der Gestapo auszuschließen. (Trotz aller Vorsichtsmaßnahmen war das Unterfangen keineswegs ungefährlich. Einmal kam Inge Scholl von einem Besuch bei Hans in München zurück und wurde vor der Wohnungstür von einem Geheimpolizisten abgefangen, der sie zu einem Verhör in seiner Dienststelle mitnahm. In ihrer Reisetasche führte sie eine *Windlicht*-Ausgabe mit, in der ein Aufsatz über Napoleon stand, dessen Einfall in Rußland mit Hitlers Invasion verglichen werden konnte – was auch beabsichtigt

Hans Scholl

war. Die Parallele war offensichtlich: Erinnert euch an das, was Napoleon geschehen ist, und faßt wieder Hoffnung! Hätte der Gestapobeamte das *Windlicht* gefunden, wäre Inge Scholl eine lange Haftstrafe wegen subversiver Gruppenbildung sicher gewesen. Glücklicherweise ließ der Vernehmer sie einen Augenblick allein, so daß sie die gefährliche Seite herausreißen und in der bereits durchsuchten Handtasche zerkrümeln konnte.)

Das *Windlicht* wurde zu einer Art Signal für alle, die ähnlich dachten, und ließ sie wissen, daß sie in der totalitären Finsternis nicht völlig isoliert und verlassen waren. Für die Scholls und ihren Kreis stand die christliche Ethik dem Nationalsozialismus konträr gegenüber: Die Beschäftigung mit christlichen

Glaubensinhalten schaffte die Möglichkeit, persönlich auf Distanz zur nazistischen „Staatsreligion" zu gehen.

Hans Scholl empfand es als besonders schmerzlich, daß beide großen Kirchen Adolf Hitler bereitwillig akzeptiert hatten. Im Familienkreis sprach er einmal darüber, wie sehr er ein offenes Wort der Kirchen vermisse, und beklagte die Untätigkeit der christlichen Führungskreise angesichts der offensichtlichen Verbrechen des Naziregimes. Doch er selbst sollte auf seinem Weg zu aktivem Widerstand durch einen Mann der Kirche entscheidend vorangetrieben werden.

4

Es begann mit einer fünfundvierzig Wörter umfassenden geheimen Anweisung Adolf Hitlers in der Berliner Reichskanzlei. Sie bestimmte, daß ein ausgewählter Kreis von Ärzten darüber entscheiden sollte, wer von den Insassen deutscher Hospitäler, psychiatrischer Kliniken und Pflegeheime entweder physisch oder psychisch unheilbar krank war. Diesen Patienten sollte dann die „Erlösung von ihren Leiden durch den Gnadentod gewährt werden".

Dieses Euthanasie-Programm erhielt die Deckbezeichnung „Aktion T 4" und wurde sofort in die Tat umgesetzt. Es kostete mindestens siebzigtausend Männer, Frauen und Kinder das Leben. Deutsche Ärzte und „Pfleger" entwickelten dafür ganz neue Methoden. Hitlers Geheimanweisung war im Juli 1939 herausgegeben worden. Vor allem im Hinblick auf kommende Kriegszeiten sollten „lebensunwertes Leben" beziehungsweise „nutzlose Esser" ausgemerzt werden. Wenn man sie töte, so hieß es, schaffe man die Grundlagen für eine gesündere und rassisch höherstehende Volksgemeinschaft.

Gedanken dieser Art galten überzeugten Nazis als absolut vernünftig. Viele deutsche Ärzte durchforschten pflichteifrig ihre Karteien und kennzeichneten alle, die für Staat und Gesellschaft keinen Nutzen mehr brachten, mit einem roten Kreuzchen. Wer weiterleben durfte, bekam eine blaue Markierung.

Die „nutzlosen Esser" konzentrierte man an bestimmten Sammelpunkten und brachte sie mit Bussen zu den über das ganze Reich verteilten Euthanasiezentren. Die kleineren Kinder wurden meist durch tödliche Injektionen umgebracht. Die älteren Patienten führte man zum Duschen. An der Decke sah man Vorrichtungen, die Brauseöffnungen glichen. Doch aus ihnen kam kein Wasser, sondern Gas. Normalerweise dauerte es fünfzehn bis zwanzig Minuten, bis alle tot waren. Etwaige Familienangehörige der Opfer wurden davon unterrichtet, daß der Betreffende einem Herzanfall, einem Hirnschlag oder einer inneren Blutung erlegen und die Leiche verbrannt worden sei. Der Mitteilung war die Kopie des Totenscheins beigelegt.

Hitlers „Aktion T 4" war die Grundlage für die riesigen Ausrottungsfabriken von Auschwitz, Buchenwald und Bergen-Belsen. Sie sollte eigentlich streng geheim bleiben, aber an ihr waren so viele Menschen beteiligt – Ärzte, Schwestern, Wachleute, Busfahrer –, daß einfach Gerüchte entstehen mußten. Rund um die Hospitäler und die „Erlösungszentren" mit ihren Krematorien verstärkten sie sich. Schließlich drangen sie bis zu einem Mann, der nicht bereit war, alles mit Stillschweigen hinzunehmen. Clemens Graf Galen, der Bischof von Münster, protestierte von der Kanzel herab als erster öffentlich gegen Hitlers Ausrottungspolitik. Empört über die Beschlagnahme von Kircheneigentum durch den Staat und die Vertreibung von Mönchen und Nonnen aus ihren Klöstern und Ordenshäusern, bestieg er eines Sonntags im Sommer 1941 die Kanzel und prangerte die nationalsozialistische Staatsführung mit einer solchen Vehemenz an, daß seine Zuhörer meinten, ihren Ohren nicht trauen zu dürfen.

Es dauerte nicht lange, bis die Gestapo von dem unerhörten Vorfall Kenntnis bekam. Abschriften der Predigt fanden ihren Weg unter anderem bis nach Berlin. Nur eines bewahrte Bischof Galen vor der sofortigen Festnahme und einer Verurteilung: seine Popularität und die Verehrung, die ihm in der ganzen Region entgegengebracht wurde. Deshalb verschob man die Festnahme und Verurteilung des Bischofs bis auf die Zeit nach dem Krieg. Und es folgten weitere Predigten. Der heftigste Angriff galt Hitlers Euthanasieprogramm. Galen verurteilte es als Vergehen gegen

Clemens Graf Galen, Bischof von Münster

das göttliche Gesetz und sogar gegen das deutsche Strafrecht. Er stellte die tollkühne Forderung auf, daß die für dieses Programm verantwortlichen Naziführer wegen Mordes angeklagt werden sollten.

Natürlich erschien kein Wort von diesen Predigten in einer Zeitung, und es war lebensgefährlich, sich auch nur darüber zu unterhalten. Trotzdem zirkulierten die Anklagen des Bischofs im ganzen Reich. Kopien der Predigten, die mit einem einfachen Vervielfältigungsapparat hergestellt worden waren, fanden sich immer wieder im Briefkasten der Scholls. Wie sie dorthin gelangten, erfuhr die Familie erst später. Hans Hirzel, der Sohn des evangelischen Pastors, der Bruder von Sophies Freundin Suse und Bewunderer von Hans, war auf seine Weise aktiv geworden. Sein Freundeskreis, Ulmer Oberschüler, vervielfältigte die Predigten und ließ sie Leuten zukommen, bei denen mit Zustimmung gerechnet werden konnte.

Bei den Scholls fanden Galens Worte starken Widerhall. „Endlich hat einer den Mut zu sprechen", meinte Hans Scholl. Die aufrüttelndsten Teile der Predigten, in denen Einzelheiten des Euthanasie-Programms enthüllt wurden, bestärkten die Scholls in Befürchtungen, die sie schon seit einiger Zeit hegten. Frau Scholl pflegte noch immer Freundschaften aus ihrer Diakonissenzeit. Auf diese Weise erfuhr sie von Vorgängen in einem nahe gelegenen Heim für geistig behinderte Kinder. Pflegerinnen erzählten ihr von SS-Lastern, die Gruppen von Kindern aufluden und zu einem geheimgehaltenen Ort brachten. Keines dieser Kinder kam je zurück.

Hans Scholl las Galens Predigten wieder und wieder im Büro seines Vaters in Ulm. Inge Scholl erinnert sich daran: „Ich sehe meinen Bruder Hans noch im Büro meines Vaters stehen, das Blatt mit der Galen-Predigt in den Händen, überlegend. Er sieht lang und ernst die Drucksachen an und sagt schließlich: ‚Man sollte unbedingt einen Vervielfältigungsapparat haben.'"

Diesen Gedanken nahm er mit nach München, als er sich dort zum Dienst zurückmeldete.

Berlin war zwar die Reichshauptstadt, trotzdem gehörte ihr nicht Hitlers Liebe. Für ihn war und blieb München die „Hauptstadt der Bewegung". Er hatte ihr diesen „Ehrentitel" nach der Eroberung durch die braunen Horden verliehen. Vor seiner Münchner Zeit war er eine Null gewesen. In München hatte er sich zum Herrn über Europa aufgeschwungen. In der „Hauptstadt der Bewegung" hatten 1938 Großbritannien und Frankreich das „Münchner Abkommen" unterzeichnet, das Hitler die Tschechoslowakei auslieferte.

Als Mitglied der 2. Studenten-Sanitätskompanie schritt Hans Scholl in der feldgrauen Uniform der Wehrmacht durch die Straßen der Stadt. Er besuchte Vorlesungen und absolvierte Kurse in verschiedenen Kliniken Münchens und der Umgebung, wo Verwundete von der russischen Front versorgt wurden. In dieser Zeit wurde er zum Feldwebel befördert.

Er war mit dem festen Entschluß aus Frankreich zurückgekehrt, auf irgendeine Weise seinem Gewissen Rechnung zu tragen. Die Ereignisse der vergangenen Monate machten es ihm immer schwerer, alles schweigend hinzunehmen. Bisher hatte er aber noch keine Antwort auf die entscheidende Frage gefunden, wie man gegen eine solche fatale Übermacht auch nur das Geringste unternehmen könnte, ohne sofort zermalmt zu werden.

Doch „das System des absoluten Staates", wie er es selbst nannte, erniedrigte ihn als Mann und als Deutschen. Er ersann immer neue Umschreibungen für die Nazis und ihre Verbrechen; später fanden sie teilweise ihren Niederschlag in seinen Flugblättern. So verglich er den Nazismus beispielsweise mit einem

„Krebsgeschwür", das inzwischen überall im deutschen Volk Metastasen gebildet hatte.

Das Zwiespältige seiner Situation, halb Student, halb Soldat, beschäftigte ihn immer wieder. Er empfand es als schmerzliches und unerträgliches Paradoxon, daß derselbe Staat, der ihn zum Heilen anhielt, gleichzeitig andere darauf vorbereitete, zu verletzen und zu töten. Doch trotz dieser Widersprüche und Probleme konnte Hans Scholl sich glücklich schätzen, das Medizinstudium gewählt zu haben. Es gab in den Studenten-Sanitätskompanien vergleichsweise wenige fanatische Nazis. Viele junge Leute hatten sich gerade deshalb für ein Medizinstudium entschieden, weil es ihnen den stupiden Drill auf dem Exerzierplatz ersparte; für manche war es nichts als ein Mittel, sich vor dem direkten Kampfeinsatz zu drücken. Der allgemeine Umgangston war hier ungezwungener und freier. Man brauchte nicht in der dauernden Angst vor Spitzeln zu leben, denn die Wehrmachtsuniform wurde auch von der Gestapo weitgehend respektiert. Vor allem im Sanitätsdienst fanden viele Zuflucht, die dem Regime distanziert oder ablehnend gegenüberstanden. Hier konnte man leichter Kontakt zu Gleichgesinnten aufnehmen als draußen. Auch Hans Scholl fand unter seinen Kameraden in München einige, die ihr Gewissen in den Widerstand trieb.

Von der Erscheinung und dem Lebensstil her war Alexander Schmorell alles andere als der geborene Widerstandskämpfer oder gar Märtyrer. Sein Auftreten war völlig unmilitärisch, elegant und unbekümmert und legte den Verdacht nahe, er könne nichts ernst nehmen. Ganz sicher nahm er das Soldatspielen nicht ernst. Verstärkt wurde dieser Eindruck durch seinen fremdartigen Akzent, der ihm eine Art kosmopolitisches, ja fast exotisches Flair verlieh.

Alex Schmorell war im Ural als Kind einer Russin geboren worden. Mit vier hatte ihn sein Vater, ein deutscher Arzt, nach München gebracht. Er war in der Obhut einer russischen Kinderfrau herangewachsen, die kaum Deutsch sprach und ihn immer wieder an seine Herkunft erinnerte. Alex sprach fließend Russisch und konnte seitenlang Puschkin, Gogol und Dostojewski zitieren. Auf Wunsch des Vaters, der ein angesehener Arzt war, hatte

Alexander Schmorell in Marienau, September 1940

er mit dem Medizinstudium begonnen. Lieber wäre er allerdings Bildhauer geworden. Und Alexanders zweite große Leidenschaft war die Musik. Er war so sehr in den Münchner Konzertsälen zu Hause, daß ihn jede Garderobiere kannte.

Alex Schmorell war ein Jahr älter als Hans, doch er war nicht in der HJ gewesen. Ihn hatten das Marschieren, Singen und Grüßen eher abgestoßen, vor allem stand die politische und soziale Gleichmacherei des Regimes allem entgegen, was er in seinem Innern fühlte. Er kannte nichts Schöneres, als auf seinem Pferd durchs Isartal zu galoppieren und sich unterwegs mit Knechten und Mägden zu unterhalten. Er hatte eine Schwäche für Vagabunden und Zigeuner, die eine verwandte Saite in ihm zum Klingen brachten.

Nach dem Abitur hatte er sich wie Hans freiwillig zum Militär gemeldet, um es so rasch und angenehm wie möglich hinter sich zu bringen. Er diente bei Kriegsausbruch in einer Einheit der Bespannten Artillerie, „um wenigstens ab und zu reiten zu können". Nach seiner Stationierung in Österreich und im Sudetenland wurde er während der Schlacht um Frankreich zu einer Sanitätskompanie versetzt. Seine Eindrücke von dem, was der

Nationalsozialismus jenseits der deutschen Reichsgrenzen an Untaten begangen hatte, waren stärker als die von Hans. Was er dort gesehen hatte, erfüllte ihn mit Scham und Widerwillen gegen das Regime.

Alex Schmorell ließ sich gern bei seinem russischen Spitznamen „Shurik" nennen. Der hochgewachsene, athletische junge Mann hätte bestes „Offiziersmaterial" abgegeben, doch er hatte nichts übrig für Uniformen. Er trug lieber Rollkragenpullover und gut geschnittene Sakkos, die ihn mit seiner unvermeidlichen Pfeife eher wie einen jungen englischen Landedelmann aussehen ließen. Mehr als einmal bekam er mit seinen Vorgesetzten Schwierigkeiten, weil sie ihn entgegen allgemeiner Befehle auf der Straße in Zivil angetroffen hatten. Und mehr als einmal mußten dann sein Vater und ein einflußreicher Onkel dafür sorgen, daß ihm aus dieser Befehlsmißachtung kein Strick gedreht wurde.

Dieses Verhalten war nicht einfach Nachlässigkeit oder jugendlicher Übermut. Alexander Schmorell hegte eine tiefe Aversion gegenüber Militär und Krieg. Als man ihm den Fahneneid abnahm, durchlief er eine heftige emotionale Krise, die fast zum physischen Zusammenbruch geführt hätte. Was die meisten anderen als Routine abtaten, war für ihn eine Gewissensfrage. Der Rekrut wurde nicht mehr, wie früher, auf Treue gegenüber seinem Vaterland oder auf dessen Verfassung eingeschworen, sondern auf eine Person: den Führer Adolf Hitler. Alex Schmorells Vorbehalte dagegen waren so groß, daß er bei seinem Vorgesetzten vorsprach. Er wies auf seine schwerwiegenden politischen Differenzen mit diesem Regime hin und daß ein solcher Eid gegen sein Gewissen verstoße. Deshalb bat er um seine Entlassung aus dem Militärdienst.

Seine Bitte wurde abgelehnt. Doch auch in Uniform änderte er seine Einstellung nicht; seinen soldatischen Pflichten kam er nur unter größten Vorbehalten nach. Er ging davon aus, daß sein offener Widerspruch vor seinem Vorgesetzten die im Eid ausgesprochenen Verpflichtungen aufhob. Er suchte verstärkt Zuflucht bei Büchern und Musik sowie bei gleichgesinnten Freunden. Im übrigen war München voller junger Mädchen, die sich gern durch sein attraktives Äußeres und diese besondere Mischung aus leicht exotischer Eleganz und unbekümmertem Humor bezaubern ließen und ihn von seinen Problemen ablenkten.

Auch Hans Scholl fühlte sich sofort zu ihm hingezogen. Er spürte in ihm einen Geistesverwandten, und zwischen den beiden jungen Studentensoldaten entwickelte sich rasch eine freundschaftliche Beziehung. Sie bereiteten sich zu dieser Zeit beide auf eine medizinische Zwischenprüfung vor, und Alex lud Hans in sein Elternhaus nach München-Harlaching ein, um die Vorbereitungen gemeinsam zu absolvieren.

Alexanders Vater, Dr. Erich Schmorell, empfing Hans zunächst mit großer Reserve – wie man damals jedem Unbekannten begegnete. Alex gelang es, seinen Vater zu beruhigen. Trotzdem wurde Hans erst, nachdem sie beide die Prüfung abgelegt hatten, in den Familienkreis der Schmorells wirklich aufgenommen.

In der Kaserne beteiligte sich Alex Schmorell häufig an Diskussionen mit anderen, die der Wehrmacht und dem Regime ähnliche Gefühle entgegenbrachten wie er. Diese kleine Gruppe war durch die Überzeugung verbunden, daß es keine andere Möglichkeit gab, sich gegen das System zu engagieren, als durch Mund-zu-Mund-Propaganda auf seine Fehler und Schwächen hinzuweisen, um so mögliche „Überläufer" in ihren Absichten zu bestärken. Sie hofften, auf diese Weise in immer größeren Kreisen Unzufriedenheit und Unruhe zu erzeugen, bis die Zeit für einen öffentlichen Meinungsumschwung reif wäre.

Alex Schmorell gehörte zu den geistigen Anführern in diesen Diskussionen. Doch er hielt auch Kontakt zu Gleichgesinnten außerhalb der Kaserne. Einer davon war sein bester Freund, Christoph Probst, den er eines Tages auch Hans Scholl vorstellte. Damit war der erste Anstoß zu einer Entwicklung gegeben, die für alle Beteiligten die schwerwiegendsten Konsequenzen haben sollte.

Hans Scholl und Christoph Probst trafen sich erstmals bei einem der sogenannten „Leseabende" bei Dr. Schmorell, zu denen sich enge Freunde des Hauses versammelten, um durch gemeinsame Lektüre „seelische Erholung" zu finden, wie Alex es nannte. Daran schlossen sich Diskussionen über das eben Gehörte an.

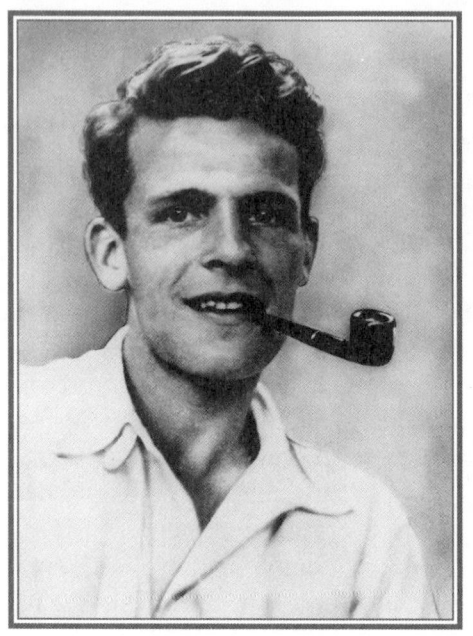

Christoph Probst (um 1941)

Wie die Beiträge im *Windlicht* waren auch diese Abende so etwas wie Selbstschutzmaßnahmen von Menschen, die sich moralisch und geistig unterdrückt fühlten.

Bei diesen Zusammenkünften entdeckte Hans Scholl zwischen sich und Christoph Probst viele Übereinstimmungen auf ideellem und weltanschaulichem Gebiet und darüber hinaus eine Persönlichkeit, in der sich eine tiefgründige Vorstellungswelt mit einem offenen, warmherzigen Wesen auf seltene Weise vereinte. Hans nannte ihn bald nur noch „Christl", wie er in der Familie und von den Jugendfreunden gerufen wurde. Ihre Freundschaft gründete außerdem auf einer gemeinsamen Leidenschaft fürs Bergsteigen und Skifahren.

Christoph Probsts Opposition gegen den Nationalsozialismus hatte ihre Wurzeln weder in politischen noch in soziologischen Überlegungen. Seine Motivation war rein moralischer Natur. Er war zurückhaltend und nachdenklich und durch und durch ehrlich. Ein Freund, Jürgen Wittenstein, nahm auch seine leise Melancholie wahr, die selbst dann nicht von ihm wich, wenn er bei ihren fröhlichen Zusammenkünften ins allgemeine Lachen einstimmte. Probsts Vater war Privatgelehrter für orientalische Religionen und der Sohn in einer Welt der Bücher und Gelehrsamkeit herangewachsen. Seine Eltern waren geschieden, hielten aber eine freundschaftliche Beziehung zueinander aufrecht, so daß das Zerbrechen der Familie für Christoph und seine Schwester Angelika ohne traumatische Auswirkungen blieb. Man hatte ihn auf Privatinternate geschickt, die von der Gleichschaltung des

Erziehungswesens nicht einschneidend betroffen waren. Dadurch war er den schlimmsten Indoktrinierungsversuchen entgangen. Auch die Hitlerjugend hatte ihn nie in ihren Reihen gesehen.

Das Medizinstudium bedeutete Christoph Probst sehr viel mehr als Hans Scholl oder Alex Schmorell. Der Wunsch zu heilen entsprach einem inneren Bedürfnis. „Ich erinnere mich vor allem an seine moralische Entrüstung, als er von dem Euthanasie-Programm erfuhr", berichtete seine Schwester Angelika. „Er zeigte mir, daß kein Mensch, gleichgültig, unter welchen Bedingungen, berechtigt ist, Urteile zu fällen, die allein Gott vorbehalten sind. Niemand, so sagte er, kann wissen, was in der Seele eines Geisteskranken vorgeht. Niemand kann wissen, welches geheime innere Reifen aus Leid und Jammer erwachsen kann. Jedes Leben ist kostbar. Wir alle sind Gottes Kinder."

Auch ohne das Euthanasie-Programm und die anderen Greueltaten wäre der Nationalsozialismus für Christoph Probst unannehmbar gewesen. In seiner Lebenshaltung gab es keinen Platz für die kalte Überheblichkeit, die zynische Unmenschlichkeit, auf denen der Nazismus basierte. „Liebe treibt die Welt", schrieb er in einem Brief an den Stiefbruder. Die ruhige Sicherheit von Christoph Probsts Glauben ist deshalb so bemerkenswert, weil er konfessionslos erzogen wurde. Sein Vater, der in fast allen Religionen der Welt zu Hause war, hatte sich selbst nie eindeutig entscheiden können und überließ es seinen Kindern, sich ihren Glauben selbst zu wählen. Weder Christoph noch Angelika waren getauft. Beide fühlten sich stark zum römisch-katholischen Glauben hingezogen, doch da sie der Kirche als Institution mißtrauisch gegenüberstanden, traten sie nicht formell dem Katholizismus bei.

Zu Kriegsbeginn war Christoph bei einer Luftwaffeneinheit in Innsbruck stationiert. Dadurch konnte er häufig seinen alten Schulkameraden Alex Schmorell und seinen Freund Jürgen Wittenstein besuchen, um sich mit ihnen bei Wein und Musik zu unterhalten. Noch häufiger zog ihn die neue Bekanntschaft mit Hans Scholl nach München. Obwohl er nicht der älteste der Gruppe war, wirkte er doch so. Er hatte bereits mit einundzwanzig geheiratet, und die Verantwortung für seine junge Frau und zwei kleine Söhne lastete in dieser bedrohlichen Welt schwer auf ihm.

Am 10. Oktober 1941 erschien der *Völkische Beobachter*, das Zentralorgan der NSDAP, mit der Schlagzeile: DIE GROSSE STUNDE HAT GESCHLAGEN: DER FELDZUG IM OSTEN ENTSCHIEDEN! In den größten Schlachten der Weltgeschichte habe die deutsche Wehrmacht eine Reihe von überwältigenden Siegen errungen. Die letzten noch kampffähigen Divisionen der Roten Armee, behauptete die Zeitung, seien bei Brjansk eingeschlossen und würden vernichtet. Der Vorstoß auf Moskau stehe unmittelbar bevor. Mit dem Sieg in greifbarer Nähe und dem dicht gespannten Netz der Gestapo war dies kaum der Augenblick, einen offenen Aufruhr gegen das Dritte Reich zu wagen. Aber Hans Scholl war nicht der Mann, mit kühler Berechnung so lange zu zögern, bis jede Aktion hinfällig war. Gerade in dem Moment, als Adolf Hitler den Gipfel seiner Macht erklommen zu haben schien, nahm Hans Scholls Entschluß, aktiv gegen den nationalsozialistischen Staat tätig zu werden, konkrete Formen an. Fast ohne daß er es gewahr wurde, rückte er in den Mittelpunkt eines Kreises von Gleichgesinnten, von denen später nahezu alle mehr oder weniger intensiv in die Aktivitäten der „Weißen Rose" verwickelt wurden. Selbst seine Ankläger mußten zugeben, daß er für diese Rolle hervorragend geeignet war: „Er verstand es trotz seiner vierundzwanzig Jahre mit großer Leichtigkeit, Beziehungen zu allen möglichen Personen anzuknüpfen, und hatte einen großen Bekanntenkreis, zu dem auch ältere Leute zählten." Kaum jemand konnte sich seiner natürlichen und lebhaften Art entziehen. Einige seiner Freunde und Bekannten erinnerten sich noch viele Jahre später genau an die Umstände, unter denen sie ihm begegnet waren. Dazu gehört Traute Lafrenz, damals eine junge Frau voller Geist und Temperament, und auch der Schriftsteller und Philosoph Carl Muth, Hans altersmäßig um das Dreifache voraus, konnte das erste Zusammentreffen mit ihm nie vergessen.

Traute Lafrenz erinnert sich an ihre erste Begegnung mit ihm im Münchner Odeon-Saal. Hans Scholl besuchte Konzerte nicht nur, weil er die Musik liebte, sondern auch, weil sie die Möglichkeit boten, Bekanntschaften mit Gleichgesinnten zu schließen.

Alex Schmorell machte Hans und Traute miteinander bekannt, und wieder war der Kreis um eine wertvolle Persönlichkeit erweitert. Traute Lafrenz war nicht nur attraktiv, sondern verfügte auch über einen äußerst wachen Geist. Sie stammte aus Hamburg, wo sie, bevor sie an die Münchner Universität überwechselte, einige Semester Medizin studiert hatte. Dort war sie Mitglied einer Studentengruppe gewesen, die dem Nationalsozialismus ähnliche Gefühle entgegenbrachte wie Hans, Alex und Christoph. Für kurze Zeit übernahm sie Kurierdienste zwischen den beiden Gruppen, wenn sie von München nach Hause fuhr.

Traute Lafrenz besaß Stil und hatte von ihrer Wiener Mutter eine übermütige Lebhaftigkeit geerbt, die sie zu einer anregenden Begleiterin machte. Hans Scholl war begeistert von ihr, und bald besuchten sie gemeinsam Konzerte, trafen sich zum Vergleichen der Vorlesungsskripte oder zu Diskussionen über Gott und die Welt in ihrem Lieblingsrestaurant „Bodega". Es dauerte nicht lange, und es entwickelte sich eine Liebesbeziehung zwischen ihnen.

In dieser Zeit machte Hans Scholl auch die Bekanntschaft von Carl Muth. Nach fast vierzigjährigem Erscheinen war gerade die Monatsschrift *Hochland* von den Behörden verboten worden, obwohl sie nicht ein einziges Mal den Namen Hitler erwähnt hatte. Dennoch war fast jedes Wort ein In-Frage-Stellen und ein Protest gegen das, was der Nationalsozialismus repräsentierte. Alles, was die Nazis verwarfen – Religion, Philosophie, Kunst und ihre Beziehungen untereinander sowie zum Leben des einzelnen und der Gemeinschaft –, stand im Brennpunkt des Interesses der *Hochland*-Autoren und ihrer Leser. Carl Muth, der Herausgeber, hatte so seit Jahrzehnten das deutsche Kulturleben begleitet. Sein Einfluß ging weit über jenen Kreis hinaus, den die Auflage seiner Zeitschrift, die nie 12 000 Exemplare überschritten hatte, vermuten ließ.

Der alte Herr lebte in einem Vorort Münchens in einem kleinen, von Büchern überquellenden Haus. Sein Denken war vom Katholizismus geprägt, und er hatte sein Leben der Aufgabe gewidmet, das Ästhetische und das Geistig-Religiöse miteinander zu verbinden. Seine Vorstellungen waren oft recht unorthodox und kühn. Carl Muth lebte allein, hatte aber häufig verwandte Geister zu Gast, die den Gedankenaustausch mit ihm suchten.

An einem Sommertag des Jahres 1941 bekam Carl Muth unerwarteten Besuch. Vor seiner Tür stand Hans Scholl, der ihm ein Buch zurückbringen sollte. Der alte Herr bat ihn herein, und die beiden begannen eines jener tastenden Gespräche, die damals jeder neuen Bekanntschaft in Deutschland vorausgingen. Doch zwischen dem alten Gelehrten und dem jungen Soldaten war der Kontakt rasch hergestellt. Carl Muth wurde durch jenes „innere Glühen" eingenommen, das schon viele andere Freunde an Hans bemerkt hatten, die Mischung aus Herzlichkeit und Intensität, die sein Wesen ausmachte. Carl Muth erkannte rasch, daß er es mit einem außergewöhnlich belesenen jungen Mann zu tun hatte, der im übrigen Ideen vertrat, die bei einem Feldwebel der deutschen Wehrmacht höchst ungewöhnlich waren. Hans wurde eingeladen, seinen Besuch zu wiederholen, und bald entwickelte sich zwischen den beiden ein enges und herzliches Verhältnis. Über Elemente einer Vater-Sohn-Beziehung hinaus wurde es durch gegenseitige Zuneigung und Respekt geprägt. Muth betraute Hans Scholl damit, seine umfangreiche und chaotische Bibliothek zu ordnen und zu katalogisieren.

Während der kommenden Monate hielt sich Hans fast täglich in dem kleinen Haus auf, und diese Besuche stellten eine außergewöhnliche Bereicherung für sein Leben dar. Hier fand er alles, was für die Entwicklung des menschlichen Geistes bedeutsam und weiterführend war. Und der alte Mann erfuhr, daß es eine Gemeinschaft junger Menschen gab, die sich als Hüter jener Werte fühlten, denen er sein Leben gewidmet hatte. Für ihn war das eine Quelle des Trostes.

Manchmal war abends einer von Carl Muths Schicksalsgenossen zu Gast und las aus einem Manuskript vor, in dem er mit den Tagesereignissen abrechnete; später sollte es unter dem Titel „Tag- und Nachtbücher" erscheinen, nachdem es dem Zugriff der Nazis durch Vergraben entzogen worden war. Theodor Haecker, der Chronist, stand unter Schreib- und Redeverbot. Hans Scholl hörte im Hause Carl Muths zum erstenmal von diesem Autor und seinem Werk und machte auch seine Freunde damit vertraut.

Haecker war damals schon dreiundsechzig. Auch sein philosophisches Denken ruhte auf einem festen katholischen Fundament. Er verstand den Nationalsozialismus als eine dem Christentum in jeder Hinsicht entgegengesetzte Religion und als seinen Todfeind. Wiederholt taucht bei ihm der Gedanke der Buße auf, weil nur so diese fehlgeleitete Nation vielleicht noch gerettet werden könnte.

Scholl nahm das alles begierig auf. Er wurde in seinem Glauben, daß Deutschland sich auf dem Weg in den Abgrund befand, bestärkt. In ihm wuchs das Gefühl, daß nur ein Aufbegehren der „Gerechten" sein Volk noch retten konnte. Und als Christ fühlte er sich aufgefordert, von der bloßen Verweigerung zum aktiven Widerstand überzugehen.

Im Frühjahr und Sommer 1941 begann man in den neueroberten Gebieten im Osten mit den Vorbereitungen für die „Endlösung", die planmäßige Ausrottung des Judentums. Methodisch plante und baute man die Vernichtungsfabriken von Treblinka, Sobibor, Belzec, Majdanek, Auschwitz u. a., setzte sie in Betrieb und schickte die ersten der sechs Millionen zum Tod Verurteilten in die Gaskammern.

Die Zivilbevölkerung zu Hause erfuhr von diesen Verbrechen im Osten auf vielerlei Wegen. Zunächst waren es nicht mehr als Gerüchte. Manchmal entgingen der Zensur entsprechende Hinweise in Feldpostbriefen von der Front. Oder Soldaten, die Heimaturlaub hatten, erzählten von ihren Erlebnissen. Hans Scholl war nicht auf Gerüchte angewiesen. Die in den Flugblättern der „Weißen Rose" enthüllten Schandtaten wurden ihm durch einen Gewährsmann bestätigt, der sie an Ort und Stelle miterlebt hatte.

„Eines Tages stand in jenem Sommer ein junger Mann vor meinem Atelier, von dem ich schon durch einen meiner Freunde gehört hatte, der seinerseits mit Carl Muth bekannt war", erinnerte sich der Münchner Architekt Manfred Eickemeyer Jahre später. „Ich suchte damals nach jungen Leuten, mit denen ich die Vorgänge im Osten diskutieren konnte und die vielleicht in der Lage waren, etwas dagegen zu unternehmen. Ich forderte den jungen Mann auf einzutreten und erfuhr, daß er Hans Scholl hieß. Wir verstanden uns sofort, und ich lud ihn noch mehrmals zu mir ein. Ich berichtete ihm ausführlich, wie die Deutschen in Polen und Rußland vorgingen."

Eickemeyer war bei Bauvorhaben im Osten eingesetzt worden. Von seinem Standort Krakau aus lernte er dabei einen großen Teil der besetzten Gebiete kennen und sah, was hinter den vorstoßenden deutschen Armeen geschah. Er berichtete Hans Scholl von den Aktionen der sogenannten Einsatzgruppen, die die Aufgabe hatten, Massenexekutionen hinter der Front durchzuführen. Ihre Opfer waren Juden, Kommissare der Roten Armee, Partisanen und alle, die sich der deutschen Besatzung widersetzten. Die SS-Erschießungskommandos hatten bereits während des Polenfeldzugs eine Ausrottungsaktion gegen die polnische Intelligenz durchgeführt.

Eickemeyer erzählte Hans Scholl auch von den Polen und Russen, die man in die Konzentrationslager verschleppte, wo sie zu Zwangsarbeit „eingesetzt" wurden. Und er berichtete von den jungen Mädchen in den besetzten Gebieten, die man in SS-Bordellen zur Prostitution zwang. Hans zweifelte keinen Augenblick an dem Gehörten. Er wußte aus eigener Erfahrung, zu welchen Untaten die Nazis fähig waren.

Auf die Frage, was ihn dazu gebracht habe, Flugblätter zu verfassen, gab Hans Scholl eine Antwort, die die emotionalen und moralischen Prozesse erkennen läßt, die zum endgültigen Entschluß führten: „Nach vielen qualvollen Überlegungen gelangte ich zu der Ansicht, daß es nur noch ein Mittel gebe, nämlich die Verkürzung des Krieges. Andererseits war mir die Behandlung der von uns besetzten Gebiete und Völker ein Greuel. Ich konnte mir nicht vorstellen, daß nach diesen Methoden der Herrschaft eine friedliche Aufbauarbeit in Europa möglich sein wird. Aus solchen Erwägungen heraus wuchs in mir die Skepsis gegen diesen Staat, und weil ich bestrebt sein wollte, als Staatsbürger dem Schicksal meines Volkes nicht gleichgültig gegenüberzustehen, entschloß ich mich, nicht nur in Gedanken, sondern auch in der Tat meine Gesinnung zu zeigen. So kam ich auf die Idee, Flugblätter zu verfertigen."

Im Sommer 1941 unternahm Hans Scholl zusammen mit seinem Freund Alexander Schmorell die ersten praktischen Schritte, um der inneren Entscheidung Taten folgen zu lassen. Dazu bedurfte es bestimmten Materials: Schreibmaschine, Papier und Vervielfältigungsgerät. Vor allem aber brauchten sie einen sicheren Unterschlupf, um ungestört arbeiten zu können. In Nazideutschland ließ sich nichts davon beschaffen, ohne Argwohn zu erregen. Man würde mit sehr viel Einfallsreichtum und vorsichtiger Beharrlichkeit ans Werk gehen müssen. Das Problem des Unterschlupfes war relativ leicht zu lösen: Da Manfred Eickemeyer häufig in den Osten abkommandiert wurde, stand sein Atelier die meiste Zeit leer. Außerdem lag es etwas isoliert in einem unbewohnten Hinterhaus und verfügte über einen Keller.

Alex Schmorell war fast noch ungeduldiger als Hans, endlich von der Theorie zur Praxis überzugehen. „Worauf warten wir eigentlich? Bis eines Tages der Krieg zu Ende ist und alle Völker auf uns deuten und sagen, wir haben eine solche Regierung widerstandslos ertragen?" fragte er mehr als einmal. Diese Aussicht bereitete ihnen Sorgen und beschleunigte ihre Aktivitäten. Sie waren entschlossen, ein Zeichen zu setzen und der Welt zu signalisieren, daß es auch Deutsche gab, die erschrocken und beschämt waren, welches Bild ihr Land vor der Menschheit und der Geschichte bot.

Während der Vorbereitungszeit durften Hans Scholl und Alex Schmorell ihre täglichen Pflichten auf keinen Fall vernachlässigen. Wie gewohnt besuchten sie ihre Vorlesungen und versahen ihren Klinikdienst. Sie gingen nicht nur in den „Untergrund", um der Entdeckung durch die Behörden zu entgehen, sondern auch, um Bekannte, Freunde und Familienangehörige nicht mit hineinzuziehen. Mitwisserschaft konnte ebenso tödlich sein wie aktiver Widerstand. Sie sahen sich deshalb gezwungen, gerade jene, denen sie sich so gern anvertraut hätten, um bei ihnen Trost und Unterstützung zu finden, hinters Licht zu führen, mußten ein Leben voller Täuschungen und Lügen führen.

In Anbetracht der ungewöhnlich engen Familienbande der Scholls und der herzlichen Offenheit, die unter den Familienangehörigen üblich war, befand sich Hans in einer besonders schwierigen Lage. Das galt vor allem für sein Verhältnis zu Sophie. Und jetzt sollte sie auch noch nach München kommen, wo sie sich Tag für Tag sehen würden.

5

Am 9. Mai 1942, ihrem einundzwanzigsten Geburtstag, saß Sophie Scholl im Zug nach München. Im Gepäcknetz über ihr, neben dem Koffer, lag eine Schachtel mit ihrem Geburtstagskuchen und einer Flasche Wein. Eine gelbe Margerite vom Geburtstagsstrauß steckte an ihrer Schläfe und bildete einen sanften Kontrast zu dem dunkelbraunen Haar. Das Rattern der Räder war Musik in ihren Ohren. Es brachte sie endlich an jenen Ort, von dem sie während endlos scheinender Monate geträumt hatte.

Nach den sechs Monaten Arbeitsdienst hatte man sie gezwungen, noch ein halbes Jahr Kriegshilfsdienst zu absolvieren. Wenn sie ihren Traum wahrmachen und sich an der Münchner Universität einschreiben wollte, blieb ihr keine andere Wahl, als auch diese Forderung des Regimes zu erfüllen. Man hatte Sophie in das Industriestädtchen Blumberg nahe der Schweizer Grenze geschickt, einen unansehnlichen Ort mit einer häßlichen Ziegelfabrik. Da in Blumberg aber auch Schrauben und Bolzen produziert wurden, die für eine Armee größte Wichtigkeit besaßen, war es in das Rüstungsprogramm mit einbezogen worden. Sophie wurde aber nicht in der Fabrik eingesetzt, sondern dem Kindergarten zugeteilt, wo sie über Blumbergs jüngste Einwohner wachen sollte, damit deren Mütter Rüstungsgüter produzieren konnten.

Abgesehen von den angenehmen Stunden bei den Kindern, schienen die Tage für Sophie einfach nicht vergehen zu wollen. Ohne tiefere menschliche Kontakte fühlte sie sich isoliert und verlassen. Überwachung und Unterdrückung nahmen zu. So fanden sich in den Lohntüten der Fabrikarbeiterinnen, wie in der Sophies, gedruckte Warnungen, keinerlei Beziehungen zu den ausländischen Zwangsarbeitern oder Kriegsgefangenen aufzunehmen. Diese schweigsamen Ausländer, Männer wie Frauen, verrichteten kriegswichtige Sklavendienste und waren der sichtbare Beweis für die brutale Unterwerfung und Ausbeutung der eroberten Länder.

Der Krieg war für Sophie wie eine offene Wunde. Es quälte sie unaufhörlich, für den Staat arbeiten zu müssen, der ihn angezettelt hatte und mit so grausamer Härte weiterführte. Sie mobilisierte ihre letzten Geistes- und Seelenkräfte, um die Hoffnung am Leben zu erhalten. Sie wollte diesen Krieg durchstehen, ohne sich zu seinem Sklaven machen zu lassen. Aber auch in ihr Leben griff er immer direkter und brutaler ein. Es war noch nicht lange her, daß die Gestapo auch ihren Vater abgeholt hatte. Drei Polizisten hatten zunächst das Haus durchsucht und ihn dann unter der Anschuldigung festgenommen, er habe sich in aller Öffentlichkeit negativ über den Nationalsozialismus und den Führer geäußert. Robert Scholl wurde schon nach wenigen Tagen wieder aus dem Gefängnis entlassen. Er verdankte sein Glück dem Eintreten seiner Kunden, die beim Ulmer Finanzamt vorstellig wurden, weil sie ihn für ihre Bilanzen brauchten. Aber die ganze Familie wußte, daß der Fall damit keineswegs abgeschlossen war.

Auch Sophies engerer Freundeskreis wurde durch den Krieg immer mehr in Mitleidenschaft gezogen. Ihr jüngerer Bruder Werner stand an der russischen Front. Auch ihr Freund Fritz Hartnagel war irgendwo im Osten, ebenso Ernst Reden. Otto Aicher hatte man ebenfalls eingezogen. Es war schrecklich, mit ansehen zu müssen, wie einer nach dem andern, den sie schätzte und liebte, im Schlund des Krieges verschwand.

In Blumberg zog Sophie sich mehr und mehr in die „innere Emigration" zurück. Nicht weit von ihrer Unterkunft entdeckte sie eine Kapelle mit einer Orgel. Sie erhielt die Erlaubnis, sie an freien Nachmittagen und Abenden zu benutzen. Stundenlang saß sie in der Kapelle und spielte ihre Lieblingshymnen und -etüden. Oder sie flüchtete sich in die Wälder hinter dem Städtchen, wo sie sich auf eine Lichtung legte und zum Himmel hinaufschaute. Der Zustand der Welt bedrückte sie Tag und Nacht.

Jetzt aber, in ihrer frisch gestärkten weißen Bluse und mit der Margerite hinter dem Ohr, war nicht die Zeit für trübe Gedanken. Die Kuppeln der beiden Türme der Frauenkirche ragten am Horizont auf und zeigten an, daß sie sich ihrem Ziel näherte. Sophie freute sich auf München. Denn obwohl man sich bereits im vierten

Kriegsjahr befand, hatte die Stadt noch viele Annehmlichkeiten zu bieten. Nach sechs Monaten Blumberg mußte München wie der Himmel auf Erden sein.

Als der Zug in den Bahnhof einfuhr, sah Sophie schon von weitem das Gesicht ihres Bruders. Der Empfang war warm und herzlich. Das alte Gefühl der Zuneigung und Vertrautheit stellte sich auch nach der langen Trennung sofort wieder ein. Sie war jetzt überzeugt, wirklich eine neue Lebensphase beginnen zu können.

Hans bewohnte ein Zimmer in der Lindwurmstraße. Strahlend schien die Maisonne ins Zimmer; an den Wänden hingen Drucke französischer Impressionisten, und überall stolperte man über Bücher. Am Abend fand eine Geburtstagsfeier für Sophie statt, die dazu den von der Mutter gebackenen Kuchen und die Flasche Wein beisteuerte. Sie hatte schon viel von den Freunden des Bruders gehört: von Alex Schmorell, Christoph Probst und dem neuen Mitglied des kleinen Kreises, Willi Graf. Auch sie war den Freunden aus den Erzählungen des Bruders vertraut.

In dieser Nacht stand der Mond groß und goldgelb über München, und Alex führte die kleine Gesellschaft in den Englischen Garten. Die Weinflasche nahmen sie mit und kühlten sie an einer langen Schnur im kalten Isarwasser. Hans hatte seine Gitarre dabei, Alex die Balalaika. Sie saßen am Rand des sanft dahinfließenden Wassers, umgeben vom ersten duftenden Grün des Frühlings, sangen Lieder und tranken Wein.

Für Sophie war es der schönste Geburtstag, an den sie sich erinnern konnte – und ihr letzter. Auch keiner der anderen sollte den nächsten Maimond lange überleben, ausgenommen Willi Graf. Doch sein Schicksal war ebenfalls besiegelt.

SOPHIE SCHOLL schrieb sich für das Sommersemester ein und entschied sich für Philosophie und Biologie. Die Münchner Universität war wie alle anderen deutschen Hochschulen durch den Prozeß der „Gleichschaltung" auf die Nazi-Ideologie eingeschworen worden, die jede wirklich wissenschaftliche Tätigkeit unmöglich machte. Nach Adolf Hitlers Machtergreifung hatte der bayerische Kultusminister Hans Schemm sämtliche Professoren zusammengerufen und ihnen erklärt, was akademische Ausbildung in Zukunft zum Ziel haben müsse. Von jetzt an sei es nicht mehr wichtig, „ob etwas wahr ist, sondern ob es im Sinne der nationalsozialistischen Revolution ist". Schemm hatte in München auch die Leitung der vom Propagandaministerium angeordneten Bücherverbrennung übernommen, die den Bruch mit den geistigen Werten der Vergangenheit demonstrierte. Professoren und Studenten marschierten damals in einem feierlichen Fackelzug von der Universität zum Königsplatz, wo ein riesiger Scheiterhaufen loderte.

Unter dem Applaus der Umstehenden wurde ein Buch nach dem anderen ins Feuer geworfen, begleitet von pathetischen Schmähsprüchen. „Gegen Dekadenz und moralischen Verfall!" war der Ruf, mit dem die Bücher von Heinrich Mann und Erich Kästner dem Feuer übergeben wurden. Neben Büchern von Albert Einstein, Sigmund Freud, Lion Feuchtwanger und Bert Brecht wurde auch das Werk von Hans Scholls Lieblingsautor aus seiner frühen Jugend, Stefan Zweig, den Flammen übergeben.

In allen deutschen Universitätsstädten fanden solche Bücherverbrennungen statt. Jeder „undeutsche" Gedanke in Wort und Schrift sollte ausgemerzt werden. Die Bücherverbrenner hatten überall im akademischen Bereich das Sagen. Der Rektor der Münchner Universität, Professor Dr. Walther Wüst, bekleidete zugleich einen hohen SS-Rang. Er galt als Autorität auf dem Gebiet der „arischen Kultur". Unter der Leitung von SS-Chargen wie Walther Wüst hatten die deutschen Universitäten weitgehend aufgehört, Stätten des unabhängigen Forschens und Lehrens zu sein, und waren zu Filialen des Propagandaministeriums geworden.

Wie Sophie Scholl rasch merkte, war der größte Teil der Studenten dem Führer in grenzenloser Bewunderung ergeben. Überall in den Hörsälen und auf den Korridoren rühmte man sein politisches und militärisches Genie. Es gab keine Aktivität an der Universität, die nicht vom Nationalsozialistischen Deutschen Studentenbund überwacht wurde. Seine Spitzel saßen in jeder Vorlesung und schrieben mit, was Professoren oder Kommilitonen sagten und taten.

Doch trotz aller Einschränkungen und Verbote gelang es dem

System nicht, das Verlangen nach Wissen, Lernen und Lehren völlig zu unterdrücken und unter Kontrolle zu bringen. Für wache Geister gab es immer eine Möglichkeit, sich das zu verschaffen, wonach sie sich sehnten. Dabei mußten sie allerdings über ein Minenfeld gehen und jeden ihrer Schritte mit größter Vorsicht setzen. Sophie Scholl gehörte dazu. Indem sie Vorlesungen wie „Rassenhygiene" oder „Volk und Rasse" umging und sich Themen und Lehrer aussuchte, die ihrem persönlichen Interesse entgegenkamen, gelang es ihr, die Bildungsdiktatur der Nazis zu überlisten und sich Wissensgebiete zu erschließen, die das Regime den Studenten eigentlich vorenthalten wollte.

Die beiden Fächer, die sie gewählt hatte – Philosophie und Biologie –, erwiesen sich als nicht so rigoros „gleichgeschaltet" wie viele andere. Daneben fanden sich weitere geistige Oasen. Die von Professor Heinrich Wieland geleitete Fachrichtung Chemie war insgeheim als Zufluchtsort für Nichtnazis und Regimegegner bekannt. Unter den dem Regime kritisch gegenüberstehenden Studenten war der Philosoph Fritz-Joachim von Rintelen, der über griechische Geistesgeschichte las, besonders beliebt. Auf den ersten Blick schien dieses Thema mit dem zeitgenössischen Deutschland nicht das geringste zu tun zu haben, aber von Rintelen gelang es immer wieder, auf dem Umweg über die griechische Vergangenheit Kritik an der Nazigegenwart zu üben. Selbst Studenten, die sich normalerweise nicht für griechische Philosophie interessiert hätten, drängten sich in seine Vorlesungen.

Doch offensichtlich waren von Rintelens Anspielungen nicht verschlüsselt genug, um den Spitzeln unter seinen Zuhörern verborgen zu bleiben. Eines Tages erschien er überraschend nicht zu seiner Vorlesung. Zunächst warteten seine Zuhörer geduldig ab. Dann wurden sie unruhig und verabredeten, zur nächsten Vorlesung in drei Tagen geschlossen wieder im Hörsaal zu erscheinen. Bis dahin wollte man versuchen, Näheres über von Rintelens Schicksal herauszufinden.

Ein besonders aufmerksamer Hörer von Rintelens war Jürgen Wittenstein. Er notierte, was drei Tage später geschah: „Als man wieder zusammenkam, hatten sich die Gerüchte bewahrheitet: Rintelen durfte nicht mehr lesen. Über Nacht war das Verbot verhängt worden, bekanntgegeben durfte nichts werden. Die Behörden dachten wohl, daß die Studenten noch einige Male vergebens ins Kolleg kämen, um sich dann schließlich zu zerstreuen. Geräuschlos sollte alles vor sich gehen, wie sonst auch in diesem Staat. Aber diesmal hatte man sich verrechnet."

Wittenstein und einer seiner Freunde, ein junger Maler, entschlossen sich zum Handeln. Zusammen mit einer Gruppe treuer Hörer von Rintelens begaben sie sich zum Rektorat, um die Gründe für Professor von Rintelens „Beurlaubung" zu erfahren. „Im Zeitalter des Despotismus und des blinden Gehorsams war so etwas unerhört", vermerkt Wittenstein. Die Aktion kam so unerwartet, daß sich Rektor Wüst wortlos in sein Arbeitszimmer zurückzog. Die Studenten beschlossen, ihren Protest weiterzuführen. „Wir wollten zu Professor von Rintelens Haus ziehen und ihm unsere Sympathie bekunden. Ungefähr fünfzig von uns, darunter auch einige Mädchen, formierten sich auf der Ludwigstraße und marschierten los. Das war der erste Studentenprotest, der sich am hellen Tag auf einer Münchner Hauptstraße sehen ließ." Doch es half nichts. Professor von Rintelen blieb verbannt. Da der Protestmarsch sich nicht direkt gegen das Regime gerichtet hatte, behandelten die Behörden die Aktion als nichtpolitische Äußerung studentischen Rowdytums und unterließen jede Gegenmaßnahme.

WILLI GRAF hatte sich nicht gerade zum Medizinstudium gedrängt. Er hatte eigentlich geplant, seine theologischen und philosophischen Studien, die durch die Einberufung zu einer Artillerieeinheit unterbrochen worden waren, an der Universität Bonn fortzusetzen. Nach seinem Einsatz im Osten war er aber froh, daß er den Befehl erhielt, nach München zu fahren, um sich dort zum Sanitäter ausbilden zu lassen. Er hatte in Polen und Rußland Dinge erlebt, die ihn bis ins Innerste erschütterten.

Es war unvermeidlich, daß Willi Graf und Hans Scholl zueinanderfanden. Kurz nach ihrer ersten Begegnung sagte Hans zu Alex Schmorell: „Der gehört zu uns." Die Bekanntschaft mit Hans Scholl leitete Willi Graf auf neue Wege.

Als Fünfzehnjähriger hatte sich Willi Graf geweigert, Mitglied der Hitlerjugend zu werden. Er betrachtete die Gleichmacherei der Nazis als Angriff auf seine Persönlichkeit. Als Junge hatte er sich einer katholischen Jugendgruppe angeschlossen, die sich „Neues Deutschland" nannte. Die Verhaftungswelle von 1938, durch die die Gestapo die letzten Jugendorganisationen außerhalb der Hitlerjugend zerschlagen wollte, hatte auch ihn erfaßt. Er hatte damals drei Wochen in Untersuchungshaft verbracht. Wie Hans Scholl reagierte auch er verbittert und wütend auf diesen Anschlag auf seine Menschenwürde. Seine Vorbehalte gegen die Nazis wurden dadurch verstärkt.

Willi Grafs Vater war Geschäftsführer einer Weingroßhandlung im Saarland. Willi beschrieb ihn, in privater wie in geschäftlicher Hinsicht, als „korrekt und ehrlich" – Verhaltensweisen, die der Vater auch von seinen Kindern erwartete. Die Schule bereitete Willi keinerlei Schwierigkeiten. Seine Entwicklung entsprach den konventionellen bürgerlichen Erziehungsidealen. Doch dann brachte die „große Welt des Glaubens" eine ernstere Note in Willis Leben. Philosophische und religiöse Probleme nahmen ihn immer mehr in Anspruch und drängten politische Fragen fast ganz in den Hintergrund. Willi Graf entschied sich gegen den Nationalsozialismus, weil dieser sich von Anstand, Ordnung und Gerechtigkeit losgesagt hatte.

Sophie Scholl und Willi Graf waren ungefähr zur gleichen Zeit nach München gekommen. Bei ihrer ersten Begegnung war sie sofort von ihm beeindruckt. Der große, blonde junge Mann wirkte sanft und zurückhaltend. Aus seinen auffallend blauen Augen sprach eine gewisse Schüchternheit, und sein Verhalten war stets höflich. Er äußerte sich nur sparsam, doch was er sagte, gefiel Sophie. „Wenn er etwas sagt, in seiner gründlichen Art, so hat man den Eindruck, als habe er es nicht eher aussprechen können, bis er sich mit seiner ganzen Person dazu stellen konnte", schilderte sie ihn. „Deshalb wirkt alles an ihm so sauber, echt und zutiefst zuverlässig." Willi wurde bald ohne Vorbehalt zum innersten Kreis um Hans Scholl gerechnet.

Die Beziehungen innerhalb der Gruppe waren nicht das Ergebnis bewußter Entscheidungen, sondern ergaben sich aus der Situation und den Charaktereigenschaften der einzelnen Mitglieder. Zum engeren Kreis zählten auch Traute Lafrenz und Gisela Schertling, Sophies Freundin aus dem Arbeitsdienst, die in München ein Kunststudium begonnen hatte. In die gefährlichen Aktionen waren sie allerdings nicht genau eingeweiht. Und wann immer Inge Scholl sich in Ulm freimachen konnte, fuhr sie nach München. Jeder ihrer Besuche war für die Geschwister ein besonders freudiges Ereignis.

Einige Gleichgesinnte aus der Studentenkom-

Willi Graf 1940 in Bad Wildbad

panie standen in mehr oder weniger losem Kontakt zu diesem engeren Kreis, darunter Jürgen Wittenstein, der für Sophie und Hans große Bewunderung hegte. Auch Hubert Furtwängler gehörte dazu, der bei Appellen häufig die Kameraden „vertrat". Es kam vor, daß er nacheinander für Hans, Alex und Willi „hier!" brüllte – jedesmal mit anderer Stimme.

Es gab keine festen Kriterien für die Aufnahme in die Gruppe um Hans und Sophie Scholl. Trotzdem hatte die Gruppe eine klar umrissene Identität und setzte bei Zugehörigen bestimmte Qualitäten voraus. Verlangt wurden Intelligenz, Charakter und eine klare politische Haltung. Die Mitglieder bekamen rasch ein feines Gespür dafür, wer akzeptabel war. Doch da jede unbedachte Äußerung zu Denunziation und Festnahme führen konnte, entwickelte man ein ausgeklügeltes Testverfahren und signalisierte sich dann mit bestimmten Codewörtern, ob eine bestimmte Person „einwandfrei" beziehungsweise „ein guter Mensch" war. Während der „Probezeit" versuchte man den Neuling durch provozierende Bemerkungen aus der Reserve zu locken, um dessen wahre politische Meinung zu erfahren, während man sich selbst so vieldeutig ausdrückte, daß man nicht eindeutig klassifiziert werden konnte. Bei diesem Versteckspiel konnte eine Pause oder ein Stillschweigen genauso vielsagend sein wie die Worte selbst. Wenn beispielsweise jemand in einem Gespräch davon ausging, daß Deutschland den Krieg einfach nicht verlieren könne, entlarvte er sich als versteckter Nazi – wie all jene, die zustimmend nickten. Wer gegenteiliger Ansicht war, ließ sich das nicht anmerken. Aber allein durch sein Schweigen gab er sich als Nicht- oder Antinazi zu erkennen.

Bereits in den Jahren vor der Machtergreifung versuchten politische Gegner Hitlers, seine Gefolgsleute durch die Abkürzung „Nazis" verächtlich zu machen. Die Hitler-Anhänger selbst bezeichneten sich als „Nationalsozialisten". Die Mitglieder des Scholl-Kreises griffen auf den alten Schimpfnamen zurück. Den Hitler-Gruß vermieden sie, obwohl sie dadurch Gefahr liefen, unliebsam aufzufallen. Im übrigen erzählten sie Anti-Nazi-Witze, wofür schwere Strafen angedroht waren. Diese sogenannten Flüsterwitze waren zu Dutzenden im Umlauf. Sie wurden nicht nur von eingefleischten Nazigegnern, sondern auch von vielen Unzufriedenen der „schweigenden Mehrheit" weitererzählt. Allerdings mußte man seine Zuhörer mit größter Vorsicht aussuchen, und meist ging dem Erzählen der berühmte „deutsche Blick" voraus, um sicherzustellen, daß kein Spitzelohr mitlauschte.

Viele dieser Witze waren allerdings gar nicht komisch. So wandelte man beispielsweise den berühmten Satz: „Deutschland, das Land der Dichter und Denker" ab in „Deutschland, das Land der Richter und Henker". Diese besondere Art von Galgenhumor drückte sich auch in der Aufforderung aus: „Genieße den Krieg, der Friede wird fürchterlich!"

Das Propagandaministerium verlangte vom idealen Deutschen, daß er ehrlich, intelligent und Nationalsozialist sein sollte. Der antinazistische Witz machte daraus: „Das geht nicht! Wenn einer intelligent ist und Nazi, dann ist er nicht ehrlich. Ist er aber ehrlich und Nazi, dann ist er nicht intelligent. Und falls er intelligent und ehrlich ist, ist er kein Nazi."

Fast nichts war ernst oder schrecklich genug, um nicht Stoff für einen Witz abzugeben. Für Hitler-Gegner war das Leben im Dritten Reich so bedrückend, daß sie ihm fast mit Gewalt eine heitere Note abgewinnen mußten. Nur so gelang es ihnen wenigstens für Augenblicke, Terror und Angst zu vergessen. Willi Graf, das ernsthafteste Mitglied des Kreises, versuchte einen Freund mit den Worten zu trösten: „Wir sind doch jung, und darüber können wir froh sein."

Ja, sie waren jung, und obwohl sie in ständiger Angst lebten, in irgendeine Falle zu tappen, genossen sie die kleinen Freuden des Lebens in der fröhlichen Gesellschaft der anderen. Keinem von ihnen war an der Wiege gesungen worden, daß ausgerechnet er sich zum Widerständler und Untergrundkämpfer entwickeln sollte. Sie alle hatten einen gutbürgerlichen Hintergrund. Politisch radikal war keiner von ihnen. Sie waren gut erzogene Mittelklassekinder mit Respekt gegenüber jeder Art von Autorität, wie es im damaligen Deutschland zumindest in ihrer Schicht üblich war. Doch sie alle hatten sich an irgendeinem Punkt gezwungen gesehen, mit den Wertvorstellungen ihrer Gesellschaft zu brechen. Bücher, Ideen, Musik, Poesie, Philosophie, Religion bedeuteten ihnen viel mehr als jede Ideologie, gleichgültig, ob sie von rechts, links oder aus der politischen Mitte kam. Eine solche Einstellung kann nicht gerade als ideale Ausrüstung für Aufruhr und Widerstand gegen ein Regime wie das Adolf Hitlers gelten. Aber wenn Barbarei herrscht, kann zivilisiertes und humanes Verhalten zur extremsten Form radikaler Ablehnung werden.

Wie selbstverständlich wurde Hans Scholl von Anfang an als führender Kopf der Gruppe anerkannt. Er und Alex Schmorell arrangierten die Zusammenkünfte und bestimmten die Treffpunkte. Für beiläufige Begegnungen wählte man Cafés und Restaurants, doch wenn es ernstere Dinge zu besprechen gab, war das zu gefährlich. So traf man sich manchmal zu Diskussionen im Zimmer von Hans. Größere Zusammenkünfte fanden in Eickemeyers Atelier oder in der Villa von Dr. Schmorell statt, der viele Ansichten seines Sohnes teilte. Dabei handelte es sich keineswegs um Geheimtreffen, bei denen man Pläne gegen das Regime schmiedete. Zwar stellte man sich immer wieder die

Frage: Was läßt sich tun? Doch in der Hauptsache ging es darum, Geist und Seele zu erfrischen und neuen Mut zu schöpfen.

Gelegentlich traf sich der Kreis auch mit Theodor Haecker, der der Einladung von Hans folgte. Er las den Studenten aus seinen unveröffentlichten Manuskripten vor und riskierte Verhaftung und Gefängnis, weil er damit gegen das über ihn verhängte Schreib- und Redeverbot verstieß. Bei diesen Zusammenkünften eigneten sich Hans und seine Freunde viele jener Gedanken und Ideen an, die später den Gehalt der Flugblätter der „Weißen Rose" bestimmten. Motiviert waren sie fast ausschließlich durch moralische und religiöse Wertvorstellungen. Hinter jeder „Botschaft" Haeckers stand die biblische Forderung: „Man muß Gott mehr gehorchen denn den Menschen." Hinzu trat Kants Imperativ, demzufolge das Individuum dem „moralischen Gesetz" gehorchen muß und nicht dem Staat, sofern dieser die sittliche Grundordnung verletzt oder den einzelnen daran hindert, sittliche Ziele zu verfolgen.

Bei mehr praktischen oder aktuelle Geschehnisse betreffenden Diskussionen war es Hans, der weitgehend den Gesprächsverlauf bestimmte. Er plädierte immer wieder leidenschaftlich dafür, den Krieg mit allen Mitteln zu verkürzen. Erst danach könne man Schritte zur Wiederherstellung einer moralischen Basis für eine neue Regierung einleiten. Das kommende Deutschland konnte man sich nicht anders denn als föderalistischen Staat vorstellen, eingebettet in eine ebensolche europäische Gemeinschaft. Doch insgesamt blieben alle Vorschläge für die Zeit nach dem Untergang des Nationalsozialismus skizzenhafte Entwürfe.

Sophie Scholl fühlte sich in München an der Seite des Bruders wie befreit. Endlich stand sie wieder mitten im Leben. Hier konnte man Vorlesungen und Konzerte besuchen, traf sich mittags mit den Freunden in der „Bodega" und abends im „Lombardi". Hans teilte mit der Schwester alle seine Freuden und Interessen – bis auf eines, denn dies hätte sie gefährden können. Doch bei den Lesungen und Diskussionen in der Schmorell-Villa gehörte Sophie zu den aufmerksamsten Zuhörerinnen. Hans nahm sie auch in das kleine Haus nach Solln mit, um sie Carl

Muth vorzustellen. Sie verliebte sich geradezu in den alten Gelehrten.

An der Universität blieben Sophie die nicht selten schmerzlichen Erfahrungen des Neulings weitgehend erspart, da sich Traute Lafrenz ihrer annahm. Ihr heiteres Selbstvertrauen und ihre Kenntnisse schützten Sophie vor vielem, was anderen den Studienbeginn erschwerte. Studentinnen waren damals fast noch eine Seltenheit, das Verhältnis war ungefähr eins zu zehn. Aber Sophie, Traute und Gisela Schertling bildeten bald ein unzertrennliches Dreiergespann. Später erweiterte sich durch das Hinzukommen von Katharina Schüddekopf das Trio zum Quartett. Sie war älter als die anderen und hatte sich bereits in Berlin auf ihre Promotion an der Philosophischen Fakultät vorbereitet. Sie war klein und attraktiv; ihr leichter „Silberblick" verlieh ihrem Gesicht, besonders wenn sie lachte, ein schelmisches Aussehen. Ihre geistige „Antenne" hatte sie der kleinen Gruppe zugeführt, und trotz aller Verschlüsselungen wurde bald klar, wie sehr sie in ihren Ansichten übereinstimmten. Schon lange fühlte Katharina Schüddekopf sich durch die leeren Phrasen der nationalsozialistischen Propaganda und durch das lärmende Auftreten der Braunhemden abgestoßen.

Aber Sophie fand in dieser Zeit noch andere Freunde. Jürgen Wittenstein gehörte dazu. „Eine zauberhafte Kindlichkeit und eine tiefe, köstliche Reife sind in ihr einen seltenen Bund eingegangen", beschrieb er sie. Aufgrund ihrer Haltung und ihres Benehmens wirkte sie auf viele Leute kleiner, zarter und feingliedriger, als sie tatsächlich war. Und zugleich schien sie allen Gleichaltrigen an geistiger Reife weit voraus zu sein. Als Hans sie Manfred Eickemeyer vorstellte, hielt dieser sie für ein „ruhiges Mädchen, das sich sehr ernsthaft mit religiösen Dingen beschäftigte". Mehr als einmal drückte Sophie das Verlangen aus, direkter und persönlicher in das Schicksal ihrer Zeit einbezogen zu werden. Der Krieg war für sie selbst in fröhlichen Augenblicken schmerzlich spürbar, denn rundum machte er sich zunehmend widerwärtiger bemerkbar.

Vor kurzem waren auch die ersten Bomben auf München gefallen. Man begann überall in der Stadt Schutzräume anzulegen.

Ende Mai wurde Köln von einem verheerenden Bombardement betroffen. Tausend britische Bomber waren zum bisher größten Luftangriff der Geschichte angeflogen. Die Folgen dieser überraschenden Vergeltung für die vielen deutschen Angriffe auf englische Städte waren katastrophal. Doch Köln war nur ein Hinweis auf das, was Deutschland, das bis jetzt innerhalb des Reichsgebietes vom Krieg weitgehend verschont geblieben war, noch bevorstand.

Noch immer verkündeten die Zeitungen und der Rundfunk Tag für Tag neue Siege an allen Fronten. Im Juni hatte Feldmarschall Rommel die britische 8. Armee in Tobruk zur Kapitulation gezwungen; in Rußland war die Wehrmacht in Sewastopol einmarschiert und stieß nun auf eine Stadt an der Wolga vor – Stalingrad.

Jede Demonstration der Gewalt als Mittel nationaler Politik entfremdete Sophie Scholl der Führung ihres Landes mehr. So versuchte sie verstärkt, all das in sich aufzunehmen, was ihr sinngebend und wertvoll erschien. Bei ihrer verzweifelten Suche stieß sie auf einen Lehrer und Mentor, der zumindest einen Teil ihrer Fragen beantwortete. Es war ihr Philosophieprofessor, und sein Name sollte sich mit der Bewegung der „Weißen Rose" ebenso unlöslich verbinden wie ihr eigener, obwohl sie altersmäßig durch drei Jahrzehnte getrennt waren. Es war Kurt Huber.

In den tonangebenden akademischen Kreisen seiner Zeit genoß Kurt Huber kein besonderes Ansehen. Er lehrte in München als außerordentlicher Professor für Philosophie und Psychologie. Als er sich für einen planmäßigen Lehrstuhl an der Münchner Universität bewarb, wurde ihm von offizieller Seite zu verstehen gegeben: „Wir können nur Professoren brauchen, die auch Offiziere sein können." Kurt Huber war dafür nicht geeignet. Er war behindert.

Huber schleppte beim Gehen das rechte Bein nach. Eine schwere Diphtherie in der Kindheit hatte einen Kehlkopfschnitt erforderlich gemacht – Lähmungserscheinungen waren die Folge. Seine Hände wurden oft von einem heftigen Zittern befallen, das manchmal auch auf die Kopfbewegungen übergriff. Es war eine

Qual für ihn, das Katheder zu besteigen, und bei Beginn einer Vorlesung hatte er oft Mühe, die Worte zu formen.

Aber seine Hörsäle waren überfüllt. Sophie Scholl erschien immer sehr früh, um überhaupt einen Sitzplatz zu bekommen. Und bald teilten ihre Freunde ihre Begeisterung für diesen Professor und seine Vorlesungen. Wittenstein erinnert sich: „Die Schönheit seiner Darstellungen – er sprach immer frei –, ihr klarer und logischer Gedankenaufbau, die reine geistige Leidenschaft des Vortragenden ließen den ersten Eindruck körperlicher Behinderung bald völlig vergessen."

Kurt Huber las über Probleme der Theodizee, also über die Rechtfertigung Gottes und der göttlichen Gerechtigkeit angesichts des auf der Welt fortbestehenden Bösen. Selbst in normalen Zeiten wäre dies ein konfliktträchtiges Thema gewesen, doch Sophie und ihre Freunde suchten verzweifelt nach einer akzeptablen Erklärung für den Wahn und das Chaos, die sie umgaben. Es sprach für Kurt Hubers pädagogische und wissenschaftliche Qualitäten, daß er ihnen Erklärungen und Argumente liefern konnte, die dieses Verlangen teilweise befriedigten.

Die Studenten strömten auch in Kurt Hubers Vorlesungen, weil er die Gabe hatte, normalerweise als trocken und langweilig betrachtete Themen und Stoffe geistvoll und plastisch darzustellen. Sein blasses Gesicht mit den forschenden Augen verriet, wie sehr er von wissenschaftlichen Problemstellungen besessen war. Doch ganz plötzlich konnte dieses Gelehrtengesicht in ein Lächeln von fast kindlicher Fröhlichkeit ausbrechen. Seinem zurückhaltenden Charme vermochte sich kaum jemand zu entziehen. Selbst die Diskussion ernster und schwerwiegender Fragen lockerte er durch ironische Anmerkungen auf. Ging es um die Wahrheit, duldete er keine Kompromisse. So war es unter den Nazis üblich, jüdische Gelehrte aus dem Lehrplan zu streichen. Spinoza beispielsweise war damals tabu, doch Kurt Huber ließ sich davon nicht beeinflussen. Doch obwohl auch seine Vorlesungen von Spitzeln des Studentenbundes überwacht wurden, blieb er unbehelligt und wurde nicht, wie von Rintelen, mit einem Verbot belegt. Vielleicht durchschauten die Spitzel seine ironisch verkleideten Kommentare nicht.

Kurt Huber war in einer kultivierten Familie aufgewachsen, in der Bücher und Musik den Mittelpunkt des täglichen Lebens bildeten. Sein Vater war Professor an der Technischen Hochschule, seine Mutter Studienrätin. Sie brachte ihm das Klavierspielen bei, der Vater unterrichtete ihn in Harmonielehre und Kontrapunkt.

Kurt Huber, Professor für Psychologie und Philosophie in München

Er besaß das absolute Gehör. Nach dem Studium der Musikwissenschaft, der Philosophie und Psychologie promovierte er und habilitierte sich. Eines seiner Forschungsgebiete war das europäische Volkslied; und auf diesem Sektor galt er bald als anerkannte Autorität. Doch er war der Repräsentant einer akademischen Integrität, für die der Nationalsozialismus keine Verwendung hatte. Schon früh geriet er mit dessen Machtansprüchen in Konflikt. Man hatte ihn an das Institut für Musikforschung in Berlin berufen, wo er die Leitung der Volksliedabteilung übernahm, doch er bekleidete diesen Posten kaum länger als ein Jahr. Hartnäckig bestand er auf dem Vorrang der wissenschaftlichen Wahrheit vor zweckdienlichen Propagandabehauptungen. Er weigerte sich auch, den NS-Studentenbund mit Melodien für seine „Kampflieder" zu versorgen. Sein Vertrag wurde nicht verlängert, und Huber kehrte auf eine schlechtbezahlte Stelle nach München zurück.

Das System setzte alles daran, Personen in wichtigen Stellungen zum Eintritt in die NSDAP zu bewegen. Erpressungen und Nötigungen, die bis zum Berufsverbot reichen konnten, machten auch den Widerspenstigsten gefügig. Da Kurt Huber sich aber nach wie vor sträubte, das Parteibuch der Nazis anzunehmen, wurden seiner Universitätslaufbahn immer neue Hindernisse in den Weg gelegt. Häufig herrschte in der Familie die nackte Not. Schließlich resignierte er. Doch obwohl er jetzt der NSDAP angehörte, hielten ihn die Parteigenossen keineswegs für einen der Ihren. So wurde vermerkt, daß er eine „ausgesprochen parteifeindliche Stellung" einnehme.

Kurt Huber versuchte, junge Leute um sich zu scharen, bei denen er eine antinazistische Einstellung vermutete. Er wollte sich wenigstens in kleinem Rahmen gegen die augenblickliche Schändung der kulturellen Traditionen Deutschlands wehren. So lud er einige seiner Hörer regelmäßig zu sich nach Hause ein. Die Studenten dankten es mit Verehrung; sie fanden bei ihm Verständnis und Weisheit. Kurt Hubers Verbundenheit mit seinen Hörern und deren Zuneigung zu ihm sollten sein Leben grundlegend verändern.

Im Juni 1942 wurde Professor Huber zu einer kleinen Abendgesellschaft eingeladen. Unter den Gästen befanden sich der Verleger Heinrich Ellermann und der Schriftsteller Sigismund von Radecki, der eine seiner Arbeiten vorlesen sollte. Ferner waren einige Studenten anwesend, meist von der medizinischen Fakultät. Die Unterhaltung wandte sich bald politischen Tagesthemen zu. Immer wieder kreiste das Gespräch darum, wie man die „inneren Werte" gegenüber dem geistigen Terror der Nazis bewahren und beschützen konnte.

Einige der Anwesenden vertraten die Ansicht, daß durch offenen Widerstand nichts erreicht werden könne. Die einzige Möglichkeit bestehe darin, daß die junge akademische Generation die kulturellen Werte pflege und bewahre, bis der Nazispuk vorbei sei. Doch Kurt Huber sagte fast hitzig: „Man muß etwas tun, und zwar heute noch!" Er fand die Unterstützung eines der Medizinstudenten, der ihm schon wegen seiner entschiedenen Bemerkungen aufgefallen war. „Ja", sagte dieser, „eine Tat ist nötig. Man kann sie jetzt nicht mehr zurückhalten." Der junge Mann war Hans Scholl.

Auf den ersten Blick schienen sie überhaupt nichts gemeinsam zu haben, aber es zeigte sich, daß sie hinsichtlich ihrer Intelligenz und ihres Charakters viel verwandter waren, als Alter und äußeres Erscheinungsbild vermuten ließen. Der Gelehrte fühlte sich von der Lebhaftigkeit und dem Idealismus des jungen Mannes angezogen; dieser respektierte die Erfahrung und Reife des Älteren, der sich nicht in Resignation erging, sondern nach der Tat verlangte. Beim Auseinandergehen verabredeten sie ein Wiedersehen.

So trat Kurt Huber in den Scholl-Kreis ein. Seine Verbundenheit mit der Gruppe wurde noch dadurch verstärkt, daß er Katharina Schüddekopfs Doktorarbeit betreute. Bald hatte er die Bewunderung und den Respekt aller Gruppenmitglieder gewonnen.

6

Für einen Aufruf zum Widerstand, der seine Autoren in Lebensgefahr brachte, begann das erste Flugblatt der „Weißen Rose" in gemäßigtem, fast belehrendem Ton: „Nichts ist eines Kulturvolkes unwürdiger, als sich ohne Widerstand von einer verantwortungslosen und dunklen Trieben ergebenen Herrscherclique ‚regieren' zu lassen . . ."

Das sauber getippte Flugblatt umfaßte ungefähr achthundert Wörter und hatte eher den Charakter eines Leitartikels oder einer polemischen Analyse als eines anfeuernden Rufs, auf die Barrikaden zu gehen. Es enthielt Zitate deutscher Klassiker, einschließlich einer langen Passage aus Schillers „Die Gesetzgebung des Lykurgus und Solon", in der die unmenschliche Strenge des spartanischen Stadtstaates als Ursache seines Untergangs bezeichnet wird. Man überließ es dem Leser, seine eigenen Schlüsse zu ziehen.

Trotz der akademischen Sprache schimmerte aber die leidenschaftliche Intensität der Verfasser an einigen Stellen deutlich hervor: „Ist es nicht so, daß sich jeder ehrliche Deutsche heute seiner Regierung schämt, und wer von uns ahnt das Ausmaß der Schmach, die über uns und unsere Kinder kommen wird, wenn einst der Schleier von unseren Augen gefallen ist und die grauenvollsten und jegliches Maß unendlich überschreitenden Verbrechen ans Tageslicht treten? Wenn das deutsche Volk schon so in seinem tiefsten Wesen korrumpiert und zerfallen ist ... – wenn die Deutschen, so jeder Individualität bar, schon so sehr zur geistlosen und feigen Masse geworden sind, dann, ja dann verdienen sie den Untergang."

Aber, so fährt das Flugblatt fort, nicht alle Deutschen befinden sich in diesem hoffnungslosen Zustand. Sie wurden „in langsamer, trügerischer, systematischer Vergewaltigung ... in ein geistiges Gefängnis gesteckt". Jetzt aber muß ein verzweifelter Befreiungsversuch unternommen werden: „Daher muß jeder einzelne, seiner Verantwortung als Mitglied der christlichen und abendländischen Kultur bewußt, in dieser letzten Stunde sich wehren ... wider den Faschismus und jedes ihm ähnliche System des absoluten Staates. Leistet passiven Widerstand – *Widerstand* –, wo immer Ihr auch seid, verhindert das Weiterlaufen dieser atheistischen Kriegsmaschine, ehe es zu spät ist, ehe die letzten Städte ein Trümmerhaufen sind, gleich Köln, und ehe die letzte Jugend des Volkes irgendwo für die Hybris eines Untermenschen verblutet ist." Am Ende des Flugblattes folgt die nüchterne Aufforderung: „Wir bitten Sie, dieses Blatt mit möglichst vielen Durchschlägen abzuschreiben und weiterzuverteilen!"

Die „Weiße Rose" war an die Öffentlichkeit getreten. Daß man für eine im Untergrund arbeitende Widerstandsbewegung eine Blume als Symbol gewählt hatte, und dazu die Reinheit und Unschuld symbolisierende weiße Rose, löste heftige Diskussionen und Vermutungen aus. Darüber hinaus signalisierte der Plural der Überschrift „Flugblätter der Weißen Rose", daß weitere Aktionen zu erwarten waren. Und es dauerte nicht lange, bis das zweite Flugblatt erschien.

Wieder setzt es wie ein Essay ein: „Man kann sich mit dem Nationalsozialismus geistig nicht auseinandersetzen, weil er ungeistig ist." Die Greueltaten im Osten, die Ausschreitungen gegen die dortige Zivilbevölkerung und das Massaker an den dort lebenden Juden – die Informationen hierzu stammten hauptsächlich von Manfred Eickemeyer – werden voller Scham und Entsetzen verurteilt: „Hier sehen wir das fürchterlichste Verbrechen an der Würde des Menschen, ein Verbrechen, dem sich kein ähnliches in der ganzen Menschengeschichte an die Seite stellen kann. Warum", fragt das Flugblatt, „verhält sich das deutsche Volk angesichts all dieser scheußlichen, menschenunwürdigsten Verbrechen so apathisch? . . . Denn jeder gibt durch sein apathisches Verhalten diesen dunklen Menschen erst die Möglichkeit, so zu handeln, er leidet diese Regierung, die eine so unendliche Schuld auf sich geladen hat, ja, er ist doch selbst schuld daran, daß sie überhaupt entstehen konnte! Ein jeder will sich von einer solchen Mitschuld freisprechen, ein jeder tut es und schläft dann wieder mit ruhigstem, bestem Gewissen. Aber er kann sich nicht freisprechen, ein jeder ist *schuldig, schuldig, schuldig!*"

Das war die härteste Anklage, die von Deutschen gegen Deutsche innerhalb des deutschen Machtbereichs jemals laut wurde. Darin wurde erstmals die Frage nach der Kollektivschuld erwogen, die noch viele Jahre später in der ganzen Welt diskutiert werden sollte. Für junge Deutsche erforderte das Stellen dieser Frage größten moralischen und physischen Mut. Allerdings ließ das Flugblatt die Möglichkeit offen, daß die Deutschen bis zum Ausbruch des Kriegs durch den Nationalsozialismus „geblendet" waren, da er nicht seine „wahre Gestalt" zeigte. Doch das galt jetzt nicht mehr: „Jetzt, da uns in den letzten Jahren die Augen vollkommen geöffnet worden sind . . ., muß es die einzige und höchste Pflicht, ja heiligste Pflicht eines jeden Deutschen sein, diese Bestien zu vertilgen." Auch dieses Flugblatt schließt mit der Bitte, möglichst viele Durchschläge anzufertigen und sie weiterzuverteilen.

Sophie Scholl war seit ungefähr sechs Wochen in München, als die ersten Flugblätter auftauchten. Vermutlich hatte auch sie zunächst keine Ahnung, wo ihre Autoren zu suchen sein könnten. Erregt und fast ungläubig überflog sie die Zeilen. Endlich sprach jemand die Dinge offen aus! Unter der nach außen so ruhigen Oberfläche Münchens schien sich tatsächlich etwas zu regen – obwohl die Zeitungen oder das Radio darüber natürlich nichts berichteten. Diese Flugblätter zeigten an, daß es in Deutschland nicht nur Nazis gab. Sophie verschlang die Sätze. Es war ein tröstlicher Gedanke, den Beweis dafür in Händen zu halten, daß die in ihr und vielen andern rumorenden Gefühle des Entsetzens und der Scham sich endlich Ausdruck verschafft hatten. Aber in dieses Hochgefühl mischte sich Angst. Wer diese Seiten verfaßt und publiziert hatte, schwebte in höchster Gefahr. Trotzdem konnte sie es kaum erwarten, das nächste Flugblatt in die Hände zu bekommen.

Jürgen Wittenstein erinnerte sich viele Jahre später, welchen Eindruck die ersten Flugblätter der „Weißen Rose" hervorriefen: vor allem „Erstaunen" und „Verwirrung". Die maschinengeschriebenen Blätter wurden verstohlen von Hand zu Hand gereicht und lösten überall erregte Reaktionen aus. Sie reichten von vorsichtiger bis zu wütender Ablehnung; manche Studenten wußten einfach nicht, wie sie sich gegenüber diesen unerhörten Vorgängen verhalten sollten. Mehr als einer der Studenten ging sofort mit dem Flugblatt in der Hand zur Gestapo, denn wenn man einen solchen Vorfall nicht meldete, lief man Gefahr, der Mitwisserschaft verdächtigt zu werden.

Die Flugblätter konzentrierten sich aber keineswegs auf die Universität. Dort tauchten sie sogar verhältnismäßig spärlich auf. Die Verteilung schien ziemlich zufällig zu erfolgen. Ein Geheimbericht der Verwaltung von Oberbayern vermerkte, daß „in hohem Grade staatsfeindliche Druckschriften" in Umlauf gesetzt worden seien, deren Autoren bis jetzt noch nicht hätten ermittelt werden können. Nirgends traten die Flugblätter in großen Mengen auf, doch es schien, als ob bevorzugt Angehörige der Bildungsschichten als Empfänger ausgewählt würden. Die Gestapo war zunächst nicht einmal sicher, ob die Flugblätter wirklich in München ihren Ursprung hatten, da sie auch in benachbarten Städten und Ortschaften auftauchten.

Im Verlauf von acht oder neun Wochen erschienen in jenem Sommer insgesamt vier Nummern solch antinazistischer Flugblätter, während sowohl die Kriminal- wie die Politische Polizei vergeblich nach den Urhebern fahndete.

Eines davon kam mit der Post auch ins Haus von Traute Lafrenz. Traute las es mit atemloser Gespanntheit – das alles schien ihr irgendwie vertraut. In den folgenden Flugblättern suchte sie nach weiteren Hinweisen. Die letzten Zweifel beseitigte ein Zitat aus dem „Prediger Salomon": „Ich wandte mich und sah an alles Unrecht, das geschah unter der Sonne." Sie erinnerte sich, daß

245

sie diese Verse erst vor kurzer Zeit Hans gegenüber erwähnt hatte. Bei ihrer nächsten Begegnung fragte sie Hans rundheraus, ob er der Autor dieser Blätter sei.

„Er antwortete, es sei falsch, immer nach dem Urheber zu fragen", erinnerte sie sich. „Das gefährde diesen nur. Die Zahl der Beteiligten müsse ganz klein bleiben, und es sei besser für mich, wenn ich möglichst wenig wisse. Dabei blieb es. Mir war damit mein Platz zugewiesen, ich nahm ihn an. Sorgte, daß die Blätter weiterverbreitet wurden." Auf ihre nächste Reise nach Hamburg nahm sie zwei der Flugblätter mit, um sie ihren dortigen Gesinnungsgenossen zu zeigen.

Sophie Scholl kam auf ähnliche Weise den Urhebern der Blätter auf die Spur. Nicht lange nach dem Erscheinen des ersten Flugblattes besuchte sie – wie fast täglich – den Bruder auf seinem Zimmer. Hans war nicht da. Sophie beschloß, auf ihn zu warten, und blätterte zerstreut in einigen herumliegenden Büchern. Sie nahm von dem Stapel, der sich auf dem Schreibtisch türmte, einen Band herunter – eine Klassiker-Ausgabe mit einer Sammlung von Schiller-Texten. „Die Gesetzgebung des Lykurgus und Solon" war mit einem Lesezeichen versehen, eine bestimmte Stelle am Rand außerdem durch einen Bleistiftstrich gekennzeichnet. Sophie begann zu lesen: „Der Staat selbst ist niemals Zweck, er ist nur wichtig als eine Bedingung, unter welcher der Zweck der Menschheit erfüllt werden kann, und dieser Zweck der Menschheit ist kein anderer als Ausbildung aller Kräfte des Menschen."

Genau diese Worte hatte Sophie soeben erst gelesen – im Flugblatt der Weißen Rose. Das konnte kein Zufall sein! Andere Gedanken und Formulierungen erinnerten sie ebenfalls an vieles, das Hans bei Gesprächen und Diskussionen geäußert hatte. Und plötzlich fiel ihr auch wieder ein, was Hans damals in Ulm gesagt hatte, nachdem die ersten Kopien der Predigten Bischof Galens ins Haus am Münsterplatz geflattert waren: „Man sollte unbedingt einen Vervielfältigungsapparat haben."

Sophie war jetzt sicher, daß ihr Bruder die Grenze vom passiven zum aktiven Widerstand überschritten hatte. Das bedeutete, daß er sich jetzt im Vorbereich des Todes befand. Vielleicht gelang es ihr noch, ihn von weiteren Aktionen zurückzuhalten. Doch falls Hans sich nicht zurückhalten ließ, würde sie sich ihm anschließen.

Es gelang Hans nicht, Sophie wie vorher Traute Lafrenz abzuschütteln. Er hatte versucht, Sophie über seine Aktionen im dunkeln zu lassen, um sie nicht zu gefährden. Sollte er von der Gestapo entdeckt werden, würde man auch sie festnehmen. Sie sollte dann wahrheitsgemäß ihren Befragern antworten können, von der ganzen Sache nichts gewußt zu haben.

Aber jetzt wußte sie es, und sie bestand darauf, den Kampf an seiner Seite aufzunehmen. Der Gedanke, den Bruder in dieser Gefahr allein zu lassen, war für sie unerträglich. Bislang hatte ihr Widerstand gegen das Regime sich lediglich in ihrer ablehnenden inneren Haltung ausgedrückt, aber das war nur passiver Widerstand gewesen. Sie aber wollte mitten in ihrer Zeit stehen, mit handeln und mit leiden. Nicht lange danach drückte sie dem Maler Wilhelm Geyer gegenüber – einem Freund von ihr und Hans aus Ulmer Tagen – diese von ihr empfundene Verpflichtung so aus: „Es fallen so viele für das Regime, es müssen auch einmal einige dagegen fallen!"

Hans Scholl und Alex Schmorell hatten ihre Aktion Ende Mai begonnen. Jeder hatte für das erste Flugblatt einen eigenen Text entworfen. Beide waren von der Macht des geschriebenen Wortes überzeugt. Sie waren übereingekommen, sich nicht an die allgemeine Öffentlichkeit zu wenden, sondern vor allem die anzusprechen, die in jener „Kulturgemeinschaft" eine Rolle spielten, die vom Nationalsozialismus so schwer in Mitleidenschaft gezogen worden war – Universitätsprofessoren, Lehrer, Kirchenleute, Meinungsträger. Zu den wichtigen Anlaufadressen rechneten sie außerdem Gaststättenbesitzer, da diese viele Kontakte zu den unterschiedlichsten Gruppen hatten. Sie hofften, daß die Flugblätter unter den Gästen diskutiert und weitergereicht würden.

Ihnen war klar, daß Hitler und sein Regime allein durch ihre Flugblattaktionen nicht in die Knie gezwungen werden konnten. Sie wußten, was sie auch auf einem der Blätter betonten, daß Hitler nur durch militärische Macht zu besiegen war. Ihr Ziel war die Äußerung eines moralischen Protestes, ihre Aktion ein Aufschrei des Gewissens. Sie wollten den Glauben der Deutschen an ihre Führung erschüttern, Gleichgesinnten ein Signal geben, daß sie nicht allein stünden. Vor allem sollte die Behauptung, die Gesamtheit der „Volksgenossen" stehe geschlossen hinter dem Führer, als Propagandalüge entlarvt werden. Und die Gestapo konnte nicht wissen, ob die paar hundert sichergestellten Flugblätter nicht nur die Spitze eines Eisbergs waren, ob es nicht eine weitverbreitete Untergrundorganisation gab, die das gesamte System bedrohte.

Zunächst hatte man eine ganze Reihe „logistischer" Probleme meistern müssen. Aber Alex Schmorell war es gelungen, einen kleinen Laden aufzuspüren, der Büromaschinen aus zweiter Hand verkaufte. Der Besitzer überließ ihm einen gebrauchten Vervielfältigungsapparat zum doppelten Preis seines Werts. Alex stellte auch die Schreibmaschine zur Verfügung. Zunächst allein mit Hans, dann mit Sophies Hilfe besorgte er über die verschiedensten Kanäle das Spezialpapier für das Gerät sowie die Matrizen. Hans und Alex erhielten von der Wehrmacht eine monatliche Studienbeihilfe von 235 Mark. Alex verfügte außerdem über Taschengeld von seinem Vater. Damit bestritten sie zunächst ihre Auslagen. Nachdem sie die beiden Fassungen für das erste Flugblatt miteinander diskutiert hatten, übernahm Hans die Redaktion der endgültigen Version, die eine Synthese der beiden Entwürfe darstellte. Der Text wurde sauber abgetippt, auf Matrize geschrieben, vervielfältigt und versandfertig gemacht. Die Anschriften entnahmen sie Telefon- und Adreßbüchern.

Noch immer ist nicht endgültig geklärt, warum die Texte unter der Überschrift „Flugblätter der Weißen Rose" erschienen. Von der Gestapo danach gefragt, gab Hans zur Antwort, diese Bezeichnung lehne sich an einen spanischen Roman an, den er einmal gelesen habe. Aber Hans führte die Staatspolizei, wo immer es ging, auf falsche Fährten. Man konnte keinen Roman mit diesem Titel ausfindig machen. Allerdings gibt es von B. Traven einen Roman mit dem Titel „Die weiße Rose". Er erzählt vom Kampf eines Rancheros gegen eine räuberische Ölgesellschaft – vielleicht eine Metapher für den Kampf des Guten mit dem

Bösen. Doch die Verbindung zu dem Widerstand der Münchner Studenten ist äußerst vage, und es gibt keinen Beweis dafür, daß Hans Scholl dieses Buch gekannt hat. Eine Freundin von Alex Schmorell erinnert sich, daß dieser sie einmal nach ihrer Lieblingsblume gefragt habe, worauf sie antwortete: „Die weiße Rose, da sie die Lieblingsblume der letzten Zarin war." Alex, mit seiner Begeisterung für alles Russische, war entzückt. „Ja", meinte er, „die weiße Rose ist das Symbol der Reinheit und Schönheit." Und Reinheit und Schönheit stellten wohl den größten Gegensatz zum Nationalsozialismus und dessen Ideen und Taten dar. Höchstwahrscheinlich ließen sich die beiden jungen Männer durch Vorstellungen und Assoziationen dieser Art leiten, als sie ihre ersten Flugblätter unter dem Symbol der weißen Rose erscheinen ließen.

Genau wie die beiden vorangegangenen wurde auch das dritte Flugblatt mit intellektuellen Gedanken und Überlegungen eingeleitet, mit Reflexionen darüber, was der Bürger von seinem Staat erwarten dürfe. Dann jedoch wendet sich der ungenannte Autor direkt an den Leser: „Aber, frage ich Dich, wenn Ihr das wißt" (daß dieser Staat eine „Diktatur des Bösen" ist), „warum regt Ihr Euch nicht, warum duldet Ihr, daß diese Gewalthaber Schritt für Schritt offen und im verborgenen eine Domäne Eures Rechts nach der anderen rauben, bis eines Tages nichts, aber auch gar nichts übrigbleiben wird als ein mechanisiertes Staatsgetriebe, kommandiert von Verbrechern und Säufern? Ist Euer Geist schon so sehr der Vergewaltigung unterlegen, daß Ihr vergeßt, daß es nicht nur Euer Recht, sondern Eure *sittliche* Pflicht ist, dieses System zu beseitigen?" Es folgt eine ernste Warnung, die dem deutschen Volk dasselbe Schicksal voraussagt, das es im Augenblick den Juden bereitet: „Wir würden es verdienen, in alle Welt verstreut zu werden wie der Staub vor dem Winde, wenn wir uns in dieser zwölften Stunde nicht aufrafften und endlich den Mut aufbrächten, der uns seither gefehlt hat." Welche Maßnahmen gegenüber dem allmächtigen Staat möglich sind, dafür gibt das Flugblatt genaue Verhaltensanleitungen: „*Sabotage* in Rüstungs- und kriegswichtigen Betrieben. *Sabotage* in allen Versammlungen, Kundgebungen, Festlichkeiten, Organisationen, die durch die nationalsozialistische Partei ins Leben gerufen werden ... *Sabotage* auf allen wissenschaftlichen und geistigen Gebieten, die für eine Fortführung des gegenwärtigen Krieges tätig sind ..." Im Mittelpunkt dieses Flugblatts aber steht ein Passus, in dem die Autoren die Niederlage des faschistischen Deutschland fordern: „Nicht der militärische Sieg über den Bolschewismus darf die erste Sorge für jeden Deutschen sein, sondern die Niederlage der Nationalsozialisten."

Zu dieser Zeit arbeiteten in Deutschland nicht weniger als zehn Scharfrichter. Jede Stadt, jeder größere Ort hatte eine Gestapodienststelle, in deren Kellern und Verliesen Regimegegner geschlagen und gefoltert wurden, wie inzwischen allgemein bekannt war. In Berlin wurde ein gewisser Wilhelm Lehmann enthauptet, weil er Toilettenwände mit der Aufschrift DER MASSENMÖRDER HITLER MUSS ERMORDET WERDEN! versehen hatte. Die vage Formel „zur Sicherheit des Staates" erlaubte es der Gestapo, gewaltsam gegen jeden Bürger vorzugehen. Je mehr „Flugblätter der Weißen Rose" erschienen, desto verbissener versuchte die Gestapo, ihre Urheber ausfindig zu machen. Doch zunächst gab es lediglich Hinweise darauf, daß sie tatsächlich in München hergestellt und an Leute verschickt worden waren, die über ein gewisses kulturelles Niveau verfügten.

Hans besuchte weiterhin Vorlesungen und kam seiner Pflicht in der Klinik nach; auch im privaten Bereich schien er unverändert. Viele seiner engeren Bekannten, selbst jene, die seine politische Einstellung kannten, hatten keine Ahnung von seinen Untergrundaktivitäten. Auch auf Sophie fiel kein Verdacht, obwohl sie unter ihren Kommilitonen wegen ihrer manchmal unbedachten Äußerungen bekannt war. Daß man die Geschwister nicht gerade als überzeugte Nazis betrachtete, stellte sogar einen gewissen Schutz dar. Nazigegner hielten normalerweise den Mund oder tarnten sich hinter regimetreuen Bekenntnissen.

Nicht alle Mitglieder des engeren Kreises waren so scharfsinnig wie Traute Lafrenz, die am Stil der Texte die Autoren erraten hatte. Als Hans seine Zuneigung von Traute auf Gisela Schertling übertrug, schöpfte die neue Freundin trotz des engen Kontaktes längere Zeit keinen Verdacht. Nur durch Zufall kam sie später dahinter, daß ihr Freund der Urheber der Flugblätter war; sie wurde von Hans genausowenig ins Vertrauen gezogen wie seine Schwester Inge. Auch sie wurde von den Geschwistern getäuscht, weil sie sie liebten und nicht in Gefahr bringen wollten. Allerdings ahnte sie dunkel, daß Hans und Sophie in ein gefährliches Spiel verwickelt waren, dem sie ferngehalten werden sollte. Doch sie wollte die Geschwister nicht zwingen, sie in ihr Geheimnis einzuweihen – obwohl sie schreckliche Ängste um sie ausstand.

Als sie einmal Carl Muth besuchte, zog der alte Herr seine Brieftasche heraus, entnahm ihr ein gefaltetes Blatt und reichte es ihr. Es war das zweite Flugblatt der „Weißen Rose", das er in seinem Briefkasten gefunden hatte. Sie las es mit angehaltenem Atem. Ihre Hand zitterte, als sie es zurückgab. Verwirrt sah sie, wie der alte Gelehrte das Blatt sorgfältig wieder zusammenfaltete und in die Brieftasche zurücksteckte.

„Tragen Sie das etwa immer bei sich?" wollte Inge wissen.

„Ja, immer", war die Antwort.

„Aber das kann gefährliche Folgen haben."

„Ich bin ein alter Mann", erwiderte Carl Muth. „Falls ich auf der Straße einen Herzschlag erleide, werden sie meine Taschen durchsuchen, das Flugblatt finden und es lesen."

Auch Sophie führte weiterhin das Leben einer ganz normalen Studentin. Sie besuchte Vorlesungen und Seminare, las, führte ihr Tagebuch und korrespondierte mit der Familie und den Freunden. Nichts an ihr deutete darauf hin, daß sie sich illegal betätigte.

Als gegen Mitte Juli das vierte Flugblatt auftauchte, hatten die deutschen Truppen eine Reihe weiterer Siege an ihre Fahnen heften können. Aber diese Siege seien, warnt das Flugblatt, nur „scheinbar" und „unter den grauenhaftesten Opfern erkauft". Doch das verschwiegen Hitler und seine Spießgesellen. „Jedes Wort, das aus Hitlers Munde kommt, ist Lüge."

Das Flugblatt enthält die nachdrückliche Versicherung, daß die „Weiße Rose" nicht im Sold einer ausländischen Macht stehe, und weist darauf hin, daß die Namen der Adressaten willkürlich Adreß- und Telefonbüchern entnommen seien – eine wichtige Garantie in einer Zeit, in der es ausreichte, zufällig im Notizbuch eines Regimegegners vermerkt zu sein, um selbst vor Gericht gestellt zu werden. Vor der obligatorischen Bitte um Vervielfältigung und Weitersendung des Textes steht noch eine Art Schwur: „Wir schweigen nicht, wir sind Euer böses Gewissen; die Weiße Rose läßt Euch keine Ruhe!"

Danach aber tauchten plötzlich keine Flugblätter der „Weißen Rose" mehr auf. Was den Polizeiorganen des Regimes nicht gelungen war – nämlich die Urheber der Flugblätter unschädlich zu machen und damit ihr Erscheinen zu unterbinden –, gelang unwissentlich der Wehrmacht. Die Studentenkompanie erhielt einen Einsatzbefehl an die Ostfront.

7

Der „Rußlandfeldzug" sollte eine Sache weniger Monate werden; inzwischen ging der Krieg im Osten in sein zweites Jahr. Und ein Ende war nicht abzusehen. Ständig mußte neues „Menschenmaterial" dem Osten zugetrieben werden.

Bevor die jungen Leute der „Weißen Rose" die Transportzüge an die russische Front bestiegen, trafen sie sich ein letztes Mal am Vorabend der Abreise. Es war der 22. Juli 1942. Der Tag war ausgefüllt gewesen mit Packen, mit Appellen und Inspektionen in der Kaserne. Abends stand Manfred Eickemeyers geräumiges Atelier zur Verfügung, außerdem war es gelungen, Tee, Kuchen und Wein zu organisieren.

Ungefähr fünfzehn Gäste waren an diesem Abend anwesend. Alle Gäste waren Anfang Zwanzig, mit Ausnahme von Professor Kurt Huber.

Der Abend war als Abschiedsfest für die Studentensoldaten Hans, Alex und Willi gedacht. Man wollte noch einmal miteinander ein Glas trinken und fröhlich sein. Doch immer wieder kam man auf „unsere Situation" zu sprechen, womit sowohl das Schicksal der Gruppe wie auch das Deutschlands gemeint war. Jeder der Anwesenden hatte zumindest eines der „Flugblätter der Weißen Rose" gelesen. Auch Kurt Huber war eines mit der Post zugegangen.

Juli 1942, kurz vor dem Abtransport der Studentenkompanie nach Rußland: Sophie mit Hans (zweiter von links) und Alexander Schmorell (rechts)

An diesem Abend war der Professor besonders besorgt. Aus seiner Sicht war die Lage Deutschlands inzwischen sehr viel bedrohlicher geworden. Er verließ die kleine Gesellschaft verhältnismäßig früh und bat Hans, ihm seine Eindrücke aus Rußland zu schreiben. Christoph Probst begleitete den Professor zur Straßenbahn. Er, der einer anderen Einheit angehörte, brauchte am nächsten Morgen nicht den Transportzug zu besteigen. Auch Hans Hirzel aus Ulm, der sich zufällig in München aufhielt, war an diesem Abend in Eickemeyers Atelier erschienen. Auch er hatte per Post eines der Flugblätter erhalten und als Absender sofort Hans Scholl vermutet. Beim allgemeinen Aufbruch nahm Hans ihn zur Seite und steckte ihm achtzig Mark zu. Damit sollte er versuchen, einen weiteren Vervielfältigungsapparat zu organisieren, und ihn bis nach seiner Rückkehr verstecken.

Am nächsten Morgen, pünktlich um sieben, trat die Studentenkompanie an, um den Transportzug in den Osten zu besteigen. Der Zug folgte ungefähr derselben Route nach Moskau, die hundertdreißig Jahre zuvor Napoleons Armeen genommen hatten. In

Willi Grafs Tagebuch lassen sich die Stationen verfolgen: zuerst Warschau, wo sie haltmachten und in einer Kneipe Wodka probierten. Bei ihrer Stadterkundung stießen sie „auf nichts als Elend". Dann überquerten sie die Grenze nach Litauen; dort war alles vom Krieg unberührt. Nachdem sie die Universitätsstadt Kaunas durchfahren hatten, überquerten sie nachts die russische Grenze. Jetzt befanden sie sich also in der Sowjetunion. Tag um Tag rollte der Zug durch endlose Weiten immer neuen Horizonten entgegen, bis sie in Wjasma anlangten, wo die Wehrmacht im Herbst 1941 einen „Bilderbuchsieg" errungen hatte, wie es einer ihrer Generale formulierte.

Wjasma war völlig zerstört. Jetzt waren sie im eigentlichen Kriegsgebiet; hier gab es nichts als „Schmutz, Elend und deutsche Marschmusik". Wjasma war Frontsammelstelle. Ihre Einheit wurde der 252. Division zugeteilt, die in Gschatsk lag, knapp hundertdreißig Kilometer westlich von Moskau. Hinter Gschatsk war der deutsche Angriff auf Moskau zum Stehen gekommen.

In ihrer neuen Umgebung fühlten sich die jungen Männer der „Weißen Rose" nicht nur fehl am Platz, sie reagierten auf alles, was sie sehen mußten, mit Empörung und Abscheu. Besonders schlimm war es für Alex Schmorell, der sich diesem Land innerlich stark verbunden fühlte. Er sprach die Sprache dieses Volkes, und seine Kindheitserinnerungen waren durch russische Volkslieder und Märchen geprägt. Vor dem Abtransport in München hatte er sich geschworen, unter keinen Umständen auf einen Russen zu schießen. Genausowenig, wie er je auf einen Deutschen schießen wollte. Er gab sich große Mühe, Kontakte zwischen seinen Kameraden und den Einwohnern von Gschatsk sowie den umliegenden Dörfern herzustellen, und spielte für alle den Dolmetscher. Er brachte die Bauern dazu, ihren deutschen Besuchern in der verhaßten Wehrmachtsuniform die alten Lieder vorzusingen, und revanchierte sich dafür mit deutschen Volksliedern, die er auf seiner Balalaika begleitete. Einmal entging Alex nur um Haaresbreite dem Kriegsgericht, als er sich einer deutschen Wache entgegenstellte, die einen russischen Gefangenen blutig schlug.

Hans berichtete in einem Brief an Professor Huber, der von

allen drei Kameraden unterzeichnet wurde, von den fröhlichen Treffen mit den neuen russischen Freunden. Melancholie und Langeweile bedrückten ihn und verstärkten seinen Widerwillen gegen den Krieg. Bei Kerzenlicht las er im Unterstand Dostojewski. Mit beißenden Kommentaren ging er gegen die Vorstellung an, die Deutschen müßten in diesem Krieg die westliche Zivilisation gegen asiatische Horden verteidigen. Als unmittelbar hinter der Front eingesetzter Sanitäter sah er oft die schrecklich zugerichteten Opfer der mechanisierten Kriegsführung. „Ich habe keine Musik mehr in mir, ich höre nur Tag und Nacht das Stöhnen der Gequälten."

Der Zufall wollte es, daß die Einheit seines jüngeren Bruders Werner ganz in seiner Nähe lag. Er nahm ein Pferd und ritt die paar Meilen nach Westen, um „Has", wie der Bruder in der Familie genannt wurde, nach vielen Monaten wiederzusehen. Ihr Vater war erneut von der Gestapo verhaftet und zu einer Gefängnisstrafe verurteilt worden. Hans hatte es durch einen Brief der Mutter erfahren, in dem sie ihn und Werner bat, bei den zuständigen Stellen um Milde für den Vater zu bitten. Sie hatte ihrem Brief eine persönliche Bittschrift beigelegt und drängte ihre beiden Söhne, ähnliche Petitionen einzureichen. Da beide an der Ostfront standen, meinte die Mutter, hätten ihre Gesuche mehr Gewicht. Werner stimmte Hans zu, als dieser meinte: „Ich werde nicht um Gnade bitten. Ich kenne den falschen, aber auch den wahren Stolz."

Zu der Verhaftung des Vaters war es folgendermaßen gekommen: Robert Scholl beschäftigte in seinem Ulmer Büro ein junges Mädchen als Sekretärin, der er – wie allen Menschen – mit großer Freundlichkeit und Wärme begegnete. Dieses Mädchen kam ihm auf ähnliche Weise entgegen, so daß er glauben konnte, ihm ein gewisses Vertrauen entgegenbringen zu dürfen. Eines Tages in diesem Sommer 1942 fragte sie ihn, wie er die Kriegssituation einschätze.

„Der Krieg!" fuhr er auf. „Er ist so gut wie verloren. Dieser Hitler ist eine Gottesgeißel, und wenn der Krieg nicht bald beendet wird, werden die Russen in zwei Jahren in Berlin sitzen."

Wenige Tage später wurde Robert Scholl verhaftet und im

August durch die Gestapo vor ein Sondergericht gestellt, wo er sich wegen seiner staatsfeindlichen Äußerungen zu verantworten hatte. Er wurde zu vier Monaten Gefängnis verurteilt.

Die Sekretärin, die ihn denunziert hatte, antwortete auf die Frage einer Freundin, was sie eigentlich gegen Robert Scholl habe: „Nichts, ich mochte ihn."

„Aber warum hast du es dann getan?"

Ihre Antwort wirft ein bezeichnendes Licht auf die Konflikte, denen sich der Bürger unter einem totalitären Regime selbst in Alltagssituationen ausgesetzt sieht: „Ich mußte meine persönlichen Gefühle unterdrücken. Ich mochte Herrn Scholl, und ich war ihm dankbar, aber als er diese Dinge über den Führer und den Krieg sagte, wußte ich, daß ich das nicht einfach so hingehen lassen durfte."

Hans Scholl wußte, was es bedeutete, ungerechterweise Tag um Tag und Nacht um Nacht zwischen vier engen Wänden mit einem vergitterten Fenster eingesperrt zu sein, aber er wußte auch, daß sein Vater physisch und moralisch stark genug war, diese Prüfung zu bestehen.

Als sein Fronteinsatz in Rußland im Frühherbst 1942 seinem Ende entgegenging, war die Wehrmacht entlang der Wolga mit starken Kräften aufmarschiert und setzte dem Industriehafen und Verkehrsknotenpunkt Stalingrad schwer zu. Außerdem hatten die Deutschen Rostow erobert und einen großen Teil des Kaukasus überrannt. Und in Nordafrika stellte Feldmarschall Rommels berühmtes Afrikakorps noch immer eine beträchtliche Bedrohung für die Alliierten dar. Obwohl die Tage der Blitzkriege vorbei waren, befanden sich die deutschen Armeen noch immer auf dem Vormarsch.

Trotzdem bestanden für Hans Scholl und seine Freunde über den Ausgang des Krieges keine Zweifel. Sie waren überzeugt, daß Nazideutschland ihn nicht gewinnen konnte. Obwohl die Mehrheit der deutschen Truppen noch mit der gewohnten Zähigkeit kämpfte, gab es hie und da Anzeichen, die vermuten ließen, daß auch an der Front die Flugblätter der „Weißen Rose" nicht auf totale Ablehnung gestoßen wären. Unter der Oberfläche machte sich Ernüchterung breit.

Als der Rückverlegungsbefehl nach München kam, war die Studentenkompanie weniger als vier Monate an der Front gewesen; die deutsche Armeeführung behandelte die Studenten mit besonderer Nachsicht und schickte sie jetzt zur Fortsetzung ihres Studiums und ihrer praktischen Ausbildung in die Heimat zurück. Nicht alle Kompaniemitglieder empfanden beim Verlassen Rußlands ausnahmslos Freude. Das Land und seine Bewohner hatten einige von ihnen auf seltsame Weise berührt. Für Alex Schmorell war die Rückbeorderung nach Deutschland fast so etwas wie eine Katastrophe. Er erklärte, eines Tages unbedingt hierher zurückkehren zu wollen.

Für Hans Scholl hatte der Einsatz in Rußland wichtige und tiefgreifende neue Erfahrungen gebracht. Was er dort gesehen und erlebt hatte, konnte seine Ablehnung des nationalsozialistischen Systems nur noch erhärten. Alex und Hans waren sich in langen Diskussionen einig geworden, daß jetzt besser organisierte Aktionen auf breiterer Basis gestartet werden mußten. Dazu war es notwendig, ein Netz zuverlässiger und mutiger Gesinnungsgenossen aufzubauen. Während ihr Viehwaggon Kilometer um Kilometer nach Westen ratterte, erfüllte Hans die Überzeugung, daß die selbstgewählte Mission – „eine Bresche in die Mauer des Terrors zu schlagen" – inzwischen zum kategorischen Imperativ geworden war. Wie es im dritten Flugblatt der „Weißen Rose" geheißen hatte, war Widerstand jetzt eine sittliche Pflicht.

In Brest an der polnischen Grenze gab es einen längeren Aufenthalt. Hans und die Kameraden sahen eine Gruppe russischer Gefangener, die man zu einem in der Nähe gelegenen, von Stacheldraht umzäunten Lager trieb. Die abgezehrten, zerlumpten Gestalten stellten ein erbärmliches, menschenunwürdiges Bild dar. Hans, Alex und Willi boten ihnen Zigaretten aus ihren Wehrmachtsrationen an. Die deutschen Wachen reagierten daraufhin mit einer Flut von Flüchen, die von Hans und seinen Freunden im selben Ton erwidert wurden. Wäre der Zug nicht in diesem Augenblick angefahren, hätte es nicht nur leicht zum Handgemenge kommen können, sondern Hans und den übrigen hätten auch strenge Disziplinarmaßnahmen wegen Verbrüderung mit dem Feind gedroht.

**Rußland, Oktober 1942, auf dem Verbandsplatz von Gschatsk:
Hans Scholl, Willi Graf, Alexander Schmorell (von links nach rechts)**

Das war nicht der einzige Zwischenfall dieser Art. Wochen zuvor war Hans ein junges, abgezehrtes jüdisches Mädchen mit dem gelben Davidsstern auf der Brust begegnet, das inmitten einer Gruppe von Schicksalsgenossinnen mit einer schweren Eisenhacke an einem Bahndamm arbeitete. Das ehemals sicherlich anmutige Gesicht war jetzt fahl und eingefallen, und in den tief eingesunkenen Augen stand eine unsägliche Trauer. Hans steckte dem Mädchen seine „eiserne Ration" zu, ein Gemisch aus Schokolade, Weinbeeren und Nüssen. Doch es warf sie ihm vor die Füße. Er hob sie wieder auf, wischte sie ab und pflückte dann eine Margerite vom Bahndamm. Er legte ihr das Päckchen mit der Blume obenauf zu Füßen und sagte: „Ich hätte Ihnen so gerne eine kleine Freude gemacht." Als er sich aus dem wieder anfahrenden Zug nach ihr umblickte, stand sie da und schaute ihm nach, die weiße Margerite im Haar.

Bereits in Gschatsk hatte es einen Zwischenfall gegeben, der für Hans hätte gefährlich werden können. Als er einen Gefreiten beobachtete, der einen russischen Gefangenen trat, wies er ihn mit scharfen Worten zurecht. Da dieser einem Feldwebel nicht zu widersprechen wagte, mußte er seine Wut im Zaum halten und die Strafpredigt über sich ergehen lassen.

In einem andern Fall stießen Hans und Alex auf einem kurz zuvor noch hart umkämpften Feld auf die unbeerdigte Leiche eines russischen Soldaten, dem der Kopf vom Rumpf getrennt war. Sie hoben ein Grab aus und legten Haupt und Rumpf zusammen hinein. Sie verfertigten ein improvisiertes russisches Kreuz und steckten es an der Kopfseite des Grabes in die Erde.

Gesten dieser Art waren nicht mehr als schwache Flämmchen inmitten einer ringsum lastenden Finsternis. Doch sie manifestierten das durch nichts zum Schweigen zu bringende Gewissen.

NACH Beendigung des Sommersemesters gab es nichts, was Sophie noch hätte in München halten können, denn der Bruder und die Freunde standen an der Ostfront. Sie fuhr nach Hause. Doch die Hoffnung auf ein erholsames Beisammensein mit Eltern und Schwestern wurde durch die Ereignisse dieses Sommers zerstört. Die Verhaftung des Vaters hatte der Familie heftigen Kummer bereitet. Jetzt standen alle Scholls wieder unter Verdacht. Dauernd mußten sie damit rechnen, erneut von der Gestapo aufgesucht und verhört zu werden. Sophie setzte sich mit Traute Lafrenz in Verbindung, und gemeinsam suchten sie das Münchner Zimmer von Hans auf, um es systematisch auf Verdachtsstücke hin durchzukämmen. Danach unterzogen sie Sophies Zimmer in der Mandlstraße, das sie im Wintersemester wieder beziehen wollte, der gleichen Prozedur.

Die weiter verschärften Kriegsbestimmungen taten ein übriges, Sophie diesen Sommer zu vergällen, denn im Rahmen der allgemeinen Kriegsanstrengungen wurde sie gezwungen, den größten Teil ihrer Ferien in einer Ulmer Fabrik zu arbeiten. Wieder mußte sie täglich einem Regime dienen, das sie verabscheute. Sie versuchte etwas davon wiedergutzumachen, indem sie den russischen Zwangsarbeiterinnen in der Fabrik betont freundlich entgegenkam. Sophie und ein paar gleichgesinnte deutsche Mädchen horteten ihre Lebensmittelabschnitte für Weißbrot und andere rationierte Köstlichkeiten, um damit den russischen Arbeiterinnen eine Freude zu machen.

Im August kam die Nachricht, daß Ernst Reden an der Ostfront gefallen war. Diese Botschaft war für Sophie doppelt schmerzlich. Ernst Reden war in ihren Augen nicht nur einer der interessantesten Männer gewesen, die ihr je begegnet waren, sondern sie wußte auch, wieviel er ihrer Schwester Inge bedeutet hatte.

Die Nachricht vom Tod Ernst Redens fiel in eine Zeit, in der das Regime den Vater zum Kriminellen gestempelt hatte; gleichzeitig standen die beiden Brüder irgendwo im Osten, und von Fritz Hartnagel, mit dem sie eine besondere Beziehung verband, wußte sie, daß er bei Stalingrad kämpfte, von wo sich die Unglücksbotschaften häuften. Die Ungewißheit, die ihr Leben überschattete, machte alles Planen für eine glücklichere Zukunft unmöglich. Angst und Mißtrauen vergifteten die menschlichen Beziehungen.

Trotzdem freuten sich alle, als Anfang Oktober Hans aus Rußland ins Haus am Münsterplatz zurückkehrte. Ungefähr zur selben Zeit wurde auch Robert Scholl aus dem Gefängnis entlassen. Er kam ungebrochen zurück. Mehr als einmal hörte Sophie ihn das Schlüsselwort seiner Privatphilosophie vor sich hin murmeln: „Allen!" Diese Unbeugsamkeit wirkte ansteckend. Sophie und ihr Bruder fuhren beeinflußt von der Haltung des Vaters nach München zurück. Auch sie wollten „allen Gewalten zum Trutz sich erhalten".

Als Hans Scholl im November 1942 nach München zurückkehrte, wurden immer mehr deutsche Städte mit immer größerer Heftigkeit bombardiert – was Reichsmarschall Göring als ein Ding der Unmöglichkeit bezeichnet hatte. In Nordafrika war Feldmarschall Rommels Afrikakorps vor den Toren Kairos zurückgeschlagen worden. Gleichzeitig waren anglo-amerikanische Kräfte in der größten amphibischen Operation der Weltgeschichte in Nordafrika an Land gegangen. Und im Osten nahm die massive Gegenoffensive der Russen bei Stalingrad immer mehr an Schlagkraft zu. Inzwischen lief auch die Kriegsproduktion der USA auf vollen Touren, und die deutschen U-Boote

Franz-Joseph-Straße 13, München-Schwabing: Eine Gedenktafel (unten) erinnert daran, daß in diesem Haus Hans und Sophie Scholl bis zu ihrer Verhaftung wohnten.

waren nicht mehr in der Lage, den Nachschubtransport an Menschen und Material über den Atlantik wirksam zu stören.

Trotz der allgemeinen Verschlechterung der Kriegssituation konnten die Studentensoldaten ihr verhältnismäßig freies und unmilitärisches Leben wiederaufnehmen. Wie zuvor besuchten sie Vorlesungen und leisteten Hilfs- und Ausbildungsdienst in Kliniken und Lazaretten. An den Abenden besuchte man Konzerte oder traf sich mit der Gruppe.

Hans und Sophie bewohnten jetzt gemeinsam zwei große Zimmer in der Schwabinger Franz-Joseph-Straße 13, kaum mehr als einen Steinwurf von der Universität entfernt. Die Wirtin war vor den Luftangriffen aufs Land geflohen, und so konnten Hans und

Sophie ohne Angst vor Bespitzelung Freunde und Bekannte einladen. Ihre neue Unterkunft war auch nicht weit von Eickemeyers Atelier entfernt.

Hans wollte nun neue Mitstreiter und Hilfsquellen finden. Zu den ersten Anlaufadressen gehörte Eugen Grimminger, ein Freund seines Vaters. Bei ihm hoffte Hans nicht nur auf moralische, sondern auch auf finanzielle Unterstützung für seine Widerstandspläne. Mit Alex fuhr er nach Stuttgart und trug seine Absichten vor. Grimminger war ein Mann in den Fünfzigern, der freiberuflich als Wirtschaftsprüfer arbeitete, früher aber im Staatsdienst gewesen war – ein realistisch und praktisch denkender Mann. Er war mit einer Frau verheiratet, die von den Nazis als „Volljüdin" gebrandmarkt war.

Man unternahm zu dritt einen Spaziergang durch Stuttgart, und die heikelsten Punkte wurden auf der Laderampe einer Spedition am Rande der Stadt beredet. Dort erfuhr Eugen Grimminger alles über die „Weiße Rose"; dann unterrichtete ihn Hans über seine weiteren Pläne. Doch als er am Ende seiner Darlegungen um finanzielle Unterstützung bat, zögerte Grimminger. Natürlich war ihm klar, daß die „Weiße Rose" nicht allein von hohen Idealen leben konnte. Sie brauchte Bargeld für Geräte und Material. Grimminger wollte sich jedoch nicht einfach in ein Unternehmen verwickeln lassen, das als Hochverrat klassifiziert werden würde. Die beiden jungen Männer verließen Stuttgart mit leeren Händen. Einige Wochen später jedoch gab Eugen Grimminger seinem Herzen einen Stoß. Er schrieb einen Scheck über fünfhundert Mark aus, den er Hans Scholl übergab.

Der Architekt Manfred Eickemeyer, der der Gruppe schon sehr geholfen hatte, indem er sein Atelier für ihre Zusammenkünfte zur Verfügung stellte, steuerte weitere zweihundert Mark bei. Im Gegensatz zu Grimminger war er vorsichtig genug, seinen Beitrag in bar zu leisten.

Willi Graf spendete fünfzig Mark. Auf Vorschlag von Hans Scholl benutzte er außerdem seinen Weihnachtsurlaub für eine Reise in seine Heimatgegend. Er besuchte Saarbrücken, dann Bonn, Köln und andere Städte, um die einzelnen Gruppen an den verschiedenen Universitäten zu vereinten Anstrengungen gegen das Regime zu bewegen – mit unterschiedlichen Erfolgen. In Bonn stieß er auf Kommilitonen, die seiner Sache zwar wohlwollend gegenüberstanden, zu aktivem Handeln aber nicht bereit waren. Dagegen existierte in Freiburg bereits der Kern einer Widerstandszelle, die sogar Kontakte bis in die Fakultätsspitze hinein vorweisen konnte. (Die Gestapo nahm später fünf Freiburger Professoren in Haft.) In Saarbrücken nahm Willi Graf Verbindung zu den Brüdern Bollinger auf, die ihn darüber informierten, daß sie selbst schon bestimmte Aktionen unternommen hatten. Verschlüsselt gab Dr. Heinrich Bollinger, Assistent an einem Lehrstuhl für Philosophie, Willi zu verstehen, daß er mit den Zielen der „Weißen Rose" übereinstimme. Doch seiner Meinung nach müsse der Widerstand auf die Ermordung Adolf Hitlers hinarbeiten, denn nur so könne das Regime zu Fall gebracht werden. Willi Bollinger diente als Sanitätsoffizier in einem Wehrmachtslazarett, wo er einige Gleichgesinnte um sich geschart hatte. Er war dabei, sich ein Waffenlager anzulegen. Bei einer späteren Reise gelang es Graf, Willi Bollinger ein Vervielfältigungsgerät zukommen zu lassen, auf dem er die mitgebrachten Flugblätter abziehen konnte, um sie dann in seinem Umkreis zu verteilen. Willi Bollinger sollte sich für die „Weiße Rose" als besonders wertvoll erweisen, denn er wußte, wie man Wehrpässe, Urlaubsscheine und Wehrmachtsfahrkarten für die Reichsbahn fälschte.

Die dank der Spenden wiederaufgefüllte Kasse wurde von Sophie verwaltet. Sie führte genau Buch und verteilte das Geld nach Bedarf. Doch trotz der neuen Mittel blieb die Beschaffung von Geräten und Material weiterhin ein großes Problem. Traute Lafrenz sollte versuchen, einen neuen und größeren Vervielfältigungsapparat zu besorgen. Man hatte sie für diese Aufgabe ausgewählt, weil ein Onkel von ihr in Wien einen Großhandel für Büromaschinen betrieb. Traute fuhr mit der Bahn nach Wien, wo man sie auf das Frühjahr vertröstete. Der Krieg hatte auch vor Büromaschinen nicht haltgemacht; sie wurden nur noch in sehr beschränktem Umfang produziert. Damit die Reise nicht völlig umsonst war, verteilte Traute an der Wiener Universität einige der „Flugblätter der Weißen Rose". Auf diese Weise gelangten die

Regisseur Falk Harnack während einer Besprechung mit Schauspielern

aufrührerischen Botschaften auch in dieses geistige Zentrum des Dritten Reichs. In diesem Winter verbrachte Traute einige Wochen in ihrer Heimatstadt Hamburg, wo sie sich an einer Klinik zu einem gynäkologischen Kurs gemeldet hatte. Während dieser Zeit frischte sie ihre Kontakte zu Studenten und anderen Intellektuellen auf, deren kritische Distanz dem Regime gegenüber ihr bekannt war. Zuletzt gab es in Hamburg eine lose Gruppe von ungefähr fünfzig Mitgliedern, die als „Hamburger Zweig der Weißen Rose" bekannt wurde. Der Student Hans Leipelt gab unter ihnen den Ton an.

Traute Lafrenz konnte den Freunden in München mitteilen, daß sie in Hamburg Gesinnungsgenossen besäßen, die sie voll und ganz unterstützten. Doch Hans Scholl strebte mehr an als nur ein engmaschiges Netz von studentischen Widerstandsgruppen, das sich über das ganze Reich erstreckte. Er wagte sich deshalb auf unbekanntes Terrain vor.

Den ersten Kontakt mit straffer organisierten Widerstandskreisen verschaffte ihm der frühere Regisseur am Weimarer Nationaltheater, Falk Harnack, jetzt Obergefreiter in einer Reserve-Infanteriekompanie in Chemnitz. Dort wurde durch Vermittlung der Münchner Malerin Lilo Ramdohr, die sowohl mit Harnack als auch mit Alex Schmorell befreundet war, ein erstes Treffen arrangiert.

Es fand im „Sächsischen Hof" statt, einem kleinen Hotel, das Harnack schon lange kannte. Obwohl sich die drei zum erstenmal begegneten, verzichteten sie auf die sonst üblichen Abtastversuche. Hans und Alex legten einige ihrer Flugblätter vor, und gemeinsam analysierte man ihre mögliche Wirkung. Man kam überein, in Zukunft sehr viel pragmatischer und realistischer zu formulieren. Hans und Alex erklärten Harnack, daß sie in Kontakt mit Berliner Widerstandskreisen treten wollten, wo man in diesen Tagen den Versuch unternahm – wie Harnack berichtete –, die verschiedensten antinazistischen Gruppierungen, von den Linksorientierten bis zu den Konservativen und Militärs, zu sammeln und zu einer Aktionseinheit zusammenzuführen. Falk Harnack verfügte über Kontakte zu hohen Wehrmachtsoffizieren, deren Komplott über ein Jahr später zu dem Bombenattentat in Hitlers Hauptquartier führen sollte. Er versprach, zwischen Hans Scholl und einigen der wichtigsten Verschwörer in Berlin ein Treffen zu arrangieren.

Das war ein äußerst riskantes Unterfangen. Erst kurz zuvor war Falk Harnacks Bruder, Dr. Arvid Harnack, wegen seiner Aktivität für die „Rote Kapelle" festgenommen und hingerichtet worden. Diese Organisation bestand aus Mitgliedern der illegalen Kommunistischen Partei sowie aus sympathisierenden Hitlergegnern, die vor allem aus dem Reichsluftfahrt- und dem Reichswirtschaftsministerium geheime Informationen an die Russen übermittelt hatten. Mehr als fünfzig Männer und Frauen wurden nach dem Ausheben des deutschen Zweigs der „Roten Kapelle" hingerichtet.

Harnack kam zweimal nach München. Es gab heftige Diskussionen, an denen auch Professor Huber und Willi Graf teilnahmen und in deren Verlauf es zu Meinungsverschiedenheiten zwischen dem eher konservativ orientierten Professor und dem der Linken zuneigenden Falk Harnack kam. Man erzielte keine Übereinstimmung, wie eine Nachkriegsregierung aussehen sollte. Einig war man sich aber darin, daß die vordringlichsten Ziele die frühestmögliche Beendigung des Kriegs sowie die Beseitigung des Naziregimes und seines Führers waren.

Falk Harnack setzte alles daran, das versprochene Treffen zwischen Hans Scholl und den Berliner Verschwörern zustande zu bringen. Doch es fand nie statt: Zu dem verabredeten Termin, am 25. Februar, war Hans Scholl bereits hingerichtet worden. In gewisser Weise war dies symbolisch für das Schicksal der gesamten deutschen Widerstandsbewegung. Keiner ihrer Pläne und keine ihrer Aktionen hatte den erhofften Erfolg. Durch Unentschlossenheit und unglückliche Zufälle wurden sie oft im letzten Augenblick durchkreuzt. Außerdem gelang es nie, die verstreuten antinazistischen Gruppierungen zu jener Aktionseinheit zusammenzufügen, die allein über die notwendigen Machtmittel verfügt hätte, das System zu stürzen.

Im Zentrum Münchens, am Maximiliansplatz, lag die Buchhandlung von Josef Söhngen, in der sich Hans und Sophie Scholl gerne aufhielten. Söhngen war eine eigenwillige Persönlichkeit und betrieb sein Geschäft mit großer Passion. Er vertrat beredt seine Ansichten.

Nachdem Hans aus Rußland zurückgekehrt war, änderte sich nicht nur der Ton der Gespräche in der Buchhandlung, sondern auch ihr Thema. Früher hatte man sich häufig über Dichtung unterhalten oder über religiöse Probleme. Doch jetzt diskutierte Hans mit Söhngen über die Zeit nach dem Nationalsozialismus. Am ehesten konnte er sich ein Gebilde wie die „Vereinigten Staaten von Europa" unter der Führung Großbritanniens vorstellen.

Söhngen wußte, daß sein junger Freund in Untergrundaktivitäten verwickelt war. Er selbst stand in Verbindung mit dem italienischen Kunsthistoriker Giovanni Stepanow, der auf Capri lebte und Kontakte zur antifaschistischen Bewegung hatte. Söhngen hatte zuvor schon Vorträge für Stepanow in München arrangiert. Bei einer solchen Gelegenheit würde sich leicht eine Möglichkeit finden lassen, die beiden Männer zusammenzuführen. Doch bei Stepanows nächstem Aufenthalt in München war Hans bei einem Weihnachtsbesuch in Ulm bei seiner Familie. Und als man für Februar einen neuen Termin vereinbarte, gab es mit dem

Visum Schwierigkeiten, und Stepanow wurde aufgehalten. Als er dann hätte anreisen können, war es für Hans zu spät. Auch dieses Unternehmen blieb ein Traum.

Doch in der Zwischenzeit nahmen für Hans die Umrisse eines neuen Flugblatts im Geist bereits Formen an. Die Ereignisse zum Jahreswechsel weckten Hoffnungen in ihm.

Nicht nur in ihm. In ganz Europa begann sich neues Hoffen zu regen. Nazideutschland schien plötzlich nicht mehr jene Naturgewalt zu sein, gegen die jede menschliche Anstrengung vergeblich ankämpfte. Es war gar nicht mehr so sicher, daß das Dritte Reich tatsächlich tausend Jahre überdauern würde, wie Adolf Hitler behauptet hatte. In Nordafrika und Rußland mußte die Wehrmacht immer heftigere Schläge ihrer Gegner hinnehmen. Und in den besetzten Ländern steigerte sich an manchen Stellen der innere Widerstand zu Gesten der Herausforderung, die nicht mehr unbemerkt bleiben konnten. Auch in Deutschland selbst begann der Puls des Widerstands immer stärker zu pochen. Diese Veränderungen wurden begierig von all jenen registriert, die so lange auf ein Symptom des Umschwungs gewartet hatten.

8

1943 fand die 470-Jahr-Feier der Münchner Universität statt. Die Nazis nutzten die Gelegenheit, den Studenten ein weiteres Mal Kriegsmoral zu predigen, denn ausgerechnet in der „Hauptstadt der Bewegung" mußten sie immer wieder mangelndes patriotisches Bewußtsein feststellen. Deshalb befahl man die Studentenschaft am 13. Januar in die riesige Halle des Deutschen Museums.

Der Redner war der Gauleiter von München und Oberbayern, Paul Gießler. Dieser Altnazi bekleidete auch einen hohen Rang in der SA und war für seine Verdienste um die NSDAP mit dem goldenen Parteiabzeichen ausgezeichnet worden. Seine Rede sollte die schlaffen Studenten wieder „auf Vordermann" bringen.

Die Gestapo hatte ihm einige der Flugblätter der „Weißen Rose" vorgelegt. Zwar hatte er keine Beweise, daß ihre Urheber unter den Studenten zu suchen waren, aber er wußte, daß es an der Universität viele gab, die ähnlich dachten. Er war stolz darauf, von der Nazipresse immer wieder als „Mann des Volkes" gerühmt zu werden, und entsprechend derb war auch seine Sprache, für die er bekannt und berüchtigt war. Die vor ihm sitzenden Professoren in ihren Talaren und Baretten machten auf Gießler keinerlei Eindruck.

Die meisten Studenten saßen auf der Empore, denn das Auditorium unten wurde fast ausschließlich von Uniformierten beansprucht. Unter ihnen befanden sich Studentensoldaten, die auf ihren Fronteinsatz warteten oder gerade davon zurückgekehrt waren, sowie verwundete Kriegsveteranen, manche davon mit Krücken. Auf dem Podest an der Stirnseite des Saals sah man neben den Würdenträgern regionale und nationale Führer des NS-Studentenbundes. Und überall im Saal waren SS-Wachen postiert. Traute Lafrenz und Katharina Schüddekopf beugten sich in der ersten Reihe auf der Empore über die Brüstung. Sie hatte die Neugier hergetrieben, nicht der Respekt vor diesem „Staatsakt". Außerdem befand sich auch der Hamburger Student Hans Leipelt unter den Zuhörern.

Der Gauleiter verlor nur wenige Worte über den eigentlichen Anlaß dieses Festaktes. Rasch verfiel er in eine Tirade gegen jene Studenten, die ihr Studium lediglich dazu benutzten, sich vor dem Fronteinsatz zu drücken. Er kündigte ein drastisches Durchkämmen der Studentenschaft an, um all jene herauszufinden, die für die Front oder den Einsatz in der Kriegsindustrie tauglich waren. Sie alle wüßten, was der Führer von jungen Männern halte, die ihre Nasen in Bücher steckten, während sich das Reich in einem Kampf auf Leben und Tod befinde. Was nun die Mädchen betreffe, fuhr er fort, so gebe es keinen Grund, warum nicht jedes von ihnen jährlich dem Vaterland und dem Führer ein Kind schenken solle, in erster Linie einen Sohn. Jedes gesunde Mädchen solle sich dieser Pflicht bewußt sein. Sollte eines der Mädchen Schwierigkeiten haben, einen Partner zu finden, weil es ihm an attraktivem Aussehen fehle, dann wolle er gern einen seiner Adjutanten zur Verfügung stellen, für deren Stammbaum er die Hand ins Feuer lege. Auf jeden Fall verspreche er den Mädchen eine höchst erfreuliche Erfahrung . . . Geschmacklos, wie er war, glaubte Gießler, einen volkstümlichen Nerv getroffen zu haben, und wartete auf beifälliges Lachen seiner Zuhörerschaft.

Katharina Schüddekopf und Traute Lafrenz auf der Empore warfen sich empörte Blicke zu. Und sie waren nicht die einzigen, die so reagierten. Hatte man schon beim ersten Teil der Rede leises Füßescharren gehört, mit dem die Studenten ihrem Unmut Ausdruck verliehen, so schwoll dieses während der taktlosen Aufforderung an die Studentinnen zu einem Crescendo an, in dem die Stimme des Redners unterging. Gellende Pfiffe mischten sich in den Lärm und verwandelten den Festakt in eine Demonstration gegen eine Führerschaft, deren Primitivität durch die blöde grinsende Gestalt auf dem Rednerpodest personifiziert wurde.

Inmitten des Tumults standen viele Studentinnen auf, um den Saal zu verlassen, obwohl der Festakt noch nicht beendet war. Auch immer größere Gruppen von Studenten verließen ihre Plätze. An den Türen kam es zu Handgemengen zwischen aufgebrachten Zuhörern und SS-Posten. Diese nahmen wahllos junge Leute fest, mußten aber vor der nachdrängenden Masse der Studenten weichen. Die wütendsten Proteste äußerten die Kriegsversehrten, die mit erhobenen Krücken auf die Wachen losgingen.

Die Studenten strömten auf die Straße hinaus. Mit Sprechchören verliehen sie ihrem Protest Ausdruck. Die von Gießler herbeigerufene Polizei ging mit Schlagstöcken gegen die wütenden jugendlichen Demonstranten vor. Die Marschkolonnen wurden aufgebrochen und auseinandergejagt. So endete die öffentliche Demonstration der Münchner Studenten gegen das Regime.

Doch es gab Nachwirkungen. München wurde unter Ausnahmezustand gestellt. Eine Zeitlang wurden sowohl die Telefonwie auch die Telegrafenverbindungen unterbrochen. Heinrich Himmler, der Reichsführer SS und Chef der deutschen Polizei, gab Befehl, die Anführer der Demonstration mit allen Mitteln aufzuspüren und unschädlich zu machen. Seiner Ansicht nach waren „Drahtzieher aus katholischen und reaktionären Kreisen" dafür verantwortlich. Es paßte nicht in sein Weltbild, daß diese Aktion völlig spontan entstanden war und keinen anderen

„Drahtzieher" hatte als – Paul Gießler. Gleichzeitig ordnete Himmler an, alle Polizeimaßnahmen so diskret wie möglich durchzuführen, damit nicht eine größere Öffentlichkeit davon Kenntnis bekäme. Obwohl kein Wort über die Demonstration in Presse oder Rundfunk laut wurde, verbreitete sich die Nachricht rasch durch das ganze Reich und löste in Wien, Frankfurt und an der Ruhr weitere, wenn auch kleinere Protestaktionen aus.

Hans und Sophie Scholl aber hatten Gießlers Rede versäumt. Ihr Prinzip des passiven Widerstands verbot ihnen, Naziveranstaltungen zu besuchen. Als sie von den Einzelheiten der Rede und den anschließenden Tumulten erfuhren, bestärkte sie das in ihrer Absicht, vom passiven zum aktiven Widerstand überzuwechseln.

Seit Hans aus Rußland zurückgekehrt war, hatte sich das Verhältnis zwischen ihm und Kurt Huber vertieft. In den letzten Tagen des Dezembers meinte Hans es riskieren zu können, den Professor über seine Urheberschaft an den „Flugblättern der Weißen Rose" zu informieren.

Kurt Huber war zuerst von den Flugblättern keineswegs hellauf begeistert. Er gab zu bedenken, daß sie ihre Wirkung in der Öffentlichkeit vielleicht verfehlten. Doch Gießlers Rede im Deutschen Museum änderte seine Meinung. Für Kurt Huber stellte sie eine Beleidigung der deutschen Universität und aller Werte dar, für die sie einstand. Er versuchte Kollegen seiner Fakultät zu einem schriftlichen Protest zu veranlassen. Doch er fand keinerlei Widerhall. „Keiner der Hochschulrektoren und Professoren wagte es, sich mutig und eindeutig auf die Seite der Studenten zu stellen", berichtete er voller Bitterkeit. Zu Beginn seiner nächsten Vorlesung brachte er seine Entrüstung über den Vorfall im Deutschen Museum zum Ausdruck.

Als Hans Scholl ihn während der Vorarbeiten für das nächste Flugblatt um Rat fragte, war Kurt Huber zur Mitarbeit bereit, und er begann, Hans Scholl in Schwabing zu besuchen. Sophie zog sich vor Beginn der Diskussionen auf ihr eigenes Zimmer zurück. Erst nach ihrer Verhaftung erfuhr Kurt Huber, daß auch Sophie Scholl an den Flugblattaktionen beteiligt war. Es lag Hans daran, sie, so gut es ging, nach außen abzuschirmen. Gerade zu jener

Zeit wirkte Sophie bei der Formulierung des fünften Flugblattes mit.

Hans Scholl und Alex Schmorell hatten je einen eigenen Entwurf erstellt, den sie Kurt Huber vorlegten. Man diskutierte die Ansichten des Professors mit großem Respekt, war aber nicht in jedem Fall mit ihnen einverstanden. Es entspannen sich ausgedehnte und recht hitzige Auseinandersetzungen.

Dieses fünfte Flugblatt sollte unter dem Titel „Aufruf an alle Deutsche!" erscheinen. Kurt Huber hielt an seiner konservativen Grundeinstellung fest. Er entrüstete sich über Schmorells Leidenschaft für Rußland und seine Menschen. Der rechte Totalitarismus eines Adolf Hitler verschmolz in seinen Augen mit dem linken Stalins zu einem einzigen unmenschlichen Gewaltsystem, das in jeder Ausformung gleich unannehmbar war.

Auch der Entwurf von Hans wurde von Kurt Huber stilistisch und inhaltlich überarbeitet. Hans Scholl war zwar bereit, einen Teil von Hubers Anregungen aufzunehmen, verließ sich aber bei der endgültigen Formulierung des Flugblattes wieder weitgehend auf sein eigenes Urteil.

Trotz Kurt Hubers Einwänden bestand Hans auf drastischen Veränderungen in Ton und Stil des neuen Textes. So ließ man das Symbol der „Weißen Rose" fallen und wählte dafür die Überschrift „Flugblätter der Widerstandsbewegung in Deutschland". Hans hatte sich für diese Formulierung entschieden, um den deutschen Widerstand in den großen Rahmen des gesamteuropäischen Widerstands gegen Hitler und sein Regime zu stellen. Daraus sprach auch seine Absicht, sich mit Untergrundorganisationen jeder Art und Nationalität gegen das Naziregime zu verbünden.

Das fünfte Flugblatt war schärfer und direkter in der Formulierung als die vorausgegangenen, außerdem nur halb so lang. Den essayistischen Stil, die philosophischen Kommentierungen und die Klassikerzitate hatte man fallenlassen. Jetzt sollte ein breiteres Publikum angesprochen werden. Der neue Ton wurde bereits im Einleitungssatz deutlich: „Der Krieg geht seinem sicheren Ende entgegen." Es folgte eine kurze Darlegung der hoffnungslosen Situation Deutschlands. Im Osten würden seine Armeen zurückgeschlagen, während im Westen die alliierte Invasion vorbereitet werde. Im Anschluß daran werden einige Themen der vorausgegangenen Flugblätter wiederaufgegriffen: das ungeheure Ausmaß der Nazi-Verbrechen und die Notwendigkeit, endlich die Gleichgültigkeit abzuwerfen und aktiv zu werden. Bei der Beschreibung der Zukunftsperspektiven vertritt dieses Flugblatt eine entschieden liberale Linie. „Die Arbeiterschaft muß durch einen vernünftigen Sozialismus aus ihrem Zustand niedrigster Sklaverei befreit werden. Das Truggebilde der autarken Wirtschaft muß in Europa verschwinden. Jedes Volk, jeder einzelne hat das Recht auf die Güter der Welt!" Es müsse eine europäische Föderation geschaffen werden unter Einschluß Deutschlands, das nicht mehr zentralistisch, sondern föderativ aufgebaut sein solle. Der abschließende Abschnitt liest sich wie ein Paragraph der Charta der Vereinten Nationen, die erst zweieinhalb Jahre später gegründet werden sollten: „Freiheit der Rede, Freiheit des Bekenntnisses, Schutz des einzelnen Bürgers vor der Willkür verbrecherischer Gewaltstaaten, das sind die Grundlagen des neuen Europa."

IN TAUSENDEN von Exemplaren tauchte Ende Januar 1943 das neue Flugblatt überall in München auf – es lag in Hauseingängen und Fluren, steckte in Briefkästen oder unter den Scheibenwischern geparkter Autos, fand sich in Vorräumen von Kinos, in Telefonzellen und auf Parkbänken. Doch dies war nur der Auftakt. Aus ganz Süddeutschland und darüber hinaus trafen Meldungen über Flugblätter einer bis dahin unbekannten „Widerstandsbewegung in Deutschland" ein. Da die mit der Post verschickten Flugblätter in zumindest einem halben Dutzend Städten aufgegeben worden waren, ließ sich ihre Herkunft vorerst nicht ermitteln. Die Behörden standen vor einem Rätsel. Diese Sache schien sehr viel gefährlicher zu sein als die Flut der „Flugblätter der Weißen Rose" im letzten Sommer, die ganz überraschend wieder verebbt war. Mit den schweren Rückschlägen an allen Fronten, vor allem in Stalingrad, spitzte sich die Lage von Tag zu Tag mehr zu, und nun erhoben sich im Herzen des Dritten Reichs Stimmen, die die Beseitigung des Hitler-Regimes forderten. Das war das genaue Gegenteil von dem, was das Propagandaministerium behauptet hatte. Jetzt gab es nicht mehr nur in den besetzten Ländern, sondern im Reich selbst einen antinazistischen Untergrund. Beurteilte man ihn nach der Zahl der Flugblätter und der Vielzahl der Verteilungsorte, so mußte man auf eine breitgefächerte Organisation mit einer schlagkräftigen Führung schließen, der nicht unbeträchtliche Geldmittel zur Verfügung zu stehen schienen.

Ganz anders, als die Gestapo vermutete, stand hinter der Flugblattaktion natürlich kein weitverzweigtes konspiratives Netz mit einer schlagkräftigen Organisation. Die „Widerstandsbewegung in Deutschland" umfaßte noch immer kaum mehr als das halbe Dutzend Münchner Studenten, denen es gelungen war, auf diese Weise ihrem Protest gegen Hitler und sein Drittes Reich Ausdruck zu verleihen mit den einzigen Mitteln, über die sie verfügten: Idealismus, Mut und Einfallsreichtum.

Manfred Eickemeyer war wieder einmal im besetzten Polen und hatte Hans die Schlüssel seines Ateliers überlassen. Diesmal konnten sie ihre Arbeit sogar noch besser tarnen, weil in den Räumen eine Ausstellung stattfand. Die Arbeiten stammten von dem Kunstmaler Wilhelm Geyer, einem Freund der Familie Scholl aus Ulm, der sich auf Glasmalerei spezialisiert hatte. Hans nahm häufig mit ihm und Sophie das Frühstück ein, doch über die Flugblattaktionen war Geyer nicht informiert.

Das Atelier befand sich in einem Hinterhaus, umgeben von einer kleinen Gartenanlage, und ließ sich von Hans und Sophies Wohnung aus bequem erreichen. Es gab noch eine kleinere Kammer und einen Keller. Geyers Ausstellung lieferte einen willkommenen Vorwand, daß im Atelier Betrieb herrschte, obwohl sein Besitzer sich im Osten befand, und so ließ sich das Gebäude leicht in eine kleine Fabrik zur Herstellung subversiver Literatur umfunktionieren.

Wieder war es Alex Schmorell, dem es gelang, die Grundausstattung zu organisieren – eine geliehene Schreibmaschine und einen größeren Vervielfältigungsapparat. Sophie und Traute Lafrenz klapperten sämtliche Münchner Schreibwarengeschäfte ab, um das benötigte Spezialpapier in kleinen, unauffälligen Mengen zu besorgen. Auf dieselbe Weise schafften sie auch Tausende von Umschlägen herbei.

Die Gestapo schätzte, daß der „Aufruf" in acht- bis zehntausend Exemplaren verteilt worden war. Jedes davon war mit dem handbetriebenen Vervielfältigungsapparat im Keller des Ateliers nächtelang Stück für Stück abgezogen worden. Der Zylinder mit der Matrize wurde oft von schmerzenden Armen und Händen bewegt; Hans, Alex, Sophie und Willi wechselten sich ab. Das Einlegen, Kurbeln und Aufstapeln mußte mehrere zehntausendmal wiederholt werden, da jedes Flugblatt mehrere Schreibmaschinenseiten umfaßte. Die Untergrundarbeit der Münchner Studenten verlangte nicht nur Idealismus, sondern auch Durchstehvermögen und körperliche Schwerstarbeit.

Jeder Augenblick barg die Gefahr der Entdeckung. Trotz der günstigen Lage des Ateliers war es keineswegs vor ungebetenen Gästen sicher. Die Leopoldstraße, Schwabings Hauptstraße, stellte eine ständige Gefahr dar. Häufig hörten sie bei der Arbeit feindliche Bomber über der verdunkelten Stadt dröhnen. Ein Treffer konnte jederzeit eine der Außenmauern oder Decken beschädigen und sie der Öffentlichkeit preisgeben.

Nach Beendigung ihrer nächtlichen Tätigkeit verbargen sie das Gerät und die frisch abgezogenen Flugblätter unter Gerümpel und Abfällen im Keller. Hatte Hans das Gefühl, es drohe eine Durchsuchung, rief er bei Josef Söhngen an und erkundigte sich nach einem bestimmten Buch. War dort die Luft rein und bekam er zur Antwort, das Buch sei angekommen und könne jederzeit abgeholt werden, dann brachte er mit Alex die Geräte in Söhngens Keller, bis man die Produktion im Atelier wiederaufnehmen konnte.

Waren die Flugblätter endlich alle abgezogen, begann die erst recht gefährliche Aktion des Verteilens und Verschickens. Die „Flugblätter der Weißen Rose" hatte man noch einfach in Briefkästen im Münchner Stadtgebiet werfen können. Doch nun wollte man den Eindruck einer gut funktionierenden Untergrundorganisation erwecken, die in weit auseinanderliegenden Städten aktiv war. Sie entschlossen sich, in München diesmal nur einen Teil der Flugblätter zu verschicken, um die Aufmerksam-

keit der Behörden auf andere Städte abzulenken. Mit Akten-
taschen und Rucksäcken voller Drucksachen drängten sie sich in
überfüllte Züge und stiegen in verdunkelten Kriegsbahnhöfen
aus, um durch verlassene Straßen, vorbei an rauchenden Trüm-
mern, die der letzte Luftangriff zurückgelassen hatte, durch die
beißende Kälte eines Wintermorgens zu wandern.

Im vierten Kriegsjahr war die Möglichkeit, sich frei im Land zu
bewegen, drastisch eingeschränkt. Der Staat kontrollierte seine
Bürger bei jedem Schritt, auf den Straßen, in den städtischen
Verkehrsmitteln und in den Eisenbahnen. Die Einhaltung der
vielen Gesetze und Verordnungen wurde von einer Vielzahl von
Polizeiformationen gewährleistet: den Schupos der Ordnungspo-
lizei, der Kripo, den Beamten der Politischen Polizei und des SD,
dazu all jenen Hilfskräften, die während des Krieges mit Polizei-
gewalt ausgestattet worden waren. Es war schon für den normalen Staatsbürger eine aufregende Angelegenheit, wenn er auf
einer Reise in eine Kontrolle geriet: Ganze Bündel von Ausweis-
papieren mußten mitgeführt und auf Verlangen vorgezeigt werden, häufig mehrmals kurz hintereinander. Dazu gehörten der
Paß, die Reiseerlaubnis und manchmal sogar der Ahnenpaß.
Männer im Wehrpflichtalter wie Hans, Alex und Willi hatten,
sofern sie in Zivil reisten, ihre Musterungspapiere mit sich zu führen; trugen sie Uniform, wurde der Wehrpaß verlangt, dazu
Urlaubsschein und Marschbefehl.

Für die jungen Kuriere mit ihrem lebensgefährlichen Gepäck
kam jede Reise einem Gang über ein Minenfeld gleich. Zwar
fahndete die Polizei nicht nach Flugblättern, sondern eher nach
Nahrungsmitteln, die man ohne Zuteilungsmarken „gehamstert"
hatte, oder nach Schwarzmarktartikeln. Stießen sie aber bei einer
dieser Kontrollen zufällig auf eine der mitgeführten „Papierbom-
ben", dann würde es eine tödliche Explosion geben.

Deshalb bedienten sich die jungen Leute einer ganzen Reihe
von Vorsichtsmaßnahmen und Tricks. Sie verstauten nach Be-
steigen des Zuges ihr gefährliches Gepäck im Netz irgendeines
Abteils und nahmen dann selbst in einem anderen Wagen Platz.
Erst am Zielbahnhof holten die Kuriere ihr Gepäck wieder ab.
Zur weiteren Absicherung hatten sie sich eine ganze Reihe

plausibler Erklärungen für den Grund ihrer Reise zurechtgelegt; und natürlich hielten sie die erforderlichen Ausweise und Dokumente bereit, von denen einige gefälscht waren. Doch trotz aller Vorsichtsmaßnahmen waren die Nerven bei einer solchen Reise stets aufs äußerste angespannt.

Hans Scholl plante nicht nur die Verteilungsstrategie der Flugblätter, sondern übernahm auch Kurierdienste. Mit hundertfünfzig Flugblättern im Rucksack machte er sich auf die Reise in die „Ostmark", wobei er besonders scharfe Kontrollen an der Grenze passieren mußte. Nachdem er die Flugblätter in der Post des Salzburger Hauptbahnhofs aufgegeben hatte, kehrte er ohne Zwischenfall nach München zurück. Die Reise hatte er aus eigener Tasche finanziert. Auch Alex Schmorell kam für seine Reise, die ihn über Linz nach Wien führte, selbst auf. Er hatte ungefähr tausend Flugblätter im Gepäck oder am Leib versteckt. Zweihundert davon gab er in Linz auf. In Wien warf er neben mehreren hundert für diese Stadt bestimmten Flugblättern auch vierhundert Kuverts mit Frankfurter Adressaten in die Briefkästen. Den Rest verschickte er auf der Rückreise von Salzburg aus.

Daß der „Aufruf" seinen Weg bis nach Berlin fand, war Jürgen Wittenstein zu verdanken. Dort hatte sich eine studentische Widerstandsgruppe unter der Führung von Hellmuth Hartert gebildet, der eine Zeitlang mit Hans in München zusammengewohnt hatte und ebenfalls Medizin studierte. Die Gruppe verfügte über einen eigenen Vervielfältigungsapparat und konnte in begrenzter Zahl selbst Flugblätter produzieren. Helmuth von Moltke, ein Mitglied des Berliner Widerstands, ließ dem norwegischen Untergrund eine Kopie zukommen. Sie wurde übersetzt und in Norwegen verbreitet. Andere Kopien gelangten über Schweden bis nach England.

Willi Graf wiederholte seine weihnachtliche Erkundungsreise über Saarbrücken ins Rheinland. Diesmal schleppte er einen mächtigen Koffer mit sich, in dem sich ein kleiner Vervielfältigungsapparat und einige Exemplare des „Aufrufs" befanden. So konnte er vor Ort in den einzelnen Städten Flugblätter abziehen und in Umlauf setzen. Obwohl er seine Anlaufpunkte sorgsam

ausgewählt hatte, wurde er nicht überall mit offenen Armen empfangen. Einige seiner Kontaktpersonen wollten mit ihm und
seinen Flugblättern nichts zu tun haben. Doch keiner von ihnen
verriet ihn an die Polizei. In Saarbrücken lieferte er den Vervielfältigungsapparat bei Willi Bollinger ab, der ihn in seinem Büro
des Lazaretts aufstellte. Dort erregte ein solches Gerät keinen
Verdacht, und so konnte Bollinger nach Dienstschluß weitere
Abzüge des Flugblatts herstellen, die er an geeignete Adressaten
versandte. Willi Graf gelangte mit seinem auffälligen, jetzt aber
leeren Koffer unbehelligt nach München zurück.

Aber niemand ging so kaltblütig und überlegt ans Werk wie
Sophie Scholl, die dafür sorgte, daß die Flugblätter in Süd-
deutschland über ein möglichst großes Gebiet verteilt wurden.
Sie spannte ihren Freundeskreis in Ulm ein, wo sie nicht nur ein
Verteilungszentrum einrichtete, sondern auch einige junge Helfer
rekrutierte. Besonders eifrige Unterstützung fand sie von seiten
Hans Hirzels. Er warb auch zwei seiner Klassenkameraden für
die Verteilung der Flugblätter an. Ihre Operationsbasis war die
Martin-Luther-Kirche in Ulm, an der Hirzels Vater als Pfarrer
tätig war. Im Schutz der großen Kirchenorgel adressierten Sophie
und ihre drei Helfer Umschläge mit Namen aus örtlichen Telefon-
und Adreßbüchern; dann wurden die zweitausend Flugblätter,
die Sophie aus München mitgebracht hatte, gefaltet, in die Umschläge geschoben und versandfertig gemacht. Hirzel brachte
mehrere hundert der bereits frankierten Umschläge per Zug nach
Stuttgart.

Sophie war ebenfalls häufig zwischen Ulm und Stuttgart beziehungsweise Ulm und Augsburg unterwegs. Zu verschiedenen
Zeitpunkten brachte sie mehr als achthundert Flugblätter auf den
Postweg. Einmal half ihr Gisela Schertling dabei; sie hatte allerdings keine genaue Vorstellung vom Inhalt der Umschläge. Gewißheit bekam sie erst, als sie etwas später in einer Ecke von
Hans' Zimmer einen Rucksack voller Flugblätter fand.

Die Empörung der offiziellen Kreise über die Flut subversiver
Flugblätter war noch nicht abgeklungen, als die Münchner Ober-
staatsanwaltschaft dem Justizministerium in Berlin eine neue
Ausschreitung melden mußte. Ganz plötzlich waren überall in

der Stadt – an wichtigen Straßen und Plätzen, belebten Kreuzungen, vor öffentlichen Gebäuden – hochverräterische Losungen in großen Buchstaben aufgetaucht: NIEDER MIT HITLER! HITLER DER MASSENMÖRDER! Und immer wieder: FREIHEIT! FREIHEIT! FREIHEIT! Neben den Losungen fand sich jedesmal ein durch ein großes X durchgestrichenes Hakenkreuz. Die Aufschriften waren offensichtlich mit Schablonen und besonders haltbarer „Friedensfarbe" hergestellt worden, die sich nur mit größter Mühe entfernen ließ.

Das Ganze war die Idee von Alex gewesen; er und Willi hatten sich als Maler betätigt, während Hans Wache stand. Zum Schutz gegen überraschend auftauchende nächtliche Patrouillen war er mit einer Pistole bewaffnet. Doch alles war glattgegangen.

Hatte die in sieben Städten fast gleichzeitig abgelaufene Flugblattaktion einiges Aufsehen verursacht, so sorgte dieser neue Anschlag auf das System für zusätzliche Aufregung in der Stadt. Hinzu kam ein Ereignis von solcher Tragweite, daß man wirklich an eine Wende auf der politischen Szene glauben konnte.

Am 3. Februar 1943 wurde im Radio eine Sondermeldung durchgegeben, die die Nation erschütterte: „Der Kampf um Stalingrad ist zu Ende. Ihrem Fahneneid bis zum letzten Atemzug getreu, ist die 6. Armee unter der vorbildlichen Führung des Generalfeldmarschalls Paulus der Übermacht des Feindes und der Ungunst der Verhältnisse erlegen."

Deutschland hatte die größte militärische Niederlage seiner Geschichte hinnehmen müssen. Annähernd dreihunderttausend Soldaten waren in der Stadt an der Wolga, in der die deutsche Führung die Entscheidung zu ihren Gunsten schon zum Greifen nahe gesehen hatte, aufgerieben worden: gefallen, verwundet oder gefangengenommen. Im Kreis ausgesuchter hoher Parteifunktionäre sprach Hitler von einer Katastrophe ungeheuren Ausmaßes. Alle Zeitungen erschienen mit Trauerrand, und Hitler ordnete viertägige Nationaltrauer an. Konzertsäle, Kinos, Kabaretts blieben geschlossen. Am ersten und letzten Tag der Nationaltrauer ruhte der gesamte Verkehr im Reich für eine Minute zum Gedenken an die Opfer. Die Zeitungsseiten waren übersät mit kleinen Eisernen Kreuzen, von denen jedes für einen gefallenen Soldaten stand.

Die Katastrophe im Osten zog eine neue Terrorwelle in der Heimat nach sich. Die durch Stalingrad ausgelöste Erschütterung ließ mehr Köpfe rollen als je zuvor. Wo früher Gefängnisstrafen verhängt worden oder gar Freisprüche erfolgt wären, da wurden jetzt die Opfer aufs Schafott geschickt. So wurde ein Geschäftsreisender enthauptet, weil er während einer Unterhaltung in der Eisenbahn die Meinung vertreten hatte, es stehe schlecht um Deutschland. Ein Freund Robert Scholls hatte in einem Kurort die Bekanntschaft eines Gefängnisgeistlichen gemacht, der sich dort von einem Nervenzusammenbruch erholen sollte. Tag für Tag hatte er mindestens sieben Todeskandidaten zum Schafott begleiten müssen.

Inzwischen sah man überall in den süddeutschen Städten Flüchtlinge, die vor allem aus den schwer bombardierten Gebieten um Rhein und Ruhr stammten. Müde Alte und verstörte Kinder schleppten sich durch unbekannte Straßen zu ihren Notquartieren. Millionen Deutsche mußten ihre vertraute Umgebung verlassen. Überall wurden familiäre und soziale Bindungen zerrissen, während die immer dichter vom Himmel fallenden Bomben eine Stadt nach der anderen verwüsteten. Viele meinten damals, daß der Bombenterror, zusammen mit dem Flüchtlingselend und der Katastrophe von Stalingrad, das Reich von innen heraus bereits so stark unterminiert hätte, daß sein Zusammenbruch unmittelbar bevorstehe. Doch das sollte sich als Fehleinschätzung erweisen.

Hans Scholl und Alex Schmorell hielten die Zeit für reif, in einem neuen Flugblatt auf die letzten Ereignisse einzugehen und die zuvor bereits angeschnittenen Themen mit neuer Argumentationskraft zu erfüllen. Und wieder fanden sie bei Professor Huber ein offenes Ohr. Die Katastrophe von Stalingrad hatte ihn in seinem Innersten getroffen. Besonders empörte er sich darüber, daß die Nazipresse die durch Hitlers laienhafte Zufallsstrategie in Tod und Gefangenschaft getriebenen deutschen Opfer noch dadurch entehrte, daß sie ihre Tragödie für Propagandazwecke ausschlachtete. An Stalingrad und den darauf folgenden offiziellen Reaktionen zeigte sich für Kurt Huber das ganze Ausmaß an Brutalität und Zynismus des nationalsozialistischen Systems.

Man kam überein, daß das neue Flugblatt von Professor Huber verfaßt werden sollte. Stilistisch und thematisch wollte man an die Universitätsgemeinschaft appellieren und besonders auf jene Ideen und Stichworte eingehen, die dort bereits diskutiert wurden. Deshalb sollte auch nochmals auf die geschmacklose Rede des Gauleiters Gießler eingegangen werden.

„Kommilitonen! Kommilitoninnen!" begann Kurt Hubers Aufruf, der zunächst die Katastrophe von Stalingrad beschwor. Das Flugblatt beschäftigte sich dann mit der Tragödie der Jugend im nationalsozialistischen System – und mit dem, was diese Jugend dagegen unternehmen könne: „In einem Staat rücksichtsloser Knebelung jeder freien Meinungsäußerung sind wir aufgewachsen. HJ, SA und SS haben uns in den fruchtbarsten Bildungsjahren unseres Lebens zu uniformieren, zu revolutionieren, zu narkotisieren versucht. ‚Weltanschauliche Schulung' hieß die verächtliche Methode, das aufkeimende Selbstdenken und Selbstwerten in einem Nebel leerer Phrasen zu ersticken . . . Es gibt für uns nur eine Parole: Kampf gegen die Partei!" Es folgte der Hinweis, daß Münchner Studentinnen und Studenten sich bereits gegen einen Gauleiter erhoben hätten, der „mit geilen Späßen" die Ehre der Kommilitoninnen beschmutzt habe. „Das ist ein Anfang zur Erkämpfung unserer freien Selbstbestimmung . . . Es gärt im deutschen Volk . . . Der Tag der Abrechnung ist gekommen . . ."

Aber Kurt Huber schätzte die tatsächliche Stimmung in der großen Masse des deutschen Volkes falsch ein. Das Blutopfer von Stalingrad hatte nicht ausgereicht, um Goebbels' „deutschen Traum" endgültig zu zerstören. Noch immer folgte die Mehrheit ihrem Führer.

Kurt Huber behielt seine konservative und patriotische Grundeinstellung jedoch bei. Noch immer betrachtete er die Wehrmacht als letztes Gegengewicht zu der übermächtigen Partei und erwartete, daß die Militärs sich gegen Hitler wenden und sein Regime entmachten würden. Aus diesem Grund hatte er in seinem Entwurf die deutsche Jugend aufgefordert, „unsere ruhmreiche Wehrmacht" zu unterstützen.

Für Hans und Alex stand das im Widerspruch zum übrigen Charakter des Flugblatts. Sie sahen in der Wehrmacht ein Instrument des preußischen Imperialismus, der für alle Zeit aus Europa verbannt werden mußte. Hans Scholl strich den beanstandeten Abschnitt aus dem Entwurf. Kurt Huber verteidigte seinen Text, doch Hans und Alex blieben unerbittlich. Ein Aufruf zur Unterstützung der Wehrmacht schien ihnen unannehmbar. Der Vorfall beweist, wie fest Hans Scholl die Zügel in der Hand hatte und wie unerschütterlich er in bestimmten Punkten seinem eigenen Urteil vertraute. Kurt Huber verließ verletzt die Zusammenkunft; mit dem durch die Studenten „korrigierten" Flugblatt wollte er nichts mehr zu tun haben. Er und Hans Scholl sollten sich nie wiedersehen.

9

Sophie half wieder beim Abziehen des neuesten Flugblatts. Nächtelang bediente sie im Keller des Ateliers den Vervielfältigungsapparat, der diesmal insgesamt dreitausend Kopien ausspuckte. Das Flugblatt entsprach Professor Hubers Entwurf, abgesehen von dem Aufruf zur Unterstützung der Wehrmacht. Das Falten und Einlegen der Flugblätter in die Umschläge besorgten Sophie und Willi Graf. Die Adressen entstammten diesmal einem Universitätsverzeichnis, das Hans von Professor Huber erhalten hatte. Daher fanden so viele Personen, die in irgendeinem Zusammenhang mit der Universität standen oder gestanden hatten, dieses Flugblatt in ihren Briefkästen vor. Auch diese Aktion gegen den Staat erwies sich als voller Erfolg.

Die engeren Freunde begannen in dieser Zeit Veränderungen an Hans Scholl wahrzunehmen. Traute Lafrenz hatte den Eindruck, daß er mit schweren inneren Problemen kämpfte; er wirkte häufig, als ob er unter starkem Druck stünde, und verlor viel von seiner leichten, selbstsicheren Art. Auch Jürgen Wittenstein fielen diese Veränderungen auf. Seiner Freundin Gisela Schertling erzählte Hans schließlich, was ihn bedrückte – er wußte, daß er überwacht wurde.

Er war von verschiedenen Seiten gewarnt worden. Der Buchhändler Söhngen erklärte später, Hans habe höchstwahrscheinlich einen Kontaktmann bei der Gestapo gehabt, der ihn über die Fortschritte bei den Ermittlungen wegen der Flugblätter informierte und ihn schließlich warnte, daß die Polizei in nächster Zeit zuschlagen würde. Selbst innerhalb der Gestapo gab es undichte Stellen.

Zuerst mag Hans an Flucht gedacht haben. Die Klettersteige, die in die Schweiz und in die Freiheit führten, waren für ihn, den geübten Bergsteiger, kein Hindernis. Es würde kaum Schwierigkeiten machen, sie bei Nacht zu überqueren und in dem neutralen Land um politisches Asyl nachzusuchen. Doch seine Flucht wäre für die Gestapo der letzte Beweis für seine Schuld gewesen. Die Polizei wäre über seine Familie und seine Freunde hergefallen. Eltern und Geschwister wären in „Sippenhaft" genommen und vor die Volksgerichtshöfe und in die Konzentrationslager geschleppt worden. Und auch den Freunden hätte ein ähnliches Schicksal gedroht. Diese Vorstellung war unerträglich für ihn. Er ließ den Gedanken an Flucht ein für allemal fallen.

Er ahnte zwar, daß sich die Gestapo an seine Fersen geheftet hatte. Aber er wußte nicht, wie die andere Seite informiert war. Es konnte sein, daß die Beschattung nicht mehr als eine rein vorbeugende Maßnahme war. Die Geheimpolizei überwachte schließlich viele Tausende, von denen eine große Zahl nie verhaftet wurde. Hans Scholl schmiedete trotz der Gefahr neue Pläne. Er dachte bereits an ein weiteres Flugblatt und suchte bei Christoph Probst Rat für dessen inhaltliche Gestaltung. Probst war noch immer bei seiner Luftwaffeneinheit in Innsbruck stationiert und kam nur unregelmäßig nach München. Bei den vorausgegangenen Flugblättern war er nicht direkt an der Herstellung und Verteilung beteiligt gewesen. Die Gruppe wollte ihn, den Vater von zwei kleinen Kindern – das dritte war unterwegs –, soweit wie möglich aus der Gefahrenzone heraushalten.

Als das vorsichtigste und wahrscheinlich auch reifste Mitglied der Gruppe stand er zwar voll hinter deren Zielen, war aber mit einigen ihrer Methoden nicht einverstanden. Als er von den nachts angebrachten Anti-Hitler-Parolen erfuhr, wandte er sich heftig gegen eine solche Aktion. Das Beschmieren von Wänden und Gehwegen schien ihm zu riskant und zugleich recht kindisch zu sein. Doch als Hans ihn jetzt um Rat fragte, wie man nach der Katastrophe von Stalingrad den Inhalt eines neuen Flugblatts aufbauen sollte, war er sofort zur Mitarbeit bereit. Er entwarf ein Flugblatt, in dem er eine neue Bezeichnung für den „größten Feldherrn aller Zeiten", der im Kessel von Stalingrad eine ganze Armee der Vernichtung preisgegeben hatte, prägte: „militärischer Hochstapler". Er empfahl sofortige Verhandlungen mit den Alliierten, um den Krieg zu einem für beide Seiten „ehrenhaften" Ende zu bringen. Das Flugblatt endete mit einer Beschwörung des Friedens, der Ordnung und der Vernunft für Deutschland und die Welt.

Probst setzte seine Frau Herta nicht über seine gefährliche Tätigkeit in Kenntnis. Er wußte, daß sie genau wie er empfand, doch im letzten Stadium ihrer Schwangerschaft wollte er sie schonen.

Am Morgen des 18. Februar 1943 klingelte Otto Aicher, auf Heimaturlaub von der russischen Front, in der Franz-Joseph-Straße 13. Er kam nicht nur als Freund der Familie, der Grüße aus Ulm bestellte, sondern er war der Überbringer einer äußerst dringenden Botschaft. Er sollte Hans drei Worte ausrichten, deren geheime Bedeutung ihm nicht bekannt war: „Machtstaat und Utopie" – der Titel eines Werks von Gerhard Ritter, einem deutschen Historiker. Am Tag zuvor war Hans Hirzel, gewarnt durch eine Kontaktperson, ins Haus am Münsterplatz gekommen und hatte gebeten, Hans so rasch wie möglich diesen Titel zu übermitteln. Hans wisse, was damit gemeint sei. Otto Aicher, der von Hans' Untergrundaktivitäten keine Ahnung hatte, erklärte sich bereit, die Botschaft am nächsten Tag weiterzuleiten. Doch auf sein Klingeln und Klopfen an der Wohnung von Hans und Sophie rührte sich nichts. Die Geschwister waren bereits wieder in eigener Sache unterwegs. Hätte die Nachricht sie noch rechtzeitig erreicht, wäre ihre Geschichte vielleicht anders verlaufen.

Sie hatten sich gegen zehn Uhr auf den Weg zur Universität gemacht. Dieser Donnerstag war ein für Februar außergewöhnlich sonniger und warmer Tag. Den Passanten mußten die beiden wie gewöhnliche Studenten erscheinen, die zu einer

Vormittagsvorlesung gingen. Seltsam war nur der schwere Koffer, den der junge Mann trug. Er war mit Flugblättern vollgestopft.

Sie passierten das Siegestor, das die Grenze zwischen Schwabing und der Innenstadt markiert, überquerten den Platz, der eines Tages ihren Namen tragen sollte, und betraten das Hauptgebäude der Universität. Sie hatten ihr Eintreffen so geplant, daß die Vorlesungen noch in vollem Gange waren und sie weder im Lichthof noch auf den Treppen und Korridoren jemandem begegnen würden. Doch kaum hatten sie das Hauptportal passiert, kamen ihnen Traute Lafrenz und Willi Graf entgegen, die zehn Minuten früher aus ihrer Vorlesung herausgegangen waren, weil sie mit der Straßenbahn zur nächsten fahren mußten. Mit einem kurzen Gruß eilten sie an Hans und Sophie vorbei. Unterwegs konnte sich Traute Lafrenz eines „unheimlichen Gefühls" nicht erwehren. Was mochten Hans und Sophie zu dieser Stunde mit ihrem Koffer vorhaben? Willi Graf hob ratlos die Schultern, als sie ihn darauf ansprach. Aber während der Vorlesung bemerkte Traute, daß auch seine innere Unruhe immer größer wurde.

Zwei Tage zuvor hatte Hans Scholl Josef Söhngen besucht und durch seine Äußerungen in Angst und Schrecken versetzt. Hans hatte dem Buchhändler eine Kopie des neuesten Flugblatts vorgelegt und angedeutet, daß er diesmal, wenn die Gestapo ihm schon auf den Fersen sitze, ein unübersehbares Zeichen des Widerstands setzen werde. Söhngen erschrak und wies darauf hin, daß angesichts der verstärkten Aktivitäten der Gestapo nicht Tollkühnheit, sondern erhöhte Vorsicht am Platze sei.

Was in ihm vorging, hatte Hans Scholl auch in einer Unterhaltung mit Falk Harnack angedeutet. Hans war der Meinung, daß der Nationalsozialismus kurz vor seinem Ende stehe. Stalingrad und der Rückzug in Nordafrika hätten selbst die Militärs gegen Hitler eingenommen. Die alliierte Invasion stehe unmittelbar bevor. Man müsse ein Fanal entzünden, dann würden sich alle Widerstandskräfte, die bisher unorganisiert im deutschen Volk existierten, zusammenschließen und aktiv werden. Er schien von dieser Idee besessen. „Flammenzeichen" sollten das deutsche Volk endlich aus seiner Lethargie reißen.

Die letzte Metapher hatte auch am Schluß des neuesten Flugblatts gestanden. Hans Scholls Freunde spürten in jenen Tagen, daß ihn nichts davon abbringen konnte, dieses Feuerzeichen zu setzen – selbst wenn die Flammen ihn selbst dabei verschlingen würden.

Sophie Scholl folgte dem Bruder keineswegs in blindem Vertrauen, sondern weil sie zu denselben Schlußfolgerungen gekommen war – und zu derselben Entschlossenheit. Im übrigen war die tollkühne Aktion dieses Tages auch durch ganz pragmatische Erwägungen bestimmt. Die mitgeführten Flugblätter waren an die Studentenschaft gerichtet und würden ihren Zweck verfehlen, wenn sie diese Zielgruppe nicht erreichten. Sophie ging mit ihrem Bruder dieses Risiko ein, um sicherzustellen, daß die mit „Kommilitonen! Kommilitoninnen!" überschriebenen Aufrufe tatsächlich in die Hände ihrer Mitstudenten gelangten.

Im leeren Lichthof der Universität öffneten sie den Koffer und begannen die Flugblätter in kleineren Stapeln herauszunehmen; alles in allem ungefähr siebzehnhundert Exemplare. Systematisch verteilten sie die Aufrufe vor den Türen der Hörsäle, auf den Treppen, den Fensterbänken und an anderen günstigen Stellen der großen Halle, die vom durch die Lichtkuppel und die Fenster im ersten Stock hereinströmenden Sonnenlicht taghell erleuchtet war. Einige der Flugblattbündel deponierten sie zu Füßen der beiden überlebensgroßen Skulpturen, die den breiten Treppenaufgang flankieren. Doch der Koffer war noch immer nicht leer. Es blieben ihnen noch einige Minuten, bevor sich die Türen der Hörsäle öffnen und die Studenten herausströmen würden. Bis dahin wollten Hans und Sophie das Gebäude wieder verlassen haben. Sie rafften die restlichen Flugblätter zusammen und liefen die Treppe zur oberen Galerie hinauf, die den Lichthof auf drei Seiten umrahmt, und warfen das Papierbündel in die Luft. Doch als die Flugblätter unten ankamen, war plötzlich jemand aufgetaucht: Jakob Schmied.

Jakob Schmied war Hausmeister und „Mädchen für alles", vor allem aber war er Mitglied der NSDAP und der SA. Die Gestapo hatte ihn erst vor kurzem angewiesen, ein wachsames Auge auf die Studenten zu werfen und alle verdächtigen Aktivitäten sofort zu melden. Als Jakob Schmied jetzt von der Galerie das

Papier herabflattern sah, ahnte er sofort, daß etwas Verbotenes im Gange war.

Rasch verschloß er die Eingangstüren, eilte zum nächsten Telefon und benachrichtigte die Universitätsverwaltung. Dann nahm er die Jagd nach den Flugblattverteilern auf. Er hatte sich eines angesehen und erkannt, worum es sich handelte. Obwohl inzwischen die Vorlesungen beendet waren und die Treppen und Gänge sich mit den herausströmenden Studenten füllten, hatte Jakob Schmied sein Opfer bereits ausgemacht. Er drängte sich durch die Menge auf einen jungen, dunkelhaarigen Mann zu, der einen Koffer trug und in Begleitung einer jungen Frau die Treppe herunterkam.

Wegen der verschlossenen Türen konnte niemand das Universitätsgebäude verlassen. Das Durcheinander in der Halle und auf den Korridoren wurde immer größer. Jakob Schmied hängte sich an den Arm des jungen Mannes, der keine Anstalten machte, sich zu wehren. Auch die junge Frau verharrte ruhig an seiner Seite. „Sie sind verhaftet!" rief er den beiden zu. Hans und Sophie wurden ins Amtszimmer des Rektors Prof. Dr. Walther Wüst gebracht. Während sie auf die Ankunft der Gestapo warteten, ließ er sie kaum einen Moment aus den Augen. Noch immer durfte niemand das Gebäude verlassen.

An der Spitze der Gestapobeamten, die die Verdächtigen in Haft nehmen sollten, stand Robert Mohr. Er gehörte zu den älteren Beamten, die im Wittelsbacher Palais, dem Hauptquartier der Gestapo, ihren Dienst versahen, war schon lange vor den Nazis Polizeibeamter gewesen und konnte inzwischen auf eine sechsundzwanzigjährige Tätigkeit zurückblicken. „Sie machten beide, vor allem das Fräulein, einen absolut ruhigen Eindruck", wunderte er sich später. Er ließ sich ihre Ausweispapiere zeigen, aus denen hervorging, daß sie eingeschriebene Studenten waren. Hans Scholl griff plötzlich in die Manteltasche, zog ein zusammengefaltetes Papier heraus, zerriß es in kleine Stückchen und versuchte die Fetzen aus dem Fenster zu werfen. Einer der Gestapobeamten hinderte ihn jedoch daran, sammelte die Papierfetzen vom Boden auf und steckte sie in einen Umschlag. Hans erklärte, das Papier stamme von einem

Im Lichthof der Münchner Universität – im Krieg zerstört und später wiederaufgebaut – wurden die Geschwister Scholl verhaftet.

ihm unbekannten Studenten, der es ihm zugesteckt habe; was es enthalte, wisse er nicht. Dann legte man Hans und Sophie Handschellen an.

In der Haupthalle, durch die man sie führte, wimmelte es von Studenten. Man hatte sie aufgefordert, die Flugblätter abzuliefern. Zwei Gestapobeamte hatten sie eingesammelt und wieder in den Koffer gelegt; sie wollten ausprobieren, ob alle darin Platz fanden. Draußen wartete ein Wagen der Geheimpolizei.

Hans und Sophie blickten unverwandt geradeaus, als sie durch die Menge der starrenden Studenten geführt wurden. „Sie wollten vermeiden, unwillkürlich einen ihrer Freunde oder Bekannten anzuschauen", berichtete später einer der damals anwesenden Studenten. „Sie gingen an uns vorbei, als ob sie keinen von uns je gesehen hätten." Der Gestapowagen brachte sie zum Wittelsbacher Palais.

Hans und Sophie wurden von der Gestapo mit überraschender Höflichkeit behandelt. Anscheinend zögerten die mit dem Fall befaßten Beamten zunächst, die Verdächtigen zu drängen oder zu bedrohen. Ihnen gegenüber saßen zwei intelligente und höfliche junge Menschen, die junge Frau attraktiv und verbindlich, der junge Mann höchst korrekt, beide Studenten, er dazu Feldwebel der Wehrmacht – scheinbare Musterbeispiele der deutschen Jugend. Und was warf man ihnen vor? Vorbereitung zum Hochverrat, zur gewaltsamen Beseitigung der Regierung und der

Partei. Sie waren der kämpfenden Truppe in den Rücken gefallen, deren Niederlage sie offen befürworteten; und sie bezeichneten den geliebten Führer des deutschen Volks öffentlich als international geächteten Massenmörder, den es zu stürzen galt.

Das alles erschien Robert Mohr so ungeheuerlich, daß er es zunächst einfach nicht glauben konnte. Längere Zeit an diesem Donnerstag, dem 18. Februar 1943, war er davon überzeugt, daß Hans und Sophie Scholl unschuldig seien, und wollte sie laufenlassen. So mißtrauisch und hart ihn die vielen Jahre bei der Polizei auch gemacht hatten, neigte er doch dazu, die Erklärungen der beiden jungen Leute zu glauben.

Warum sie an diesem Morgen in der Universität gewesen seien, obwohl sie keine Vorlesungen hatten? Nun, sie hätten sich für den Nachmittag mit einer Freundin verabredet, dann aber beschlossen, nach Ulm zu fahren. Auf dem Weg zum Bahnhof wollten sie die Freundin nach der Vorlesung abfangen und sie über die neue Situation informieren. Aber warum sie einen leeren Koffer mit sich herumgetragen hätten? Sie wollten zu Hause in Ulm frische Wäsche abholen und mit nach München nehmen. Hausmeister Schmied müsse sich geirrt haben. In dem allgemeinen Durcheinander im Lichthof habe er die Falschen erwischt. Es sei für Schmied unmöglich gewesen, von unten aus jemanden auf der Galerie genau zu identifizieren, denn er schaue dabei direkt in das durch die Lichtkuppel hereinströmende Sonnenlicht. Hans und Sophie gaben zu Protokoll, auch sie hätten sich gefragt, woher die Flugblätter wohl kämen. Robert Mohr hielt die Geschichte für „absolut glaubwürdig", wie er später sagte.

Aber während dieser ersten Verhöre im Wittelsbacher Palais durchsuchten andere Gestapoleute die Zimmer der Geschwister in der Franz-Joseph-Straße. Und in Hans' Zimmer stellten sie schwerwiegende Beweisstücke sicher. Die Gestapo fand eine große Anzahl postfrischer Achtpfennigmarken, wie sie auch bei der Versendung der Flugblätter verwendet worden waren. Außerdem entdeckte sie einige Umschläge, die denen der sichergestellten Sendungen entsprachen. Der eindeutigste Beweis aber war jenes Blatt, das Hans bei seiner Festnahme in der Universität hatte verschwinden lassen wollen. Stückchen für Stückchen wurde es von der Gestapo wieder zusammengesetzt. Es war der Entwurf eines weiteren Flugblattes, auf dem sich der Vorwurf fand, Adolf Hitler sei ein „militärischer Hochstapler" und der Krieg müsse sofort beendet werden.

Mit verstärktem Eifer stürzten sich die Gestapobeamten auf die weiteren Ermittlungen. Sie rekonstruierten Schritt für Schritt die Beziehungen zwischen den Geschwistern Scholl und ihren Freunden und Bekannten. Dabei stießen sie auch auf Gisela Schertling, die sich bei ihrem Versuch, möglichst wenig Verräterisches auszusagen, immer heilloser in Widersprüche verwickelte. Jetzt erwies es sich als nachteilig, daß Hans sie nicht genauer in seine Unternehmungen eingeweiht hatte. So dachte sie, daß es nur für Hans sprechen konnte, wenn sie auf sein fast freundschaftliches Verhältnis zu Professor Huber hinwies. Doch für die Gestapo eröffnete sich damit eine neue Spur. Umfragen in der Nachbarschaft führten die Gestapo zu dem Atelier und dem Keller mit seinem brisanten Inhalt; zu der Schreibmaschine, mit der die Flugblätter getippt worden waren, dem Vervielfältigungsapparat mit dem Spezialpapier, den Matrizen und der Druckfarbe. Außerdem entdeckte sie die Pinsel und die Farbe, mit denen die Anti-Hitler-Parolen auf Hauswände und Gehwege gemalt worden waren. Bald hatte sich so viel erdrückendes Beweismaterial angesammelt, daß alle Ausflüchte hoffnungslos waren.

Als man Hans und Sophie Scholl damit konfrontierte, wechselten sie abrupt ihre Taktik. Sie verzichteten auf alle weiteren Unschuldsbeteuerungen. Hatten sie zuvor alles abgestritten, gestanden sie nun alles ohne Zögern ein. Damit wollten sie die ganze Aufmerksamkeit der Gestapo auf sich lenken und andere von jedem Verdacht freihalten. Während der endlosen Verhöre wichen sie nicht einmal von diesem Kurs ab, obwohl sie unablässig bestürmt wurden, Namen zu nennen und Hinweise für weitere Ermittlungen zu geben. Der Druck auf sie wurde von Stunde zu Stunde stärker, nachdem aus Berlin die Anweisung gekommen war, das Verfahren zu beschleunigen. „Von höchster Stelle" wurde ein Schnellverfahren mit sofortiger Aburteilung gefordert. Heinrich Himmler überwachte den Fall persönlich. Hans und Sophie wurden in getrennten Räumen gleichzeitig verhört. Jeder

Kontakt zwischen ihnen war ausgeschlossen. Anton Mahler, der das Verhör von Hans Scholl führte, war wie Mohr ein altgedienter Polizeibeamter, doch bei diesem Fall schien alles anders als sonst zu sein. Zum ersten Verhör erschien Hans wie zu einer Art Herausforderung, die es zu bestehen galt. Seine Antworten kamen schnell und gewandt. Er war durch nichts in Verlegenheit zu bringen und schien sich voll unter Kontrolle zu haben. Beim Fortgang der Verhöre mußte Mahler sich eingestehen, in Hans einem so scharfen Verstand wie nie zuvor begegnet zu sein.

Obwohl Hans während der Verhöre kühl und kontrolliert erschien, kehrte er oft völlig erschöpft und niedergeschlagen in seine Zelle zurück. Ein falsches Wort genügte, um einen seiner Freunde oder Bekannten in Lebensgefahr zu bringen. Ein unbedachtes „und" oder „aber" ließ Mahler gnadenlos weiterbohren.

Die Zelle von Hans war Tag und Nacht hell erleuchtet, ein Zeichen dafür, daß man ihn als „Todeskandidaten" betrachtete. Damit er seinen Richtern nicht zuvorkam, bevor man auch das letzte Beweisstückchen aus ihm herausgepreßt hatte, war ihm sein Rasiermesser abgenommen worden. Außerdem war ihm ein Zellengenosse zugewiesen worden, der auf ihn achten sollte – Helmut Fietz, der wegen eines politischen Witzes verhaftet worden war. Diese Vorkehrungen gegen Selbstmord waren angesichts der religiösen Einstellung von Hans überflüssig. Aber er freute sich, Helmut Fietz bei sich zu haben.

Auch Sophie hatte eine Zellengenossin. Else Gebel war selbst eine politische Gefangene und machte sich im Gefängnis bei Sekretariatsarbeiten nützlich. Da bei Sophies Einlieferung gerade keine Beamtin zur Stelle war, mußte Else sie durchsuchen. Durch Flüsterparolen hatte sie erfahren, wer die neue Gefangene war. Während sie sie durchsuchte, gab sie ihr hastig zu verstehen: „Wenn Sie ein Flugblatt bei sich haben, vernichten Sie es jetzt. Ich bin selbst Häftling."

Zwischen den beiden jungen Frauen herrschte sofort gutes Einvernehmen. Else fühlte sich durch Sophies Liebenswürdigkeit und ihre Haltung eingenommen. Sophie erschien ihr gefaßt und selbstsicher. Hier hat man sich getäuscht, sagte sich Else Gebel.

Diese junge Frau mit dem offenen Blick und dem mädchenhaften Lächeln konnte unmöglich in eine „Vorbereitung zum Hochverrat" verwickelt sein.

Man hatte Sophie in eine der „Ehrenzellen" eingewiesen, die normalerweise prominenten Untersuchungshäftlingen vorbehalten waren. Diese Zellen hatten größere Fenster und verfügten über eine Toilette; außerdem waren die Betten weiß bezogen. Doch Sophie hatte sich gerade erst auf einem der Betten ausgestreckt, als sie zu ihrem ersten Verhör geholt wurde. Es dauerte siebzehn Stunden. Erst am Freitagmorgen gegen acht Uhr kam sie völlig erschöpft, aber ungebrochen in ihre Zelle zurück. Sie erzählte Else, daß man ihr zu ihrer Überraschung nachts „echten Bohnenkaffee" angeboten hatte. Man gönnte ihr ein paar Stunden Schlaf, bevor die Verhöre ihren Fortgang nahmen. Auch Sophie versuchte soweit wie möglich, die Schuld auf sich zu nehmen und andere aus der Sache herauszuhalten. Dabei mußte sie, obwohl die Befragungen durch Robert Mohr vergleichsweise milde verliefen, alle ihre Kräfte zusammenreißen. Kurze Erholungspausen fand sie nur in der Zelle und durch Else Gebels Anteilnahme. Else machte sich mehr Sorgen über Sophies Schicksal als diese selbst. Viele Stunden der Nacht lag sie wach, während sie aus dem anderen Bett die ruhigen Atemzüge der fest schlafenden Sophie hörte.

Sophie Scholls Selbstkontrolle brach nur einmal während jener letzten Tage zusammen. Das war, als Else ihr von einer Neueinlieferung aus dem Freundeskreis berichtete. Der Name war offiziell nicht bekanntgegeben worden. Sophie wußte, daß Willi Graf bereits verhaftet war. Deshalb vermutete sie, daß es sich um Alex Schmorell handeln müsse. Sie war außer sich vor Kummer. Doch dann fand Else Gebel, die Zugang zur Gefängnisregistratur hatte, heraus, daß es sich um Christoph Probst handelte.

Sophie war erschüttert. Sie hatte ihn zum letztenmal im Kreis seiner Familie in seinem kleinen Haus in den Bergen gesehen. Voller Stolz hatte er ihr seinen zweijährigen Jungen vorgeführt. Das jüngste Mitglied der Familie war vor vier Wochen auf die Welt gekommen. Nur ein ungeheurer Mißgriff des Schicksals hatte den liebevollen und nachdenklichen Christoph Probst in eine

Uniform, in einen Krieg und schließlich in eine Widerstandsbewegung gegen die Obrigkeit zwingen können. Seine angeborene
Anständigkeit und sein Gerechtigkeitssinn hatten in ihm einen
unwiderstehlichen Haß gegen das Regime entfacht. Und diese
Anständigkeit, gepaart mit seiner sachlichen Intelligenz, war es,
die Hans Scholl dazu gebracht hatte, ihn wegen der Abfassung
des Flugblatts um Rat zu bitten.

Es bereitete der Gestapo keine Schwierigkeiten zu beweisen,
daß der Flugblattentwurf, den sie aus den Papierfetzen rekonstruiert hatten, von Christoph Probst stammte. Sie verglich ihn
mit einigen harmlosen Briefen an Hans.

Am Samstag nach der Verhaftung von Hans und Sophie hatte
sich Probst morgens wie gewöhnlich beim Zahlmeister seiner
Luftwaffeneinheit in Innsbruck gemeldet, um seinen Sold abzu-
holen. Er wollte so schnell wie möglich zu seiner Frau Herta,
die mit Kindbettfieber in der Klinik lag. Aber an diesem Morgen
bekam Probst seinen Sold nicht ausgehändigt, sondern erhielt
den Befehl, sich beim Kommandeur zu melden. Dort erwarteten ihn zwei Gestapobeamte mit einem Koffer. Man befahl ihm,
Zivilkleider aus dem Koffer anzuziehen. Dann wurden ihm
Handschellen angelegt, und die beiden Polizisten schoben ihn
in ein Auto, das mit Höchstgeschwindigkeit Richtung München
und Wittelsbacher Palais fuhr. Daß man ihn gezwungen hatte,
Zivilkleidung anzulegen, war ein unheilvolles Vorzeichen, denn
eigentlich waren die normalen Gerichte für Angehörige der Wehrmacht nicht zuständig. Aber zwischen dem Oberkommando der
Wehrmacht und dem Reichsjustizminister war ein Abkommen
getroffen worden, das es ermöglichte, alle Mitglieder des Scholl-
Kreises, die der Wehrmacht angehörten, mit sofortiger Wirkung
aus dieser auszuschließen und unter Zivilrecht zu stellen.

Sophies Bestürzung über Christoph Probsts Verhaftung wurde
dadurch etwas besänftigt, daß er wahrscheinlich mit einer vergleichsweise milden Strafe rechnen konnte. Schließlich konnte
man ihm nicht mehr als einen Flugblattentwurf nachweisen, der
nicht in Umlauf gesetzt worden war. Niemand außer Hans und
Alex hatte ihn zu Gesicht bekommen. Und es gab keinen An-
haltspunkt, daß er je in die Öffentlichkeit gelangt wäre. Genau

wie Hans war auch Sophie sicher, daß die Invasion durch die Engländer und Amerikaner unmittelbar bevorstand. Selbst wenn sie Christoph zu einer langen Gefängnisstrafe verurteilten, würde das Kriegsende ihm bald die Freiheit wiederschenken. Sophie glaubte, die Invasion in ungefähr acht Wochen erwarten zu können.

Doch das erwies sich als Fehleinschätzung. Die alliierte Invasion des europäischen Kontinents ließ nicht acht Wochen auf sich warten, sondern fast sechzehn Monate. Und das Ende des Kriegs lag noch mehr als zwei Jahre in der Zukunft.

Vom zweiten Tag ihrer Inhaftierung an, als sich das Beweismaterial immer erdrückender vor ihnen auftürmte, wußten sowohl Hans wie Sophie, daß es keine Hoffnung mehr für sie gab. Trotzdem versuchte Robert Mohr, Sophie Scholl, die insgeheim seinen Respekt gewonnen hatte, noch einen Weg zu weisen, der ihr vielleicht das Leben retten konnte.

„Ich versuchte mit letzter Beredsamkeit, sie zu einer Erklärung zu bringen, die letzten Endes darauf hinauslaufen müßte, daß sie ideologisch nicht mit ihrem Bruder konform war, sich vielmehr auf ihren Bruder verlassen habe, daß sie ihm in dem gefolgt sei, was sie getan hatte, ohne sich eigene Gedanken über die Tragweite ihrer Handlungsweise zu machen. Sophie Scholl erkannte sofort, worauf ich hinauswollte, und lehnte entschieden ab, sich zu einer solchen Erklärung bereit zu finden. Dies wäre in der Tat die einzige Möglichkeit gewesen, wenigstens Sophie Scholl das Leben zu retten."

Aber Sophie ließ ihn kaum ausreden, bevor sie sein Angebot zurückwies. Sie sei nicht durch den Bruder verführt worden, erklärte sie. Sie sei sich der Konsequenzen ihres Tuns vollauf bewußt gewesen. Wenn ihr Bruder die Todesstrafe verdiene, dann auch sie. Ein andermal versuchte Mohr ihr einzureden, sie sei das Opfer einer falsch verstandenen, unreifen Weltanschauung geworden. Sie habe die wirkliche Philosophie des Nationalsozialismus einfach nicht begriffen. Vielleicht würden ihr aber in ihrer jetzigen schrecklichen Situation die Augen aufgehen, so daß sie die ihr zur Last gelegten Taten bereuen könne . . .?

„Sie täuschen sich", erwiderte Sophie ruhig, „ich würde alles noch einmal genau so machen, denn nicht ich, sondern Sie haben die falsche Weltanschauung."

Robert Mohr erkannte, daß er es hier mit jemandem zu tun hatte, der nie bereit sein würde, die von ihm gewiesene Hintertür zu benutzen. Er brach das Verhör ab und schickte Sophie in ihre Zelle zurück. Else Gebel war gerade dabei, Tee zu kochen und mit etwas Wurst, Brötchen, Butter, Plätzchen und Zigaretten, die von Mitgefangenen wie Wärtern gespendet worden waren, ein kleines Festmahl vorzubereiten. Sophie bestand darauf, einige Leckerbissen davon Hans im darüberliegenden Stockwerk zukommen zu lassen. Die Geschichte der Scholls hatte die Runde im Gefängnis gemacht und bei Häftlingen und Wachpersonal Sympathien ausgelöst.

Am Sonntagnachmittag holte man Sophie aus ihrer Zelle, um ihr die offizielle Anklageschrift zu überreichen. Sie trug das Datum des 21. Februar 1943 und war vom Oberreichsanwalt beim Volksgerichtshof in Berlin ausgefertigt. Sie richtete sich gegen drei Angeklagte: Hans Fritz Scholl („nicht bestraft"), Sophia Magdalena Scholl („nicht bestraft"), Christoph Hermann Probst („nicht bestraft"). Gemeinsam wurden sie der „Vorbereitung des Hochverrats" bezichtigt. Es folgte eine ansehnliche Liste sauber aufgeschlüsselter Vergehen, die allerdings in „normalen Zeiten" als Parodie auf jede rechtsstaatliche Anklageschrift angesehen worden wäre. Keine zivilisierte Nation konnte drei junge Staatsbürger dafür mit dem Tod bedrohen, daß sie ein paar tausend Flugblätter verfaßt und verteilt hatten. Niemand konnte ernsthaft behaupten, daß dadurch der Zusammenhalt eines Staats und seiner Streitkräfte wirklich gefährdet worden sei. Wäre diese Anklageschrift nicht zugleich ein Todesurteil gewesen, hätten die Beschuldigten stolz darauf sein können, von den Staatsorganen weitaus ernster genommen zu werden, als es der eigenen Einschätzung entsprach.

Die Anklageschrift zeichnete den Werdegang der Beschuldigten und die Geschichte ihrer Aktionen nach, angefangen mit den „Flugblättern der Weißen Rose". Dabei wurde auf die persönliche Schuld der drei Angeklagten Hans, Sophie und Christoph eingegangen, ohne daß irgendwelche Unterschiede gemacht wurden.

Unberücksichtigt blieb, daß Probst weder an der Herstellung noch an der Verteilung der Flugblätter Anteil gehabt, sondern lediglich den Entwurf eines Textes zu verantworten hatte, der nie in Umlauf gesetzt worden war.

Sophie kam mit der Anklageschrift zurück in die Zelle, wo sie sie aufmerksam durchlas. Else Gebel sah, daß ihre Hände dabei zitterten. Dann legte sie das Dokument zur Seite und blickte lange Zeit schweigend aus dem Fenster der Zelle. Draußen gingen sonntäglich gekleidete Menschen spazieren. Die Nachmittagssonne strahlte hell in die Zelle. Sophie seufzte leise auf. „So ein herrlicher, sonniger Tag", sagte sie mehr zu sich selbst als zu Else, „und ich soll gehen . . . Aber wie viele müssen heutzutage auf den Schlachtfeldern sterben . . . Was liegt an meinem Tod, wenn durch unser Handeln Tausende von Menschen aufgerüttelt und geweckt werden? Unter der Studentenschaft gibt es bestimmt eine Revolte."

An dieser Stelle mußte Else an sich halten, denn sie war ziemlich sicher, daß es kein Aufbegehren geben würde.

Sophies größter Kummer war die Mutter. Gleich zwei Kinder auf einmal zu verlieren, und der andere Sohn irgendwo in Rußland. Es würde schrecklich für sie sein. Der Vater würde ihr Tun besser verstehen.

Aus verläßlichen Quellen hatte Else Gebel gehört, daß die Verhandlung gegen Sophie, Hans und Christoph bereits für den folgenden Tag, einen Montag, angesetzt war. Und diese Eile verhieß nichts Gutes. Der Vorsitzende des Gerichts würde Roland Freisler sein. Es gab keinen Zweifel, was das bedeutete.

Sophies Träumereien waren vorüber, ihre Hände zitterten nicht mehr. Als sie am Abend von einem vom Gericht bestellten Pflichtverteidiger in der Zelle aufgesucht wurde – das Regime wollte dem Verfahren ein Mäntelchen der Rechtmäßigkeit umhängen –, verblüffte sie ihn durch ihre Beherrschtheit. Sie machte keinerlei Anstalten, ihre Unschuld zu beteuern. Noch einmal bestand sie darauf, daß sie und ihr Bruder das Richtige getan hatten. Wenn der Bruder zum Tode verurteilt werde, so dürfe sie keine mildere Strafe erhalten, denn sie sei genauso schuldig wie er. Dann wollte sie wissen, ob Hans als Wehrmachtsangehöriger das Recht auf den Tod durch Erschießen habe. Schließlich sei er Frontsoldat gewesen. Doch der Anwalt konnte ihr keine verbindliche Antwort geben. Über ihre zweite Frage, ob sie selbst öffentlich gehenkt oder durch das Fallbeil getötet werde, war er entsetzt. Mit einer ausweichenden Antwort zog er sich völlig verwirrt zurück.

Auch in dieser Nacht blieb die Zelle taghell erleuchtet. Else Gebel fand keinen Schlaf. Sophie hatte wieder den festen Schlaf eines Kindes.

Am nächsten Morgen wachte Sophie Scholl um sieben Uhr auf. An diesem Montagmorgen sah sie ihren Bruder zum erstenmal seit ihrer Verhaftung. Die endlosen Stunden erbarmungsloser Verhöre hatten ihn gezeichnet. Er sah bleich und eingefallen aus, hielt sich aber unverändert aufrecht. Bevor er seine Zelle verließ, hatte er mit einem Bleistiftstummel auf der weiß gekalkten Zellenwand eine Botschaft hinterlassen: ALLEN GEWALTEN ZUM TRUTZ SICH ERHALTEN!

In ihren letzten Stunden im Gestapogefängnis war Robert Mohr mit einem Vorschlag an sie herangetreten, der nicht zu einem Gestapobeamten zu passen schien. Er riet ihnen, schon jetzt ihre Abschiedsbriefe zu schreiben, denn später – er meinte, nach dem Urteil, wenn man sie nach Stadelheim überführen würde – werde dazu wahrscheinlich keine Zeit mehr sein. Er gab damit zu erkennen, daß der Prozeß nicht mehr als eine Farce darstellte und daß das Urteil schon feststand.

Hans und Sophie schrieben daraufhin kurze Briefe an ihre Eltern, in denen sie sich für ihre Güte und Liebe bedankten und sie um Verzeihung für den Schmerz und die Verzweiflung baten, in die sie sie durch ihr Verhalten gestürzt hatten. Sie erklärten, sie hätten einfach nicht anders handeln können und seien sicher, daß die Eltern sie verstehen würden. Sie äußerten die Überzeugung, daß die Zukunft ihnen Gerechtigkeit widerfahren lassen und der Tag kommen werde, an dem das, was für viele heute als Verbrechen gelte, die Zustimmung aller finden werde. Sophie schrieb außerdem einen Brief an ihre Schwester Inge, in dem sie sie bat, Carl Muth ihre letzten Grüße zu übermitteln und ihn ihrer Zuneigung zu versichern. Dann setzte sie noch einen Abschiedsbrief an Fritz Hartnagel auf, der irgendwo im Osten stand.

Keiner dieser Briefe erreichte je sein Ziel. Sie wurden alle vom Reichssicherheitshauptamt in Berlin überprüft. Daraufhin erging die Anweisung, sie zu den Akten zu nehmen und unter keinen Umständen den Adressaten zu übermitteln. Man befürchtete, daß sie bei einer eventuellen Veröffentlichung als Propaganda gegen das Regime benutzt werden könnten. Man wolle keine Märtyrer, hieß es aus Berlin.

Auch Christoph Probst bekam die Erlaubnis, Abschiedsbriefe zu schreiben. Durch eine Nachlässigkeit der Gestapo blieb ein Brief an seine Mutter erhalten. Dieser bekommt seinen besonders schmerzlichen Akzent durch die Tatsache, daß er am Tag der Festnahme verfaßt wurde, als Christoph noch nicht wissen konnte, daß der Tod auf ihn wartete. Er versicherte seiner Mutter, daß das Leben hinter Gefängnismauern durchaus zu ertragen sei und sie sich keine Sorgen machen solle. Im übrigen werde er gut behandelt. Aber jene Briefe, die er nach seiner Verurteilung zum Tode an seine Mutter und seine Schwester Angelika schrieb, wurden von der Gestapo nicht freigegeben. Die beiden Frauen durften sie lediglich in Gegenwart von Polizeibeamten lesen, die sie anschließend wieder an sich nahmen. Christophs letzte Worte aber prägten sich ihnen unauslöschlich ein, und sie schrieben sie sofort aus dem Gedächtnis nieder. „Ich danke Dir, daß Du mir das Leben gegeben hast", schrieb er der Mutter. „Wenn ich es recht bedenke, so war es ein einziger Weg zu Gott. Seid nicht traurig, daß ich das letzte Stück nun überspringe. Bald bin ich noch viel näher bei Euch als sonst." Seiner Schwester versicherte er: „Ich sterbe ohne Haßgefühle . . . Vergiß nie, daß das Leben nichts ist als ein Wachsen in der Liebe und ein Vorbereiten auf die Ewigkeit!"

Gegen neun Uhr erschienen zwei Gestapobeamte und eskortierten Sophie Scholl zu einem unauffälligen Wagen. Sie fuhren mit ihr zu dem zwei Kilometer entfernten Justizpalast. Hans Scholl und Christoph Probst, beide in Handschellen, folgten kurz darauf in einem anderen Wagen. Sie mußten in einem Vorraum warten, bis die Zuhörer und Roland Freisler ihre Plätze im Gerichtssaal eingenommen hatten.

Ergeben wartete Christoph Probst auf den Beginn der Verhandlung, von der sie nichts mehr zu erhoffen hatten. Er war nicht nur körperlich der größte von den dreien, sondern wirkte aufgrund seines grüblerischen und melancholischen Gesichtsausdrucks auch wie der älteste der kleinen Gruppe. In Wirklichkeit war er ein Jahr jünger als Hans, der den Anschein erweckte, als wartete er ungeduldig darauf, daß die ihm aufgezwungene Untätigkeit ein Ende nehme.

Sophie schien ihre Umwelt kaum zu registrieren. Ihre Stirn hatte sie, was charakteristisch für sie war, leicht gerunzelt. Was würde mit den anderen geschehen? Aus unerklärlichen Gründen war Willi Graf in der Anklageschrift nicht aufgeführt und stand deshalb auch heute morgen nicht hier vor Gericht. Sophie wußte, daß auch Alex Schmorell noch nicht verhaftet war. Wo er sich wohl aufhielt? Und was war mit Professor Huber? Auch über sein Schicksal konnte Sophie nur Vermutungen anstellen – und für ihn hoffen.

10

Nicht alle der geladenen Zuhörer, die an diesem Montagmorgen, dem 22. Februar 1943, den Saal 216 des Münchner Schwurgerichts füllten, wußten, warum dieser Prozeß mit einer solchen Dringlichkeit geführt wurde. Die Angeklagten waren erst am Donnerstag zuvor verhaftet worden. Selbst die schwersten politischen Fälle wurden oft erst nach Wochen oder gar Monaten verhandelt.

Die besser Informierten kannten die Gründe für diese Hektik. Sie war Ausdruck der in höchsten Kreisen von Partei und Staat nach der Katastrophe von Stalingrad herrschenden Ängste und Spannungen. Die Entdeckung von Widerstandszellen ausgerechnet in der „Hauptstadt der Bewegung", aber auch in anderen Städten des Reichs trug zur allgemeinen Bestürzung bei. Sollte es unter den Studenten tatsächlich regimefeindliche Bestrebungen geben – und noch dazu bei Studenten, die die Uniform der deutschen Wehrmacht trugen! –, dann mußte unverzüglich ein Exempel statuiert werden.

Das Regime war im Gerichtssaal so gut wie vollständig repräsentiert. „Vom Blockwart bis zum Ritterkreuzträger" war alles vertreten, wie ein Beobachter vermerkte, als Roland Freisler in seiner scharlachroten Robe hereinrauschte und auf dem Richterstuhl Platz nahm. Gegen zehn Uhr eröffnete er die Verhandlung des Volksgerichtshofs, auf beiden Seiten flankiert von beisitzenden Richtern, die der Öffentlichkeit demonstrieren sollten, daß hier nicht das Recht, sondern die Macht zu Gericht saß: Es handelte sich neben dem Landgerichtsdirektor und dem Vertreter des Oberreichsanwalts um einen SS- und zwei SA-Gruppenführer. Aber auch die vielen Uniformierten im Saal trugen zu dieser Atmosphäre bei. Vor dieser beängstigenden staatlichen Machtkulisse wirkten die drei jungen Angeklagten sehr allein und verlassen.

Hans und Sophie Scholl sowie Christoph Probst saßen, jeweils eingerahmt von zwei Polizisten, mit dem Rücken zu einem Fenster auf der Anklagebank links vom Richtertisch, über dem ein Bild Adolf Hitlers hing. Sie waren zwar bleich und erschöpft, doch ihre aufrechte Haltung ließ erkennen, daß sie innerlich ungebrochen waren. Mehr als einer der Zuhörer mochte sich unwillkürlich die Frage stellen: Wie war es möglich, daß diese jungen Leute, darunter dieses Mädchen, das man sich fast noch auf der Schulbank vorstellen konnte, eine Bedrohung für das Großdeutsche Reich darstellten?

Roland Freisler führte den Prozeß, als ob es wirklich um die Existenz des Reichs ginge. Obwohl er nicht der Staatsanwalt, sondern der Richter war, überschüttete er die Angeklagten mit einer Flut von Vorwürfen und Schmähungen. Abwechselnd führte er sich wie ein Schmierenkomödiant in einem Melodram und wie ein Großinquisitor auf. Selbst unter diesem Publikum gab es einige, die innerlich vor diesen wüsten Ausfällen zusammenzuckten. Auch Leo Samberger, der junge Gerichtsreferendar, schämte sich für diese Darstellung deutschen Richtertums und seiner „Gerechtigkeit".

Die Verhandlung sprach allen rechtlichen Prinzipien hohn, obwohl eine Vielzahl von Beweisen vorgelegt wurde – darunter die Flugblätter, der Vervielfältigungsapparat, die Matrizen, die Pinsel und die Farbe, mit denen die Anti-Hitler-Parolen in der Stadt angebracht worden waren. Jakob Schmied war als Zeuge geladen, auch Robert Mohr und Anton Mahler. Aber sie wurden nicht aufgerufen, da die Angeklagten alle ihnen zur Last gelegten Taten gestanden hatten. Das Verfahren bestand in der Hauptsache aus Roland Freislers wütenden Beschimpfungen, die nur selten von Anträgen der Pflichtverteidiger unterbrochen wurden. Einer von ihnen beschloß seine Ausführungen mit der

Roland Freisler,
Präsident des Volksgerichtshofes

Bemerkung: „So kann ich nur noch sagen – *fiat justitia*. Möge das Recht seinen Lauf nehmen." Womit er meinte: Verfahrt mit den Angeklagten, wie sie es verdient haben.

Allein die wenigen Aussagen der Angeklagten verhinderten, daß das Verfahren zu einem reinen „Affentheater" wurde, wie Hans beim Betreten des Gerichtssaals laut vermutet hatte. Sophie Scholl antwortete dem Richter: „Was wir sagten und schrieben, denken ja so viele. Nur wagen sie es nicht, es auszusprechen." An anderer Stelle konfrontierte sie die Richterbank und das Publikum mit einer bitteren Wahrheit, die laute Wutausbrüche provozierte. Sie wüßten doch, daß der Krieg verloren sei, rief sie den Richtern zu. Warum sie dann nicht den Mut hätten, dieser Tatsache ins Gesicht zu sehen?

Vor der Urteilsverkündung wurde jedem der drei Angeklagten noch einmal das Wort erteilt. Dieses Recht hatte selbst der Volksgerichtshof nicht anzutasten gewagt; außerdem verlieh es dem

Verfahren wenigstens einen Hauch von Legalität. Sophie war von der Sinnlosigkeit dieser Geste überzeugt und schwieg. Christoph Probst versuchte auf seine ernste und nüchterne Art, dem Gericht zu erklären, daß er im Interesse seines Landes gehandelt habe. Sein Ziel sei es gewesen, dem Blutvergießen ein Ende zu bereiten und Deutschland weitere Stalingrads zu ersparen. Er wurde von der Richterbank und aus dem Publikum niedergeschrien. Darauf bat er um sein Leben, um seiner Kinder und seiner Frau willen, die in diesem Augenblick mit Kindbettfieber in der Klinik lag.

Seine Bitte wurde seitens der Richter mit steinernen Gesichtern aufgenommen. Hans versuchte, dem Freund zu Hilfe zu kommen. Er wies darauf hin, daß Probst an den Flugblattaktionen so gut wie überhaupt nicht beteiligt war. Freisler unterbrach ihn grob: „Wenn Sie für sich selbst nichts vorzubringen haben, schweigen Sie gefälligst."

Hans lehnte es ab, um Gnade zu bitten. Keiner der drei Angeklagten widerrief irgend etwas.

Als das Urteil des Volksgerichtshofs verkündet werden sollte, entstand am Saaleingang ziemliche Unruhe. Ein Mann und eine Frau in mittleren Jahren drängten sich trotz der Proteste der Gerichtsdiener in den Saal. Es gab ein Handgemenge, das Verfahren mußte unterbrochen werden. Das hereindrängende Paar waren Magdalene und Robert Scholl, die in dieser schweren Stunde an der Seite ihrer Kinder sein wollten.

Schon am Freitag hatten Freunde von Hans und Sophie die schlimmen Neuigkeiten telefonisch nach Ulm gemeldet. Da am Wochenende im Gefängnis Besuche nicht erlaubt waren, verbrachten die Eltern zusammen mit ihrem jüngsten Sohn Werner, der unverhofft aus Rußland auf Urlaub gekommen war, qualvolle Stunden der Ungewißheit und ohnmächtiger Verzweiflung. Zu dritt bestiegen sie am Montag den Frühzug von Ulm nach München.

Jürgen Wittenstein erwartete sie am Bahnsteig in höchster Erregung. Er erklärte ihnen, daß die Verhandlung bereits begonnen habe und daß sie sich beeilen müßten, wenn sie noch vor ihrem Ende im Gericht sein wollten. Das war ein neuer Schock für die Scholls. Sie hätten nie gedacht, daß der Prozeß gegen ihre Kinder so überhastet vorangetrieben werden würde. In größter Angst und Sorge eilten sie zum Justizpalast.

Und dann standen sie in dem bis auf den letzten Platz besetzten Gerichtssaal und wußten nicht, was sie tun sollten. Magdalene Scholl wandte sich an Jürgen Wittenstein und fragte: „Werden sie sterben müssen?"

Jürgen Wittenstein nickte.

Im Gerichtssaal kämpfte sich Robert Scholl bis zum Tisch von Hans' Pflichtverteidiger vor. „Gehen Sie bitte zu dem Präsidenten, und sagen Sie ihm, hier sei der Vater und wolle seine Kinder verteidigen!" forderte er ihn auf.

Überraschenderweise kam der Anwalt seiner Bitte nach. Er ging zum Richtertisch und flüsterte Roland Freisler etwas zu. Freisler machte eine ablehnende Geste. Er bellte den Saalwachen Befehle zu, Robert Scholl aus dem Gerichtssaal zu führen. Man hörte Robert Scholl rufen: „Es gibt noch eine andere Gerechtigkeit!" Und bevor sich die Tür hinter ihm schloß: „Sie werden in die Geschichte eingehen!"

Erschüttert von dem, was er eben miterlebt hatte, trat Leo Samberger vor dem Gerichtssaal auf Robert und Magdalene Scholl zu und bot ihnen seine Hilfe an. Er wollte in ihrem Namen ein Gnadengesuch aufsetzen – das einzige legale Mittel, das jetzt noch geblieben war. Die Scholls nahmen sein Anerbieten dankbar an. Doch so mutig seine Geste auch war, so fruchtlos war sie.

Nach der kurzen Unterbrechung brachte Roland Freisler sein Geschäft zu Ende. Wegen Hochverrats und des Versuchs, die nationalsozialistische Gesellschaftsordnung umzustürzen, wurde gegen Hans Fritz Scholl, Sophia Magdalena Scholl und Christoph Hermann Probst das Todesurteil verhängt.

Man legte ihnen wieder Handschellen an, bevor uniformierte Polizisten sie aus dem Saal führten. Beim Hinausgehen konnte man Hans sagen hören: „Heute hängt ihr uns, und morgen werdet ihr es sein."

Auf dem Korridor vor dem Gerichtssaal drängte sich Werner Scholl in Wehrmachtsuniform zu seinen Geschwistern und deren Freund durch. Er drückte jedem von ihnen die Hand. Als Hans sah, daß ihm Tränen in die Augen traten, legte er ihm die Hand auf die Schulter und sagte: „Bleib stark – keine Zugeständnisse."

Paul Gießler, der Gauleiter von München und Oberbayern, hatte eigentlich geplant, die drei öffentlich hängen zu lassen. Doch dann wurde ihm von höherer Stelle die Sache aus der Hand genommen. Himmler fürchtete angesichts einer solchen öffentlichen Demonstration heftige Reaktionen im In- und Ausland. Deshalb sollte alles so schnell und unauffällig wie möglich über die Bühne gehen. Die drei Todeskandidaten wurden nach Stadelheim überführt.

Im Februar 1943 versah Pfarrer Karl Alt neben zwei anderen Aufgabenbereichen das Amt des Gefängnisgeistlichen in Stadelheim. Als er am frühen Nachmittag an diesem Montag einen dringenden Anruf erhielt, der ihn sofort ins Gefängnis beorderte, ahnte er, was ihn wieder einmal erwartete. Pfarrer Alt war ein sanfter Mann, der wie sein Vater in der Tradition der Sozialdemokratie aufgewachsen war. Er betrachtete es als seine Pflicht, den Opfern der Nazi-„Gerechtigkeit" geistlichen Beistand zu leisten.

Die drei Todeskandidaten waren schon vor ihm eingeliefert worden. Robert und Magdalene Scholl war es gelungen, Zutritt zum Gefängnis zu erhalten. Robert Scholl hatte auf dem elterlichen Besuchsrecht bestanden, und schließlich wurde es ihnen gewährt. Die Verwaltungsbeamten von Stadelheim waren keine Gestapo- oder SS-Chargen, sondern normale Staatsbeamte, die bereits vor der Machtergreifung ihren Dienst versehen hatten. Die Verwaltung erwies sich als unbürokratisch und öffnete Robert und Magdalene Scholl die Gefängnistore.

Hans wurde als erster ins Besuchszimmer geführt. Er trug die übliche Sträflingskleidung. Sein Gesicht war schmal und abgezehrt. Aber seine Augen überstrahlten alles; keine Spur von Niedergeschlagenheit oder Verzweiflung war darin. Er dankte seinen Eltern mit bewegten Worten für die Güte und Liebe, die sie ihm geschenkt hatten. Dann trug er ihnen Grüße an alle seine Freunde auf. Er sagte mit einem Lächeln: „Ich habe keinen Haß, ich habe alles, alles unter mir." Er beugte sich über die Barriere, die ihn von seinen Eltern trennte, und drückte ihnen ein letztes

Mal die Hände. Als er abgeführt wurde, zeigte sein Gesicht nicht die leiseste Angst, vielmehr schien es von Enthusiasmus erfüllt.

Darauf wurde Sophie von einer Wachtmeisterin hereingeführt. Sie trug ihre eigenen Kleider, eine ausgebeulte Häkeljacke und einen blauen Rock. Auch sie lächelte und nahm die Süßigkeiten entgegen, die Hans zuvor abgelehnt hatte. „Ach ja, gerne", sagte sie, „ich habe ja noch gar nicht Mittag gegessen." Auch sie war schmaler geworden, aber ihre Haut war blühend und frisch, und in ihrem Gesicht lasen die Eltern so etwas wie Triumph.

„Sophie, Sophie", sagte ihre Mutter, „nun wirst du also gar nie mehr zur Tür hereinkommen."

„Ach, die paar Jährchen, Mutter", gab sie lächelnd zur Antwort. Sie blickte die Eltern an und erklärte triumphierend: „Wir haben alles, alles auf uns genommen. Das wird Wellen schlagen." Auch sie verließ ihre Eltern furchtlos und gelassen mit einem Lächeln im Gesicht.

Robert Mohr begegnete ihr kurz darauf noch einmal in ihrer Zelle. Sie weinte. So hatte er sie während der Verhöre nie erlebt. Sie versuchte sich zu entschuldigen. „Ich habe mich gerade von meinen Eltern verabschiedet", sagte sie. „Sie verstehen . . ."

Christoph Probst konnte vor seinem Tod keinen Angehörigen mehr sehen. Seine im Krankenhaus liegende Frau wußte noch nicht, daß er festgenommen und zum Tode verurteilt worden war. Und auch von seiner übrigen Familie hatte niemand eine Ahnung, was mit ihm geschah. Es war sicherlich schwer für ihn, das, was ihm geschah, in Einklang mit seiner Überzeugung zu bringen, daß alles in der Welt einen Sinn habe und nichts nur zufällig geschehe. Aber nicht einmal Stadelheim konnte Christoph Probsts Glauben daran untergraben, daß hinter allem eine göttliche Ordnung stehe, in der auch er seinen ihm zugewiesenen Platz habe. Er war nie getauft worden; doch seine Überzeugungen und seine philosophischen Studien ließen ihn seit Jahren zum Katholizismus neigen. Jetzt, in der Todeszelle, bat er um einen Priester. Man schickte ihm Pater Speer, den römisch-katholischen Gefängnisgeistlichen. Sie sprachen und beteten miteinander; danach wurde Christoph Probst angesichts des Todes in den Schoß der Kirche aufgenommen. Vor einem kleinen Tisch, der als

Behelfsaltar diente, auf dem Betonboden kniend, empfing er die erste Kommunion, die zugleich seine letzte sein sollte.

Karl Alt betrat das Gefängnis und die Zelle von Hans mit „klopfendem Herzen", wie er selbst gestand. Wie konnte er diesem jungen Mann und seiner Schwester, die er beide nie zuvor gesehen hatte, in ihren letzten schweren Augenblicken beistehen? Pfarrer Alt war erleichtert, als Hans Scholl nach der Begrüßung von sich aus vorschlug, sie sollten zusammen den 90. Psalm lesen: „Herr, Gott, du bist unsre Zuflucht für und für." Zusammen sprachen sie auch Worte aus dem 13. Kapitel des ersten Korintherbriefs, der als das Hohelied christlicher Liebe bezeichnet wird.

Bevor Karl Alt mit Hans das Abendmahl feierte, richtete er noch einige Worte an den jungen Mann, den er in diesen wenigen Minuten in sein Herz geschlossen hatte. Hans' Festigkeit hatte auch ihm jede Unsicherheit genommen. Er zitierte jene Bibelverse, in denen es heißt, daß kein Mensch größere Liebe haben könne als der, der sein Leben für das seiner Freunde gebe. Und genau das habe Hans getan, indem er sein Volk davon habe überzeugen wollen, mit dem Blutvergießen ein Ende zu machen, bevor sie alle darin umkämen. Mit einem Herzen voller Liebe und Glauben zu sterben, erklärte Karl Alt, bedeute, einen guten Tod zu sterben. Selbst unter dem Beil des Henkers.

Nach dem Abendmahl verabschiedete sich Pfarrer Alt und suchte Sophies Zelle auf. Er betete auch mit ihr, sprach ihr mit einigen Worten Mut zu und spendete ihr ebenfalls das Abendmahl.

Die bürokratischen Formalitäten waren erledigt, die Sterbesakramente gespendet. Inzwischen war auch der Scharfrichter angekommen und traf zusammen mit seinen Gehilfen die letzten Vorbereitungen. Obwohl die drei Todeskandidaten kaum zwei Stunden zuvor eingeliefert worden waren, hatte sich das Gerücht von ihrem Schicksal und ihrer Haltung bereits wie ein Lauffeuer im ganzen Gefängnis verbreitet. Todeskandidaten waren für Stadelheim keine Seltenheit. Doch diese drei jungen Leute wurden selbst in dieser an den Tod gewohnten Umgebung als etwas Besonderes empfunden. Schon in den vorausgegangenen Tagen hatten sie bewiesen, über wieviel Widerstandskraft sie verfügten. Keiner hatte sie je die Kontrolle über sich verlieren sehen. Die Gefangenenwärter zollten dieser bewundernswerten Haltung eine Art stillschweigenden Tribut, indem sie die drei wenige Augenblicke vor ihrem Ende entgegen den Vorschriften noch einmal zusammenführten. Sie rauchten eine letzte Zigarette, um sich dann für immer voneinander zu verabschieden.

Ungefähr vierzig Meter vom Zellenblock entfernt lag ein kleineres Gebäude, das wie ein Lagerhaus aussah. Es war etwas über ein Stockwerk hoch und ließ äußerlich nichts von seinem Verwendungszweck erkennen. Im Innern des Gebäudes stand das Fallbeil.

Sophie Scholl wurde als erste vorgeführt. Dies geschah aufgrund einer besonderen Rücksichtnahme, die man ihr von seiten der Gefängnisleitung entgegenbrachte. Denn nichts ist schlimmer, als unnötig lange auf den Tod warten zu müssen. In Handschellen, flankiert von den Gehilfen des Scharfrichters, legte sie die vierzig Meter zwischen dem Zellenblock und dem unscheinbaren kleinen Gebäude hocherhobenen Hauptes zurück. Keiner der Anwesenden konnte ihr seine Bewunderung versagen. Einer der Gefangenenwärter berichtete: „Sie ging, ohne mit der Wimper zu zucken . . . Der Scharfrichter sagte, so habe er noch niemanden sterben sehen." Sie betrat das Reich des Todes wie eine der Frauengestalten des Alten Testaments, mit denen sie einmal verglichen worden war. Im Zellenblock hörte man nicht mehr als ein dumpfes Geräusch. Man schrieb den 22. Februar 1943, siebzehn Uhr.

Der nächste war Christoph Probst. Bei ihrer letzten Zigarette hatte er Hans und Sophie versichert: „In wenigen Minuten sehen wir uns in der Ewigkeit wieder." Jetzt, auf seinem letzten Gang zu dem unauffälligen Gebäude, hörte man ihn leise sagen: „Ich wußte nicht, daß Sterben so leicht sein kann."

Hans Scholl war der letzte. Auch er ging mit festem, sicherem Schritt. Wieder stand jener „Enthusiasmus" in seinem Gesicht, den schon seine Eltern an ihm bemerkt hatten. Bevor er die Schwelle überschritt, rief er mit lauter Stimme, so daß es durch das große Gefängnis hallte: „Es lebe die Freiheit!"

Nun waren sie alle drei im Tod vereint. Aber eines hatte das Fallbeil in Stadelheim nicht zu vollbringen vermocht – die „Weiße Rose" war mit ihnen nicht gestorben.

11

In der Nacht des 24. Februar 1943 waren die Bomber der Royal Air Force wieder einmal über München. Ihre Last ließ ganze Häuserzeilen in sich zusammenfallen. Im Keller eines Hauses am Habsburger Platz in Schwabing saß eine Gruppe von Frauen auf den Bänken entlang den Wänden. Es fiel kaum ein Wort.

Plötzlich flog die Kellertür auf, und ein junger Mann mit eingefallenem Gesicht und verzweifeltem Blick blinzelte in die trübe Notbeleuchtung des Schutzraumes. Seine Blicke tasteten suchend die Gesichter der Frauen ab. Eine schrie leise auf, als sie ihn erkannte. „Shurik!"

„Marie Luise", sprach er sie mit fast flehentlicher Stimme an, „bitte komm einen Augenblick mit raus. Ich muß mit dir sprechen."

Die junge Frau blickte ängstlich zu ihm auf. Anstatt ihm zu antworten, beugte sie sich zu ihrer Nachbarin und flüsterte aufgeregt mit ihr. Auch die anderen Frauen mischten sich in die leise geführte Unterhaltung ein. Alex Schmorell verharrte reglos auf der Schwelle. Als Marie Luise seiner Bitte nicht entsprach und das aufgeregte Flüstern kein Ende nehmen wollte, wußte er, daß seine Flucht zu Ende war.

Sofort nachdem er von Hans' und Sophies Verhaftung erfahren hatte, war er untergetaucht. Er wußte, daß die Gestapo ihn suchen würde. Auf keinen Fall durfte er nach Hause zurück. Bestimmt wartete dort die Gestapo auf ihn, und wahrscheinlich wurde sogar das Telefon überwacht. Auch bei seiner Einheit, von der er inzwischen als Deserteur gesucht wurde, konnte er sich nicht zurückmelden. Ihm blieb nur noch die Flucht.

Mit Hilfe von Lilo Ramdohr änderte er die Personalpapiere eines russischen „Fremdarbeiters" so ab, daß sie auf ihn paßten. Dann schlug er sich nach Innsbruck durch, wo er sich an eine andere Frau wandte. Sie stammte aus der Ukraine und war mit einem Mann befreundet, der ein russisches Fremdarbeiterlager leitete. Alex bat sie telefonisch um ein Treffen. Er wollte versuchen, mit ihrer Hilfe in dem Lager unterzutauchen. Doch seine ukrainische Bekannte versäumte ihren Zug, und er setzte seine Flucht auf eigene Faust fort.

Auf Schloß Elmau kannte er einen russischen Kutscher, der ihn einige Tage lang versteckte. Aber irgend jemand meldete der Ortspolizei den verdächtigen Fremden, und Alex mußte sich erneut davonmachen. Er versuchte, tiefer in den Bergen Schutz zu finden. Doch schwere Schneestürme trieben ihn zurück.

Er verfügte weder über Geld noch über irgend etwas Eßbares und hatte keine Ahnung, an wen er sich um Hilfe wenden sollte. Freunde und Bekannte kamen dafür nicht in Frage, denn sie alle wurden bestimmt überwacht. Dann fiel ihm Marie Luise ein, mit der er vor einiger Zeit manch schöne Stunde verbracht hatte und die in keiner Beziehung zu seinem eigentlichen Freundeskreis stand. Er faßte den Entschluß, nach München zurückzukehren.

Seit Tagen schon waren überall in der Stadt Fahndungsplakate angeschlagen. Auch die Zeitungen hatten sein Bild und eine genaue Personenbeschreibung gebracht. Die Öffentlichkeit wurde aufgefordert, sich an der Jagd auf ihn zu beteiligen. Anrufe in der Gestapoleitstelle oder bei anderen Polizeirevieren würden auf Wunsch vertraulich behandelt. Jeder aufrechte Bürger hatte die Chance, sich tausend Mark Belohnung zu verdienen. Es gab also nur wenige Menschen in München, die nicht wußten, wie Alex Schmorell aussah und daß die Gestapo nach ihm fahndete. Als er plötzlich auf der Schwelle des Kellers stand, versetzte er die Frauen in Angst und Schrecken. Eindringlich warnten sie Marie Luise: „Lassen Sie sich da nicht hineinziehen! Rufen Sie den Blockwart!"

Marie Luise wagte nicht, zu ihm in den Kellervorraum hinauszugehen. Wie gelähmt wartete Alex auf das Eintreffen des Blockwarts, den die Frauen gerufen hatten und der seinerseits die Gestapo benachrichtigte. Kaum war „Entwarnung" gegeben worden, jagte ein schwarzes Gestapoauto Richtung Habsburger Platz, um Alex Schmorell ins Wittelsbacher Palais zu transportieren.

Auch er wurde sofort verhört. Unglücklicherweise wußte Alex nicht, daß Hans, Sophie und Christoph bereits tot waren. Entsprechend ihrer früher getroffenen Übereinkunft gab er alles zu, was die Gestapo ihm vorwarf, um die Aufmerksamkeit der Polizei von den Freunden abzulenken. Er konnte nicht ahnen, daß er sich damit nur unnötig belastete, denn den Toten konnte sein Opfermut nichts mehr nützen.

Man brachte ihn mit der im Atelier aufgefundenen Schreibmaschine in Verbindung, und man wies ihm seine Rolle bei der Beschaffung der Vervielfältigungsapparate und anderen Geräts nach. Auf sein Gesicht war eine grellscheinende Lampe gerichtet, so daß ihm bald die Augen schmerzten. Auch Falk Harnack war verhaftet worden und wurde strengen Verhören unterzogen.

Immer mehr Verdächtige verfingen sich nun im Gestaponetz. Hans und Susanne Hirzel aus Ulm, Eugen Grimminger aus Stuttgart, Dr. Heinrich Bollinger aus Freiburg. Dazu Helfer und Mitwisser, die in nicht mehr als losem Kontakt zum inneren Kreis gestanden hatten und teilweise über dessen Aktivitäten nur bruchstückhaft Bescheid wußten. Gisela Schertling, Traute Lafrenz und Katharina Schüddekopf wurden ebenfalls festgenommen.

Da der Platz im Gestapogefängnis knapp wurde, verteilte man die Verhafteten auf die übrigen Gefängnisse der Stadt. Kurt Huber wurde während der zwei Monate, die zwischen seiner Festnahme und der Verhandlung vergingen, für einige Zeit mit gewöhnlichen Kriminellen zusammengesperrt. Er erfuhr nicht, daß auch seine Frau und seine Schwester verhaftet worden waren. Seine Frau Clara mußte in den wenigen Briefen, die ihr erlaubt wurden, auf Befehl der Gestapo so tun, als befände sie sich noch in Freiheit. Und ihre Tochter Birgit, die von der Gestapo überwacht wurde, war angehalten, allen Bekannten zu erzählen, ihre Eltern befänden sich auf einer Reise.

Für Kurt Huber stellten Festnahme, Verhöre und Gefängnis eine besondere Qual dar. Man hatte ihm unverzüglich seinen Status als Universitätsprofessor und Staatsbeamter aberkannt. Da er dadurch jeden Anspruch auf irgendwelche Einkünfte oder eine Pension verlor, standen auch seine Frau und seine Kinder völlig mittellos da. In der Zeit zwischen den Verhören arbeitete er fieberhaft entweder an Artikeln über sein Spezialgebiet, das Volkslied und seine Musik, oder an seinem Werk über Leibniz. Er wollte trotz allem versuchen, seine Familie irgendwie sicherzustellen und zugleich der Nachwelt etwas zu hinterlassen. Er gab sich keinen Illusionen über den Ausgang des Prozesses hin.

Am Morgen des 19. April 1943 fuhr ein grünes Polizeiauto durch die Straßen Münchens und sammelte in den verschiedenen Gefängnissen die Angeklagten ein. Als der Wagen sich dem Justizpalast näherte, befanden sich vierzehn Männer und Frauen in seinem Innern. Manche von ihnen sahen sich bei dieser Fahrt zum erstenmal.

Der Justizpalast war von einem Polizeikordon umgeben. Den vorfahrenden Staatskarossen entstiegen Nazigrößen, darunter auch Generalfeldmarschall Erhard Milch, der Generalinspekteur der Luftwaffe, sowie der Oberbürgermeister von München. Es kam dem System darauf an, diesen Prozeß noch einschüchternder zu gestalten als den vorausgegangenen. Wieder hatte Roland Freisler den Vorsitz.

Alexander Schmorells Name war der erste von vierzehn, die bei Beginn der Verhandlung aus der Anklageschrift verlesen wurden. Als nächste wurden Kurt Huber und Wilhelm Graf genannt. Zwei Namen, die in dieser Liste fehlten, wurden immer wieder im Hauptteil der Anklage erwähnt – die Namen Hans und Sophie Scholls. Sie und ihre Tat durchzogen auch diesen Prozeß wie ein roter Faden.

Nachdem die Präliminarien erledigt waren, wandte sich das Gericht der Person Alexander Schmorells zu. Bei den Verhören hatte er versucht, seine Einstellung gegenüber dem Krieg im Osten zu erklären. Er hatte dabei auf die emotionalen Beziehungen hingewiesen, die ihn über seine russische Mutter mit diesem Land verbanden. Besonders wütend nahm Freisler die Aussage des Angeklagten auf, er sei nicht bereit, auf irgendeinen Menschen zu schießen, gleichgültig, ob Russe oder Deutscher. Er fuhr Alex an: „Was haben Sie denn an der Front getan?"

„Ich habe mich um die Verwundeten gekümmert, wie es meine Pflicht als angehender Arzt ist", erwiderte Alex. Er erinnerte das

Gericht daran, daß er als Rekrut den Eid auf die Person des Führers verweigert habe und sich diesem folglich nicht verpflichtet fühle. Dies löste einen erneuten Wutanfall Freislers aus. Mit einer wilden Geste beendete er die Vernehmung Alexander Schmorells.

Die Vernehmung Willi Grafs verlief in einer weniger gespannten und feindseligen Atmosphäre. Seine offene und ruhige Art schien auf die Staatsanwaltschaft einen mäßigenden Einfluß auszuüben, und selbst Freisler verzichtete weitgehend auf seine Haßtiraden. Die Anklage wies ihm unwiderleglich seine Verbindungen zu Hans Scholl und den hochverräterischen Aktionen der „Weißen Rose" nach. Schritt für Schritt hatte die Polizei seine Fahrten ins Rheinland rekonstruiert und dabei eine beeindruckende Zahl belastender Beweise gesammelt. Eine Zeitlang war es Willi Graf gelungen, seine Befrager an der Nase herumzuführen. Ohne direkt zu lügen, hatte er seine Aussagen so sorgfältig formuliert, daß die Inquisitoren immer wieder die Fährte verloren. Willi Grafs größte Sorge war, daß man ihm wegen seines Handelns Leichtfertigkeit oder Verantwortungslosigkeit vorwerfen könnte. Nicht immer war er sicher gewesen, wirklich das Richtige zu tun. In einem seiner letzten Briefe an seine Schwester schrieb er: „Du weißt, daß ich nicht leichtsinnig gehandelt habe, sondern aus tiefster Sorge und im Bewußtsein der ernsten Lage."

Die klarste und kühnste Rechtfertigung für den Widerstand der Münchner Studenten gab der einundfünfzigjährige Kurt Huber. Wochenlang hatte er in seiner Zelle an seiner Verteidigung gefeilt. Dieser Entwurf für das „Schlußwort des Angeklagten" ist erhalten geblieben. Darin versucht Kurt Huber nicht nur seine eigene Handlungsweise gegenüber dem nationalsozialistischen Gewaltstaat zu erklären und zu rechtfertigen, sondern er verteidigt zugleich alle seine Mitangeklagten. Aufrecht und furchtlos stand er vor seinem Richter. Beherrscht trug er seine Ausführungen vor, obwohl Freisler ihn dauernd mit verächtlichen Zwischenbemerkungen und wüsten Pöbeleien unterbrach.

Er habe einfach angesichts des Schweigens der deutschen Professorenschaft nicht länger schweigen können, erklärte Huber.

„Es gibt für alle äußere Legalität eine letzte Grenze, wo sie unwahrhaftig und unsittlich wird. Dann nämlich, wenn sie zum Deckmantel einer Feigheit wird, die sich nicht getraut, gegen offenkundige Rechtsverletzung aufzutreten." Er versuchte darzulegen, daß er sich nicht als Revolutionär verstand, sondern als wahrhaft Konservativer, der die Wiederherstellung jener Ideale und Werte forderte, die zerstört oder ausgehöhlt worden waren. „Rückkehr zu klaren, sittlichen Grundsätzen, zum Rechtsstaat, zu gegenseitigem Vertrauen von Mensch zu Mensch, das ist nicht illegal, sondern umgekehrt die Wiederherstellung der Legalität." Er selbst, sagte er, sei schon schwer gestraft worden. Man habe ihm den Rang und die Rechte eines Professors und den „summa cum laude" erarbeiteten Doktorhut genommen. Aber, erklärte er, „die innere Würde des Hochschullehrers, des offenen, mutigen Bekenners seiner Welt- und Staatsanschauung, kann mir kein Hochverratsverfahren rauben. Mein Handeln und Wollen wird der eherne Gang der Geschichte rechtfertigen; darauf vertraue ich felsenfest ... Ich habe gehandelt, wie ich aus einer inneren Stimme heraus handeln mußte."

Es war fast zweiundzwanzig Uhr, als sich die vier Richter unter Vorsitz von Freisler zur Urteilsberatung zurückzogen. Obwohl insgesamt vierzehn Männer und Frauen in den Prozeß verwickelt waren, galt das Hauptinteresse des Publikums den ersten drei Angeklagten, denen die schwersten Verstöße angelastet wurden. Dann las Roland Freisler das Urteil vor: „Die Angeklagten haben im Kriege in Flugblättern zur Sabotage der Rüstung und zum Sturz der nationalsozialistischen Lebensform unseres Volkes aufgerufen, defätistische Gedanken propagiert und den Führer aufs gemeinste beschimpft und dadurch den Feind des Reiches begünstigt und unsere Wehrkraft zersetzt. Sie werden deshalb mit dem Tode bestraft."

Das Gericht versicherte, daß dieser Urteilsspruch, zusammen mit den vorausgegangenen Verurteilungen, die „Kerngruppe" der hochverräterischen „Weißen Rose" ausmerze. Als besonders schimpflich werteten die Richter das Verhalten von Kurt Huber, der als „deutscher Erzieher" bei seiner Aufgabe, die ihm anvertraute studentische Jugend im absoluten Glauben an den „Führer" und zu stahlharten Kämpfern für das Dritte Reich zu erziehen, völlig versagt habe.

Nachdem sämtliche Urteile verlesen waren, verließ Roland Freisler mit wehender scharlachroter Robe die Richterbank, während der Saal sich zu leeren begann. Die vierzehn Verurteilten wurden zu dem grünen Polizeilaster zurückgeführt, der sie nach Stadelheim bringen sollte. Im Innern des durch die dunklen Straßen rollenden Fahrzeugs machte sich eine seltsam ausgelassene Stimmung breit. Die langen Wochen des Wartens in der Zelle, die quälenden Verhöre und schließlich die Verhandlung selbst hatten an den Nerven gezehrt. Doch nun war die Spannung gebrochen und einer Art Katharsis gewichen.

Traute Lafrenz, Gisela Schertling und Katharina Schüddekopf waren zu je einem Jahr Gefängnis verurteilt worden, weniger, als sie befürchtet hatten. Die hübsche Suse Hirzel hatte es mit ihrer „nordischen" Erscheinung Roland Freisler offensichtlich angetan. Sie kam mit sechs Monaten davon. Ihr Bruder Hans dagegen sollte mit fünf Jahren büßen.

Eugen Grimminger brachte es nicht fertig, sich der allgemeinen Ausgelassenheit anzuschließen. Zu bedrückend war die Aussicht, zehn Jahre in Nazikerkern zubringen zu müssen. Falk Harnack versuchte ihm Mut zu machen. „In höchstens zwei Jahren ist der Krieg vorbei", redete er ihm zu, „und du bist frei."

Damit sollte er recht behalten. Aber für Grimmingers Frau Jenny, die „Volljüdin", war der Krieg nicht rasch genug zu Ende. Sie wurde im Dezember 1943 in Auschwitz ermordet.

Alex Schmorell grübelte laut über das Verhalten seiner früheren Freundin Marie Luise. Hätte sie sich nicht von ihm abgewandt, wäre er in jenem Luftschutzkeller nicht festgenommen worden. Aber er wollte nicht, daß man sie für sein Schicksal büßen ließ. Katharina Schüddekopf blickte zu Willi Graf hinüber, auf den das Fallbeil wartete. „Er saß da, schaute mit seinen auffallend klaren blauen Augen geradeaus und lächelte", berichtete sie später.

Falk Harnack war nicht verurteilt worden. Dieser Freispruch war um so erstaunlicher, als sein Bruder und seine Schwägerin erst einige Monate zuvor im Zusammenhang mit dem Prozeß gegen die „Rote Kapelle" hingerichtet worden waren. Wie sich später herausstellen sollte, war der Freispruch lediglich eine taktische List der Gestapo. Sie heftete sich ihm an die Fersen, um vielleicht doch noch Beweise für seine Mitgliedschaft in der Organisation seines toten Bruders zu erhalten. Falk Harnack konnte sich dem Zugriff der Geheimpolizei schließlich dadurch entziehen, daß er in Griechenland untertauchte.

Als sich im Gefängnishof von Stadelheim die Türen des grünen Kastenwagens öffneten, war die ausgelassene Stimmung mit einem Schlag verflogen. Die vierzehn Neuankömmlinge wurden von einem Gefängnisbeamten empfangen, der eine Namensliste in der Hand hatte. „Todesstrafe rechts in die Ecke", befahl er, „Zuchthaus links in die Ecke, Gefängnis auf die andere Seite, wo man Sie entsprechend der Länge Ihrer Strafe einteilen wird. Herr Harnack meldet sich bei der Gestapo, um die Formalitäten für seine Freilassung zu erledigen."

Bevor sich irgend jemand von Willi Graf verabschieden konnte, führte ihn ein Wärter durch eine Tür zu den Todeszellen. Harnack gelang es noch, rasch Kurt Hubers Hand zu drücken und ihm einige Abschiedsworte mit auf den schweren Weg zu geben. „Wir werden immer an euch denken. Es war nicht vergeblich."

Als sie Alex Schmorell abführten, rief er Harnack über die Schulter noch einen letzten Gruß zu, bevor er durch die Tür verschwand. „Grüße Lilo recht herzlich von mir . . ."

Für Alex Schmorell, Kurt Huber und Willi Graf sollte das Ende qualvoll lange auf sich warten lassen. Sie wurden nicht wie Hans, Sophie und Christoph aus dem Gerichtssaal direkt unters Fallbeil geführt, um sie möglichst rasch der Vergessenheit zu überantworten. Auf sie wartete eine wochen- und monatelange Prüfung. Gemeinsam war ihnen allen, daß sie während des qualvollen Wartens Trost und Mut aus derselben geistigen Quelle schöpften. Alle drei fanden Halt und Hoffnung in der Welt des Glaubens. Die innere Festigkeit, mit der sie ihrem Schicksal trotzten, fand eine weitere Stärkung in der Überzeugung, das Richtige getan zu haben.

Die lange Zeitspanne zwischen Urteilsverkündung und -vollstreckung war der schleppenden Behandlung der von den Verteidigern der Todeskandidaten eingereichten Gnadengesuche in Berlin zuzuschreiben. Da Alex Schmorell und Willi Graf Wehrmachtsangehörige waren, durchliefen ihre Akten die Militärhierarchie bis hinauf zur obersten Spitze, also bis zu Hitler als ihrem Oberbefehlshaber. Ende Juni fällte er schließlich die Entscheidung und lehnte einen Gnadenerweis ab. Auch alle Bemühungen für Kurt Huber blieben erfolglos.

Die Hinrichtung von Alexander Schmorell und Kurt Huber erfolgte am 13. Juli 1943. Der Vollstreckungsbescheid bestimmte, daß Alexander Schmorell als erster sterben sollte, und zwar um siebzehn Uhr, wie Sophie Scholl. Ungebrochen schritt er über den Gefängnishof auf das unauffällige Gebäude zu. Auch Kurt Huber ging voller Würde über den Hof. Pater Brinkmann behielt Kurt Hubers Abschiedsgruß für immer im Gedächtnis: „Auf Wiedersehen auf der anderen Seite!"

Willi Graf war der letzte der sechs Menschen, die sich unter dem Symbol der „Weißen Rose" zusammengefunden hatten, um die Wahrheit in die deutsche Nacht hinauszurufen. Von seiner Natur her war er am wenigsten von allen zum Widerstandskämpfer bestimmt. Er handelte, weil er nicht in einem System zu leben bereit war, das seine tiefsten Überzeugungen mit Füßen trat. Bei ihm ließ man sich die meiste Zeit. Sieben Monate lang mußte er in der Todeszelle von Stadelheim auf sein Ende warten. Die Gestapo war entschlossen, auch noch die letzte Information aus ihm herauszupressen, um die Arbeit der „Weißen Rose" bis ins kleinste zu entlarven. Willi Graf wurde bei diesen Verhören einer psychologischen Folter unterworfen, an der er fast zerbrochen wäre. Aber weder Versprechen noch Drohungen schafften es, ihm eines seiner Geheimnisse zu entreißen. In den Wochen und Monaten des schrecklichen Alleinseins in der Todeszelle mochte es ein gewisser Trost für ihn sein, daß die Gestapo keine neue Verhaftung mehr vorgenommen hatte. Noch immer gab es trotz aller Bemühungen der Geheimpolizei in Deutschland eine große Zahl von Menschen, die sich frei bewegen konnten, weil Willi Graf die Kraft aufbrachte, sich der Gestapo zu widersetzen. „Je härter die Zeit, um so näher sind wir bei Gott", schrieb er an seine

Angehörigen. Willi Graf ließ sich weder seinen Glauben noch seine Überzeugung nehmen, daß seine Qual und sein Tod einen Sinn hatten, auch wenn dieser im Augenblick noch verborgen war.

Als sein Ende schließlich kam, geschah es mit barmherziger Schnelligkeit. Im offiziellen Hinrichtungsprotokoll vom 12. Oktober 1943 steht der Vermerk, daß zwischen der Übergabe des „oben Genannten" an den Scharfrichter und dem Fall des Beils genau elf Sekunden verstrichen. Die Familie erfuhr von Willis Tod erst durch einen zurückgesandten Brief mit dem Stempelaufdruck VERSTORBEN.

In seinen letzten Briefen – einer davon wurde nur Minuten vor seinem Tod von ihm diktiert – äußerte Willi Graf eine Bitte, die ihm sehr am Herzen lag: „Behaltet mich in guter Erinnerung . . ." Diese persönliche Bitte könnte von jedem seiner Schicksalsgefährten aus dem Kreis der „Weißen Rose" ausgesprochen worden sein. Sie alle – Hans und Sophie Scholl, Alexander Schmorell, Christoph Probst und Kurt Huber – haben ganz sicher ein Recht dazu, ihrer Mit- und Nachwelt zuzurufen: „Behaltet uns in guter Erinnerung!"

„DAS WIRD Wellen schlagen", hatte Sophie Scholl bei ihrem letzten Zusammentreffen mit den Eltern prophezeit. Wie ihr Bruder Hans und die übrigen Gefährten aus dem Kreis der „Weißen Rose" vertraute sie fest darauf, daß ihre Tat über ihren Tod hinaus wirken würde. Sie behielt recht.

Hans, Sophie und Christoph waren kaum auf dem nahe gelegenen Perlacher Friedhof zur Ruhe gelegt worden, als eine neue Fassung ihres letzten Flugblatts zu zirkulieren begann. Es trug in dicken Balkenbuchstaben das Motto: UND IHR GEIST LEBT TROTZDEM WEITER! Dasselbe Motto erschien auch auf Häuserwänden und Gehwegen Münchens. Und bevor das Jahr zu Ende war, warfen Maschinen der Royal Air Force über Deutschland Millionen ihrer Flugblätter ab, von denen sie selbst nur ein paar tausend hatten in Umlauf setzen können. Auch die von der britischen Luftwaffe abgeworfenen Exemplare trugen eine neue Überschrift in dicken schwarzen Lettern: EIN DEUTSCHES FLUGBLATT – MANIFEST DER MÜNCHNER STUDENTEN. So erklang nach dem Tod der

EIN DEUTSCHES FLUGBLATT

DIES ist der Text eines deutschen Flugblatts, von dem ein Exemplar nach England gelangt ist. Studenten der Universität München haben es im Februar dieses Jahres verfasst und in der Universität verteilt. Sechs von ihnen sind dafür hingerichtet worden, andere wurden eingesperrt, andere strafweise an die Front geschickt. Seither werden auch an allen anderen deutschen Universitäten die Studenten „ausgesiebt". Das Flugblatt drückt also offenbar die Gesinnungen eines beträchtlichen Teils der deutschen Studenten aus.

Aber es sind nicht nur die Studenten. In allen Schichten gibt es Deutsche, die Deutschlands wirkliche Lage erkannt haben; Goebbels schimpft sie „die Objektiven". Ob Deutschland noch selber sein Schicksal wenden kann, hängt davon ab, dass diese Menschen sich zusammenfinden und handeln. Das weiss Goebbels, und deswegen beteuert er krampfhaft, „dass diese Sorte Mensch zahlenmässig nicht ins Gewicht fällt". Sie sollen nicht wissen, wie viele sie sind.

Wir werden den Krieg sowieso gewinnen. Aber wir sehen nicht ein, warum die Vernünftigen und Anständigen in Deutschland nicht zu Worte kommen sollen. Deswegen werfen die Flieger der RAF zugleich mit ihren Bomben jetzt dieses Flugblatt, für das sechs junge Deutsche gestorben sind, und das die Gestapo natürlich sofort konfisziert hat, in Millionen von Exemplaren über Deutschland ab.

Manifest der Münchner Studenten

Erschüttert steht unser Volk vor dem Untergang der Männer von Stalingrad. 330.000 deutsche Männer hat die geniale Strategie des Weltkriegsgefreiten sinn- und verantwortungslos in Tod und Verderben gehetzt. Führer, wir danken Dir!

Es gärt im deutschen Volk. Wollen wir weiter unseren Diktatoren das Schicksal unserer Armeen anvertrauen? Wollen wir den niedrigsten Machtinstinkten einer Parteiclique den Rest der deutschen Jugend opfern? Nimmermehr!

Der Tag der Abrechnung ist gekommen, der Abrechnung unserer deutschen Jugend mit der verabscheuungswürdigsten Tyrannei, die unser Volk je erduldet hat. Im Namen des ganzen deutschen Volkes fordern wir von dem Staat Adolf Hitlers die persönliche Freiheit, das kostbarste Gut der Deutschen zurück, um das er uns in der erbärmlichsten Weise betrogen hat.

In einem Staat rücksichtsloser Knebelung jeder freien Meinungsäußerung sind wir aufgewachsen. G.29

Manifest der Münchner Studenten — Fortsetzung

HJ, SA und SS haben uns in den fruchtbarsten Bildungsjahren unseres Lebens zu uniformieren, zu revolutionieren, zu narkotisieren versucht. Weltanschauliche Schulung hieß die verächtliche Methode, das aufkeimende Selbstdenken und Selbstwerten in einem Nebel leerer Phrasen zu ersticken. Eine Führerauslese, wie sie teuflischer und zugleich bornierter nicht gedacht werden kann, zieht ihre künftigen Parteibonzen auf Ordensburgen zu gottlosen, schamlosen und gewissenlosen Ausbeutern und Mordbuben heran, zur blinden, stupiden Führervergötterung. Wir „Arbeiter des Geistes" wären gerade recht, dieser neuen Herrenschicht den Knüppel zu machen.

Frontkämpfer werden von Studentenführern und Gauleiteraspiranten wie Schulbuben gemaßregelt, Gauleiter greifen mit geilen Späßen den Studentinnen an ihre Ehre. Deutsche Studentinnen haben an der Münchner Hochschule auf die Besudelung ihrer Ehre eine würdige Antwort gegeben, deutsche Studenten haben sich für ihre Kameradinnen eingesetzt und standgehalten. Das ist ein Anfang zur Erkämpfung unserer freien Selbstbestimmung, ohne die geistige Werte nicht geschaffen werden können. Unser Dank gilt den tapferen Kameradinnen und Kameraden, die uns mit leuchtendem Beispiel vorangegangen sind.

Es gibt für uns nur eine Parole: Kampf gegen die Partei! Heraus aus den Parteigliederungen, in denen man uns politisch weiter mundtot machen will! Heraus aus den Hörsälen der SS-Unter- und Oberführer und Parteikriecher! Es geht uns um wahre Wissenschaft und echte Geistesfreiheit! Kein Drohmittel kann uns schrecken, auch nicht die Schließung unserer Hochschulen. Es gilt den Kampf jedes einzelnen von uns um unsere Zukunft, unsere Freiheit und Ehre in einem seiner sittlichen Verantwortung bewußten Staatswesen.

Freiheit und Ehre! Zehn Jahre lang haben Hitler und seine Genossen die beiden herrlichen deutschen Worte bis zum Ekel ausgequetscht, abgedroschen, verdreht, wie es nur Dilettanten vermögen, die die höchsten Werte einer Nation vor die Säue werfen. Was ihnen Freiheit und Ehre gilt, das haben sie in zehn Jahren der Zerstörung aller materiellen und geistigen Freiheit, aller sittlichen Substanz im deutschen Volk genugsam gezeigt. Auch dem dümmsten Deutschen hat das furchtbare Blutbad die Augen geöffnet, das sie im Namen von Freiheit und Ehre der deutschen Nation in ganz Europa angerichtet haben und täglich neu anrichten. Der deutsche Name bleibt für immer geschändet, wenn nicht die deutsche Jugend endlich aufsteht, rächt und sühnt zugleich, seine Peiniger zerschmettert und ein neues, geistiges Europa aufrichtet.

Studentinnen! Studenten! Auf uns sieht das deutsche Volk. Von uns erwartet es, so wie im Jahre 1813 die Brechung des napoleonischen, so 1943 des nationalsozialistischen Terrors aus der Macht des Geistes. Beresina und Stalingrad flammen im Osten auf, die Toten von Stalingrad beschwören uns: Frisch auf, mein Volk, die Flammenzeichen rauchen!

Unser Volk steht im Aufbruch gegen die Verknechtung Europas durch den Nationalsozialismus, im neuen gläubigen Durchbruch von Freiheit und Ehre!

Flugblatt der Weißen Rose, das von der britischen Luftwaffe verbreitet wurde

meisten Mitglieder des Kreises der „Weißen Rose" deren Stimme sehr viel lauter und stärker, als sie es sich zu Lebzeiten hätten träumen lassen.

Über Schweden und die Schweiz gelangten diese Zeugnisse des „anderen" Deutschlands in viele freie Länder, und selbst in den besetzten Gebieten wurden sie unter Lebensgefahr heimlich von Hand zu Hand gereicht und gaben erstmals Kunde von einem antinazistischen Widerstand in Deutschland. Diese Nachricht verlieh dem Untergrund in den versklavten Nationen neuen Auftrieb, genau wie den Insassen der Konzentrationslager, in denen sich diese Botschaft ebenfalls schnell verbreitete. Berichte über die „Weiße Rose" gelangten bis in die Sowjetunion, wo sich aus gefangenen Offizieren und Soldaten der Wehrmacht ein „Nationalkomitee Freies Deutschland" gebildet hatte. Über den Sender „Freies Deutschland", der im Reichsgebiet empfangen werden konnte, wurden Hans und Sophie sowie ihre Kameraden als Freiheitskämpfer gepriesen.

317

Mit den sechs Hinrichtungen in Stadelheim waren Verfolgung und Aburteilung der „Weißen Rose" aber nicht abgeschlossen. Sowohl in München als auch in anderen deutschen Städten gab es weitere Verhaftungen. Der Student Hans Leipelt, der den „Hamburger Zweig der Weißen Rose" geleitet hatte, befand sich unter den Festgenommenen; er wurde in München verhaftet. Nach den Münchner Urteilen hatte er seinen verzweifelten Kampf gegen das Naziregime fortgeführt und weiterhin Flugblätter verteilt. Außerdem hatte er eine Hilfsaktion für die mittellose Witwe Professor Hubers und ihre beiden Kinder organisiert, denen der Staat die Pension verweigerte. Auch Leipelt wurde des Hochverrats für schuldig befunden und in Stadelheim enthauptet. Sieben andere Mitglieder der Hamburger Gruppe, darunter Leipelts Mutter, kamen in Gefängnissen und Konzentrationslagern ums Leben. Die gesamte Familie Scholl wurde in „Sippenhaft" genommen – ein Beispiel für jene in Nazideutschland häufiger praktizierte Rechtsauffassung, nach der völlig Unbeteiligte allein aufgrund ihrer Verwandtschaft mit Regimegegnern verhaftet und bestraft werden konnten. Robert Scholl traf es am schwersten; er wurde zwei Jahre festgehalten. Werner Scholl entkam der „Sippenhaft" nur dadurch, daß er zu seiner Einheit nach Rußland zurückkehren mußte. Aber auch er entging seinem Schicksal nicht. Er wurde später als vermißt gemeldet; niemand weiß, was aus ihm geworden ist.

Im besiegten Deutschland wurden Schulen, Straßen, Plätze und Brunnen nach den Mitgliedern der „Weißen Rose" benannt. In beiden Hälften des geteilten Landes erschienen Briefmarken zu ihren Ehren, und die Jahrestage ihrer Hinrichtung wurden feierlich begangen. Es meldeten sich allerdings auch Stimmen, die das Wirken der „Weißen Rose" in Frage stellten, da ihr Einsatz am Verlauf der Ereignisse nichts geändert und Adolf Hitlers Gewaltregime dem Sturz keinen Schritt näher gebracht habe. Doch solche Meinungen messen alles Handeln an seinem praktischen Ergebnis und reduzieren alle Werte aufs rein Materielle.

Den überzeugendsten Beweis für die zumindest moralische Bedeutung der Aktionen der „Weißen Rose" lieferten ironischerweise die Nazis selbst. Die Brutalität und Hektik, mit der sie auf die Flugblattaktionen reagierten, zeigte deutlich, für wie gefährlich sie die jungen Leute hielten. Die Flugblätter waren der kühne und unerschrockene Ausdruck des freien menschlichen Geistes und damit das genaue Gegenteil der Nazi-Ideologie, auf der das Regime ruhte und ohne die es zusammenbrechen mußte.

Die Flugblätter der „Weißen Rose" gehören zu den ersten sichtbaren Zeugnissen des Widerstandes und der Abrechnung mit dem Faschismus in Deutschland. „Wir schweigen nicht, wir sind Euer böses Gewissen; die Weiße Rose läßt Euch keine Ruhe!" hatte das vierte Flugblatt verkündet. Unter den gegebenen Umständen war diese Ankündigung moralisch und historisch nicht hoch genug einzuschätzen. Und ihre Urheber bewiesen, daß sie mit ihrem Leben dafür einzustehen bereit waren. So wurden die Geschwister Scholl sowie ihre Freunde und Gesinnungsgenossen zu Vertretern jenes „anderen" Deutschlands, des Deutschlands der Dichter und Denker und nicht der Barbarei, in die ihr Land zurückgefallen war und in die es eine ganze Welt mitzureißen versuchte. Ihr Widerstand macht sie zum überzeitlichen Symbol des universalen Kampfes für die Freiheit des menschlichen Geistes, wo immer und wann immer sie bedroht wird.

1918	22. September: Geburt Hans Scholls in Ingersheim
1921	9. Mai: Geburt Sophie Scholls in Forchtenberg
1930	Umzug der Familie Scholl nach Ulm
1933	„Machtergreifung" der Nationalsozialisten
1936	Reichsparteitag in Nürnberg *Hans:* beginnende Entfremdung vom Nationalsozialismus
1937	*Hans:* Abitur; danach Arbeitsdienst (bei Göppingen) und Eintritt in die Kavallerie; Stationierung in Bad Cannstatt; Gestapohaft wegen Mitgliedschaft beim „Deutschen Jugendbund"
1938	März: „Anschluß" Österreichs ans Deutsche Reich 9. November: Reichskristallnacht *Hans:* Ende des Wehrdiensts; Besuch der Sanitätsschule in Tübingen
1939	September: Überfall Deutschlands auf Polen, Ausbruch des 2. Weltkriegs Juli: Beginn des Euthanasieprogramms „Aktion T 4" *Hans:* Im Mai Aufnahme des Medizinstudiums in München
1940	Annexion Dänemarks, Norwegens und Frankreichs durch Hitlerdeutschland, Niederlage in der „Luftschlacht um England" *Sophie:* Im März Abitur; ab Mai Ausbildung als Kindergärtnerin in Ulm *Hans:* Im Mai Versetzung mit der Studentenkompanie in die Nähe von Göttingen; Teilnahme am Frankreichfeldzug (Sanitätskorps); im Herbst Rückkehr nach Göttingen; wenig später erneut Umsiedlung nach München

1941   Frühjahr/Sommer: Bau der Vernichtungslager
Sommer: Öffentliche Kritik am NS-Regime durch Clemens Graf Galen, Bischof von Münster
Hans: Bekanntschaft mit Carl Muth; gemeinsam mit Alexander Schmorell Vorbereitungen für Flugblätter
Sophie: März: Examen als Kindergärtnerin; April bis September: Reichsarbeitsdienst in Krauchenwies; ab Oktober: Kriegshilfsdienst als Kindergärtnerin in Blumberg

1942   Erstes Auftreten der „Weißen Rose"; Erscheinen der ersten vier Flugblätter im Mai, Juni und Juli
Hans: Ab Juli mit Alexander Schmorell und Willi Graf Einsatz an der Ostfront, Rückkehr Anfang Oktober; Kontakt zu Professor Kurt Huber und Falk Harnack
Sophie: März: Ende des Kriegshilfsdienstes; im Mai Aufnahme des Studiums der Philosophie und Biologie in München; ab August acht Wochen Zwangsverpflichtung in der Rüstungsindustrie

1943   Januar: fünftes Flugblatt unter dem Titel „Flugblätter der Widerstandsbewegung in Deutschland"; Studentenprotest bei der 470-Jahr-Feier der Münchner Universität
Februar: Bekanntwerden der deutschen Niederlage bei Stalingrad
Hans und Sophie: Am 18. Februar Verhaftung beim Verteilen von Flugblättern in der Münchner Universität; am 22. Februar Prozeß gegen sie und Christoph Probst; Verurteilung zur Todesstrafe und Hinrichtung
19. April: Prozeß gegen vierzehn Angeklagte; Todesurteile für Kurt Huber, Alexander Schmorell und Willi Graf

Nikolaus KOPERNIKUS

ZWISCHEN MITTELALTER UND NEUZEIT

Eine Kurzfassung
des Buches von
Georg Hermanowski

Mit zahlreichen
historischen Abbildungen

Nikolaus Kopernikus ist heute als Astronom und Begründer des heliozentrischen Weltbildes bekannt, dabei war die Astronomie eigentlich nur seine Privatbeschäftigung. Nach allgemeinen Studien in Krakau, Bologna und Rom studierte Kopernikus noch Medizin und Jura in Padua und Ferrara. Von 1512 an war er Domherr in Frauenburg und nebenbei als Arzt tätig, hatte aber genügend Zeit, um sich ausgiebig mit seinem Lieblingsthema Astronomie zu beschäftigen.

Georg Hermanowskis Biographie macht verständlich, wieso die astronomischen Lehren und Werke des Kopernikus zu seiner Zeit so revolutionär waren, daß sie sogar von der Kirche verboten wurden.

Ein Europäer ohne Reisepaß

Nikolaus Kopernikus, eine der bedeutendsten Persönlichkeiten des Abendlandes, hat der Nachwelt hinsichtlich seiner Herkunft, seines Namens und seiner „Nationalität" manch ein Rätsel aufgegeben. Die Familiennamen der Eltern des großen Astronomen weisen die schlesische Herkunft aus – Koppernigk nach dem Gut Köppering bei Neiße, Watzenrode nach dem Dorf Wazygenrode bei Schweidnitz. Im Verlauf der Jahre 1497 bis 1543 – also zu Lebzeiten seines Trägers – tritt der Name bereits in 36 verschiedenen Schreibweisen auf. Die erste erhaltene Urkunde, an deren Zustandekommen Kopernikus selbst mitgewirkt hat, nennt ihn Coperning, während er im Register der Doktoranden der Universität Ferrara als Copernich eingetragen ist. Der ermländische Bischof Mauritius Ferber wie auch das Domkapitel des Ermlands bevorzugten die Schreibweise Coppernic, während die herzoglich-preußische Kanzlei sich zu Cupernick bekannte. In der Preußischen Chronik des Simon Grunau (1510–30) heißt er Koppernick. Daneben treten zu jener Zeit die lateinischen Versionen Copernicus und Coppernicus immer häufiger auf. Kopernikus selbst bediente sich während seines Lebens verschiedener Schreibweisen. Über seinem Hauptwerk steht Copernicus.

Bis zum Ende des 18. Jahrhunderts war dann die Schreibweise Copernicus vorherrschend. Erstmals tritt bei Johann Gottfried Herder – der das Latein nicht besonders liebte und es als „verstaubt" zu verdrängen versuchte – im „Teutschen Merkur" von 1776 die Version Kopernikus auf, der sich der Nestor der preußischen Geschichtsschreibung Voigt 1839 anschloß. Auch die Thorner Überlieferung übernimmt 1786 diese Schreibweise, die Ende 1942 als „offiziell verbindlich" für den Schulgebrauch innerhalb des Deutschen Reiches erklärt wird. Diese Verfügung ist bis heute nicht aufgehoben worden.

Blieb die „offizielle Schreibweise" auch einheitlich, so divergiert doch die Auffassung hinsichtlich der „Nationalität" des Kopernikus. Während alle westdeutschen Nachschlagewerke ihn den „deutschen Astronomen" nennen, sprechen fast alle ostdeutschen Publikationen vom „großen polnischen Universalgelehrten".

Zur Zeit des Nikolaus Kopernikus gab es keine Nationen im heutigen Sinne. Der Landesherr der Familie Koppernigk, der jüngste Sohn Jagellos, König Kasimir IV., war seit 1440 Großfürst von Litauen, seit 1447 König von Polen; 1454 heiratete er Elisabeth von Österreich, nachdem ihm vom Preußischen Bund die Schutzherrschaft über Preußen angetragen worden war; er übernahm 1464 auch die Schutzherrschaft über das Fürstbistum Ermland, wurde 1466 Herr und Erbe des Königlichen Preußens, der Ordenshochmeister mußte ihm den Treueid leisten; 1471 erwarb er die Krone Böhmens, 1490 die Krone Ungarns. Welche „Nation(en)" vertrat er wohl – welche „Nation" vertrat seine Krakauer Kanzlei? Es gab damals noch kein nationales Denken.

Wie hätte ein Reisepaß – ein Geleitbrief des Landesherrn – für Nikolaus Kopernikus ausgesehen? Drei Antworten darauf:

Bis zum Jahr 1503:
  Königliches Preußen
  Nikolaus Koppernigk,
  Staatsangehörigkeit: königlich-preußisch –
  gez. Kasimir IV., dominus et heres Prussiae,
  Krakau, den . . .

Von 1503 bis 1510:
  Fürstbistum Ermland,
  Nicolaus Coppernicus,
  Staatsangehörigkeit: ermländisch –
  gez. Lukas Watzenrode, Fürstbischof von Ermland,
  Heilsberg, den . . .

Nach 1511:
  Domkapitel des Fürstbistums Ermland,
  Nikolaus Copernicus,
  Staatsangehörigkeit: ermländisch –
  gez. Der Kanzler des Domkapitels,
  Frauenburg, den . . .

Nikolaus Kopernikus, der seine Werke lateinisch schrieb, der aus dem Griechischen ins Lateinische übersetzte, der auch Briefe und Gutachten in deutscher Sprache verfaßte, hat mehrfach Preußen (das Königliche Preußen – im Gegensatz zum späteren Herzogtum Preußen) sein Vaterland genannt.

Hermann Kesten nennt ihn den „König der Humanisten" – als „großer Europäer" wurde er anläßlich der 500. Wiederkehr seines Geburtstages 1973 gefeiert und „Leuchte des Abendlandes" genannt. Ein Europäer ohne Reisepaß, eine Gestalt der Vergangenheit, die als leuchtendes Vorbild in die Gegenwart hereinstrahlt und in die Zukunft zu weisen vermag.

Kindheit im Culmer Land

Der Urgroßvater des Nikolaus Kopernikus, Niklas Kopernigk, erwarb 1396 in Krakau das Bürgerrecht. Seinen Namen leitet man vom lateinischen *cuprum* – Kupfer – her; ein Name, der um diese Zeit auch in Breslau und Thorn bekannt war. Der Großvater, Johannes Koppernigk, lebte als Kaufmann in der Königsstadt und führte einen Fernhandel. Nikolas, der Vater des Astronomen, verließ als Kaufmann 1460 Krakau und zog nach Thorn. Er handelte mit ungarischem Kupfer; seine Handelspartner waren die Städte Danzig, Thorn und Breslau. Er war ein vermögender Mann, so vermögend, daß er den Preußischen Bund mit Geldern unterstützen konnte.

1464 heiratete Nikolas Koppernigk Barbara, die Tochter des Kaufmanns Watzenrode, der später Schöffenmeister der Thorner Altstadt war und mehrere Güter wie auch einen Weinberg im Culmer Land besaß. Die Watzenrodes waren gegen Ende des 13. Jahrhunderts aus Wazygenrode bei Schweidnitz nach Münsterberg gezogen und kamen 1370 nach Thorn, wo sie im Rats- und Schöffenkollegium ihren Sitz einnahmen. Christina Watzenrode, die Schwester der Mutter des Kopernikus, war mit Tiedemann Allen, dem Bürgermeister von Thorn, verheiratet.

Der Vater des Kopernikus schloß die Ehe vermutlich als reifer Mann, „um die 40 Jahre alt", als „Mann in einer gefestigten

Stellung". Am 10. März 1469 trat Nikolas Koppernigk mit seiner Familie in den Dritten Orden des heiligen Dominikus ein. Aus der Ehe gingen vier Kinder hervor, zwei Jungen und zwei Mädchen. Andreas und Nikolaus entschieden sich für den geistlichen Stand und damit für ein Leben im Zölibat. So war der Name Koppernigk verurteilt, mit ihnen zu erlöschen. Barbara trat ins Kloster der Zisterzienserinnen in Culm ein und wurde dort später Äbtissin. Katharina heiratete den Krakauer Kaufmann Bartel Gärtner, der nach Thorn zog und später Schöffe wurde. Sie schenkte ihm drei Mädchen. Zwei von ihnen heirateten Kaufleute, die eine Andreas Wachsschlager aus Thorn, die andere Klemens Möller aus Stargard. Die dritte Tochter, Christine, zog ein Leben als Nonne unter der Obhut ihrer Tante im Culmer Kloster vor, hielt es aber dort nur bis 1528 aus. Dann kehrte sie ins weltliche Leben zurück, heiratete den Heerpauker Herzog Albrechts von Preußen, Kaspar Stulpawitz, und zog mit ihm nach Königsberg.

Nikolaus Kopernikus wurde am 19. Februar 1473 in Thorn, in der St.-Annen-Straße, geboren und verlor bereits als zehnjähriger Junge seinen Vater. Sein Vormund wurde der Bruder der Mutter, Lukas Watzenrode, geboren in Thorn, der in Krakau und Köln studiert hatte und als Magister zum Rechtsstudium nach Bologna gegangen war, wo er im kanonischen Recht promovierte. Nach Thorn zurückgekehrt, war er Domherr in Culmsee geworden, später Rechtsberater des Bischofs Olesbicki, ehe dieser den Erzbischofsstuhl von Gnesen erhielt. Seit 1479 war Lukas Watzenrode auch Domherr in Frauenburg, wo er 1489 zum Fürstbischof von Ermland gewählt wurde. Eine steile Karriere, eine hohe Auszeichnung für ihn, wenn man bedenkt, daß dreißig Jahre zuvor ein Fürstbischof des Ermlands – Enea Silvio Piccolomini – zum Papst (Pius II.) gewählt worden war.

Der Onkel kümmerte sich fortan um das Schicksal der beiden Neffen, wurde ihr „zweiter Vater" und lenkte die Jungen in die gleiche Bahn, die er selbst so erfolgreich eingeschlagen hatte.

Nach dem Tode seines Schwiegervaters hatte der Vater des Kopernikus das Haus in der St.-Annen-Straße geerbt, in dem die Kinder geboren wurden, dazu ein zweites, ein „Eckhaus" in derselben Straße. Das Geburtshaus des Nikolaus Kopernikus hatte einen Keller aus roten Ziegeln, ein hohes Dielengeschoß, ein Wohngeschoß und Dachböden und war mit Ornamenten geschmückt und bemalt. Die Familie wohnte hier bis 1480, dann zog sie in das „glasierte Haus" am Altstadtmarkt – nach seinen glasierten Ziegeln benannt –, das der Vater 1468 erworben hatte. Seit 1465 war er Stadtschöffe.

Nach dem Tode des Vaters, 1483, blieb die Mutter mit den beiden Söhnen, der Tochter Christina und deren Mann in diesem Haus wohnen. Sechs Jahre lang konnten sie ein Leben ohne finanzielle Sorgen führen, bis 1489 die Unterstützung durch den Onkel, Lukas Watzenrode, begann, der in diesem Jahr Landesherr des Fürstbistums Ermland geworden war.

So wuchs der junge Kopernikus in seiner Geburtsstadt auf, in der Handelsfeste an der Weichsel, die am rechten Stromufer lag, in der bedeutendsten Stadt des Königlichen Preußens neben Culm. Der Deutsche Ritterorden hatte, nachdem er den Strom überschritten hatte, 1231 Alt-Thorn gegründet. Fünf Jahre später wurde der „Sammelplatz der Kreuzfahrer" an die heutige Stelle verlegt, um ihn vor Überschwemmungen zu sichern. Um 1250 erstand die Ordensburg, bald darauf wurde die Neustadt angelegt. Thorn trieb Handel mit Schlesien, Polen, Ungarn. 1454 wurden Altstadt und Neustadt vereinigt.

1420 war die Ordensburg in Flammen aufgegangen. Thorn war eine der neunzehn Städte, die sich 1440 zum „Bund vor Gewalt" – dem Preußischen Bund – zusammengeschlossen hatten. Am 4. Februar 1454 kam es zum Bruch mit dem Orden; am 27. Mai 1454 zog der polnische König Kasimir IV. in Thorn ein. Der Jagellone trat die Schutzherrschaft über das Königliche Preußen an.

Nicht fern vom Elternhaus stand die Johanneskirche, in der Nikolaus Kopernikus getauft und sein Vater begraben worden war. Hinter der Kirche lag die Pfarrschule von St. Johann, in der Andreas und Nikolaus zu strebsamen und gottesfürchtigen Knaben erzogen wurden. Hier lernten sie ihr Latein, hier wird Nikolaus vielleicht schon die ersten Eindrücke von der Astronomie erhalten haben. Die Lehrer an dieser Schule genossen hohe Bildung. Als Dr. jur. Lukas Watzenrode 1474 in die Heimat zurückkehrte, unterrichtete er an dieser Schule. Die Jungen lernten eifrig; in der freien Zeit zogen sie zur Weichsel hinaus, die damals noch von keiner Brücke überspannt war. Eine knappe Stunde außerhalb der Stadt besaß die Familie einen Weinberg. Dort weilten sie an manchem Nachmittag, schauten sehnsuchtsvoll den Segelschiffen nach, die aus aller Welt in die Hansestadt kamen, blickten zum Kloster hinüber, das versteckt im Grün schlummerte, wo der Friede zu Hause zu sein schien, oder sahen dem Fährmann zu, der Bürger und Fremde über den Strom brachte.

Schiffe aus London, aus Brügge, aus Venedig gab es öfter zu sehen; Menschen mit fremden Gesichtern, in bunten Gewändern. Mit Nord und Süd, Ost und West führte Thorn Handel; der Hafen war Umschlagplatz für allerlei Waren: Tuche, Erze, Bernstein und Spezereien. Groß war der Bedarf an lebenswichtigen Gütern vor allem im Osten, wo das Land erst vor hundert Jahren besiedelt worden war.

Ein unvergeßliches Ereignis für Nikolaus Kopernikus war der Besuch König Kasimirs IV. in Thorn, als der König und Landesherr zu Verhandlungen mit den preußischen Städten die Weichsel abwärts gefahren kam. An der Anlegestelle, am Weichselufer, erwarteten ihn die kirchlichen Würdenträger in Festgewändern, Mönche mit Kerzen säumten den Weg zur Innenstadt, voraus zogen die Zünfte mit ihren bunten Fahnen, die Schützengilde und die Stadtwache.

OBWOHL Thorn eine Stadt war, die lebte und leben ließ, die Wohlstand versprach, obwohl dort dem Tüchtigen alle Tore offenstanden, fühlten sich die Koppernigks stärker vom nahen Culm angezogen, der Bischofsstadt ohne Bischof, in der Barbara Klosterfrau war und Tante Katharina im Benediktinerkloster lebte.

Culm hatte seine höchste Blüte an der Wende des 13. zum 14. Jahrhundert erlebt. Auf Einladung des Stadtrates waren die Brüder vom Gemeinsamen Leben, eine Klerikergemeinschaft, aus Zwolle ins Culmer Land gekommen, um hier ein „Partikular" zu errichten. An erster Stelle stand bei ihnen Bibelfrömmigkeit, orientiert an der Mystik des Bernhard von Clairvaux; die Laien sollten die Bibel in ihrer Muttersprache lesen. Sie widmeten sich der Seelsorge, der Jugenderziehung und pflegten auch handwerkliche Arbeiten. Ihr bedeutendster Zögling war der große Philologe und Humanist Erasmus von Rotterdam gewesen, der das Neue Testament aus dem Griechischen ins Lateinische übersetzt und somit die Grundlage für Luthers spätere Bibelübersetzung geschaffen hatte. Neben dem Studium des klassischen Latein konnte man bei ihnen, im „Partikular", auch das Druckerhandwerk erlernen – in einer eigenen Druckerei, die sie der Schule angeschlossen hatten.

Auch die Stadt Culm wurde 1231 vom Deutschen Orden angelegt. 1243 war gemäß der Bulle* von Rieti vom Papst das Bistum errichtet worden, zusammen mit Ermland, Pomesanien und Samland. Hier wurde die Culmer Handfeste begründet, nach der die meisten vom Orden eroberten und von Rittern, Bischöfen und Domkapiteln gegründeten Städte ihre Rechte erhielten. Das Culmische Recht war geltendes Recht, der Schöffenstuhl in Culm die höchste Gerichtsinstanz. Culm hatte lange als die Hauptstadt des Ordens gegolten.

Gewiß bedurfte es der Fürsprache eines Domherrn und einer Ordensfrau, wollte ein Schüler, der nicht in Culm geboren war, ins „Partikular" Aufnahme finden. Onkel Watzenrode war fest entschlossen, seinem Neffen die bestmögliche Erziehung zukommen zu lassen.

Die Wahl des Lebensweges – soweit Nikolaus selbst wählen durfte und nicht Mutter und Onkel bestimmten – fiel in sein achtzehntes Lebensjahr, in dem er mit dem Reifezeugnis des „Partikulars" die Würde eines *cive academicus* erwarb. Die Entscheidung fiel nicht im Elternhaus. Seit zwei Jahren war Onkel Watzenrode Bischof von Ermland und als solcher souveräner Landesherr. Seine alten Beziehungen nach Krakau, die guten Verbindungen der Familien Koppernigk und Watzenrode, vor allem aber die Tatsache, daß der bischöfliche Onkel selbst in der Königsstadt sein Studium begonnen hatte, nicht zuletzt der gute Ruf, den die Krakauer Universität genoß, waren dafür entscheidend, daß Nikolaus sein Studium in der Metropole begann, die die Weichsel mit Thorn verband. Der Anblick der Weichsel sollte

---

* päpstlicher Erlaß

verbürgen, daß die Trennung keinem zu schwer fiel. Die Mutter hing an ihren Kindern; Katharina wohnte mit ihrem Mann Bartel nicht weit vom Elternhaus entfernt in der Innenstadt. Zu Andreas, der noch zwei Jahre das Culmer Gymnasium besuchen mußte, ehe er zur Universität gehen konnte, wie auch zu Barbaras Kloster war es nur eine Tagesreise. Und Nikolaus – dies blieb als Trost – würde sich in Krakau nicht allzu fremd fühlen, Bartel Gärtners Verwandte lebten dort. Sie könnten sich seiner ein wenig annehmen, soweit das Studium ihm freie Stunden lassen würde.

Als Student in der Königsstadt

Die Krakauer Universität war 1362 nach dem Vorbild der Prager von König Kasimir gegründet worden. Sie hatte, als Nikolaus Kopernikus dorthin kam, jährlich 2000 Studenten, von denen etwa die Hälfte aus dem „Ausland" kam.

Im 15. Jahrhundert war die Fakultät der „Schönen Künste" als die „unterste" für alle Studenten obligatorisch. In ihr wurden die „Sieben Freien Künste" gelehrt: Grammatik, Rhetorik, Dialektik, Mathematik, Arithmetik und Geometrie, Musik, Astronomie und Astrologie. Jeder Student mußte in dieser Fakultät ein vierjähriges Grundstudium absolvieren, dann erst konnte er Bakkalaureus werden. Bakkalaureus aber wurde nach dem Grundstudium nur jeder vierte Student. Nur jeder zwanzigste brachte es zum Magister. Nur der Magister durfte unterrichten; nicht allein an der Universität – sondern überhaupt an jeder Schule. Jeder Dorfschullehrer mußte Magister sein.

Der Magister der „Schönen Künste" war obendrein Voraussetzung für jedes Fachstudium, das sich dem Grundstudium anschloß, war die Voraussetzung für den Eintritt in eine der „höheren" Fakultäten: Philosophie, Medizin, Jurisprudenz, Theologie. Die Professoren der Fakultät der „Schönen Künste" studierten in den höheren Fakultäten und waren gleichzeitig in den „unteren" Lehrer.

Die meisten Studierenden lebten in Studentenhäusern, den

sogenannten Bursen, die eine strenge Hausordnung hatten. Sie mußten die Statuten genau befolgen, lebten unter ständiger Aufsicht. Die Studenten sollten der Universität Ehre machen. Den Professoren war es gestattet, private Wohnheime zu unterhalten, sie mußten sich jedoch verpflichten, auch hier die Satzungen voll gelten zu lassen und deren Durchführung zu überwachen. Viele sahen in der Unterhaltung eines Studentenheims einen willkommenen Nebenverdienst.

Nikolaus Kopernikus lebte in Krakau in der Burse Jerusalem, nahe dem „Großen Kollegium", in dem sich die astronomischen Instrumente befanden und die meisten astronomischen Manuskripte verfaßt wurden. Von den 68 Studenten war er als der 32. im Wintersemester 1491/92 immatrikuliert. Er studierte in Krakau Mathematik, Astronomie und den Aristoteles, auf dem die Unfehlbarkeit der damaligen Universität beruhte.

Im 8. Jahrhundert hatten arabische Gelehrte Aristoteles wiederentdeckt. Sie hatten seine Werke ins Arabische übertragen; diese Übersetzungen bildeten die Grundlage für die lateinischen Texte, die ab dem 11. Jahrhundert im christlichen Abendland bekanntwurden und immer mehr Anhänger fanden. Im Jahr 1255 wurde von der Pariser Artistenfakultät das Studium des Aristoteles generell vorgeschrieben.

Was bei Aristoteles besonders bestach, war das von ihm begründete Prinzip der Erfahrung: Alles Denken beruht auf der Beobachtung von Tatsachen. So wurde die Logik zur fundamentalen Wissenschaft. Es störte niemanden, daß damit die klassische philosophische Tradition des Abendlandes auf der Lehre eines Thrakers begründet wurde, der in seiner Heimat wegen Gottlosigkeit angeklagt und verbannt worden war. Auch in die abendländische Theologie drang die aristotelische Lehre immer mehr ein, zumal sich aus ihr die These einer von Gott nach dem Grad der Vollkommenheit hierarchisch gegliederten Ordnung des Universums ablesen ließ. Obwohl die Physik und Metaphysik des Griechen den Scholastikern* nur in der oft stümperhaften Übersetzung über das Arabische ins Lateinische bekanntgeworden

---

* Scholastik: Sammelbezeichnung für die Wissenschaften des Mittelalters, vor allem aber für Philosophie und Theologie

So sah Krakau aus, als Nikolaus Kopernikus dort studierte.

Nikolaus Kopernikus' Geburtshaus in der St.-Annen-Straße in Thorn

waren, wurden sie Bestandteile einer Universalbildung, die man anstrebte, vor allem, als die aristotelische Lehre durch die Dominikanermönche Albertus Magnus und Thomas von Aquin zum endgültigen Durchbruch gebracht wurde.

Albertus Magnus war der erste Scholastiker, der die gcsamte Philosophie des Aristoteles – einschließlich der arabischen Kommentare – systematisch für die Theologie und Philosophie nutzbar machte. Andere Richtungen fanden nur Gnade, wenn sie sich in die Verbindung von aristotelischer Lehre und christlicher Offenbarung einfügen ließen.

Thomas von Aquin, der das Werk Alberts fortsetzte und Aristoteles gleich hinter die Evangelisten und Kirchenväter rückte, schuf mit Hilfe der aristotelischen Philosophie jenes einheitliche System, das für die gesamte Theologie Geltung gewann. Er integrierte das aristotelische Weltbild in die christliche Theologie.

Darüber hinaus wurde fortan das gesamte Universum in aristotelischer Form interpretiert, wurden neben der Metaphysik auch Physik und Astronomie „aristotelisch ausgerichtet". So wurde Aristoteles zur höchsten Autorität in der wissenschaftlichen Welt erhoben.

WIE HOCH im ausgehenden 15. Jahrhundert Mathematik und Astronomie im Kurs standen, zeigte die Tatsache, daß allein an der Krakauer Universität 16 Professoren diese Fächer lehrten, unter ihnen der bekannte und berühmte Albert Blar de Brudzewo, mit Vaternamen Brudzewski. Mit 25 Jahren war er Bakkalaureus geworden, später Magister, Professor und Dekan der Artistenfakultät. Dann hatte er Theologie studiert und in Krakau eine Domherrenstelle bekommen. 1494 verließ er die Königsstadt.

Sein berühmtes Werk *Commentariolus super theoricas novas Georgii Purbachii* – ein Kommentar zu der Lehre des Wiener Astronomen Georg von Peuerbach – bildete die Grundlage seiner Vorlesungen, zu denen, wie es heißt, „zahlreiche Hörer aus Mitteleuropa, darunter auch zukünftige Professoren der Astronomie in Heidelberg, Wien und Wittenberg" kamen. Kopernikus hat bei Albert Blar de Brudzewo „Wichtigstes für sein späteres Leben" erfahren, so die „Sicherheit des mathematischen Wissens, die Schärfe des Blicks, die erhabene Einfachheit der Beweisführung". Wahrscheinlich hat er sein Wissen auch im persönlichen Gespräch erweitern können, denn Brudzewski war der Vorsteher der *Bursa Hungarorum*, des Studentenhauses, in das dem jungen Kopernikus die Empfehlung des ermländischen Bischofs Eingang verschafft hatte. Während der vier Grundstudienjahre wußte er sich diesem Lehrer besonders verbunden. Zu zwei weiteren Hochschullehrern stand er in freundschaftlichem Verhältnis: zu Laurentius Raabe, Corvinus genannt, und zu dem Humanisten Konrad Celtis.

Corvinus war mit Celtis befreundet, er war ein Dichter, wurde als Verfasser einer Kosmographie bekannt und nach dem Studium, wahrscheinlich auf Empfehlung seines Freundes Kopernikus, als Stadtschreiber nach Thorn berufen. Er war der erste, der die künftige Bedeutung seines Freundes ahnte. Celtis war nach

Krakau gekommen, um Blar de Brudzewo zu hören. Er hatte hier, zwei Jahre vor dem Eintreffen von Kopernikus, die literarische Gesellschaft *Sodalitas Vistulana* gegründet, der gebildete Bürger, junge Professoren und kirchliche Würdenträger angehörten. Beim Wein führte man wissenschaftliche Gespräche über Geographie und Philosophie, antike Literatur und Poesie.

Vorlesungen wurden gemeinsam besucht; in der Freizeit machte man Ausflüge in die nähere Umgebung von Krakau. Man ging gemeinsam zur Jagd. Die Mitglieder der Gesellschaft gaben sich fortschrittlich. Der Geist der Renaissance hielt hier Einzug.

Trotz aller Statuten gab das Studentenleben wenig Anlaß zur Langeweile. In den Hörsälen führte man erbitterte Debatten; nach den Vorlesungen kam es nicht selten zu wilden Händeln. Man sang und feierte Feste, wie sie fielen. Zuweilen wurden die Studenten auch zum Bürgerschreck.

Das Studium der Astronomie, mehr noch der Astrologie, war obligatorisch. Das hatte seinen Grund. Selbst der hochbetagte Kaiser Friedrich III., der Habsburger, der sich in seinen alten Tagen vornehmlich der Gartenbaukunst widmete, huldigte der Alchemie und der Astrologie. Die Kirche förderte das Studium der Astronomie; sie brauchte die Astronomen zur Festlegung ihrer Feiertage, die angesichts des stets schwankenden Kalenders zuweilen tüchtig durcheinandergerieten. Auch der Handel benötigte die Astronomen: Kaufleute verließen sich auf deren Erkenntnisse, wenn sie zur See fuhren und Waren in die letzten Winkel der Welt brachten.

Obwohl Nikolaus Kopernikus aus einer Stadt kam, die nicht kleiner war als Krakau, erlebte er hier zum ersten Male die „große weite Welt". Im handelsmächtigen Thorn gab es so manches, doch keinen Königshof, der dieser Weichselstadt ihr eigentliches Gepräge gab. Ab 1320 wurden in Krakau die polnischen Könige gekrönt.

Im 14. und 15. Jahrhundert erlebte Krakau seine Blütezeit; die Landesmetropole war Zentrum der Renaissancekultur. Obendrein war sie Schnittpunkt der Handelsstraßen von England und Flandern nach Ungarn und Böhmen wie auch zur Ostsee hin.

In Krakau erlebte Nikolaus Kopernikus während seiner vier Studienjahre eine Reihe geschichtlicher und künstlerischer Höhepunkte. Beim Empfang des Königs in der Universität 1492 erlebte er die Pompentfaltung des Hofes.

Ein Ereignis, das die Welt bewegte, war die Vollendung des Hochaltars für die Marienkirche. Zwölf Jahre hatte Veit Stoß, von Nürnberg nach Krakau kommend, an diesem spätgotischen Schnitzaltar gearbeitet. Künstler und Humanisten besuchten die Stadt, allein um diesen Altar, der, 13 Meter hoch und 11 Meter breit, den Hochchor der Kirche füllte, zu sehen.

Der Tod von König Kasimir IV. war das zweite geschichtliche Ereignis, dessen Zeuge Kopernikus wurde. Die Großen des Abendlandes versammelten sich in Krakau: Gesandte aus aller Welt, päpstliche Legaten, Männer des Hofes, Männer von Adel, Humanisten, Bischöfe, Professoren und Künstler, alle kamen, um einen König zu Grabe zu tragen, kamen bald darauf erneut, um der Krönung eines neuen Königs beizuwohnen. Kasimir IV. starb; Johann Albrecht wurde gekrönt. Kasimir IV. war 45 Jahre lang polnischer König gewesen, ehe er das Zepter seinem Sohn Johann I. Albrecht übergab, der als der Schöpfer des Sejms, des polnischen Reichstags, und als Festiger der Stellung des Adels in die Landesgeschichte einging.

Fast gleichzeitig starb im fernen Rom Papst Innozenz VIII., der geldgierige, korrupte Genuese, der zum Türkenkrieg aufgerufen hatte und den Hexenwahn begünstigte. Die Hexenbulle *Summis desiderantes* war sein Werk gewesen. Ihm folgte Alexander VI. aus dem Hause der Borgia, in dessen Pontifikat das Renaissancepapsttum seinen Höhepunkt erreichen sollte: elf finstere Jahre der Heiligen Römischen Kirche.

Nicht weniger schicksalhaft verlief das Jahr 1493. Kaiser Friedrich der III., der das Reich zweiundfünfzig Jahre lang regiert hatte, der einundvierzig Jahre lang die Kaiserkrone getragen und zehn Päpste überlebt hatte, starb am 19. August an der Ruhr. Maximilian I., verlobt mit Bianca, der Nichte des Ludovico Sforza aus Mailand, wurde römischer Kaiser. Und während im Jahr darauf die Großen des Reiches in Innsbruck Hochzeit feierten, geschah das Furchtbare in Krakau: Der Schwarze Tod brach aus.

Die Pest! Der Schreckensruf jener Zeit, die Gottesgeißel, der Menschen jeden Standes zu entfliehen suchten. Fluchtartig verließen Bürger und Studenten die Stadt Krakau, in der es bereits die ersten Toten gab. Mit ihnen flohen auch die Brüder Nikolaus und Andreas Koppernigk. Angesichts des Todes und der Vergänglichkeit alles Irdischen entschieden sich beide für den geistlichen Stand. Zur Freude ihres bischöflichen Onkels im fernen Heilsberg, der sich um das „höhere Studium" der Neffen bereits Sorgen gemacht hatte. Er versäumte nichts, um den beiden Jungen auch weiterhin das bestmögliche Studium zu sichern.

Als am 26. August 1495 in Frauenburg der Domherr Johannes Zanau starb, erhielt Nikolaus Kopernikus auf Betreiben des Onkels dessen Domherrenstelle im ermländischen Kapitel*, die ihm ein ansehnliches Einkommen sichern und ihn materiell unabhängig machen sollte, unabhängig auch von seiner Familie, um sich den längsten Studien, um sich ganz der Wissenschaft widmen zu können. So wurde ihm – und bald darauf auch seinem Bruder Andreas durch Verleihung der nächsten freiwerdenden Domherrenstelle im Ermland – die Möglichkeit zu einem für die meisten Studenten und Magister seiner Zeit unerschwinglichen Studium in Italien geboten.

Wohl hatte diese Verleihung den mächtigen bischöflichen Fürsprecher im Rücken, doch das ermländische Domkapitel entschied nicht nur Verwandten seines Bischofs gegenüber, sondern in allen anstehenden Fällen dafür, daß seine Mitglieder keine Bildungsmöglichkeit versäumten. Ihr Bildungsstand gereichte dem Kapitel zur Ehre, und es gab damals auch die erforderlichen Mittel für ein solches Studium.

Als Kaiser Maximilian I. im Herbst 1496 „zur Abwehr der Gefahr seitens Türken und Franzosen" ins Stammland seiner zweiten Frau, nach Italien, zog, befand sich Nikolaus Kopernikus auf dem Weg nach Bologna, um dort kanonisches Recht zu studieren, wozu er vom Kapitel einen dreijährigen Studienurlaub erhalten hatte. Zwei Jahre später folgte ihm sein Bruder Andreas dorthin. Im Reisegepäck führte Kopernikus drei Bücher mit, die

---

* Versammlung eines geistlichen Ordens

ihm eng ans Herz gewachsen waren: die *Elemente* des Euklid, die *Tabulae directionum* des Regiomontanus und die *Tabulae astronomiae Alfonsi Regis* aus dem Jahr 1492.

Unter dem Himmel Italiens

Im ausgehenden 15. Jahrhundert war Bologna die bedeutendste der neun italienischen Universitäten und besaß die berühmteste Rechtsschule des christlichen Abendlandes – an der auch Bischof Lukas Watzenrode promoviert hatte. Die Stadt gab die Hälfte ihrer Einnahmen für die Universität aus. Hier wurde hart studiert, dennoch gestaltete sich das Studentenleben viel freier als jenseits der Alpen. Man fühlte sich durch keine Statuten gebunden; ein Teil der Studenten lebte wie kleine Fürsten. Sie hatten Diener und Geliebte in die Universitätsstadt mitgebracht. Nach den Vorlesungen wurde gefeiert, getrunken, geliebt. Auch die geistlichen Herren wußten die Freuden dieser Welt zu schätzen, ging ihnen Papst Alexander VI. doch mit „gutem Beispiel" voran.

Selbst Stadtväter gaben sich humanistisch, bildungsfreudig, waren auf ihr Prestige bedacht. Professoren kamen aus dem Ausland zu Diskussionen und Disputationen. Die Schulen stritten um die Wahrheit; wo die Waffen des Geistes sich als zu stumpf erwiesen, kam es zu derben Händeln, wobei man, dem Geiste der Renaissance entsprechend, vor einem Mord nicht zurückschreckte.

Die Matrikel des hochedlen Collegiums der Deutschen erwarb Nikolaus Kopernikus am 6. Januar 1497 bei der Rechtsfakultät. Zur *Natio Germanorum* hatten auch Dänen, Litauer, Tschechen, Ungarn, Schweden und Polen Zutritt.

Am 9. März stand Kopernikus neben seinem Freund und Lehrer Domenico Maria di Novara und beobachtete, wie der Mond den Stern Aldebaran verdunkelte. Neben dem bürgerlichen und kanonischen Recht studierte er eifriger denn je die Himmelskunde. Er wurde bald der Mitarbeiter und Gehilfe seines Lehrers. Gemeinsam beobachteten sie in sternenklaren Nächten den hellen Himmel über Italien – ohne Fernglas natürlich, das damals noch nicht erfunden war. Kopernikus war ein guter Beobachter. Die Vorgänge am Himmel, an jenem Märztag des Jahres 1497, machten einen so großen Eindruck auf ihn, daß er noch nach Jahrzehnten in seinem Hauptwerk, den *Revolutiones,* exakt darüber berichtete. Hier kamen ihm die ersten Zweifel an der Richtigkeit des damals allgemein anerkannten ptolemäischen Himmelssystems. Kopernikus dachte nicht daran, diese Zweifel schweigend, gläubig hinzunehmen; hatte es doch schon griechische Astronomen gegeben, die die Sonne von einer beweglichen Erde umkreist sahen, hatte doch im 12. Jahrhundert der Franzose Nikolaus Oresme über die Drehung der Erde nachgedacht, wobei er allerdings in der Gedankenwelt des Aristoteles oder in rein theologischen Erwägungen steckengeblieben war.

ENTSCHEIDEND für die astronomische Forschung waren die Erkenntnisse der Wiener Astronomenschule gewesen. Hier hatten Georg von Peuerbach und Johannes Müller, Regiomontanus genannt, um die Mitte des 15. Jahrhunderts die Grundlagen für ein neues astronomisches Forschen geschaffen, das die Beobachtung an die Stelle der Überlieferung setzte. Ihre Werke wurden im letzten Jahrzehnt des 15. Jahrhunderts an fast allen Universitäten des Abendlands dem Unterricht zugrunde gelegt, so auch in Krakau und Bologna. Der Einfluß dieser beiden Lehrer auf Kopernikus' Denken war unverkennbar, sie lieferten ihm das Fundament, von dem aus er das ptolemäische Weltsystem stürzen, auf dem er sein eigenes Weltbild errichten sollte.

Georg von Peuerbach, 1424 in Peuerbach an der österreichisch-bayrischen Grenze geboren, nach seinem Heimatort benannt, war der bedeutendste Vertreter der ersten österreichischen Mathematikerschule, deren Gründer, Johannes Schindel, 1407 von Prag nach Wien gekommen war. Schindels Schüler war Johann von Gmunden, dessen Schüler wiederum war Georg von Peuerbach, der die von seinem Lehrer begonnene Bearbeitung der *Tabulae Alphonsianae* weiterführte und 1460 die *Tabulae eclipsium* herausgab, durch die die Astronomie „aus dem undurchdringlichen Chaos gerettet" wurde. Georg von Peuerbach verdankte die Astronomie das hohe Ansehen, das sie zu Beginn des 16. Jahrhunderts genoß. Er hatte sein Studium in Wien mit dem *Magister Artium* abgeschlossen, war dann nach Frankreich und Italien gegangen, lehrte in Ferrara Mathematik und Astronomie, kehrte jedoch nach Wien zurück, um ab 1450 seine Lehrtätigkeit an der dortigen Universität fortzusetzen. Peuerbach war der „geistige Vater" des Regiomontanus, der 1436 in Oberfranken geboren wurde und als „Wunderknabe" mit zwölf Jahren bereits zum Mathematikstudium an die Leipziger Universität gekommen war, um von dort 1452 zu Peuerbach nach Wien zu gehen.

Um die Werke des Ptolemäus richtiger interpretieren zu können, lernte er Griechisch. Nach dem Tode Peuerbachs, 1461, ging er nach Italien, um dort nach griechischen Handschriften zu forschen. Das Unternehmen Peuerbachs, den „ganzen Ptolemäus" in klarere und kürzere Form zu bringen – das nach dem sechsten Buch durch den Tod des Lehrers ins Stocken geraten war –, setzte Regiomontanus fort. Er entwarf auch einen Kalender, in dem er – für die Kirche von größter Wichtigkeit – für dreißig Jahre das Datum des Osterfestes bestimmte. Nach einem Aufenthalt in Rom kehrte er nach Wien zurück. Als Österreich in die Kämpfe um Böhmen verwickelt wurde, ging er 1471 nach Nürnberg. Er forderte, die Gestirnbewegungen ganz von neuem zu erforschen oder wenigstens die Erkenntnisse zu verbessern.

Um diesen Kampf für die Wahrheit aufnehmen zu können, gründete er mit Hilfe eines Mäzens in Nürnberg eine eigene Druckerei und eine Werkstätte zur Herstellung von astronomischen Instrumenten. Er stellte Richtstäbe aus Messing für die Beobachtung der Sonne, des Mondes und der übrigen Gestirne her, Winkelmaße für die Messung der Abstände der Gestirne voneinander und Armillare* zur Feststellung der Örter und Bewegungen der Gestirne.

In seiner Druckerei erschienen – als Huldigung an Peuerbach – dessen *Novae theoriae* und aus eigener Feder ein Almanach, die *Ephemeriden*, in dem für 32 Jahre – bis zum Jahr 1505 – für jeden

---

* Armillar: altertümliches astronomisches Gerät zur Darstellung der Haupthimmelskreise der astronomischen Koordinatensysteme (Horizont, Ekliptik, Äquator), die durch konzentrische, z. T. bewegliche Ringe (lat. *armilla*) veranschaulicht werden

Tag die wahren Bewegungen der Planeten festgelegt wurden. Dazu kamen klassisch-griechische Schriften, der *Almagest* des Ptolemäus, *Magna compositio* betitelt, und die *Elemente* des Euklid.

1476 starb Regiomontanus an der Pest, nur 39 Jahre alt. Sein Werk setzte Johannes Schoner fort, der sich später um die Herausgabe des Hauptwerkes von Kopernikus bemühte.

DAS ALSO waren die Lehrer des Frauenburger Domherrn. Neuen Mut zu ihrem Forschen gab den Astronomen jener Tage die Kunde von der Entdeckung Vorderindiens durch Vasco da Gama, der 1497 ausgefahren war, um den Seeweg nach Indien zu finden, und 1498 das Kap der Guten Hoffnung erreichte – wie schon in Kopernikus' Krakauer Studienzeit die Kunde von der Landung des Kolumbus in San Salvador die Herzen der Astronomen hatte höher schlagen lassen. Behaupteten sie doch mit vollem Recht, den Löwenanteil an diesen weltverändernden Entdeckungen zu haben: Die Astronomie ersetzte damals ja die fehlenden Navigationsgeräte, den Kalender und die Uhr.

In diesem Jahr der Hochstimmung, 1498, kam Andreas Koppernigk nach Bologna, nachdem er über den Onkel eine Domherrnstelle und vom Kapitel ein Stipendium erhalten hatte. Der Bruder führte ihn in das bewegte Studentenleben ein. Neben den Rechten studierte Nikolaus Mathematik und Astronomie und beschäftigte sich in seiner Freizeit mit der griechischen Grammatik. Obwohl es für einen Geistlichen als ketzerisch galt, die Sprache der Griechen zu ergründen, wollte er unbedingt die Texte der griechischen Astronomen im Urtext lesen. Er büffelte daher Tag und Nacht; sein Eifer kannte keine Grenzen.

Obwohl auch Andreas' Eifer keine Rüge verdiente, wollte er doch das für ihn neue, ungezügelte Studentenleben kennenlernen und auch genießen. Er schloß Bekanntschaften mit sehr wohlhabenden Studenten. Zu spät merkte er, wie teuer das Leben in Bologna und wie dürftig im Vergleich dazu sein Monatssalär war.

Trotz des nicht unbeachtlichen Zuschusses seitens des Domkapitels, trotz ihrer nicht kärglichen Einkünfte gerieten die Brü-

In Frauenburg residierte Kopernikus viele Jahre als Kanzler des Domkapitels.

der Koppernigk eines Tages in arge Geldverlegenheiten. Es blieb ihnen nichts anderes übrig, als Schulden zu machen. Diese wuchsen ihnen bald über den Kopf. Sie wandten sich an den in Rom weilenden Frauenburger Domherrn Bernhard Sculteti, der Pfarrer von St. Marien in Danzig war, und baten ihn, für sie bei einer Bank Bürgschaft zu leisten, daß sie ihre Schulden bezahlen könnten und vor Verfolgung sicher wären. Gern half Sculteti den leichtsinnigen Bischofsneffen. An seinen Herrn in Heilsberg berichtete er: „. . . haben die Herren Neffen an starkem Geldmangel gelitten" – und ergebenst bat er um Ausgleich.

ANFANG April 1500 pilgerte Nikolaus Kopernikus nach Rom, um die Karwoche in der Hauptstadt der Christenheit zu verbringen. Aus einer Woche sollte ein Jahr werden.

200 000 Christen aus aller Welt strömten im Jubiläumsjahr 1500 zur Osterfeier nach Rom. Der Papst hatte einen Ablaß ausgeschrieben. Der Auferstehungstag sollte zum Triumphtag der Kirche

343

werden. Die Stadt, die damals rund 70 000 Einwohner zählte, konnte die Pilger kaum fassen.

Rodrigo de Borgia, Alexander VI., der Renaissancefürst auf dem Papstthron, stand im Mittelpunkt des glanzvollen Festes, das weit mehr weltlichen als kirchlichen Prunk zu bieten vermochte und für den Papst in erster Linie ein großes Familienfest war. Rom war nicht nur das Herz der Christenheit, Rom war der Nabel der Welt, der Hort aller schönen Künste. Hier traf sich das Dreigestirn jener Zeit: Donato d'Angelos, Bramante genannt, der geniale Planer und Baumeister, war aus Mailand gekommen, um in Rom Santa Maria della Pace zu bauen und den Plan für einen neuen Petersdom zu entwerfen; an seiner Seite sah man den siebzehnjährigen Schüler Peruginos aus Perugia, Raffaelo Santi, der dazu ausersehen war, Bramantes Plan zu verwirklichen, Baumeister von St. Peter zu werden; und man sah Michelangelo, den „letzten Bildhauer der Antike", der gerade rechtzeitig zum großen Fest seine Pietà für St. Peter vollendet hatte.

Und doch fiel auch ein Schatten über das Fest der Feste. Es war eine Jubiläumsmedaille geprägt worden, die das Bild Savonarolas mit einem Strahlenkranz trug; diese Medaille fand unter den Pilgern reißenden Absatz. Ganz Italien, ganz Europa sprach von dem Dominikanermönch, der 1452 in Ferrara geboren worden war, von dem hageren, engbrüstigen Asketen, dem Prediger von Florenz, dem Reformator, dem Alexander VI. das Predigen verboten hatte. Doch seine Bußpredigten, seine prophetische Sendung waren unvergessen. Gegen das Geschehen in Florenz und Rom hatte er gedonnert, gegen die weltlichen und geistlichen Fürsten, in deren Bereich „die Rache als Recht, der Straßenraub als Brauch, Gewaltsamkeit und Gift als geläufige Mittel gelten, die ersehnte Macht an sich zu reißen".

Diesem Mönch galt Nikolaus Kopernikus' besonderes Interesse. Hatte er doch die Astrologie, die auch der Frauenburger Domherr als Wissenschaft verwarf, „Basis allen Aberglaubens" genannt. Im Mai 1498 war Savonarola auf dem Platz der Signoria gehängt und anschließend auf dem Scheiterhaufen verbrannt worden. Der Versuch einer Kirchenreform, einer Säuberung der

Wissenschaften war mit Hilfe des Galgens und des Feuers erstickt worden. Nach seinem Tode aber bewunderte alle Welt den mutigen Mönch; schon verehrten ihn wahre Christen als Heiligen und Märtyrer.

WIE ES bei den wandernden Humanisten üblich war, hielt auch Nikolaus Kopernikus im Jubiläumsjahr in Rom eine Reihe mathematischer und astronomischer Vorträge. Hier erläuterte er zum ersten Mal in vagen Umrissen vor einer erlesenen Hörerschaft sein neues Weltbild. Dem Neffen des Fürstbischofs öffneten sich viele Tore. Professoren aller Fakultäten und Universitäten weilten in der Heiligen Stadt; er sah seine Lehrer aus Krakau und Bologna wieder. Er sprach mit ihnen über die Erkenntnisse, die er gesammelt hatte, sie tauschten die durch Beobachtungen gewonnenen Erfahrungen aus. Am 6. November 1500 beobachtete der Astronom schräg über dem Petersdom eine Mondfinsternis.

Inzwischen war der Studienurlaub abgelaufen. Doch erst am 27. Juli 1501, als auch der Urlaub des Bruders beendet war, erschienen Nikolaus und Andreas vor dem Frauenburger Domkapitel. Andreas erhielt sogleich eine Urlaubsverlängerung, da er als „geeignet erachtet wurde, den Studien zu obliegen". Nikolaus dagegen sollte seine Domherrnpflichten in Frauenburg wahrnehmen. Er bezog das ihm 1499 zugeteilte Vorwerk in der Nähe des Backsteindoms, hielt nach zwei Dienern und drei Pferden Ausschau, die ein Domherr nach dem Kapitelstatut besitzen mußte. Doch erneut sprang Onkel Watzenrode für den Neffen in die Bresche.

Vor der Vollversammlung des ermländischen Kapitels beantragte Nikolaus Kopernikus, unterstützt von den Empfehlungen des Bischofs, weitere drei Jahre Urlaub, um sich dem Studium der Medizin widmen zu können, auf daß er künftig „dem Bischof und den Frauenburger Amtsbrüdern ärztlichen Beistand leisten könne". Das Domkapitel gab seine Zustimmung und bewilligte neben den Einkünften eine Sonderzulage, damit er in Padua, dessen Universität hinsichtlich der medizinischen Wissenschaft als die beste galt, studieren konnte.

Zeitig zum Wintersemester 1501 traf Kopernikus in Padua ein. An der Spitze der Artistenfakultät, zu der die Medizin gehörte, stand Pomponatius, ein Gelehrter von Weltruf. Er hatte ein Buch „Von der Unsterblichkeit der Seele" veröffentlicht, in dem er nicht nur die verstandesmäßige Beweisführung, sondern auch die Ansicht des Aristoteles in Frage gestellt hatte. Kopernikus meldete sich bei Marcus Antonius della Torre, für den Leonardo da Vinci, das Universalgenie jener Tage, die anatomischen Zeichnungen herstellte. Leonardo war 1500 von Mailand nach Florenz gekommen, ihm standen alle Paläste offen. Er war nicht nur ein genialer Baumeister, Maler und Bildhauer, sondern hatte sich auch als Naturforscher einen Namen gemacht. Er studierte die Anatomie des Menschen, beschäftigte sich mit der Geometrie, zeichnete geographische Karten und erforschte die Technik seiner Zeit.

Gelehrt wurden in der medizinischen Fakultät die „Fieber und Krankheiten oberhalb des Herzens bis zum Kopf" und die gleichen „unterhalb des Herzens bis zu den Füßen". Im ersten Jahr bildeten die Canons des Avicenna* die Grundlage, im zweiten die Schriften des Hippokrates, im dritten die Bücher Galens**.

Kopernikus interessierte sich für die praktische Medizin, war er doch nach Padua zum Studium gekommen, um seinen Amtsbrüdern später helfen zu können. Zur Chirurgie hatten Geistliche keinen Zugang. Obwohl er nie die Priesterweihe empfangen hatte, galt er im weiteren Sinne doch als Kleriker; und Klerikern war das Brennen und Schneiden am menschlichen Körper verboten, da es als Eingriff in die Schöpfung Gottes galt. Dies blieb den Badern vorbehalten.

Es gab in Padua einen Kräutergarten, in dem die Studenten die Heilpflanzen studieren konnten. Die Universität war bis 1493 über die reiche Stadt verteilt, die Fakultäten waren in Privathäusern oder kirchlichen Gebäuden untergebracht. 1493 wurden sie ins *„Hospicium Bovis"*, die „Herberge zum Ochsen", zusammengelegt, in einen von einer Mauer mit einem Turm umgebenen Gebäudekomplex.

* Persischer Philosoph und Arzt, um 980–1037
** Römischer Arzt griechischer Herkunft, 2. Jh. n. Chr.

Die Medizin steckte um 1500 noch weitgehend in den Kinderschuhen, sie wartete auf Theophrastus Bombastus von Hohenheim, genannt Paracelsus, der, als Kopernikus in Padua studierte, im Kanton Schwyz noch die Schulbank drückte. Kopernikus' Rezepte sowie die Randnotizen in den von ihm benutzten Lehrbüchern verraten, daß es ihm in erster Linie um die „praktische Anwendung" ging. „Ein Absud aus Tamariskenwurzeln", heißt es da, „heilt gegen die Blattern des Aussatzes." Oder: „Saft aus Eicheln hilft gegen Fisteln und Geschwüre." Gegen die Gicht empfiehlt sich „Obstbaumsaft, dreimal in Bier aufgekocht, zum Essen getrunken". Kleie hilft bei Blähungen und Magenschmerzen.

Kopernikus legte beim Medizinstudium keinen Übereifer an den Tag. Sein Augenmerk galt daneben dem gründlichen Erlernen der griechischen Sprache. Auch der Astronomie blieb er treu. Bald las er die griechischen Autoren im Urtext, studierte weiterhin Jurisprudenz und bereitete sich – nicht in der Medizin, sondern im kanonischen Recht – auf ein Abschlußexamen vor. Er entschloß sich, sein juristisches Examen in Ferrara abzulegen, an der kleinen, 1391 gegründeten, doch inzwischen weitbekannten Universität, die an die Prüflinge nicht so hohe Anforderungen stellte.

FERRARA, die Hauptstadt des Staates, in dem die Fürsten Este regierten, war eine prächtige Stadt, mit ihren 70 000 Einwohnern damals größer als Rom. Der kleine Staat war ein Zentrum des Humanismus, in dem das kulturelle Leben blühte.

1502 hatte Ferrara seinen „goldenen Tag". Erbprinz Alfonso I. heiratete die Tochter Alexanders VI., Lucrezia Borgia, die Schwester des berüchtigten Cesare Borgia, der den Mut besessen hatte, seinen Kardinalshut abzulegen und Charlotte d'Albret von Navarra in die Ehe zu führen, der seinen Bruder Giovanni umgebracht und seinen Schwager vergiftet hatte, um der geliebten Schwester den Weg in die glanzvollste Ehe der Zeitepoche zu bahnen.

Im Jahr darauf, Ende Mai, traf Nikolaus Kopernikus in dieser Stadt ein. Er hatte inzwischen, auf daß es ihm nicht an Geld fehle

347

und er unbesorgt die Doktorpromotion vorbereiten könne, eine weitere einträgliche „Würde" erhalten – die eines Scholastikus am Heiligen Kreuzstift zu Breslau. Die Promotion fand am 31. Mai im Bischofspalast neben der Kathedrale statt.

Im Herbst 1503 kehrte Nikolaus Kopernikus nach zwölfjähriger Lehr- und Wanderzeit endgültig ins Ermland zurück, Schüler der großen Humanisten, selbst einer von ihnen, wissenschaftlich hochgebildet, Mathematiker, Astronom, Jurist, Arzt, Sprachforscher und ausgezeichneter Kenner der Antike, tolerant gegenüber Göttern und Menschen, intolerant gegenüber der Narrheit und Unwissenheit. Ein neuer Lebensabschnitt sollte beginnen. Er fiel zusammen mit einer neuen Epoche für Kirche und Welt.

1503 starb in Rom Alexander VI. Ihm folgte – nach 26tägigem Pontifikat des Piccolomini-Papstes Pius III. – ein Staatsmann und Mäzen von hohem Format: Julius II., ein erbitterter Gegner aller Korruption um Thron und Altar, der dem verbrecherischen Treiben der Borgias ein Ende setzte.

Den Domherrn Nikolaus Kopernikus rief die Pflicht. Das Frauenburger Domkapitel hatte ihm das bestmögliche Studium ermöglicht; sein bischöflicher Onkel hatte die übernommene Vaterstelle vorbildlich erfüllt. Jetzt stand er auf eigenen Füßen; er verfügte über ein Wissen und eine Bildung, die ihm alle Tore öffneten. Vierzig Jahre sollte er seinem Fürstbistum als Domherr dienen. Frauenburg wurde seine zweite Heimat.

Das Fürstentum Ermland

Ehe das Fürstbistum Ermland im Herzen des Deutschordensstaates entstand, war das Gebiet von den Pruzzen, einem Zweig der baltischen Völkergruppe, bewohnt. Die Pruzzen hatten kein Oberhaupt, sie lebten in mehreren Gauen, die aus Familienverbänden bestanden, als freie Bauern auf Höfen oder in kleinen Gemeinschaften, betrieben Ackerbau und Viehzucht. Es gab bei ihnen keine Städte, wohl aber Handelsplätze. Gastlichkeit, Friedensliebe und tiefe Religiosität werden als ihre Tugenden hervorgehoben. Sie waren Heiden, verehrten die Natur, kannten jedoch persönliche Gottheiten. Ihren Wohlstand verdankten sie dem Bernstein und den Pelztieren. Sie schützten sich gegen Grenzüberfälle und auch gegen die Fremden, die ihnen den Christengott bringen wollten. 1216 rief Papst Honorius III. zu einem Kreuzzug gegen die Pruzzen auf, fand aber wenig Gehör.

Im Winter 1225/26 entschloß sich Konrad I. von Masowien, den Deutschen Ritterorden zu Hilfe zu rufen, der unter seinem vierten Hochmeister, dem Thüringer Hermann von Salza, den Missionsgedanken aufgriff und geschickt mit dem Staatsgründungsgedanken verband: Die Ausbreitung des Gottesreiches sollte durch die Besiedlung des „Neulandes" im Osten mit dessen Inbesitznahme Hand in Hand gehen.

Hermann von Salza war ein kluger Kopf. Ehe er seinen Landmeister, Hermann Balk, mit einer Handvoll Ordensbrüdern in Bewegung setzte – gefolgt von Kaufleuten, Handwerkern, Bauern und Abenteurern –, sicherte er sich zum Kaiser und zum Papst hin ab. Kaiser Friedrich II. gab ihm eine Besitzgarantie und die Genehmigung zur Staatsgründung in der Goldenen Bulle von Rimini.

Der Papst machte anfangs Einwände. Kreuzzüge richteten sich gegen die „Verächter Christi" – die Pruzzen aber kannten Christus nicht und konnten ihn somit nicht verachten. Erst 1234 wurde dem Deutschen Orden in der Bulle von Rieti das neueroberte Land im Osten zum „ewigen Besitz" übertragen, doch sicherte sich die Kirche dabei ihren Teil, wie es damals üblich war, ein Drittel.

Am 29. Juli 1243 wurden durch die Teilungsurkunde von Anagni vier Bistümer geschaffen: Culm, Pomesanien, Ermland und Samland. Papst Innozenz IV., ein hervorragender Jurist und unerbittlicher Gegner Friedrichs II. und aller Staufer, bestätigte diese Regelung noch im selben Jahr. So hatte die Geburtsstunde des Fürstbistums Ermland geschlagen.

1250 wurde im päpstlichen Auftrag vom Kardinallegaten Peter von Albano der erste ermländische Bischof ernannt, der Deutschordenspriester Anselm aus den Landen der Krone Böhmens. Er wählte 1254 das mittlere Drittel der Diözese zu seinem weltlichen Herrschaftsgebiet, erhob 1260 die Kirche zum heiligen Andreas in Braunsberg zu seiner Kathedrale und begründete das Domkapitel. Papst Urban IV. bestellte ihn 1261 zu seinem Legaten für Böhmen, Mähren sowie die Kirchenprovinzen Riga, Gnesen und Salzburg. Er war der einzige Ordenspriester, der jemals den Bischofsstuhl des Ermlands bestieg.

Ermland, die *terra Warmia*, erhielt 1260 sein Domkapitel mit dem Sitz in Braunsberg; unter dem zweiten Bischof, Heinrich I. Fleming, wurde es nach Frauenburg verlegt, wo auch die Kathedrale erbaut wurde. Heinrich I. Fleming wurde Mitglied des ermländischen Domkapitels und 1277 dessen Propst. 1278 wählte ihn das Domkapitel zum Bischof, doch der zuständige Erzbischof von Riga versagte die Bestätigung – vielleicht weil er nicht aus dem Deutschen Orden hervorgegangen war, der den Bischofssitz nicht aus der Hand geben wollte, wahrscheinlicher, weil der Rigaer Erzbischof einen eigenen Kandidaten durchsetzen wollte. Der Rechtsstreit wurde in Rom entschieden. Papst Nikolaus III. ernannte Bischof Heinrich und weihte ihn 1278 selbst zum Bischof. Unter ihm erhielt das Domkapitel ein Drittel des Hochstiftes – die Kammerämter Frauenburg, Allenstein und Mehlsack – als weltliches Territorium, in dem es, wie der Bischof in seinem Drittel, die Herrschaft ausübte. Alle Versuche des Ordens, der ermländischen Autonomie ein Ende zu setzen, blieben ohne Erfolg. Wie der Orden in seinem Staat besiedelten im Fürstbistum die Bischöfe und das Domkapitel planmäßig das Land, schufen Dörfer und Güter, gründeten Städte. Als erste Stadt erhielt Braunsberg von Bischof Heinrich I. Fleming 1284 die Handfeste, die Gründungsurkunde.

EBERHARD VON NEISSE, der dritte in der Bischofsreihe, stammte aus der schlesischen Stadt Neiße. Er war bürgerlicher Herkunft. Sein Ziel war die systematische Besiedlung des mittleren Ermlands, des Pruzzengaues Pomesanien. Er siedelte Schlesier an und gründete die Städte Heilsberg, Wormditt und Frauenburg.

Heilesperch war eine Siedlung der Schlesier, die 1350 Bischofsresidenz werden sollte. Wormditt, am linken Ufer der Drewenz gelegen, wurde 1313 erstmals urkundlich als Stadt erwähnt.

An der Ostküste des Haffes erhob sich, auf einer Düne angelegt, das *Castrum Dominae nostrace*, die Frauenburg. Die Stadt war eine Siedlung Niederdeutscher, die mit dem Orden ins Land gekommen waren. 1284 übersiedelte das Domkapitel nach Frauenburg und begann mit dem Bau der Kathedrale.

Mit Bischof Heinrich Wogenap begann die Kolonisation der „ermländischen Wildnis". Seine erste urkundlich belegte Handlung war die Gründung der Stadt Guthinstat – Guttstadt –, der er 1329 die Handfeste nach culmischem Recht ausstellte. Hier residierten ständig fünf Domherren. Unter diesem Bischof wurde mit dem Massivbau des Frauenburger Doms begonnen.

Unter Bischof Johann von Meißen wurden Rößel und Seeburg als feste Burgen gegen die Litauereinfälle erbaut. Der Bischof verlegte seine Residenz nach Heilsberg. 1353 gab das Domkapitel der Stadt Allenstein die Handfeste, wo Nikolaus Kopernikus später als Administrator des Kapitels mehrere Jahre residieren sollte.

Um die Bedeutung des ermländischen Bischofssitzes zu unterstreichen, ernannte Papst Gregor XI. 1373 den 1372 zum Domherrn in Breslau berufenen Heinrich Sorbom, einen Freund des Deutschen Ordens, zum Bischof. Er brachte die erste Kolonisationsperiode mit der Gründung der beiden letzten ermländischen Städte, Bischofstein und Bischofsburg, zum Abschluß. Dem Kapitel gab er 1384 eine neue Satzung, die vor allem das geistliche Leben reformieren sollte. Unter seinem Pontifikat erreichte die Geschichte des Fürstbistums ihren ersten Höhepunkt.

NACH der vernichtenden Niederlage des Deutschen Ordens bei Tannenberg im Jahr 1410 nahm die Unzufriedenheit der Städte und Adelsgeschlechter mit dem Ordensregime rasch zu. Neunzehn Städte, Thorn und Culm an der Spitze, schlossen sich zum „Preußischen Bund" zusammen, der sich bald vom Orden lossagte.

Promovierte Juristen auf dem ermländischen Bischofsstuhl versuchten eine Versöhnung zwischen dem Orden und dem Preußischen Bund herbeizuführen, doch es kam zum Krieg. König Kasimir IV. von Polen unterstützte den Bund, dem die Städte immer neue Geldmittel zuführten, während der Orden bereits zuvor das Hochmeisterschloß, die Marienburg, seinen Söldnern verpfänden und mit ansehen mußte, wie diese die Burg und eine Reihe anderer befestigter Bauten an den Polenkönig verkauften.

Gegen den Willen des Königs ernannte der Papst den ordensfreundlichen Kardinal Enea Silvio Piccolomini zum Fürstbischof. Er galt als einer der bedeutendsten Humanisten seiner Zeit. Sein Bistum hat er nie betreten; schon im August 1458 wurde er zum Papst gewählt. Als Pius II. bestieg er die römische Cathedra.

Sein Nachfolger wurde der Sekretär der römischen Kurie Paul Stange von Legendorf. Es gelang ihm, einen Sonderfrieden zwischen dem Preußischen Bund und dem Polenkönig zu erwirken. Im Zweiten Thorner Frieden erschienen Bischof und Domkapitel als selbständige Paziszenten*. Alle Schutzrechte, die der Deutsche Orden dem Fürstbistum Ermland gegenüber wahrgenommen hatte, gingen auf Kasimir IV., König von Polen, Herzog des Königlichen Preußens, über. Dem Bistum wurde die volle Selbständigkeit unter königlicher Schirmherrschaft zugesichert, doch nach dem Tode des Bischofs kam es zum Konflikt mit dem König, der den Nachfolger bestimmen wollte. Das Domkapitel entschied sich für Nikolaus von Tüngen, den Sproß einer Wormditter Bürgerfamilie, seit 1459 Kanonikus bei der Breslauer Domkirche, seit 1465 ermländischer Domdechant, der vom polnischen Reichstag geächtet wurde und zu seinem Metropoliten nach Riga fliehen mußte, um sein Bistum von Livland aus mit Gewalt zu nehmen. 1472 überrumpelte Nikolaus von Tüngen Braunsberg und eroberte von dort aus eine ermländische Stadt nach der anderen. Von Tüngen gelang es, das Bistum fest in seine Hand zu bekommen.

Gegen den Willen des Königs wurde Lukas Watzenrode, der Onkel von Nikolaus Kopernikus, 1489 Fürstbischof. Bald gewann er das Vertrauen des Königs, zumal er den Vorschlag unterbreitete, den Deutschen Orden aus Preußen zu entfernen, da es für ihn hier keine Aufgabe mehr gebe, ihn gegen die Türken einzusetzen. Seine Bemühungen, das Ermland zum Erzbistum zu erheben, scheiterten genauso wie sein Plan, eine Universität zu errichten.

Dem Frauenburger Domkapitel gehörten zu dieser Zeit sechzehn geistliche Herren an, unter ihnen die vier Prälaten: Dompropst, Domdechant, Domkustos und Domkantor.

Beide selbständigen Landesherren – Bischof wie Domkapitel –

---

* Paziszent: jemand, der einen Vertrag schließt oder einen Vergleich mit einem anderen eingeht

waren hinsichtlich Verwaltung, Gesetzgebung, Gerichtswesen völlig eigenmächtig. Der militärische Schutz des Fürstbistums – seine Außenpolitik – oblag bis zum Zweiten Thorner Frieden, 1466, dem Hochmeister als Schirmvogt des Bistums, danach dem König, zugleich Herr und Erbe des Königlichen Preußens. Der Deutsche Orden verlor das Culmer Land und Pomerellen, das Gebiet um Marienburg, Christburg und Elbing. Das Bistum Culm wurde kirchenrechtlich Gnesen unterstellt; dem Hochmeister des Ordens wurde auferlegt, als „politischer Reichsrat" dem König den Treueid zu leisten.

Leibarzt des Onkels in Heilsberg

1503 kehrte Nikolaus Kopernikus nach zwölfjährigem Studium nach Frauenburg zurück. Seit acht Jahren war er schon ermländischer Domherr, doch sein Kapitel hatte ihn kaum zu sehen bekommen, eigentlich nur dann, wenn er vor der Jahresversammlung erschienen war, um sein Subsidium zu erbitten oder seinen Studienurlaub verlängern zu lassen. Selbst das hatte meist der bischöfliche Onkel für ihn besorgt, ohne daß seine persönliche Anwesenheit notwendig gewesen war.

Das Domkapitel legte größten Wert darauf, daß der Bildungsstand seiner Mitglieder hoch war; darum zeigte es sich stets recht großzügig, wenn einer der Domherren seine Studien vervollkommnen wollte. Auch diesmal verließ Kopernikus die Kurienstadt bereits nach wenigen Tagen, erneut vom Domkapitel beurlaubt. Er trat in den unmittelbaren Dienst seines Onkels, des Bischofs, in Heilsberg, wurde Leibarzt eines vor Gesundheit strotzenden Fürsten – das heißt: er fand Muße, sich seinen Himmelsbeobachtungen zu widmen.

Daneben lernte er die große Welt und ihr Ränkespiel kennen. Er ging durch die Schule der staatlichen Verwaltung, machte sich mit den politischen Intrigen und mit der Praxis der Rechtspflege vertraut. Sein Onkel war ein souveräner Landesherr. Das kleine Nest Heilsberg, am Nordrand des Bistums gelegen, an der Straße von Allenstein nach Königsberg, bot in seiner ländlichen Stille kaum Abwechslung. Doch Kopernikus begleitete seinen Onkel oft auf dessen Fahrten durchs Ermland. Er lernte Guttstadt und Rößel kennen, Wormditt, Braunsberg und Tolkemit. Mit dem Reisewagen fuhren sie über die baumgesäumten Straßen, vorbei an Kornfeldern oder Rübenäckern, sahen, wie man im Herbst den Flachs erntete.

Kopernikus nahm im Gefolge des Onkels an den westpreußischen Landtagen teil, deren Präsident der Bischof war, fuhr gelegentlich mit zu den Stände- und Reichstagen, nützte die Gelegenheit, um Verwandte in Thorn oder in Krakau wiederzusehen, alte Freunde und Studiengefährten zu besuchen, ehemalige Lehrer und Gönner zu treffen. Von diesen Reisen brachte er neue Erkenntnisse und neues Studienmaterial mit ins Ermland, zuweilen ein neues Buch, das er in der Königsstadt erworben oder von einem Freund geschenkt bekommen hatte, so daß er auch in dem „entferntesten Winkel der Welt" über alles auf dem laufenden blieb, was in seinen Studienfächern an Forschungsergebnissen oder Theorien hervortrat.

Kopernikus war nicht nur Arzt seines Onkels, er war dessen Ratgeber, Gesellschafter und Sekretär. Er verfügte über eine hervorragende Allgemeinbildung, über reiche Kenntnisse auf fast allen Lebensgebieten. Das wußte der Onkel zu schätzen. Der Fürstbischof besaß selbst hervorragende geistige Eigenschaften und war ein kluger Diplomat. Unter dem Hochmeister Friedrich von Sachsen war es zu einer Verständigung mit dem Orden gekommen. In der Erkenntnis, daß der unüberbrückbare Gegensatz zwischen Orden und polnischer Krone zu einem Krieg führen müsse, bei dem das Fürstbistum in Mitleidenschaft gezogen würde, fand der Bischof eine Kompromißlösung, wenn auch nur vorübergehend, obwohl er offen zu erkennen gab, daß sein Herz stärker für den König schlug. Sein ausgesprochener Rechtssinn wurde zuweilen durch seine Strenge, ja durch einen zum Starrsinn neigenden Eigenwillen derart gesteigert, daß ein Konflikt kaum ausbleiben konnte. Als der Orden Wilhelm von Isenburg veranlaßte, eine Schmähschrift gegen den Bischof herauszugeben, kam es erneut zum Bruch, der zur Folge hatte, daß die großen Pläne Watzenrodes nicht zur Durchführung kamen.

NIKOLAUS KOPERNIKUS war sich stets bewußt, daß er am Hof eines Kirchenfürsten lebte. Auch als Nichtpriester zählte er zu den geistlichen Herren, die in allem den Vorrang genossen. Sein Onkel unterhielt als selbständiger Souverän Verbindung mit dem Krakauer Königshof, als Bischof aber auch Verbindung mit der römischen Kurie. Er verhandelte mit den Städten Thorn, Elbing, Danzig. Nur mit Königswinter beschränkte sich der Kontakt auf das Allernotwendigste, denn dem Hochmeister blieb

Kopernikus war Leibarzt seines Onkels, des Bischofs von Ermland.

er gram. Er sah im Orden, trotz allem, einen Feind des Fürstbistums und war ständig bemüht, Städte und Stände gegen ihn zu mobilisieren.

Bedacht war er auf die Hebung des religiösen Lebens, besorgt um das Heil der ihm anvertrauten Seelen. Er erließ ein Verbot des Ablaßhandels. Unter seiner Obhut erschienen im Ermland die ersten gedruckten liturgischen Bücher. Er führte das Brevier* ein und das Missale**. Der Kunst stand er aufgeschlossen gegenüber.

Während der Bischof von seinen geistlichen wie weltlichen Aufgaben in Beschlag genommen wurde, blieb dem Neffen reichlich Zeit, als Privatgelehrter seinen Studien nachzugehen. Dies lag auch im Interesse des Onkels. Als dankbarer und gehorsamer Neffe fühlte Kopernikus sich dem Bischof verpflichtet und teilte daher des Onkels Abneigung gegen den Deutschen Orden, obwohl er als friedliebender Mensch, der es mit dem Gebot der Nächstenliebe sehr genau nahm, mit jedem in Eintracht zu leben wünschte und jedem hilfsbereit gegenüberstand.

---

* Gebetbuch des katholischen Klerikers mit den Stundengebeten
** Meßbuch

Am Neujahrstag des Jahres 1504 trat Nikolaus Kopernikus zum erstenmal öffentlich als Berater seines Onkels auf. Über Wormditt und Preußisch-Holland waren sie unter frostklarem Himmel zum preußischen Ständetag nach Marienburg gefahren. Von dort ging es nogat-, dann weichselaufwärts nach Thorn, wohin König Alexander einen Landtag einberufen hatte, auf dem er die Huldigung der westpreußischen Stände entgegennehmen wollte.

Hier erfuhr Nikolaus Kopernikus, daß mit seinem Onkel nicht gut Kirschen essen war, wenn man es wagte, dessen Pläne anzuzweifeln oder gar zu durchkreuzen. Selbst dem König trotzte der Bischof, sobald dieser unannehmbare Forderungen stellte.

Das äußere Gepränge, das mit dieser Huldigung wider Willen verbunden war, interessierte Kopernikus kaum. Er wäre am liebsten für einen oder zwei Tage in Culm geblieben, um alte Freunde wiederzusehen. Doch auch die Stadt Thorn zog ihn an. Seine Mutter und seine Schwester lebten dort: Er vergaß darüber fast die Aufgaben, die er zu erfüllen hatte. Der Onkel drückte ein Auge zu, er sah in ihm noch immer den verträumten Studenten. Er fühlte sich dem Neffen weniger als Herr und Bischof als vielmehr väterlich verbunden. Die Familienbande waren ihm heilig.

Schon in seiner Schulzeit und später während der Krakauer Studienjahre hatte Kopernikus einen Eindruck vom Königshof gewonnen, nun erfuhr er dessen volle Prunkentfaltung, als er nach dem Tod König Alexanders der Krönung Sigismunds I. in Krakau beiwohnen durfte. Die Großen des Reiches, Vertreter der Kirche und des Deutschen Ordens, der Städte und Stände, der Wissenschaft und des Adels wie auch der höhere und niedere Klerus waren in der Königsstadt zusammengekommen. Es herrschte Feststimmung. Fahnen und Girlanden schmückten die engen Straßen.

Doch wer ein wenig tiefer zu schauen vermochte, sah, daß nicht jeder Händedruck ein Zeichen der Freundschaft war. Es herrschte in diesen Tagen Burgfriede zwischen dem König und dessen Vasallen, zwischen Oberherr und Schutzbedürftigen. Eifersucht schwelte unter den Festgästen. Ränke wurden geschmiedet, Händel ausgetragen und Geschäfte gemacht.

An Erfahrungen reicher kehrte Nikolaus Kopernikus ins stille Heilsberg zurück. Als er die Holzbrücke zum Hochschloß passierte, kam ihm ein Bote entgegen, der eine Hiobsbotschaft brachte. Sein Bruder Andreas sei an der Lepra erkrankt.

Kopernikus war ratlos; er kannte diese Krankheit nur vom Hörensagen als eine überaus gefährliche und ansteckende Seuche. Wie würden die Frauenburger Domherren reagieren, wenn sie erführen, daß sein Bruder mit dieser Krankheit behaftet in die Domburg zurückkehrte?

Er hielt es für das beste, Andreas den tüchtigen italienischen Ärzten anzuvertrauen, glaubte auch, die Wärme des Südens würde dem Erkrankten besser tun als das kalte, feuchte Klima im Norden.

Das Domkapitel bewilligte Andreas Koppernigk die Reise nach Rom und einen einjährigen Genesungsaufenthalt in Italien, der stillschweigend mehrmals verlängert wurde. Wie Kopernikus gehofft oder befürchtet hatte, war man froh, den Kranken auf diese Weise abschieben zu können. 1508 verließ Andreas Koppernigk das Ermland.

NIKOLAUS KOPERNIKUS lebte in dem großen, viereckigen Backsteinschloß am Zusammenfluß von Simser und Alle, dessen runder Geschützturm im Süden den Anblick einer trutzigen Festung bot. Die Burg hatte nur einen einzigen Zugang. Doch das Innere war feingegliedert, mit Gewölben ausgestattet, reich mit Schmuck versehen, eines Fürsten durchaus würdig.

So streng wie die bischöflichen Bauten – Schloß und Kirche – nach außen hin wirkten, so wirkte die Schloßordnung nach innen, die aus dem Jahr 1480 stammte und Nikolaus Kopernikus zuweilen Kummer bereitete. Sie erinnerte ihn immer wieder an die Krakauer Studienzeit mit der Haus- und Studienordnung der Bursen. Sie einzuhalten fiel ihm um so schwerer, wenn die Umgebung der Stadt im Frühjahr und im Herbst zu Wanderungen in die Natur einlud. Nicht daß er sich ein unbeschwertes Studentenleben wie in Bologna wünschte; Kopernikus war ein ernsthafter, frommer Mensch, der seine Verpflichtungen als Domherr wie auch das Gebot seines Standes ernst nahm. Aber wie gern hätte er sich manchmal, statt sich in den Trubel der Landesverwaltung zu stürzen, zu einer privaten Wallfahrt in das stille Glottau begeben, das eine gute Stunde zu Fuß von Guttstadt entfernt lag. Guttstadt konnte er mit dem Kurierwagen zur Kapitelburg Allenstein erreichen, der täglich verkehrte. Ab und zu nutzte er die Gelegenheit, verließ den Wagen auf der Hinfahrt an der Weggabel nach Glottau und benutzte ihn auf der Rückfahrt, um nach Heilsberg heimzukehren. Glottau bestand nur aus wenigen Häusern, die in einer Mulde gelegen und von Wäldern umschlossen waren. Seit 1347 gab es dort die Wallfahrtskirche, in der des Leidens Christi gedacht wurde.

KOPERNIKUS liebte die Stille des Landes, und seine besondere Liebe galt diesem Land bei Nacht, wenn er zum Sternenhimmel aufschauen konnte. Immer, wenn er sich mit seinen astronomischen Studien beschäftigte, verließ er das Schloß, in dem ständig Gäste ein und aus gingen, da hier sowohl das Leben eines Fürstenhofes als auch das einer Kurie pulsierte. Dieses Schloß war kein Kloster. Es war eine Arbeitsstätte von Beamten, der Sitz einer Landesregierung.

Jeder war sich hier seiner Würde bewußt, Kammerdiener hatten wiederum ihre Diener. Dem Bischof zur Seite stand der Generalvikar, ein strenger Mann. Ihm zur Seite stand der geistliche Richter.

Die Landesregierung setzte sich aus weltlichen Beratern des Landesherrn zusammen, an der Spitze der Landvogt, dem die Gerichtsbarkeit unterstand und der im Kriegsfalle die Mannschaft des Bistums befehligte. Der Scheffer zog den Zins ein, dazu die Naturalienabgaben von Stadt und Land. Er war für die Versorgung der Burg verantwortlich. Die Aufsicht über die Burg führte der Burggraf, dem zugleich das Personal unterstand. Für die Privatgemächer und die persönliche Bedienung des Bischofs war der Kämmerer verantwortlich. Dem Marschall unterstand das Stallwesen. Er war zugleich Protokollchef bei der Tischordnung.

Eine wichtige Funktion hatte der Küchenmeister, der die Oberaufsicht über die Küche führte. Immer wieder waren in der Burg

Adlige, Ritter, Kammerjunker, Vikare, Notare und Mitglieder des Klerus zu Gast.

Zum Schloß gehörte eine Domäne mit Ackerland, weiten Waldungen und drei Seen, Höfe und Stallungen bargen einen beachtlichen Viehbestand, herrliche Pferde und scheckige schwarzweiße Kühe, von denen später ein Witzbold behauptete, Preußen hätte von ihnen seine Farben bekommen.

Eine strenge Schloßordnung schrieb ein Protokoll vor, das auch streng eingehalten wurde. Einmal am Tag, zum Mittagessen, kam der gesamte Hofstaat zusammen. Speisen und Getränke wurden in den Kellerräumen vorbereitet. Die Glocke ertönte – als Zeichen, daß Essenszeit war. Der Hofstaat versammelte sich und zog zur Tür des Fürstbischofs. Der Kirchenfürst trug seine Amtstracht. In geordnetem Zug, einer Art weltlicher Prozession, ging es zum Remter, an dessen Eingang das Wasser und die vorgewärmten Handtücher für die Waschung der Hände bereitstanden. Nach der Handwaschung sprach der Hofkaplan das Tischgebet. Dann nahm der Bischof auf erhöhter Estrade Platz, zu seiner Rechten der Generalvikar, zu seiner Linken der geistliche Richter, dann der Landvogt, der Hofkaplan und die Domherren, Äbte, Ordensritter, andere Ritter, die Burgwarte der großen Städte, soweit sie als Gäste in Heilsberg weilten. Keiner durfte sich früher setzen, als bis der Marschall ihm seinen Platz zugewiesen hatte.

Im Gegensatz zum Deutschordensstaat hatte sich das Fürstbistum Ermland zeit seines Bestehens um die eingesessene pruzzische Bevölkerung besonders bemüht. Die Ordensritter kannten – auch bei der Besiedlung des Landes – die Eroberung als oberstes Gesetz. Sie wollten Land gewinnen, um es denen zu geben, die mit ihnen „naar Oostland" gezogen waren. Die Bischöfe dagegen wollten die eingesessene Bevölkerung bekehren, auch bei der Besiedlung des Landes. Sie ließen den Pruzzen, soweit wie möglich, ihren Besitz und kümmerten sich um die zu Christus Bekehrten. Aus der pruzzischen Jugend wählten sie fähige Knaben, die auf besonderen Schulen zum Priesterberuf herangebildet wurden.

Am Mittagessen mußte auch Nikolaus Kopernikus teilnehmen.

Er war jedesmal froh, wenn er nach Absolvierung des Zeremoniells in sein Gemach zurückkehren konnte, zu den Büchern und den selbstgefertigten Instrumenten, die er zur Himmelsbeobachtung brauchte, mit deren Hilfe er den Bahnen der Gestirne folgen, Sonne und Mond an besonderen Tagen, unter besonderen Konstellationen, beobachten konnte.

Erste „ketzerische" Gedanken

Nach dem Beispiel des achtzehn Jahre älteren Johannes Reuchlin aus Pforzheim las Kopernikus neben den lateinischen auch die griechischen Schriften. Zwar trieb er es nicht so weit wie Reuchlin, der seinen Namen gräzisiert hatte und sich Kapnion nannte. Reuchlin hatte in Paris studiert und war in Rom Giovanni Pico della Mirandola, dem Grafen von Concordia, begegnet, von dem der Rat stammte, auch die hebräische Sprache zu erlernen. Er lebte in Stuttgart und sagte kühn den Obskuranten den Kampf an, nachdem er erfahren hatte, daß im heiligen Köln die Inquisition alle hebräischen Bücher und Manuskripte verbrennen lassen wollte, „weil sie des Teufels seien".

Einen zweiten Humanisten nahm sich Nikolaus Kopernikus zum Vorbild: den nur vier Jahre älteren Desiderius, genannt Erasmus von Rotterdam, der wie er seine Ausbildung bei den Brüdern vom Gemeinsamen Leben – zwar nicht in Culm, sondern in Leiden – erhalten hatte. Erasmus hatte wie Reuchlin in Paris studiert, sich als Theologe und Philologe dem klassischen Altertum verschrieben und war dabei, griechische Schriften ins Lateinische zu übertragen, obwohl die Inquisition auch ihn bereits gewarnt hatte.

In Heilsberg saß Kopernikus in einem Seitenflügel des fürstbischöflichen Schlosses über eines dieser „verruchten" griechischen Bücher gebeugt, das er ins Lateinische übersetzen wollte. Es waren die fünfundachtzig erdachten Episteln des Byzantiners Theophylaktos Simokettes, geschrieben um das Jahr 630 nach Christus. Dieses Buch begeisterte Kopernikus; er hatte viele Mußestunden mit der Übersetzung einiger Abschnitte verbracht, nun wollte er es ganz übertragen, um auch seinem Onkel den Genuß dieses Werkes zu ermöglichen – oder um seiner Umgebung und den gelehrten Griechisch-Hassern zu beweisen, wie moralisch selbst Teufelswerk sein kann? Er widmete dem Bischof seine lateinische Übersetzung, als diese 1509 bei Johannes Haller in Krakau erschien.

Sein einstiger Krakauer Studienmeister Laurentius Corvinus, mit dem ihn enge persönliche Freundschaft verband und der jetzt Stadtschreiber in seiner Heimatstadt Thorn war, hatte ein Einführungsgedicht zu dieser Ausgabe geschrieben und darin die Stadt, der er diente, gepriesen,

> weil sie treffliche Männer hervorgebracht, unter denen der Bischof Lukas durch Frömmigkeit, Ernst und Würde sich auszeichnet, dem auch ein großer Teil Preußens untertänig ist ... Ihm steht treu zur Seite der gelehrte Mann, der dieses Werk aus der griechischen in die lateinische Sprache übertragen hat. Er erkundet den schnellen Lauf des Mondes und die wechselnden Bewegungen des Brudergestirns – und das ganze Firmament mit den Wandelsternen, die wunderbare Schöpfung des Allvaters; er weiß, von staunenswerten Prinzipien ausgehend, die verborgenen Ursachen der Dinge zu erforschen.

Hier wurde zum allerersten Mal auf des Kopernikus „Himmelsforschung" hingewiesen. Auf eine Arbeit, die den Frauenburger Domherrn bis zu seinem Lebensende nicht mehr zur Ruhe kommen lassen sollte.

Doch etwas anderes beunruhigte ihn schon jetzt: Er fühlte sich zwar durch dieses Gedicht geschmeichelt und gönnte vor allem seinem Onkel das hohe Lob; doch angesichts des „durch Frömmigkeit, Ernst und Würde" sich auszeichnenden Bischofs mag ihm ein wenig bange geworden sein, zumal diese „Episteln" auch ausgesprochene Liebesgeschichten enthielten. So sah er sich verpflichtet, seine Übersetzung dieses Büchleins – nicht nur „hinsichtlich der geschmähten heidnischen Sprache", in der Simokettes es geschrieben hatte, sondern auch hinsichtlich des Inhalts – in einer liebevollen, dankbaren Widmung zu rechtfertigen.

Diese Widmung konnte der väterliche Onkel nicht zurückweisen; was blieb ihm anderes übrig, als sowohl die „griechischen

Ketzereien" wie auch die „Übersetzungen von Liebesgeschichten" seines Domherrn-Neffen zu decken? Gewiß wird er an dieser Schrift seine Freude gehabt haben, auch wenn er – genauso
diplomatisch wie sein Neffe – dies nach außen hin nicht kundtat.
Er war ein Freund und Förderer aller Wissenschaften und liebte
das geschliffene Wort. Auch dürfte ihn die „Erotik" des Theophylaktos kaum verwirrt haben, zumal in jenen Tagen für Kirchenfürsten in dieser Hinsicht kaum ein Tabu bestand.

Die Übersetzung schien den Onkel für die Wissenschaft gewonnen zu haben. Plötzlich hatte auch er Lust, sich mit den
Schriften der Alten zu beschäftigen. Kurz darauf machte er den
Stadtvätern der Stadt Elbing den Vorschlag, in den Mauern ihrer
Stadt eine Universität zu gründen. Leider zeigten die biederen
Kaufleute und Handwerker wenig Interesse an seinem Plan. Verärgert zog er sich zurück. Kurz zuvor hatte es neuen Zwist mit
dem Krakauer Hof gegeben. Auch Danzig und Thorn bereiteten
ihm einigen Kummer. Auf dem letzten Ständetag war nicht alles
nach seinen Wünschen verlaufen. Die offene Feindschaft gegenüber dem Orden wurde ihm zur seelischen Belastung. Wie gern
hätte er – wie sein Neffe – Zuflucht bei privaten Studien gesucht. Doch konnte sich ein Landesherr dies nicht leisten, dafür
blieb keine Zeit.

Im Jahr 1510 schien alles schiefzugehen. Auch mit dem Domkapitel überwarf sich Lukas Watzenrode. Er wurde alt. Der plötzliche Tod des Hochmeisters Friedrich von Sachsen mahnte ihn
an sein eigenes Ende. Es kam zur Auseinandersetzung mit seinem
Neffen, den er ob seines ruhigeren, ausgeglicheneren Lebens zu
beneiden begann. Der Dank, den Nikolaus seinem Onkel schuldete, war durch die Widmung seiner Epistelübersetzung keineswegs abgetragen. Das wußte er nur zu gut. Er gab sich alle Mühe,
weiterhin mit dem alten Mann auszukommen.

Doch hatte das Frauenburger Domkapitel bereits in der Allerheiligensitzung des Jahres 1510 beschlossen, Nikolaus Kopernikus nach Frauenburg zurückzurufen. Er war in dieser Sitzung, an
der er selbst teilgenommen hatte, zum Cancellarius des Kapitels
gewählt worden; schon wenige Wochen später sollte er, zusam-

men mit seinem Kollegen, dem Domherrn Fabian von Lossainen, zu einer Visitationsreise nach Allenstein aufbrechen. Sie sollten das kirchliche Leben im Gebiet des Domkapitels überprüfen und ausstehende Gelder einziehen. Das war Nikolaus Kopernikus' erstes Domherrnamt.

Als Cancellarius erhielt er im Jahr darauf den Auftrag, den Fürstbischof als Vertreter des Domkapitels zur Hochzeit Sigismunds I. nach Krakau zu begleiten. Mit ihm sollte der Domherr Georg von Delau reisen. So kam es nach knapp einem Jahr zu einem Wiedersehen mit Onkel Watzenrode. Sechsspännig brachen sie mit einem Reisewagen in die Königsstadt auf.

Sigismund I. feierte eine glanzvolle Hochzeit, die seiner Krönung an Prunk und Pomp kaum nachstand. Wieder waren die Großen des Reiches, Fürsten und Bischöfe, Äbte und der Adel in großer Zahl aufgeboten. Man feierte mehrere Tage lang. Draußen vor der Stadt zündete man Feuer an. Auf den Wiesen wurde getanzt, ganze Ochsen wurden am Spieß gebraten. Es war einer der größten Festtage, die das Haus der Jagellonen erlebte. Die Besucher waren besonders zahlreich gekommen, da der König im Anschluß an seine Hochzeit den Reichstag einberufen hatte.

Die beiden Domherren erfüllten ihre Repräsentationspflicht am königlichen Hof und zogen sich dann sogleich nach Thorn zurück, wo Nikolaus Kopernikus noch einige Tage verweilen wollte, ehe sie nach Frauenburg zurückkehrten.

Bischof Watzenrode nahm am Reichstag teil. Als er wenige Wochen später die Heimreise antrat, überraschte ihn heftiges Fieber. Er mußte in Thorn haltmachen und starb dort.

Trauer herrschte in Frauenburg, als die Nachricht vom Tode des Bischofs dorthin gelangte. Trotzdem rüstete man sogleich fieberhaft zur Wahl eines Nachfolgers. Der Bischof war zu unerwartet gestorben, noch hatte sich niemand Gedanken darüber gemacht, wer ihm wohl nachfolgen könnte. Um dem König zuvorzukommen, und ehe sich diesem Gelegenheit bot, einen Vorschlag nach Frauenburg zu senden, einigte man sich auf den Domherrn Fabian von Lossainen, mit dem Nikolaus Kopernikus seine erste Inspektionsreise ins Gebiet von Allenstein gemacht hatte. Von Lossainen war der Sproß eines alten ermländischen Adelsgeschlechtes, ein Mann des Ausgleichs und der Mitte, der sich mit seinem bescheidenen Wesen nie in den Vordergrund gedrängt hatte und somit für den König wie den Orden ein unbeschriebenes Blatt war. Er hatte sich bisher als guter Verwaltungsbeamter erwiesen; die Außenpolitik hatte ihn kaltgelassen. Er war zwei Jahre vor Kopernikus dem Frauenburger Domkapitel beigetreten, ebenfalls nach langjährigem Studium, und hatte in Italien den Doktorhut der Rechte erworben. Er würde in seinem Amt sogleich nach allen Seiten die Hand der Versöhnung ausstrecken, und so war kaum zu erwarten, daß sich der König gegen seine Wahl stellen würde.

Man hatte sich nicht verrechnet. Der König ergriff die ihm zugestreckte Hand, und noch im Jahr seiner Wahl konnte der neue Bischof mit ihm den Zweiten Petrikauer Vertrag schließen, nach dem der König künftig das Recht haben sollte, vier Domherren als Kandidaten für den Bischofssitz vorzuschlagen, doch müßten diese Domherren, so hieß es ausdrücklich, in Preußen geboren sein.

Die Astronomie ließ ihn nicht los

Frauenburg, die kleine Residenz um den Dom am Frischen Haff, zählte ganze 1400 Seelen. Auf einer zwanzig Meter hohen, von drei Seiten geschützten Berghöhe erhob sich die vieltürmige Burganlage, in deren Mitte eine mächtige backsteingotische Kathedrale stand, die der Gottesmutter und dem heiligen Andreas, dem Schutzpatron des Bistums, geweiht war. Der Dom zählt zu den schönsten Bauten der Backsteingotik.

Von der Domhöhe hatte man einen weiten Blick aufs Haff. Um den Hügel zog sich eine starke Befestigungsmauer, an deren Innenseite die Kurien der Domherren lagen, die diesen als Wohnung und Arbeitsstätte dienten. Starb ein Domherr, wurde seine Kurie neu vergeben. Nikolaus Kopernikus erhielt als Kurie einen vierkantigen Turm, später die *Curia Coppernicana* genannt. Von hier aus konnte er den Sternenhimmel am besten beobachten.

Mehr als die Hälfte seiner astronomischen Beobachtungen hat er hier gemacht.

Der Ort Frauenburg selbst hatte nur wenige Häuser, meist aus Holz erbaut, in deren Mitte die Pfarrkirche St. Nikolai lag, ein unscheinbares Backsteinkirchlein, der Größe des Ortes angemessen.

Das Domkapitel setzte sich aus sechzehn Domherren zusammen, von denen jedoch niemals alle in Frauenburg weilten. Einige waren zum Studium beurlaubt, andere als Gesandte des Fürstbistums unterwegs, nach Rom, nach Krakau, nach Königsberg. Zuweilen war ein Domherr an einen Fürstenhof abgestellt, um dort einen besonderen Auftrag zu erfüllen, als Sekretär des Königs oder als Schreiber bei der Kurie in Rom. Die Domherren führten kein Klosterleben. Sie waren berittene Edelleute, die ihren Verpflichtungen, Ämtern, Geschäften nachgingen, Gericht hielten, Burgen verteidigten, inspizierten, Bauernhöfe besetzten.

1512, nach dem Tode des Onkels, war Andreas Koppernigk wieder nach Frauenburg zurückgekehrt. Er litt noch immer an der Lepra, die italienischen Ärzte hatten nicht viel Hoffnung, ihn heilen zu können. Sie konnten ihm nur zeitweise Linderung verschaffen. Nachdem er an der Kapitelsitzung im November und auch an einer Sitzung im darauffolgenden September teilgenommen hatte, verließ er Frauenburg endgültig, um den Rest seines Lebens im sonnigen Italien zu verbringen, wo ihm sein Leiden erträglicher erschien.

AUSSER den Brüdern Koppernigk weilten damals in Frauenburg die Domherren Fabian von Lossainen, Balthasar Stockfisch, Heinrich Schellenberg, Crapitz und Zander, der Domkustos Clatze, der Domkantor Delau und der Erzdiakon Johannes Sculteti. Drei Domherren befanden sich in Rom, einer studierte in Siena, einer war Sekretär beim König in Krakau, und Tiedemann Giese bekleidete den Administratorposten des Kapitels in Allenstein.

Der sieben Jahre jüngere Giese, ein enger Freund des Nikolaus Kopernikus, stammte aus Danzig. Er war zu Beginn des Jahrhunderts Domherr in Frauenburg geworden, nachdem er zuvor in

Leipzig und Basel und auch an italienischen Universitäten studiert hatte. Auch Giese beschäftigte sich mit der Astronomie. Mehrfach vertrat er das Bistum auf den preußischen Landtagen.

Jeder der Domherren besaß außerhalb der Domburg ein geräumiges Wohnhaus und einen Wirtschaftshof. Ein großer Teil der Frauenburger Bevölkerung stand im Dienst der Domherren. Erst seit 1480 hatten die Domherren feste Wohnungen innerhalb des Mauerrings bezogen, bis dahin hatten sie auf ihren umliegenden Höfen gewohnt. Es hatte sich jedoch als sicherer erwiesen, im Schutz der Mauern zu leben, da sich immer häufiger Plünderungen und Zerstörungen ereigneten.

Auch Nikolaus Kopernikus besaß zwei Wohnungen in Frauenburg. Auf der Domburg bewohnte er einen Eckturm, dessen oberer Raum in den Wehrgang mündete. Dort gab es einen balkonartigen Vorbau, der sich besonders gut für die Himmelsbeobachtungen eignete.

Welchen Wert das Domkapitel den Himmelsforschungen seines Domherrn beilegte, geht aus der Tatsache hervor, daß Nikolaus Kopernikus seine Kurie nie zu wechseln brauchte; er durfte sie bis zum Ende seines Lebens behalten. Und doch steht fest, daß die Frauenburger Domherren in ihm allzeit mehr den Arzt als den Astronomen geschätzt haben. Auf den meisten zeitgenössischen Holzschnitten wird er als Arzt dargestellt.

DIE DOMHERREN, die in Frauenburg wohnten, waren verpflichtet, die Statuten des Domkapitels zu beachten. Allerdings ging es dabei nicht allzu streng zu. Kopernikus zählte später zu den Verfechtern strengerer Regeln; an einer späteren Neufassung der Statuten war er maßgeblich beteiligt.

Die Domherren hatten regelmäßig bei den Gottesdiensten anwesend zu sein; ihnen gehörten die Plätze im reichgeschnitzten gotischen Chorgestühl zu beiden Seiten des Hochaltars. Wer nicht die Priesterweihe empfangen hatte – wie Kopernikus –, mußte für die gottesdienstlichen Aufgaben, die ihm zufielen, einen Domvikar als Vertreter stellen. Die Domherren waren weiter verpflichtet, an den Beratungen des Kapitels teilzunehmen, die zu festen Zeiten stattfanden. Fand eine Kapitelsitzung außerhalb dieser Zeiten statt, wurde eine Glocke geläutet. Auch mußte jeder Domherr das Amt übernehmen, das ihm übertragen wurde, in der Regel für ein Jahr – von Allerheiligen bis Allerheiligen. Nach Ablauf der Amtszeit, oder wenn diese vorzeitig abgebrochen wurde, mußte er schriftlich Rechenschaft ablegen. Dafür gab es die sogenannten Rechnungsbücher.

Kopernikus hat als erstes Amt das des Visitators ausgeübt, mit dem jährlich zwei Domherren betraut wurden. Ihre Aufgabe war es, das Kapitelgebiet zu bereisen, Mißstände abzustellen oder zumindest festzustellen, Klagen der Untertanen entgegenzunehmen, Gelder einzuziehen und dem Kapitel die Ergebnisse der Visitation mitzuteilen.

Insgesamt siebenmal, zu verschiedenen Zeiten, wurde Nikolaus Kopernikus das Amt des Kanzlers übertragen. Der Kanzler war Vorsteher der Kanzlei, führte die Akten des Domkapitels, überwachte oder tätigte den gesamten Briefwechsel, fertigte die Urkunden aus oder ließ sie ausfertigen und hatte die Oberaufsicht über alle Verbindungen zu Außenstehenden.

1513 leitete Kopernikus das Brotamt. Er mußte sich um die Gebäude des Kapitels und ihre Instandhaltung kümmern; um das Backhaus, das Malzhaus, das Brauhaus, die Kornmühle am Fuß des Domhügels. Er mußte dafür sorgen, daß jeder seine Pflicht tat und die Erträge ehrlich verteilt wurden. Dem Leiter des Brotamtes oblag auch die Aufsicht über die Gehöfte und Außenwohnungen der Domherren.

Dieses Amt belegte seinen Träger nicht vollauf mit Beschlag. Kopernikus blieb also genügend Zeit, sich den Sternbetrachtungen zu widmen. Domherr Tiedemann Giese hatte aus England eine Sonnenuhr und ein Gerät zur Beobachtung der Tag- und Nachtgleichen kommen lassen. Das interessierte Nikolaus Kopernikus überaus. Fast jeden Abend traten sie auf den „Balkon" hinaus und schauten zum Himmel empor. War dieser klar – leider nicht so oft wie in Italien –, sahen sie die Sternbilder.

Nikolaus Kopernikus wußte, wie vieler Beobachtungen es bedurfte, um zum Ziel zu gelangen. Manche Himmelskonstellation kehrte erst nach einem Jahr wieder. Es hieß also, viel Geduld aufzubringen, zu warten und nochmals zu warten.

Dennoch gehörten die Himmelsbeobachtungen zu Kopernikus' täglichem Leben wie das Essen und Trinken, wie die Pflichten und das Gebet. „Wer sollte nicht, indem er sich anhaltend mit dem Weltall beschäftigt, das so offenkundig in schönster Ordnung aufgestellt ist und durch göttliche Weisheit geleitet wird – wer sollte nicht durch die stete Betrachtung, fast möchte ich sagen, durch den Umgang mit demselben, zu allem Guten angetrieben und zur Bewunderung des Baumeisters geführt werden, der alles geschaffen, in dem die höchste Glückseligkeit ist, in dem alles Gute gipfelt?"

Kein Wunder, daß dieser Mann, der Ordnung und Genauigkeit über alles liebte, dieser wahrhaft mathematische Geist, der in Gott den höchsten Ordner, in der Astronomie die „Königin der Wissenschaften, getragen von fast allen Zweigen der Mathematik" sah – kein Wunder, daß dieser Wissenschaftler die Astrologie als das Handwerk der Scharlatane bezeichnete. Und das in einer Zeit, da die Astrologie in höchstem Ansehen stand.

Die Universität Krakau hatte zuweilen keine Professoren für Medizin und Astronomie, doch besaß sie immer einen Astrologen. Und noch ein kurzes Menschenalter später sollte Papst Paul III. – dem Nikolaus Kopernikus sein Hauptwerk gewidmet hat – keine wichtige Sitzung des Konsistoriums, keine Reise ansetzen, ohne zuvor die Sterne zu befragen und den Tag auszuwählen, an dem ihre Konstellation günstig war. In den Augen der meisten Menschen, ob arm oder reich, hoch oder niedrig gestellt, lenkten die Sterne die Geschicke der Zeit. Man lebte im Zeitalter der Astrologen und Horoskope. Das Volk sah in dem großen Regiomontanus, der das umfangreichste Lehrbuch der Astronomie verfaßt hatte, der der größte Mathematiker seiner Zeit war, nichts anderes als einen Zauberer. Als erster hatte er das „Große astronomische System" des Ptolemäus in der griechischen Urfassung studiert, das die Weisheit der Antike barg: „Der Himmel ist eine Kugel, die sich fortwährend bewegt." – „Die Erde ist eine Kugel, die keine Bewegung kennt." – „Die Erde ist der Mittelpunkt des Weltalls – wenn auch nur ein Punkt, verglichen mit dem Sternenhimmel."

Daß die Erde eine Kugel sei, daß sich die Sonne täglich um den

Himmel und jährlich um die Ekliptik bewege, hatte schon Pythagoras im 6. vorchristlichen Jahrhundert gelehrt. Auch glaubte er zu wissen, daß die Planeten von kristallenen Sphären getragen würden, deren Bewegungen die vom Ohr der Sterblichen nicht vernehmbare „Sphärenmusik" verursachten.

Am stärksten aber hatte die Lehre des Platon-Schülers Aristoteles die Entwicklung der Astronomie beeinflußt. Sein philosophisches System hatte auf dem Gebiet der Naturwissenschaften wie auch der übrigen Wissenschaften im Altertum höchstes Ansehen genossen und galt bis spät ins Mittelalter hinein als unfehlbar. Sich gegen Aristoteles zu stellen galt als Sakrileg.

Den Höhepunkt hatte die griechische Sternenkunde um 150 nach Christus im Weltgebäude des Ptolemäus erreicht. Es war der Versuch, die Himmelsvorgänge durch das Kreisen aller Himmelskörper um die Erde, die ruhende Mitte des Weltalls, zu erklären. Ptolemäus, um 100 nach Christus in Ägypten geboren, lebte in Alexandria. Er verzeichnete 48 Sternbilder und 1022 Sterne, jeden mit seinem Standort nach Länge und Breite und mit seiner Größe.

Doch schon Eudoxos von Knidos, zum Kreis des Platon gehörend, hatte im 4. vorchristlichen Jahrhundert ein Sphärensystem geschaffen, das die Bahnen der Planeten erhellte. Er hatte als erster versucht, die Ungleichmäßigkeit in der Bewegung der Planeten zu erklären. Für diese Unregelmäßigkeiten wollte auch im 2. vorchristlichen Jahrhundert Hipparchos von Nizäa eine Erklärung finden. Ptolemäus aber wich in seinem „Großen astronomischen System" dieser Schwierigkeit geschickt aus, indem er sagte: „Die Einfachheit der Vorgänge am Himmel darf man nicht danach beurteilen, was uns Menschen als einfach gilt; zumal, wenn man sich auf Erden über den Begriff ‚einfach' keineswegs einig ist. Vom menschlichen Standpunkt aus dürfte kein Himmelsvorgang einfach erscheinen, nicht einmal die Unveränderlichkeit des täglichen Umschwungs, denn gerade dieses in alle Ewigkeit gleiche Verhalten ist bei uns Menschen überhaupt ganz unmöglich . . ."

Nikolaus Kopernikus schwor auf die Lehre des Ptolemäus – wie jeder in seiner Zeit; in diesem Punkt aber war er anderer Meinung. Er ließ diese „Ausflucht" nicht gelten, glaubte fest an eine einfachere, vernünftigere Lösung hinsichtlich der Unregelmäßigkeiten.

Diese Unregelmäßigkeiten hatten ihn von Anfang an beunruhigt, sowohl die „Unsicherheit der mathematischen Überlieferungen über die zu berechnenden Kreisbewegungen" als auch die „Unregelmäßigkeit des doch vom besten und gesetzmäßigsten aller Meister gebauten Weltalls". „Dies und ähnliches", bekannte er, „hat uns dazu geführt, eine Bewegung der Erde und eine andere Ableitungsart anzunehmen, bei welcher die Gleichmäßigkeit und die Grundlage der Wissenschaft erhalten und die Ursache der Unregelmäßigkeit in der Erscheinung zuverlässiger gestaltet wird." Kurz gesagt: Die Ptolemäische Lehre vom Weltbau erschien Nikolaus Kopernikus zu kompliziert und deshalb unvernünftig.

Er war keineswegs der erste, der am Weltbild des Ptolemäus gezweifelt hatte. Schon die alten griechischen Astronomen hatten sich Gedanken über die Bewegungen der Himmelskörper gemacht, und Aristarchos von Samos war um das Jahr 250 vor Christus zu der Überzeugung gelangt, nicht die Sonne bewege sich um die Erde, sondern die Erde um die Sonne. Also stehe die Sonne im Mittelpunkt des Weltalls.

Bei Cicero hatte Kopernikus gelesen, schon Niketas von Syrakus habe geglaubt, Himmel, Sonne, Mond und alle Sterne stünden still, nur die Erde drehe sich um ihre eigene Achse; daß der Himmel sich in großartiger Bewegung drehe und die Erde stillstehe, sei nur Schein. Und die Schriften des Plutarch verrieten ihm, daß Herakleides von Pontos und der Pythagoreer Ekphantos ähnlich gedacht hatten und ein anderer Pythagoreer, Philolaos, gelehrt hatte, die Erde drehe sich ums Feuer, und zwar in schrägen Kreisen.

Zweifel am Ptolemäischen Weltbild waren um die Jahrhundertwende laut geworden, als Kopernikus studierte. Doch kein Gelehrter wagte, an der Autorität und Unfehlbarkeit des Ptolemäus zu rütteln. Nikolaus Kopernikus jedoch war bereit, die Wahrheit über jede verbriefte Autorität zu stellen. Und müßte die These des Regiomontanus, ja selbst die des Ptolemäus fallen, ihm ging es allein darum, mit Hilfe der Mathematik und der Königin der Wissenschaften, der Astronomie, das wahre Bild von der allgemeinen Anordnung des Weltalls zu finden.

„Würde man nun annehmen, die Erde drehe sich tatsächlich, sie sei nicht der Mittelpunkt des Weltalls", fragte er sich. Und plötzlich erschien alles viel einfacher, eine Lösung begann sich anzubieten. Doch

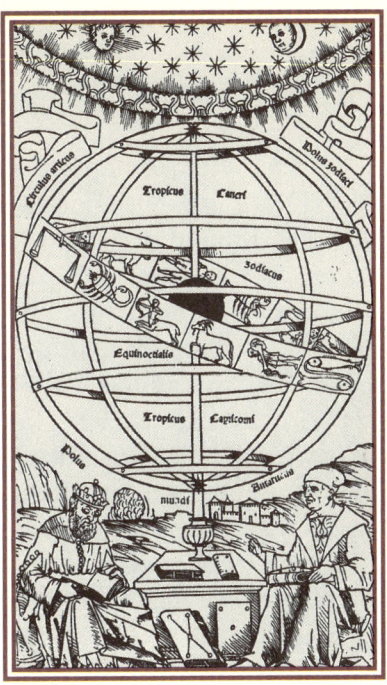

Titelseite von Regiomontanus' Werk:
Epytoma in Almagestum Ptolemaei

Der Mathematiker und Astronom Regiomontanus

es lag Nikolaus Kopernikus fern, diese neue Theorie zu verkünden. Er wollte beobachten und nochmals beobachten, berechnen und nochmals berechnen, wissenschaftlich ergründen, geometrisch belegen. Erst wenn er absolute Sicherheit hätte, würde er sein Weltgebäude der Gelehrtenwelt und der Öffentlichkeit vorstellen. Diese Gewißheit besaß er noch lange nicht. Die eigentliche wissenschaftliche Forschungsarbeit lag noch vor ihm.

Der erste Entwurf seines Weltsystems

Wieder einmal hatte Bischof Fabian von Lossainen am Königshof zu Krakau Besprechungen zu führen. Er nahm Nikolaus Kopernikus mit, weil er ihm die Möglichkeit bieten wollte, seine jüngsten Forschungsergebnisse mit ehemaligen Freunden zu besprechen. Der Astronom überschaute nun in etwa sein Weltgebäude. Es galt, die gewonnenen Erkenntnisse zu festigen. Was Kopernikus fehlte, war die Gelegenheit, seine Resultate an den neuesten Forschungen zu testen, im Gespräch mit Lehrern und Studenten der Universität zu ergründen, welche Fortschritte man gemacht hatte, seit er die Universität verlassen und sich dem praktischen Leben zugewandt hatte.

Ein paar Studenten hatten sich um ihn gesellt, die jetzt in Krakau studierten. Mehr aus Neugier als aus Wissensdrang stellten sie Fragen an den Gelehrten, dessen Ruf hier als unumstritten galt. Sie lenkten das Gespräch auf die Planetenbahnen und kamen auch auf jene Abweichungen zu sprechen, die Kopernikus so große Sorgen bereiteten.

Ein wenig seltsam schien es, daß der Arzt Kopernikus sich in der Universitätsstadt überhaupt nicht um die Fortschritte in der Medizin kümmerte, sondern sein Interesse allein dem Weltall und den Gestirnen galt. Seine Studenten glaubten daraus schließen zu können, daß diese ihm näher am Herzen lagen. Und klang nicht, was er ihnen zu erklären versuchte, reichlich ketzerisch? Er beteuerte zwar immer wieder, auf dem Fundament des Ptolemäus aufzubauen, die griechischen Naturforscher besonders zu schätzen, deren Erfahrungen er gesammelt und miteinander verglichen hatte. Er glaubte diese Lehren besser zu verstehen als manch ein anderer, denn er hatte sie nicht in den fehlerhaften lateinischen Ausgaben, sondern im Urtext gelesen, wo manches ganz anders klang. Jedoch versuchte er immer wieder, selbst bei dem großen Ptolemäus, was sich über Jahrhunderte als beständig und zuverlässig erwiesen hatte, in Zweifel zu ziehen. Stellten sie ihm aber Fragen, forderten sie mathematische Beweise, wich er ihnen aus.

Er müsse noch beobachten, berechnen, erforschen, wiederholte er immer wieder. Und doch merkten sie ihm an, wie sicher er bereits war. Sein neues Weltgebäude schien auf festen Fundamenten zu stehen, auch wenn dessen Statik noch nicht in allen Einzelheiten errechnet war.

Schließlich versprach er, im Winter, wenn es draußen nichts mehr zu tun gäbe, wenn die langen Abende im Turm begännen, einen ersten Plan niederzuschreiben. Tiedemann Giese, der Freund, hatte ihn dringend gebeten, dieses zu tun. Dieser Plan brauchte ja nicht gleich gedruckt zu werden, meinte er, nur für die engsten Freunde solle er bestimmt sein.

„Wie sollen wir dich und dein Werk gegen Gerüchte verteidigen?" hatte er Nikolaus Kopernikus einmal gefragt. „Du weißt doch selbst, daß nicht jeder deinen Forschungen aufgeschlossen gegenübersteht. Klagt man dich an, gegen Aristoteles gefehlt zu haben, gegen Ptolemäus und seinen ‚Almagest', ist es keinesfalls ausgeschlossen, daß mißgünstige Gelehrte, die dir das eine oder andere anzuhängen wünschen, sich an die Inquisition wenden, sie auffordern, dem Manne den Garaus zu machen, der sich heimlich mit den Schriften der Heiden abgibt und aus ihnen jenen Verrat schöpft, der nur vom Vater alles Bösen stammen kann."

Nikolaus Kopernikus schloß sich, in Frauenburg angekommen, in sein Studierzimmer ein. Er verließ es nur am Morgen, wenn die Glocke zum Gottesdienst rief, und zum Mittagessen. Nachmittags begab er sich zu einem stillen Weiher, wo er zwischen zwei uralten Bäumen ungestört sitzen und seinen Gedanken nachgehen konnte. Dieser „Studiengang" wurde ihm zur lieben Gewohnheit.

Dann fielen die ersten Schneeflocken. Vom Himmel sah er jetzt nichts. Es wurde kühl, und er zog es vor, nicht länger draußen zu verweilen. In der Woche vor Weihnachten, als das Land unter der weißen Decke ruhte, setzte er sich eines Nachmittags in seinem Studierzimmer an den schmalen Arbeitstisch, auf dem ein Bücherstapel und ein paar Merkzettel lagen, griff zum Federkiel und begann, den ersten Entwurf seines Weltsystems niederzuschreiben. Grundgedanken über die Bewegungen am Himmel.

Nicolai Copernici de hypothesibus motuum coelestium a se constitutis commentariolus, wie Freunde diese Schrift später überschrieben hatten, jenen Entwurf, der lange verschollen war und schließlich, wiedergefunden, als *Commentariolus* in die Geschichte der Astronomie Eingang fand.

Kopernikus schrieb:

> Unsere Vorfahren haben, wie ich sehe, eine Vielzahl von Himmelskreisen besonders aus dem Grunde angenommen, um für die an den Sternen sichtbar werdenden Bewegungen die Regelmäßigkeit zu retten. Denn es erschien sehr wenig sinnvoll, daß sich ein Himmelskörper bei vollkommen runder Gestalt nicht immer gleichförmig bewegen sollte. Sie hatten aber die Möglichkeit erkannt, daß sich jeder Körper auch durch Zusammensetzen und Zusammenwirken von regelmäßigen Bewegungen ungleichmäßig in beliebiger Richtung zu bewegen scheint.
>
> Kalippos und Eudoxos konnten dies freilich trotz Bemühens mittels konzentrischer Kreise nicht erreichen und durch diese allein wieder System in die Sternbewegungen bringen. Es geht nicht bloß um das, was bei den Umwälzungen der Sterne sichtbar wird, sondern auch darum, daß sie uns bald aufzusteigen, bald herabzukommen scheinen. Dies steht aber mit konzentrischen Kreisen am wenigsten im Einklang. Daher schien es eine besondere Ansicht zu sein, daß dies durch exzentrische Kreise und Epizykel bewirkt wird. Und eben darin ist sich die Mehrzahl der Gelehrten einig.

So weit würde gewiß kein Gelehrter etwas einzuwenden haben. Nun aber galt es, ans Allerheiligste zu rühren. Nikolaus Kopernikus fuhr fort:

> Aber was darüber von Ptolemäus und den meisten anderen hier und dort im Laufe der Zeit mitgeteilt worden ist, schien, obwohl es zahlenmäßig entsprechen würde, ebenfalls sehr viel Angreifbares in sich zu bergen. Denn es reichte nicht hin, wenn man sich nicht noch bestimmte ausgleichende Kreise vorstellte, woraus hervorging, daß der Planet sich weder auf seinem Deferenzkreise noch in bezug auf den eigenen Mittelpunkt mit stets gleicher Geschwindigkeit bewegte. Eine Anschauung dieser Art schien deshalb nicht vollkommen genug, noch der Vernunft hinreichend angepaßt zu sein. Als ich dies nun erkannt hatte, dachte ich oft darüber nach, ob

sich vielleicht eine vernünftigere Art von Kreisen finden ließe, von denen alle sichtbare Ungleichheit abhinge, wobei sich alle in sich gleichförmig bewegen würden, wie es die vollkommene Bewegung an sich verlangt. Da ich die Aufgabe anpackte, zeigte sich schließlich, wie es mit weit weniger und viel geeigneteren Mitteln möglich ist, als man vorher ahnte. Man muß uns nur einige Grundsätze, auch Axiome genannt, zugestehen.

Nikolaus Kopernikus hatte die sieben Axiome, die er in jahrelanger, mühsamer Forschung entwickelt hatte, vor sich liegen. Er zögerte, sie niederzuschreiben. Er war sich der riesigen Verantwortung bewußt, die er auf sich nahm, wenn er diese Grundsätze dem Papier anvertraute. Doch er war sich auch der Verantwortung bewußt, die er der Wahrheit gegenüber zu tragen hatte.

Er wußte, seine Freunde erhielten im Augenblick nicht mehr als überraschende Hypothesen. Die Beweise, die mathematische Rechtfertigung, mußte er ihnen vorerst noch schuldig bleiben. Um der Sache willen durchschlug er den Knoten. Schon stand der erste Satz auf dem Papier: „Für alle Himmelskreise oder Sphären gibt es nicht nur einen Mittelpunkt."

Kopernikus lächelte. Hier hatte der Diplomat Oberhand gewonnen. Ehrlichkeit war das Gebot der Stunde. Und er schrieb: „Die Erde ist nicht der Mittelpunkt der Welt, sondern nur der der Schwere und des Mondbahnkreises."

Er hatte die Erde entthront. Und mit ihr den Menschen? Hatte er die Erde, auf die Jesus Christus herabgestiegen war, um die sündige Menschheit zu erlösen, aus dem Mittelpunkt des Weltalls gerückt?

Er schrieb seinen dritten Satz nieder: „Alle Bahnkreise umgeben die Sonne, als stünde sie in der Mitte, und daher liegt der Mittelpunkt der Welt in Sonnennähe."

Genug der Hypothesen! Kopernikus ließ Berechnungen folgen: „Das Verhältnis der Entfernung Sonne–Erde zur Höhe des Fixsternhimmels ist kleiner als das vom Erdhalbmesser zur Sonnenentfernung, so daß diese gegenüber der Höhe des Fixsternhimmels unmerklich ist."

Der fünfte Grundsatz sandte die Erde auf ihre Bahn: „Alles, was an Bewegung am Fixsternhimmel sichtbar wird, ist nicht von sich aus so, sondern von der Erde aus gesehen." Dieser Erkenntnis folgte sogleich die Hypothese: „Die Erde also dreht sich mit den ihr anliegenden Elementen in täglicher Bewegung einmal ganz um ihre unveränderlichen Pole. Dabei bleibt der Fixsternhimmel unbeweglich als äußerster Himmel." – „Alles, was uns bei der Sonne an Bewegung sichtbar wird, entsteht nicht durch sie selbst, sondern durch die Erde und unseren Bahnkreis, mit dem wir uns um die Sonne drehen, wie jeder andere Planet. Und so wird die Erde von mehrfachen Bewegungen dahingetragen." – „Was bei den Wandelsternen als Rückgang und Vorrücken erscheint, ist nicht von sich aus so, sondern von der Erde aus gesehen. Ihre Bewegung allein also genügt für so viele verschiedenartige Erscheinungen am Himmel."

Das mochte als Hypothese genügen; das mußte die Mathematiker und Astronomen neugierig machen, die Beweise des Kopernikus zu erfahren. Hatten doch auch schon vor ihm Gelehrte behauptet, die Erde bewege sich. Beweise aber waren bisher alle schuldig geblieben. Auch Nikolaus Kopernikus enttäuschte darin. Er schloß die Beweise nicht aus, vertröstete die Mathematiker aber auf später. „Hier jedoch glaube ich der Kürze halber mathematische Beweise fortlassen zu sollen und behalte sie mir für ein größeres Werk vor. Doch werden die Größen der Bahnkreishalbmesser hier bei der Erklärung der Kreise selbst mitgeteilt, woraus jeder, der mit Mathematik vertraut ist, leicht ersieht, wie vortrefflich eine solche Anordnung der

Kopernikus mit Modell seines Weltbildes

Kreise mit Berechnungen und Beobachtungen zusammenstimmt."

Dem Kenner also war der Weg gedeutet. Wandte Kopernikus sich mit seinem *Commentariolus* auch nicht ausdrücklich an die Mathematiker, so gab er diesen im folgenden doch bereits den Fingerzeig, ließ sie ahnen, was hinter seinen Hypothesen steckte. Dic engsten Freunde wußten gewiß mehr; ihnen mußte dieser Entwurf als Gerippe eines kommenden, umfangreichen, mathematisch bewiesenen Weltgebäudes vorerst genügen.

Die Entschlossenheit, die Überzeugung und die Sprache, mit denen Kopernikus hier seine Überzeugungen zu begründen versuchte, waren bereits die der *Revolutiones*. Die Revolution am Sternenhimmel hatte begonnen. Kopernikus ließ – nun vor allem für die Mathematiker – die Beschreibung der Anordnung der Bahnkreise, der Bewegungen, die an der Sonne sichtbar werden, folgen, die Beschreibung der Bewegungen des Mondes, der drei oberen Planeten: Saturn, Jupiter und Mars, der Venus und des Merkur.

AM 1. MAI 1514 befand sich ein Exemplar des *Commentariolus* in Krakau; er wurde im Bücherverzeichnis des Mathias von Miechow erwähnt: „Ein Heft einer Planetentheorie", stand dort, „in der behauptet wird, daß die Erde sich bewegt, die Sonne aber ruht."

Kopernikus hatte mit diesem Grundgedanken über die Bewegungen am Himmel der Wissenschaft einen völlig neuen Weg gewiesen. Seine erste Revolution galt der Astronomie selbst. Bis dahin hatte sich diese ausschließlich auf Sinneswahrnehmungen gestützt. Die Astronomen vor Kopernikus hatten durchweg die Sterne am Himmel beobachtet, hatten „gespürt", daß die Erde unter ihren Füßen stillstand, hatten zum Firmament aufgeschaut und aus dem „Erspürten" geschlossen, daß Sonne und Gestirne sich bewegten. Jetzt aber kam ein Gelehrter und verkündete, der Augenschein trüge. Was tatsächlich geschehe, lasse sich mit den Sinnen gar nicht wahrnehmen, es lasse sich allein durchs Denken erschließen. Er fragte nicht nach einem Ort außerhalb der Erde, um diese zu bewegen. Er stand fest auf ihr und bewegte sich mit ihr, weil die im steten Denkprozeß gewonnenen Erkenntnisse ihm diesen Platz „außerhalb der Erde" ersetzten.

Nikolaus Kopernikus stellte das Denken dem sinnlichen Wahrnehmen gegenüber. Er machte sich mit allen Erkenntnissen seiner Vorgänger vertraut, las ihre Schriften, studierte alle Lehrbücher, verfolgte alle Abhandlungen, die ihm erreichbar waren, und durchdachte all das. Denkend zog er seine Schlüsse daraus. So konnte ein völlig neues Weltbild entstehen: das erste Weltbild, das vom menschlichen Denken erschlossen worden war.

„Die Sinneswahrnehmung bedarf zumindest der Nachprüfung, wenn sie als Erkenntnis dienen will!" Diese Feststellung war für die gesamte Astronomie zumindest genauso umwälzend wie das „Steh still!", das der Frauenburger Domherr zur Sonne gesprochen hatte. Diese neue These war vielleicht noch revolutionärer als der Griff nach der Erde, um sie in Bewegung zu setzen, um sie aus dem Mittelpunkt des Weltalls zu rücken.

Aber es war eine stille Revolution. Eine Revolution ohne Barrikaden und Parolen. Still vollzog sie sich im Freundeskreis. Wohl stand die Wissenschaft ihr weitgehend ratlos gegenüber. Aber die ersten Wissenschaftler, die um sie wußten, waren Freunde des Kopernikus, die von dieser *revolutio* nicht überrascht wurden, die seine Arbeits- und Denkmethoden kannten. Sie wußten auch, daß das Werk des Kopernikus noch keineswegs abgeschlossen, daß dieser Entwurf noch nicht endgültig war. Die Forschungsmethode war endgültig – nicht ihr Ergebnis. Auf das Ergebnis aber kam es ihnen vor allem an. Sie mußten nun Geduld haben, auf die ihnen im *Commentariolus* versprochenen mathematischen Beweise warten, auf das größere Werk, an dem Nikolaus Kopernikus seit Jahren arbeitete. Ihnen blieb vorerst nichts anderes übrig, als den gütigen Schöpfer zu bitten, ihrem Freund die Vollendung seiner Aufgabe zu gönnen.

Kapiteladministrator in Allenstein

Im Jahr 1513 starb Papst Julius II. Sein Nachfolger Leo X., der Sohn Lorenzos I. de' Medici, der zweite Renaissancepapst auf der römischen Cathedra, wie sein Vorgänger ein Freund der Humanisten und ein Mäzen der Künste, war vor allem bemüht, den neuen Petersdom fertigzustellen. Sein Kammerherr wurde der ermländische Domherr Alexander Sculteti.

Der Papst bat Theologen und Astronomen um Vorschläge für eine Reform des Kalenders. Ein Problem, das die gelehrte Welt schon seit längerem beschäftigte. Bei der Kalenderreform, die Sosigenes um das Jahr 46 vor Christus für Julius Cäsar vorgenommen hatte, waren dem Jahr elf Minuten und vierzehn Sekunden zuviel zugeteilt worden; so hinkte der Julianische Kalender inzwischen hinter dem Ablauf der Jahreszeiten um ganze zwölf Tage nach. Die kirchlichen Feste fielen nicht mehr in die vorgesehenen Jahresabschnitte. Den Heiligenkalender neu zu ordnen hatte schon Papst Sixtus IV. versucht, jedoch ohne Erfolg.

In Rom wurde eine Kalenderkommission gegründet, an deren Spitze der Bischof von Fossembrone, Paul von Middelburg, stand und der auch Alexander Sculteti angehörte. Letzterem ist es wahrscheinlich zuzuschreiben, daß auch Nikolaus Kopernikus aufgefordert wurde, seine Vorschläge einzureichen. Er stand im Ruf eines hervorragenden Mathematikers und Astronomen. Es hatte sich bis nach Rom herumgesprochen, daß er sich im Zusammenhang mit seinen Himmelsforschungen auch mit der Kalendermaterie befaßte. Man erwartete von ihm vor allem Vorschläge hinsichtlich der genauen Längenbestimmung des Jahres. Paul von Middelburg, selbst ein bekannter Mathematiker, schien mit dem von Kopernikus vorgelegten Projekt nicht voll einverstanden zu sein. Er polemisierte dagegen, behielt Nikolaus Kopernikus aber weiterhin auf der Liste der ständigen Mitarbeiter, die er 1516 in seiner Schrift *Secundum compendium correctionis calendarii* bekanntgab.

Kopernikus zog sich einstweilen zurück mit der Begründung, er könne noch keine endgültig gesicherten Angaben machen. Es war nicht seine Art, aus unzureichenden Erkenntnissen provisorische Ratschläge zu filtern, die nach Jahren oder Jahrzehnten wieder revidiert werden müßten. Der Julianische Kalender hatte seit 753 vor Christus bis zur Zeit des Kopernikus herhalten müssen. Eine Reform hätte nur dann Sinn gehabt, wenn sie ein Werk zustande gebracht hätte, das zumindest über eine gleich lange, wenn nicht gar weit längere Periode Bestand haben würde.

Später hat Kopernikus in der Widmung seines Hauptwerkes die Gründe angegeben, die zu einem Scheitern der Kalenderreform führten: Größe des Jahres und des Monats, Bewegungen der Sonne und des Mondes waren nicht als genügend bestimmt erachtet, genaue Beobachtungen fehlten noch, um dem Papst und den Mathematikern stichhaltige Vorschläge machen zu können.

Erst 67 Jahre später legte Luigi Giglio Papst Gregor XIII. einen revidierten Kalender vor, dessen endgültige Fassung der bayrische Jesuit Christoph Clavius, ein Mathematiker und Astronom, geschaffen hatte. Dieser lagen die *Tabulae prutenicae coelestium motuum* des in Wittenberg lehrenden Astronomen Erasmus Reinhold zugrunde, der sich in seinen astronomischen Schriften auf die kopernikanische Lehre berief. Am 24. Februar 1582 unterzeichnete Gregor XIII. die Bulle, die den Gregorianischen Kalender für die römisch-katholischen Lande als gültig erklärte. Im Oktober 1582 wurde der „Sprung" vom fünften auf den fünfzehnten vollzogen, der die Zeitrechnung in „Ordnung" brachte.

MAN LEBTE in einer Zeit des politischen und geistigen Umbruchs. Das Mittelalter war so gut wie überwunden, jedoch noch nicht restlos von der Weltbühne abgetreten. Es gärte in Staat und Kirche; überall wurde der Ruf nach Reformen laut. Die Menschheit verlangte nach Sicherheiten. Auch der Kaiser war bestrebt, sein Reich und seine Herrschaft zu festigen. Er fühlte sich vom Osten her bedroht, solange es mit Ungarn zu keiner Allianz kam.

Schon Friedrich III. hatte vergebens die Hand nach Ungarn ausgestreckt. Jetzt aber schlug die Stunde für das „glückliche Habsburg"; seine Heiratspolitik erwies sich als erfolgreich. Der geplanten Wechselheirat zwischen Maximilians Enkeln und den Kindern König Wladislaws, der verwandtschaftlichen Verbindung zwischen dem Haus Habsburg und der Dynastie der Jagellonen, widersetzte sich Wladislaws Bruder, König Sigismund. Alle Bemühungen des Kaisers, ihn umzustimmen, blieben ohne Erfolg. Doch die Diplomatie fand einen Ausweg.

Der Kaiser schloß ein Bündnis mit dem Zaren, und es schien – man sorgte dafür, daß es so aussah –, als wäre dieses gegen den

Krakauer Hof gerichtet. Den Neuverbündeten schloß sich nach kurzen Verhandlungen überraschend der Hochmeister des Deutschen Ordens, der Erzfeind Polens, an. Jetzt witterte Sigismund I. ernste Gefahr. Kurzerhand gab er seinen Widerstand auf. Er wußte, gegen Kaiser und Zar konnte er nichts ausrichten, zumal, wenn sic mit dem Ordensstaat im Bündnis standen. Im Mai 1515 wurde in Preßburg Hochzeit gefeiert. Habsburger tanzten mit Jagellonen. Und die Folgen dieser Verschwägerung blieben nicht lange aus. Noch im selben Jahr trafen sich Sigismund und Maximilian in Wien und umarmten einander vor aller Augen. Dem König fiel es nicht schwer, den Kaiser dazu zu bewegen, den Hochmeister fallenzulassen und den Beschluß des Thorner Friedens endlich anzuerkennen. Maximilian bestätigte den Friedensvertrag.

NIKOLAUS KOPERNIKUS stand bei seinem Domkapitel inzwischen in so hohem Ansehen, daß man ihm in der Allerheiligensitzung 1516 den wichtigsten Posten anvertraute, den das Kapitel zu vergeben hatte: das Amt des Kapiteladministrators oder Landpropstes. Er wurde damit der erste Mann in einem souveränen Kapitel, dem die Verwaltung der gesamten Kapitelgüter, der Liegenschaften in dem Drittel des Gebietes Ermland unterstand, das dem Kapitel zugesprochen worden war, während das restliche Land bischöfliches Dominium blieb. Kopernikus verwaltete dieses Amt bis 1519 und später noch einmal 1520/21. Über die Kammerämter Mehlsack und Allenstein – dazu den kleinen Bereich um Frauenburg und seinen Dom – herrschte er als autonomer Souverän im Osten des Abendlandes mit dem Aufgabenbereich eines höheren Verwaltungsbeamten. Ihm oblag die Aufsicht über die beiden Burgen des Domkapitels, die Beamten und Domänen, die ausgedehnten Waldungen und Fischgründe in diesem Gebiet. Er mußte den Eingang der Abgaben überwachen, die die beiden Städte, die Güter und die über 120 Bauerndörfer an das Kapitel zu entrichten hatten.

Seit 1481 wurden genaue Verzeichnisse der besiedelten Gebiete und der dort angesetzten Siedler angelegt. Der Kapiteladministrator nahm selbst die Eintragungen in diese Wirtschaftsbücher vor.

Das Domkapitel war um eine gute wirtschaftliche Entwicklung seiner Gebiete besorgt, die Ländereien sollten etwas abwerfen. Äcker, die brachlagen, galt es daher schnellstens wieder wirtschaftlich zu nutzen.

Einnahmen und Ausgaben überprüfte der Kapiteladministrator mit besonderer Sorgfalt, hieß es doch, ausreichende Mittel für die Zuteilungen des Kapitels bereitzustellen. Mühlen und Gastwirtschaften erhielten verantwortliche Pächter. Von ihrer Arbeit und ihrem Einsatz hing vieles ab. Einen Rückgang der Einnahmen konnte sich das Domkapitel angesichts seiner hohen Ausgaben, seiner Bewilligungsfreudigkeit und der laufenden Preissteigerungen, besonders in Notzeiten, nicht leisten.

Das Ermland wurde im 15. Jahrhundert wiederholt von Seuchen heimgesucht oder von Söldnerbanden geplündert. Nur zu oft mußten Bauern ihre Höfe verlassen. Siebzig verlassene Gehöfte hat Nikolaus Kopernikus während seiner ersten Administrationszeit neu besetzt. Der Administrator zeichnete auch für die Festlegung des Grundzinses verantwortlich und mußte für dessen Einziehung sorgen. Er war oberster Richter im Land; ihm unterstanden alle geistlichen und weltlichen Beamten.

Kopernikus mußte bei Wind und Wetter von Bauernhof zu Bauernhof reiten, die Ochsen zählen, die Getreidebestände überprüfen, den Brotpreis für die Armen festlegen, ja sogar Kanonen und Büchsen, Pulver, Blei und Pech einkaufen, eine Burg zur Verteidigung rüsten, Söldnern ihren Sold auszahlen. Er erledigte seine Aufgaben so vorbildlich, daß das Kapitel ihm dieses Amt immer wieder anvertraute.

Die Burg in Allenstein, in der er residierte, war um die Mitte des 14. Jahrhunderts vom Domkapitel errichtet worden, sie war zweistöckig über doppeltem Kellergeschoß. Im Hauptflügel befanden sich drei Säle; im Westen wohnte der Kapiteladministrator, im Osten befand sich die Burgkapelle, dazwischen lag der Remter für Beratungen und Empfänge. Vom Wohnraum erreichte Kopernikus über eine Treppe den Turm, von dem aus er seine Himmelsbeobachtungen machte, denn gerade während der Jahre seiner Administratur entstand ein wesentlicher Teil seines Hauptwerkes über die Umwälzungen am Himmel.

An die Wand des Kreuzgangs hatte Kopernikus eigenhändig eine astronomische Tafel gezeichnet, die die Unregelmäßigkeiten beim Umlauf der Erde um die Sonne festhielt. Immer wieder drang nach Allenstein die mahnende Stimme seines Freundes Giese: daß es nicht wenig zum Ruhme Christi beitragen würde, wenn es eine richtige Ordnung der kirchlichen Daten und bestimmte Berechnungen der Bewegungen gäbe, und da er sich von dem Wissen des Kopernikus überzeugt habe, ließe er nicht davon ab, diesen zu der Inangriffnahme der Aufgabe zu überreden.

Das Allensteiner Schloß war zugleich Residenz und Sitz der Verwaltung. Es war der wichtigste Stützpunkt des Domkapitels. Würde man ihn verlieren, bliebe dem Kapitel nur der Ausweg, in eine der Städte des Königlichen Preußens zu flüchten oder sich dem Ordensstaat zu ergeben. Frauenburg besaß zwar den Dom und die Domburg und galt somit als das Herz des Fürstbistums; „regiert" aber wurde in Heilsberg und Allenstein.

Dem Kapiteladministrator stand der Verwaltungsapparat zur Seite. Einer der beiden höchsten Verwaltungsbeamten war der Scheffer, der die Aufsicht über die Söller führte, Herr über Speise-, Speck- und Salzkammer, Küche, Keller, Bäckerei, Kellerknechte, der für die Mahlzeiten zu sorgen und den Hafer für die Pferde zu beschaffen hatte. Ihm unterstanden Mühle und Brauerei; er verwaltete die Vorräte an Fisch und Wild und kümmerte sich um die Handwerker.

Dem Scheffer stand der Burggraf ebenbürtig zur Seite, der die niedere Gerichtsbarkeit ausübte, der Fronarbeit und Jagd unter sich hatte und für Wälder, Felder und Plätze verantwortlich war. Zu den niederen Beamten gehörten der Keiper oder Fischmeister, der die Aufsicht über die Gewässer führte, dann der Waldknecht, der die Wälder beaufsichtigte und dem die Teerbrenner und das Hofgesinde unterstanden.

Über alles wurde „Buch geführt", und zwar mittels des Kerbstocks, eigentlich zweier Stöcke, von denen einen der Arbeitgeber, den anderen der Arbeitnehmer aufbewahrte und die nebeneinandergelegt „gekerbt" wurden, so daß die Kerben beim erneuten Zusammenfügen übereinstimmten und keiner benachteiligt werden konnte.

ENGEN Kontakt hielt der Landpropst zum Bürgermeister der Stadt Allenstein und zu den Ratsmännern, die mit diesem die Geschicke der Stadt lenkten, über die der Burggraf ein waches Auge hielt.

Kam es zu einem Streitfall zwischen dem Domkapitel und der Stadt Allenstein, wurde in Frauenburg, bei einem Streitfall zwischen Domkapitel und Orden in Thorn Gericht gehalten. Um nach Thorn zu gelangen und wieder zurückzukehren, brauchte man zu Pferd oder im Reisewagen sechs Tage; nach Frauenburg schaffte man es in drei bis vier Tagen. Streitfälle gehörten zum alltäglichen Aufgabenbereich des Kapiteladministrators.

War das Schloß Wahrzeichen des Domkapitels, so war das Wahrzeichen der Stadt Allenstein der dreischiffige Hallenbau der Pfarrkirche St. Jakobi, erbaut zu Beginn des 14. Jahrhunderts.

Im Schatten der Kirche, nur ein paar Schritte von ihr entfernt, residierte Kopernikus an einem schlichten Arbeitstisch.

Doch meist war er unterwegs, zu Pferd oder im Reisewagen. Unerwartet tauchte er hier oder dort zu einer Überprüfung auf; manch eine Sache, die er seinen Beamten hätte anvertrauen können, erledigte er selbst. Wo es irgend möglich war, half er. Er hörte sich die Sorgen seiner Bauern am Feldrand an, gab manch guten Rat. Er tröstete die Familien, wenn Banden durchs Land gezogen waren und ihre Höfe verwüstet hatten.

Besonders an den Grenzen seines Verwaltungsbereichs kam es immer wieder vor, daß Ordenstruppen eingefallen waren und mit reicher Beute das Bistum wieder verlassen hatten. Für sie war es Freiland, in dem sie ungestraft hausen konnten. Sie durften sich nur nicht erwischen lassen. Hatten sie die Grenze zum Ordensland überschritten, tat ihnen keiner mehr etwas. Die Nordgrenze des Bistums war am meisten gefährdet. Fast alle Klagen kamen aus dem Mehlsacker Bereich.

ZUWEILEN besuchte Nikolaus Kopernikus Bischof Fabian von Lossainen in Heilsberg. Der aus Lusian, dem späteren Truchsen im Kreis Rößel, stammende Doktor der juristischen Fakultät der Universität Bologna – seit 1493 ermländischer Domherr, seit 1511 ermländischer Bischof – war in Petrikau vom Gnesener Erzbischof in Gegenwart König Sigismunds zum Bischof geweiht worden. Um seine Gesundheit war es nicht zum besten bestellt, mehrmals mußte Nikolaus Kopernikus als Arzt zu ihm gerufen werden.

Die Allensteiner Hofhaltung regelte Kopernikus nach eigenem Ermessen und nach praktischen Gesichtspunkten. Nur den täglichen Gottesdienst in der St.-Annen-Kapelle hatte er beibehalten. Zum Mittagessen traf sich nur, wer gerade im Schloß weilte. Der Landpropst hielt es für Zeitvergeudung, ausgiebig zu tafeln. Er hielt es auch für unsozial, solange im Lande weitgehend Not herrschte. Die Zahl der gebrandschatzten und von den Ordenssöldnern geplünderten Gehöfte bereitete Kopernikus wachsende Sorgen. Er leistete in solchen Fällen vor allem ärztliche Hilfe. Einige Medikamente und ein Medikamentenbuch, an dessen Rand er eigenhändig die landesüblichen Namen der Heilmittel geschrieben hatte, führte er stets in seiner Reisetasche mit. Er verlangte nichts, wenn er einen armen Bauern kurierte. Er kam wieder, wenn es notwendig war, selbst wenn er einen Umweg machen mußte. Bei aller noch so notwendigen Verwaltungsarbeit stand für ihn der Mensch stets an erster Stelle. Immer war er mit einem tröstenden Wort oder helfender Hand zur Stelle. Die Menschen liebten ihren Dompropst. Kinder kamen zur Straße gelaufen, wenn sein Wagen vorbeifuhr. Er hielt an, fragte nach dem Befinden der Eltern, holte zuweilen ein Stück Brot aus der Tasche und gab es ihnen.

Kopernikus kannte die Menschen in seinem Verwaltungsgebiet gut. Er hatte es nicht nur mit den Bauern zu tun, die auf ihren Höfen saßen. Bei Transaktionen traten in der Regel Bürgen auf, der Schultheiß, Nachbarn, Verwandte der Siedler. Bei Festen, zu denen er erschien, traf sich die Familie und darüber hinaus die Sippe. Bauern, die einen Hof neu übernahmen, besuchte er mehrfach, nicht nur, um nach dem Rechten zu sehen, sondern um ihnen hilfreich zur Seite zu stehen. Die Bauern wußten, daß sie von ihrem Herrn nie im Stich gelassen wurden. Selbst wenn es zwischen ihnen und dem Domkapitel zu einem Streit kam, versuchte Kopernikus stets, dem Recht die Ehre zu geben, gleich, wer bei dem Streitfall den kürzeren zog, der

Bauer oder das Kapitel. Er war ein „getreuer" Verwalter, der die Interessen des Domkapitels zu wahren wußte, ohne die der Einwohner auch nur im geringsten zu vernachlässigen.

Krieg vor der Haustür

Im November 1519 war Nikolaus Kopernikus' drittes Administrationsjahr abgelaufen. Er kehrte nach Frauenburg zurück. Die Spannungen zwischen dem Domkapitel und dem Hochmeister des Ordens waren nicht geringer geworden. Seit Jahren schon durchzogen Söldner des Ordens plündernd das Fürstbistum und verheerten das Land.

Nachdem sich der Bischof beim Hochmeister darüber beschwert hatte, war ihm erwidert worden, das hätten „etzliche Leute, die niemants kannte", getan. Doch Fabian von Lossainen kannte die Leute recht gut. Schließlich war das Ermland von allen Seiten vom Ordensland umgeben, woher sollten diese Banden kommen, wenn nicht von dort? Der Bischof wußte, dem Ordenshochmeister war jedes Mittel recht, wenn es galt, die Gegner mürbe zu machen, um die im Zweiten Thorner Frieden verlorenen westpreußischen Gebiete wiederzugewinnen.

Nachdem nun der Kaiser diesen Frieden anerkannt hatte und alle Verhandlungen erfolglos gewesen waren, blieb Albrecht von Brandenburg kein anderer Ausweg, als sich an seinen Vetter in Berlin zu wenden und gleichzeitig die Verhandlungen mit dem vom Kaiser enttäuschten Zaren aufzunehmen.

König Sigismund witterte Gefahr und schickte seine Truppen ins Ermland. Doch in diesem Augenblick starb Kaiser Maximilian I., und die Tataren sahen eine günstige Gelegenheit, ins Königreich einzufallen. Der neue Kaiser, Karl VI., wußte nur zu gut, was die Tatarengefahr für das Reich bedeutete. Sogleich bot er dem König seine Hilfe an. Gemeinsam gelang es ihnen, die Tataren zurückzuschlagen. Im Dezember 1519 konnte König Sigismund mit großem Gepränge in Thorn Einzug halten. Endlich wollte er die noch immer ausstehende Huldigung des Hochmeisters erzwingen.

Der Hochmeister erschien jedoch nicht in Thorn; der Fürst-bischof von Ermland begrüßte den König in einer langen lateinischen Ansprache. Verärgert kehrte Sigismund nach Krakau zurück. Unterwegs erhielt er die Nachricht, der Hochmeister habe mit seinen Truppen die Grenze des Ermlands überschritten und nähere sich der Stadt Braunsberg. Als Schirmherr des Ermlands war er zur Hilfeleistung verpflichtet.

Braunsberg – nur sieben Kilometer von der Mündung der Passarge ins Frische Haff gelegen und die älteste ermländische Siedlung – gehörte der Hanse an; von hier aus fuhren die Schiffe des Bistums in die Niederlande und nach England. Braunsberg war der Hafen des Ermlands, die Lebensader des Bistums.

Im Rathaus herrschte als Bürgermeister Philipp Teschner, ein Vetter des Kopernikus. Als er vom überraschenden Vorrücken der Ordenstruppen gegen die Stadt hörte, fürchtete er eine Zerstörung, falls er Widerstand leisten würde, für den er nicht genügend gerüstet war. Er zog es daher vor, dem Hochmeister die Stadt kampflos zu übergeben. Das Domkapitel in Frauenburg glich, als es davon erfuhr, einer Schar aufgescheuchter Hühner. Kopflos vor Angst und Schrecken eilten die Domherren von der Domburg zu ihren Außenwohnungen und Gütern, schleppten, was nicht niet- und nagelfest war, in das befestigte Hügelrund. Panik war ausgebrochen; bei den täglichen Gebeten standen die Chorstühle leer.

In einer Sondersitzung, zu der in aller Eile geläutet worden war, beschlossen sie, in der Auseinandersetzung zwischen Orden und König die Neutralität des Fürstbistums auf alle Fälle zu wahren. Was blieb ihnen anderes übrig. Im Ermland sah es verheerend aus. Erst kürzlich hatte eine Seuche das Land heimgesucht. Bischof Fabian von Lossainen hatte seinen Offizial Tiedemann Giese zu Kopernikus geschickt, um Heilmittel und gute Ratschläge zu holen. Kopernikus hatte als Arzt alle Hände voll zu tun.

Zu der Bedrohung durch Krankheit kam noch die durch den Krieg. Das Land lag zwischen den kriegführenden Parteien, und der Hochmeister kümmerte sich wenig um die Neutralitätserklärung des Domkapitels. Was lag für ihn näher, als zusammen mit der Rückgewinnung der verlorenen westpreußischen Gebiete auch die Hoheit über das Ermland zu gewinnen. Die Städte des nördlichen Fürstbistums fielen ihm wie überreife Früchte in die Hände. Ordenstruppen zogen bereits gegen Heilsberg, um die Residenz des Bischofs zu stürmen.

Gerade im rechten Augenblick erschienen die Hilfstruppen des Königs, die dieser aufgrund des Petrikauer Vertrages im Falle kriegerischer Bedrohung ins Ermland zu entsenden verpflichtet war. Als der Hochmeister merkte, daß der König nicht gewillt war, tatenlos zuzusehen und die Eroberung des Ermlands ihn zumindest so sehr schwächen würde, daß er sein eigentliches Ziel nicht mehr erreichen könnte, faßte er den Entschluß, das Ermland zu isolieren. Er beging die Taktlosigkeit, dieser Aufforderung zu folgen. Er schickte zwei seiner Domherren dorthin. Aus Braunsberg gewährte Albrecht von Brandenburg dem „würdigen hochgelehrten Herrn Niklas Kopernick freies, sicheres und christliches Geleit, ihm samt seinen Pferden und Knechten".

Die Friedensverhandlungen verliefen ergebnislos, was den Hochmeister derart erzürnte, daß er im Frühjahr 1520 den Befehl zum Sturm auf Frauenburg gab.

Söldner des Königs waren inzwischen zur Verteidigung der Domburg eingetroffen. Ende Januar war es ihnen gelungen, den ersten Ansturm abzuwehren. Die Ordenstruppen begnügten sich vorerst damit, alle Domherrenwohnungen, die außerhalb der Mauern lagen, niederzubrennen. Mit ihnen fiel die kleine, ungeschützte Stadt am Frischen Haff den Flammen zum Opfer. Während die Söldner verbissen weiterkämpften, verließen die Domherren bei Nacht und Nebel die Domburg. Die meisten flohen nach Elbing oder nach Danzig. Die Soldaten des Ordens schossen einen Teil der Domburg in Brand. Der Hochmeister hatte „das Nest so zerstören wollen, daß wenigstens während des Sommers kein Vogel mehr darin nisten wollte".

Nikolaus Kopernikus befürchtete, der Hochmeister würde nach der Brandschatzung Frauenburgs nach Allenstein weiterziehen, wohin die wichtigsten Schätze des Domkapitels und des Frauenburger Doms gebracht worden waren, da ja das Allensteiner Schloß als die am schwersten einzunehmende Burg des Bistums galt. Mit den wenigen Domherren, die noch in Frauenburg geblieben waren, eilte er darum nach Allenstein, das sie nach zweitägigem Ritt erreichten. Kopernikus trat, ohne besondere Wahl, erneut das Amt des Landpropstes an und nahm damit die Verantwortung für die wichtigste Burg des Kapitels auf sich.

Der Hochmeister rückte in diesem Jahr bis Guttstadt vor. Wormditt hatte er nach wochenlangen Kämpfen eingenommen. Jetzt schien sein Angriff auf das Allensteiner Schloß nur noch eine Zeitfrage zu sein. Aus Elbing ließ Kopernikus Waffen und Lebensmittel herbeischaffen, um die Burg zur Verteidigung einzurichten. Von Guttstadt schickte der Hochmeister eine Aufforderung zur Kapitulation nach Allenstein, andernfalls er „Burg und Stadt zerstören lassen" werde.

Am 16. November 1520 wandte sich Nikolaus Kopernikus an den Schutzherrn des Fürstbistums. Er schilderte die Lage und verwies auf die Bitten der Stadt Guttstadt an den Befehlshaber der Königlichen Majestät, die vergebens blieben, da der Befehlshaber selbst zuwenig Leute hatte, um welche abzugeben.

Die göttliche Fügung wollte, daß königliche Truppen – obwohl der Brief vom Orden abgefangen wurde und den König nie erreichte – der Burg und Stadt Allenstein zu Hilfe kamen. Kopernikus befestigte die Burganlagen und bereitete alles auf die Belagerung und Verteidigung vor.

Schon näherte sich das Ordensheer unter der Führung von Wilhelm von Schönberg, brach eines der Stadttore auf, wurde dann aber durch die Meldung verwirrt, „Spähtrupps hätten in Erfahrung gebracht, der Stadthauptmann habe vermutlich die Absicht, den vordringenden Ordenstruppen in den Rücken zu fallen". Wilhelm von Schönberg gab seinen Truppen den Befehl, Burg und Schloß Allenstein zu umgehen und statt dessen die umliegenden Dörfer zu brandschatzen.

Die meisten Kanoniker hatten Allenstein verlassen. Kopernikus war nahezu allein zurückgeblieben, um mit dem militärischen Befehlshaber der Burg, Hendryk Peryk, zu retten, was zu retten blieb.

389

DIE ORDENSTRUPPEN besetzten in den kommenden Wochen weitere Teile des Ermlands, dessen Städte fast durchweg in ihre Hände fielen, brannten Dörfer nieder, plünderten und vertrieben die Bauern. Inzwischen war Domherr Heinrich Schnellenberg zu Kopernikus nach Allenstein geeilt, um ihm bei ersten Hilfsmaßnahmen nach Abzug der Ordenstruppen behilflich zu sein.

In diesem Winter kam Nikolaus Kopernikus kaum dazu, an seine Sterne zu denken. Ihn beschäftigten Bombarden und Hakenbüchsen, Pulver und Blei. Er versuchte, Munition und Pech zu beschaffen, das man damals aus den Mauerscharten kochend auf die anstürmenden Feinde herabzugießen pflegte.

Die Weihnacht des Jahres 1520 wurde in der St.-Annen-Kapelle in aller Stille begangen, während in der benachbarten St.-Jakobi-Kirche die Bewohner der Stadt sich um die strohgedeckte Fachwerkkrippe vor dem Marienalter sammelten, um für die Rettung der Stadt und des eigenen Lebens Dank zu sagen. Nie war das Gebet um den Frieden von Burg und Stadt so inbrünstig zum Himmel aufgestiegen wie in diesem Jahr. Die Gefahr war noch keineswegs vorbei; täglich konnten wieder Söldnerscharen auftauchen. Die Nahrungsbestände waren rationiert; die Kornmühle am Fuße des Schlosses ruhte nur am ersten Weihnachtstag. Man beeilte sich, alles Getreide in Mehl umzusetzen, denn man wollte auch auf eine längere Belagerung vorbereitet sein.

Es war ein harter Winter; das Land ruhte unter einer dicken Schneedecke. Die Seen, die sonst einen natürlichen Schutz bildeten, waren schon lange zugefroren; das Trinkwasser war knapp.

Doch die Gebete der Menschen wurden erhört. Gleich zu Beginn des Jahres zog der Hochmeister mit seinen Truppen an der Stadt vorbei. Ihr Ziel war, wie Kundschafter ermitteln konnten, Neumark im Löbauer Land. Sie zogen ins Bistum Culm ab, dessen Residenz Löbau im nördlichsten Zipfel des Königlichen Preußens unmittelbar an der Grenze des Ordensstaates lag.

Nikolaus Kopernikus hoffte, es werde ihm gelingen, die Neutralität des Bistums weiterhin zu wahren und Allenstein wie das übrige Hoheitsgebiet des Domkapitels aus den Kämpfen herauszuhalten, die sich nach Süden und Westen zu verlagern schienen.

Dennoch traf er zusätzliche Sicherheitsmaßnahmen zur eventuellen Verteidigung der Burg. Er ließ die Befestigungen überprüfen und weiterhin Munition und Pech beschaffen.

Ein Aufatmen brachte die Mitteilung des Erzdiakons Johannes Sculteti, der in Elbing weilte: der Kaiser habe Anfang Februar einen Vermittlungsvorschlag gemacht und sei bemüht, alles, was in seinen Kräften stehe, zu tun, um den Frieden zwischen dem König und dem Deutschen Orden wiederherzustellen. Aber auch Sculteti schien der Sache nicht recht zu trauen, denn er ermahnte Kopernikus, „die Hände recht zusammenzuhalten und sie nicht zur Übergabe des Schlosses zu öffnen", und versprach, Lebensmittel nach Allenstein zu senden.

Weit egoistischer dachten die nach Danzig geflüchteten Domherren, die dort das „Domkapitel im Exil" eröffnet hatten. Sculteti fragte beim Dompropst an, ob er den nach Danzig geflüchteten Herren, „die sich das Domkapitel heißen", das Siegel ausliefern solle, das er wahrscheinlich nach Elbing mitgenommen hatte. Sie zürnten, schrieb er, weil man ihr gutes Geld für Kanonen ausgebe, statt es ihnen nach Danzig zu schicken.

Die Domherren hatten es in Danzig gewiß nicht leicht, zumal, wenn die Gehälter ausblieben, ihre Höfe abgebrannt waren und sie nicht nur arbeitslos, sondern ohne alle Einkünfte dastanden. Obendrein hatte inzwischen die Reformation nach Danzig übergegriffen, so daß die katholischen Herren von der lutherischen Obrig- und Geistlichkeit keine Hilfe erwarten konnten.

Auch der Bischof schien dem Hochmeister nicht zu trauen. Daß dieser Allenstein, den wichtigsten Punkt des Kapitels, ja des ganzen Bistums, einfach umgangen hatte, hielt er für eine List und befürchtete im Frühjahr einen erneuten Vorstoß von Süden her auf Burg und Stadt. Der Bischof warnte Sculteti, Albrecht von Brandenburg habe es nach wie vor auf die Burg Allenstein abgesehen, und bat ihn inständig, Hakenbüchsen dorthin zu schicken.

„So habe ich die Büchsen geschickt zur Noth", schrieb Sculteti zur eigenen Rechtfertigung, „wo sie am nöthigsten seyn werden." In einigen Tagen sollten Pulver und Blei nach Allenstein folgen.

Der Vermittlungsversuch des Kaisers hatte Erfolg. Sei es, daß der König unbedingt Frieden wünschte, sei es, daß der Hochmeister inzwischen so große Verluste erlitten hatte, daß ihm ein Erreichen seines Ziels aussichtslos erschien, im April wurde in Thorn ein Waffenstillstand geschlossen.

WICHTIGE Aufgaben riefen Kopernikus nach Frauenburg zurück. Ohne die alljährliche Allerheiligensitzung des Domkapitels abzuwarten, die ohnehin in der zerstörten Domburg nicht stattfinden konnte, wurde er im Juni zum „Commissarius Warmiae" ernannt, um die Verwaltung in Frauenburg neu einzurichten, da „alles durch den Krieg in völlige Unordnung geraten war". Unverzüglich begab er sich an die Arbeit. Im Februar 1522 konnten die Domherren in Frauenburg wieder eine Kapitelsitzung abhalten. Sie waren inzwischen zurückgekehrt und hatten versucht, sich in ihren Kurien wieder einzurichten.

Kopernikus hatte seinen Turm völlig verwüstet vorgefunden. Nur das feste Mauerwerk hatte den Sturm überstanden. Er machte zuerst die Turmstube wieder bewohnbar, die ihm als Arbeitsraum diente. Ein gewaltiger Eichentisch füllte beinahe den ganzen Raum. Ein bequemer Stuhl wurde herbeigeschafft, ein Tintenfaß mit Gänsekiel, zwei Kerzen, dazu ein neues „Lattengerüst" zum Messen der Himmelsabstände. Keinen Tag wollte der Astronom versäumen, seinen Forschungen erneut nachzugehen, die er im letzten Jahr so oft hatte vernachlässigen müssen. Arbeit allerdings gab es in Frauenburg, auch nachdem das Allernotwendigste wiederhergestellt war, mehr als genug. Das Domkapitel hatte Nikolaus Kopernikus in seiner Februarsitzung beauftragt, eine Denkschrift über die Friedensreparationen auszuarbeiten, die er zusammen mit seinem Freund Tiedemann Giese dem preußischen Ständetag in Graudenz überreichen sollte. Nicht überall vollzog sich der Wiederaufbau so schnell wie beim Domkapitel; nicht überall hatte man einen Kopernikus. Der Ständetag mußte vorerst vertagt werden; zu allem Überfluß brach in Preußen die Pest aus.

Beim Thorner Waffenstillstand war festgelegt worden, daß der Orden die von ihm besetzten Teile des Ermlands vorerst behalten dürfe. Das war ein schwerer Schlag für das Domkapitel. Handel und Verkehr wurden nahezu lahmgelegt. Bischof und Domkapitel herrschten über völlig zerrissene Gebiete, ohne feste Grenzen. Kein Wunder, daß es fast täglich zu erneuten Übergriffen seitens der Besatzungstruppen kam.

Auf dem Graudenzer Landtag, der am 25. Juli 1521 zusammengetreten war, hatte sich das Frauenburger Domkapitel über die laufenden Übertretungen des Ordens beschwert, jedoch ohne Erfolg. Als im März 1522 endlich der westpreußische Ständetag einberufen werden konnte, trugen Tiedemann Giese und Nikolaus Kopernikus, die als Abgesandte des Domkapitels erschienen waren, ihre Klagen erneut vor. Obwohl Waffenstillstand herrschte, erreichten sie genausowenig wie acht Monate zuvor.

Nikolaus Kopernikus trug schwer an der Verantwortung, die mit dem Amt des „Commissarius Warmiae" auf seinen Schultern lastete. Er sah in jedem Rückschlag einen persönlichen Mißerfolg. Vor allem aber verletzte ihn das sture Verhalten des Ordenshochmeisters, der die Schandtaten seiner Soldaten zu decken versuchte. Jetzt, da die Waffen schwiegen, glich das Ermland einem Prellbock zwischen Königlich Preußen und dem Ordensstaat. Einen Teil dieses Prellbocks mußte Kopernikus kommissarisch verwalten.

Als am 30. Januar 1523 Bischof Fabian von Lossainen starb, fiel Kopernikus – bis zum Amtsantritt des Nachfolgers – auch die Verwaltung des bischöflichen Teils des Fürstbistums zu. Diese Last wurde um so härter, als die Hauptleute in den Schlössern des Bischofs dagegen rebellierten. Zu den äußeren Unruhen kamen innere hinzu. Kopernikus konnte den neuen Auftrag erst ab Mitte 1523 erfüllen. Er nannte sich jetzt Generaladministrator des Ermlands, zog ins bischöfliche Schloß in Heilsberg ein und residierte dort als Oberherr beider Teile des Bistums. Damit hatte er den Höhepunkt seiner staatsmännischen Laufbahn erreicht. Drei Monate lang nahm er dieses Amt wahr.

Es kam bereits am 14. April 1525 zur Wahl des neuen Bischofs. Diese fiel auf den Danziger Mauritius Ferber, einen Bruder des Bürgermeisters Eberhard Ferber. Er war 1503 in Rom in den Dienst eines Kardinals getreten und 1507 Domherr in Lübeck und Frauenburg geworden. Als Notarius an der römischen Kurie hatte er in Rom Jura studiert und in Siena 1515 in beiden Rechten promoviert. 1515 erhielt er die Kustode am Frauenburger Dom, wurde Domherr auch in Dorpat und Reval und hatte daneben mehrere Pfarreien. Am 17. Juli 1525 bestätigte der Papst die Bischofswahl, am 6. Dezember weihte der Gnesener Erzbischof Mauritius Ferber, der die Verwaltung des Bistums bereits im Oktober übernommen hatte, zum Bischof. Nach dem Krakauer Frieden von 1525 erhielt er sein Bistum in vollem Umfang zurück.

Kopernikus verließ nach dem Eintreffen des Bischofs Schloß Heilsberg für immer, wie er auch von Schloß Allenstein endgültig Abschied genommen hatte, um den Rest seines Lebens auf der Frauenburger Domburg zu verbringen, dort seinen Domherrenpflichten nachzugehen und sein Hauptwerk zu vollenden, was ihm wichtigstes Anliegen war.

Der Sternenhimmel kommt zu seinem Recht

Während der ersten zwanzig Jahre, die Nikolaus Kopernikus zuerst im Dienst des Bischofs, dann des Domkapitels stand, hatte es nur wenige Monate gegeben, in denen der Sternenhimmel ihn nicht gefangenhielt. Obwohl die Ämter, die er betreute, seine ganze Zeit forderten und er ein überaus gewissenhafter Verwalter war, hatte er immer wieder Zeit gefunden, seinem „Hauptgeschäft" nachzugehen. Die Beobachtung des Sternenhimmels war für ihn kein bloßer Zeitvertreib. Jedes Experiment wiederholte er mehrmals, zuweilen Jahr um Jahr. Er ließ sich bei allem Zeit und besaß sogar den Mut, Erkenntnisse zu verwerfen, sobald sich herausstellte, daß sie als überholt angesehen werden mußten.

Das Ergebnis seiner Beobachtungen in den ersten zehn ermländischen Jahren hatte er in seinem *Commentariolus* schriftlich niedergelegt. Dieses „erste Gerippe seines Weltbildes" enthielt im Grunde nur Thesen, die für ihn jedoch keine bloßen Behauptungen, sondern beweisbare Fakten waren.

Kaum hatte er den *Commentariolus* zu Papier gebracht und aus der Hand gegeben, stellte sich heraus, daß die Vereinfachungen, die er gefunden hatte, nur ein erster Schritt auf dem Weg zum Ziel waren. Das konzentrisch-doppelepizyklische System erwies sich rasch als unhaltbar. Kopernikus hatte die Erde aus dem Mittelpunkt des Weltalls gerückt und die Sonne an ihre Stelle gesetzt. Damit war nicht alles erreicht; schon bald erkannte er, daß er nach einem neuen Mittelpunkt des Alls, außerhalb der Sonne, suchen mußte.

Gewiß, die Planeten bewegten sich um die Sonne, eingeschlossen von der bewegungslosen Sphäre der Fixsterne. Merkur, Venus, Erde, Mars, Jupiter und Saturn vollzogen ihre Kreisbewegungen, ihre Revolutionen, aber sie vollzogen sie in verschiedenen Zeiträumen, je nachdem, wie weit sie von der Sonne entfernt waren. Die Sonne konnte nicht länger geometrischer Mittelpunkt dieser Umdrehungen bleiben. Der Mittelpunkt mußte woanders liegen. Kopernikus fand ein exzentrisches, epizyklisches System. Die Erde war eine Kugel, die sich im Lauf eines Jahres um die Sonne und täglich um die eigene Achse drehte, die ihre Lage aber in gewissen Zeiträumen änderte.

1515 HATTE Kopernikus mit eingehenden Beobachtungen der Sonne begonnen, bis zum Frühjahr 1516 widmete er sich fast ausschließlich der Beobachtung der Sonnenhöfe; ein ganzes Jahr lang. Immer wieder hatte er versucht, die Länge der Sonnenbahn zu berechnen. Nun wollte er mit Hilfe seines Dreistabes die Höhe des Mondes bestimmen. Er versäumte zwischen 1519 und 1525 keine Mondfinsternis.

Als im November des Jahres 1523 das Domkapitel zu seiner Allerheiligensitzung zusammentrat, wurde Kopernikus' Freund Tiedemann Giese zum Domkustos gewählt. Das bedeutete: sie durften das Jahr 1524 zusammen in Frauenburg verbringen und konnten gemeinsam den Himmel beobachten. Das Domkapitel wußte recht gut, was es tat. War doch von einer sicheren Theorie über die Bewegung der Himmelskörper letzten Endes die Festlegung der kirchlichen Feste, des kirchlichen Heiligenkalenders abhängig. Die Himmelsbeobachtungen erfüllten einen doppelten

Zweck: Sie dienten der astronomischen Wissenschaft und nützten dem Anliegen der Kirche.

Auch Tiedemann Giese betrieb seine Forschungen mit gründlichem Eifer. Darüber hinaus war er jederzeit bereit, dafür erhebliche finanzielle Opfer zu bringen, indem er Geräte aus England kommen oder im eigenen Land bauen ließ. Sein Ehrgeiz lag aber vor allem auf geistlicher Ebene: ihn lockte der Bischofsstuhl.

Nikolaus Kopernikus dagegen war ein Domherr, der sich nie für das Theologiestudium erwärmt hatte, dessen Interesse einem geistlichen Amt nur insofern galt, als es Pflicht eines Domherrn war, ein solches Amt zu übernehmen. Eine günstige Fügung führte diese beiden Männer noch enger zusammen. War die Triebkraft ihres Forschens auch verschieden, so waren sie sich hinsichtlich des zu erzielenden Ergebnisses doch einig und spornten einander stets zu neuen Taten an.

Nach dem Vorbild des Ptolemäus ließ Giese aus Metall eine Armillarsphäre zur Beobachtung der Tag- und Nachtgleichen bauen. Aus England bestellte er ein Gnomon*, hergestellt von einem „trefflichen Künstler, der selbst Mathematikkenntnisse besaß".

DASS die beiden Forscher im kleinen Frauenburg auch eifersüchtige Geister auf den Plan riefen, dürfte keinen verwundern. Einigen Domherren gingen die beiden „Himmelsgucker" auf die Nerven, andere sahen in ihnen „Nichtstuer", die sich auf Kosten der Kollegen ein Vergnügen bereiteten, zumal dann, wenn sich die Beobachtungszeiten mit der strengen Kapitelordnung nicht in Einklang bringen ließen. Es kam so weit, daß Nikolaus Kopernikus eine Neigung zur Ketzerei vorgeworfen wurde, da er mehrere Tage hintereinander nicht an den obligatorischen Gottesdiensten teilgenommen hatte, weil eine bestimmte Konstellation am Sternenhimmel ihm wichtiger erschien. Gott verlange zwar das Gebet von seinen Dienern, meinte er, doch habe er dafür keine bestimmten Stunden vorgeschrieben. Ein murrender Kon-

---

* Senkrecht stehender Stab, dessen Schattenlänge zur Bestimmung der Sonnenhöhe gemessen wird (für Sonnenuhren)

frater aber verstieg sich zu der Behauptung, das Gebet sei nur zu den festgesetzten Zeiten wertvoll, da Gott vom Menschen fordere, daß er ihn mehr liebe als alles andere auf dieser Welt. Kopernikus stelle also durch sein säumiges Verhalten unter Beweis, daß ihm die Sterne wichtiger seien als Gott. Dieser Domherr ziehe die Schöpfung dem Schöpfer vor; das sei Ketzerei.

Ein anderer Domherr vertrat die Ansicht, Giese und Kopernikus sollten sich mehr um die Theologie kümmern als um die Astronomie. Spöttisch fügte er hinzu, Gott sei den Sternen viel näher, er warte nicht darauf, daß ein Frauenburger Domherr zum Himmel komme, um ihn darüber eines Besseren zu belehren.

Die Grundlage für das Forschen der beiden Domherren bildete nach wie vor das Ptolemäische Weltbild, von dem sie zwar in entscheidenden Punkten abwichen, das sie aber als Ganzes nach wie vor zu verteidigen bereit waren.

Nun hatte zu Beginn des Jahres 1524 der Nürnberger Pfarrer Werner eine Schrift über die Bewegungen am Himmel herausgegeben, die Kopernikus von seinem Krakauer Studienfreund, dem Domherrn Bernhard Wapowski, zugeleitet worden war. Er hatte diese Schrift gründlich studiert, aber am Ende mit wachsender Empörung zur Seite gelegt. Wagte der Nürnberger Pfarrer doch, die verehrungswürdigen großen Astronomen der Antike, ja selbst Ptolemäus, unzuverlässiger Beobachtungen und Angaben, ja schwerster Fehler zu beschuldigen. Er nannte das „Verrat an der heiligen Sache".

Tagelang ging er grollend in seinem Turm auf und ab, sprach mit Tiedemann Giese darüber, der seine Meinung teilte. War der Augenblick gekommen, da ein Trennungsstrich zwischen der alten und der neuen Wissenschaft gezogen werden mußte? Galt es jetzt, die Rolle der antiken Wissenschaftler ein für allemal als historisch festzulegen und der Vergangenheit zu überlassen? Dazu konnten sich die Frauenburger Domherren nicht entschließen.

Es sollte sich später herausstellen, daß der Nürnberger Pfarrer sich keineswegs geirrt hatte. Er hatte allein das Sakrileg begangen, offen, in einer Schrift, an Ptolemäus und den Alten zu rütteln, hatte sich Monolithen widersetzt, die Denkmalschutz genossen. Die Wissenschaft, in deren Namen er es getan hatte, gab ihm später recht.

Es dauerte noch geraume Weile, bis auch Kopernikus offen aussprach, daß die „Alten ihre Angaben allzu häufig ihrer Theorie angepaßt haben".

Säkularisation des Deutschordensstaates

Am 1. Januar 1520 hatte der letzte und unrühmlichste Krieg des Ordensstaates gegen Polen, der Reiterkrieg, begonnen. Das Fürstbistum Ermland erklärte seine Neutralität, das reiche Elbing unterstützte den König mit Geld und Leuten und trug wesentlich zur Entscheidung in diesem Krieg bei. 1522 begab sich Hochmeister Albrecht nach Deutschland, um neue Kreuzfahrer zu gewinnen. Als Regenten ließ er in Königsberg Bischof Georg von Polentz von Samland zurück, der seine rechte Hand war. Es gelang ihm anfangs, Söldner gegen Ostland in Bewegung zu setzen, doch kehrten diese wieder um, als sie erfuhren, daß die Kassen des Ordensstaates leer waren.

Konnte der Hochmeister sein eigentliches Ziel nicht erreichen, so gelang ihm doch die Verwirklichung einer Nebenabsicht. Schon im vergangenen Jahr hatte Albrecht von Martin Luther in Wittenberg gehört. Dietrich von Schönberg, der 1521 am Wormser Reichstag teilgenommen hatte, billigte zwar Luthers Lehre nicht, glaubte aber Hinweise auf eine Reform des Deutschen Ordens von ihm erwarten zu können.

Auf dem Weg von Berlin nach Nürnberg machte der Hochmeister vor dem Wittenberger Augustinerkloster halt. Luther gab ihm drei Ratschläge: das Rittertum beizubehalten, das Mönchtum aber aufzugeben, zu heiraten und eine weltliche Herrschaft, etwa in der Form eines Herzogtums, zu errichten.

Hochmeister Albrecht bat Luther, evangelische Prediger nach Preußen zu entsenden. Am 27. September 1523 predigte der ehemalige Franziskanermönch Johannes Briesmann im Königsberger Dom. Luthers große Hoffnung war, „daß Christus etliche Bischöfe für sich halten werde, daß sie in ihr Herz gehen und zur rechten Erkenntnis Gottes kommen würden". Diese Hoffnung erfüllte sich im Hinblick auf den Deutschordensstaat.

Während das Bistum Ermland seit seiner Gründung autonom geblieben war und sich allen Versuchen des Ordens, es seinem Staat einzuverleiben oder zumindest Einfluß zu gewinnen, energisch widersetzte, wurden das Domkapitel des Bistums Samland 1285, das Domkapitel des Bistums Pomesanien schon 1284 dem Orden inkorporiert. Bischof Georg von Polentz wie auch Paul Speratus, der 1524 von Luther nach Preußen geschickt und 1530 Bischof von Pomesanien wurde, wurden eifrige Vorreiter der Reformation. Im Bischofsornat hielt von Polentz am ersten Weihnachtsfeiertag 1523 eine Predigt, mit der er die Geburtsstunde der Reformation in Preußen einläutete. Seinen Predigten ließ von Polentz ein „Reformationsmandat" folgen, in dem er empfahl, die Schriften des Reformators zu lesen.

Im Mai 1524 kam es zu einer zweiten Begegnung zwischen Hochmeister Albrecht und Martin Luther. Darin zeigte sich der Hochmeister verwundert über die lutherischen Mandate des Bischofs Polentz, die nicht offizielle Verlautbarungen seien, wollte diese aber dulden, da er den guten Willen bei seinem Bischof voraussetzte. Noch im November 1524 erklärte der Hochmeister gegenüber seinem Ordensprokurator, seine „lutherische Haltung" sei nur ein Gerücht.

Im März 1525 begannen Verhandlungen mit König Sigismund I. Sie wurden vom Bruder Albrechts, Georg von Ansbach, und von seinem Schwager, Friedrich von Liegnitz, geführt; beide, wie er, mit dem Haus der Jagellonen verwandt. Das Ergebnis wurde von den einen „Krakauer Vertrag vom 9. April 1525", von den anderen „Krakauer Kuhhandel" genannt; es fand weder die Zustimmung des Kaisers noch die des Papstes, aber es brachte vollendete Tatsachen: Säkularisation* des Ordensstaates, Belehnung Albrechts mit der Würde eines Herzogs in Preußen durch den König von Polen und Mitbelehnung seiner Brüder Georg, Kasimir und Johann. Am 6. Juli 1525 erließ Herzog Albrecht das Reformationsmandat für das Herzogtum Preußen, und noch vor

---

* Einziehung geistlicher Besitzungen; Verweltlichung

Jahresende folgte die neue Landesordnung, die zugleich Kirchenordnung war.

Die Kirchenordnung sah vor, daß im Lande Preußen ein einheitlicher Gottesdienst abgehalten werde, die „Deutsche Messe" Luthers, daß in jedem Gottesdienst aus Luthers Bibelübersetzung gelesen werde; das Abendmahl sollte fortan in zwei Gestalten – Brot und Wein – ausgeteilt werden.

Das Herzogtum Preußen war das erste auf der Welt, in dem die Lehre Luthers als „Staatsreligion" Fuß faßte. Luthers kühnster Traum war damit in Erfüllung gegangen, denn ohnedies sah er sein Werk gefährdet. Er mag in jenen Tagen an die Fehler zurückgedacht haben, die Herrmann von Salza bei der Gründung des Ordensstaates beging, denn er riet dem neugebackenen Herzog, diese unbedingt zu vermeiden. Der Orden hatte zwar die Pruzzen bekehrt, hatte sich aber um eine Umerziehung und vor allem um Schulen wenig gekümmert. Von Salza dachte als „Staatsmann". Luther dachte in erster Linie als Reformator, der sein Werk gesichert sehen wollte. Und Herzog Albrecht von Preußen stand so stark unter seinem Einfluß, daß er alles tat, um die neue Lehre in seinem Herzogtum zu festigen. Luthers Katechismus wurde in die pruzzische, litauische und polnische Sprache übersetzt. Es galt die Bevölkerung des Herzogtums zu gewinnen; nur so konnte der neue Staat Bestand haben. So konnten beispielsweise die Masowier protestantisch werden, ohne ihre polnische Muttersprache aufgeben zu müssen. Die Säkularisation des Ordensstaates vollzog sich im Gegensatz zu der Eroberung des Pruzzenlandes ohne Schwert, allein mit dem Wort.

WIRTSCHAFTLICHE Rivalitäten und politische Händel hatte es bisher zur Genüge gegeben; eines aber war stets von Auseinandersetzungen unberührt geblieben: die weltanschauliche Einheit, die Einheit des Glaubens. König, Hochmeister, Fürstbischof und Domkapitel, obwohl vier Souveräne, gehörten der einen christlichen Kirche an und achteten ihre Gebote. Kaiser und Papst wurden als die höchsten Instanzen in weltlichen und geistlichen Fragen anerkannt. Das war bereits anders geworden, als 1522 die Freie Stadt Danzig sich als erste Stadt im Osten entschlossen hatte, ihre eigenen Wege zu gehen. Eine evangelische Schule war gegründet worden, Menschen bekannten sich offen zur neuen Lehre des von Kaiser und Papst in Acht und Bann erklärten Mönchs von Wittenberg. Diesem Vorbild folgte der Hochmeister des Deutschen Ordens. Er verzichtete auf den „ewigen Besitz", der dcm Orden in den Bullen von Rimini und Rieti zugesprochen worden war; er verzichtete aber nicht auf die Herrschaft, die Machtentfaltung seines eigenen Hauses. Unterstützt vom Polenkönig, erklärte er sich und die Seinen zu den Erben des Deutschordensstaates. Mit Hilfe Martin Luthers gründete er aus eigener Machtvollkommenheit den preußischen Staat.

Am 10. April 1525 fand in Krakau die feierliche Belehnung Albrechts von Brandenburg-Ansbach statt. Er huldigte dem König, und dieser erhob ihn in den erblichen Herzogsstand. Die Mehrzahl der Ordensritter stimmte der Säkularisation des Ordens zu und legte das Ordenskleid ab; die damit nicht einverstanden waren, gingen nach Deutschland, wo der neugewählte Hochmeister, der sich jetzt Hoch- und Deutschmeister nannte, vergeblich versuchte, Kaiser und Papst zu einer gewaltsamen Aktion gegen den Herzog von Preußen zu bewegen.

Die Umwandlung des Ordensstaates in ein protestantisches Herzogtum machte eine Neuordnung der Landesverwaltung notwendig, doch ließ sich der Herzog Zeit. Es kam vorerst nur zu einer Umbenennung der Ämter.

Der König war Lehnsherr des Herzogs in Preußen. Für dieses Vorrecht hatte er der Reformation Tür und Tor geöffnet. Die Bischöfe von Samland und Pomesanien blieben als evangelische Bischöfe in ihren Ämtern, gaben aber die weltliche Herrschaft an den Herzog ab. Der Zölibat wurde abgeschafft, alle Klöster wurden geschlossen, die Ordensleute in die Welt entlassen. Viele von ihnen flohen über die Grenzen, um sich den Niederlassungen ihrer Orden im Ermland oder im Königlichen Preußen anzuschließen, andere heirateten und ergriffen weltliche Berufe.

Das Ermland blieb verschont. Doch man erkannte die Gefahr der Stunde und unterließ keine Vorbeugungsmaßnahme. Fürstbischof Mauritius Ferber war ein erfahrener Mann und heftiger Gegner der Reformation. Er hielt es für angebracht, seinem

Fürstbistum eine neue Landesordnung und kurz darauf der ermländischen Kirche neue Statuten zu geben, die den Gegebenhei-
ten der Zeit entsprechen sollten. Nikolaus Kopernikus war, als
der Bischof sein Amt übernahm, Kanzler des Domkapitels gewesen und bekleidete im Augenblick kein besonderes Amt. Für ihn
war die Stunde gekommen, sich als Staatsmann und bald darauf
auch als Kirchenmann zu bewähren. Das Frauenburger Domkapitel stellte ja eine autonome Landes- und auch Landeskirchen-
„Regierung" dar. Vordringlich erschien die Regelung der weltlichen Angelegenheiten. So konnte bereits auf dem Heilsberger
Landtag am 22. September 1526 die „Landesordnung des Stiffts
Ermland" beschlossen und verkündet werden. Nikolaus Kopernikus hatte nicht nur unermüdlich an dieser „Verfassung" mitgearbeitet; er war auch bei deren Beschlußfassung und Verkündi-
gung persönlich zugegen. Wie kaum ein anderer Domherr kannte
er aus seiner Administratorenzeit das ermländische Volk, wußte
um die Wirren der Zeit, um die Gefährdung des christlichen Friedens und vor allem der christlichen Einigkeit. Er hatte erst kürzlich erlebt, daß zwei Bischöfe benachbarter Diözesen – Pomesanien und Samland – mit fliegenden Fahnen zur Reformation
übergeschwenkt waren; und er kannte vor allem den Einfluß, den
der zum Protestantismus übergetretene Hochmeister des Deutschen Ordens auch auf die Stimmung im Fürstbistum Ermland
ausüben konnte, zumal ja einige der „Neuerungen" – vor allem
die Erlaubnis der Priesterehe – wie auch Versprechungen gegenüber den Bauern auf sozialem Gebiet manch einem verlockend
erschienen. Auf den Zusammenhang der neuen Landesordnung
mit den Geschehnissen der Reformation wies gleich der erste
Abschnitt hin, in dem auf Empörung, Zwietracht, Spaltung der
Einheit und Liebe, auf gesäten Aufruhr wie Gefährdung des geistlichen wie auch weltlichen Handelns verwiesen wurde. Das Gebot, an den bisherigen Bräuchen und Gewohnheiten festzuhalten, war wohl eher auf einen Vorschlag des Kopernikus in die
Landesordnung eingebracht worden als die Verpflichtung aller
Untertanen des Fürstbistums, die Bücher Luthers und seines An-
hangs, Auslegungen, selbst Dichtungen, Reime, Schmähbriefe,
gleich, welchen Namen sie trügen, dem Kapitel auszuliefern und

nicht zu gebrauchen. Kopernikus wird sich bei der Abfassung dieser Vorschrift gewiß jener Tage erinnert haben, als er selbst Bücher „in der Sprache des Teufels" las und aus dieser übersetzte, als er aus manch einem der Kirche gewiß nicht genehmen Werk Anregungen schöpfte. Deutliche Züge der Ratschläge des Frauenburger Domherrn verraten auch die Verbote von Zusammenkünften, Disputen, „Zanken und Schelten an Biertheken". Oft hatte er bei seinen Inspektionen als Dompropst mit Bauern oder Dorfältesten an einer Theke gestanden und disputiert, deren Unerfahrenheit und Beeinflußbarkeit immer wieder kennengelernt.

Ganz im Sinne des Kopernikus erscheint die Sorge für die alten Leute in Hospitalen, Gilden, Bruderschaften; war doch die Versorgung der Alten, die Sorge um die Hilfsbedürftigen, die Pflichterfüllung der Kinder gegenüber ihren Eltern in seiner Administratorenzeit, besonders wenn es um die Besetzung leerstehender Höfe oder um neue Landaufteilungen ging, neben der Bemühung um die Krankenversorgung, seine vornehmste Sorge gewesen. Manch einen Erbstreit hatte er erlebt; er wußte, wie Bauern unter der Zinsschuld leiden konnten, wie vor allem Seuchen und Feuer immer wieder Haus und Habe bedrohten.

Während Nikolaus Kopernikus als Administrator des Kapitels von Dorf zu Dorf, von Hof zu Hof geritten war, hatte er jene Erfahrungen gesammelt, die sich in einer ausgiebigen neuen Marktordnung niederschlugen, die für die erste Hälfte des 16. Jahrhunderts vorbildlich war. In seiner besonderen Besorgnis um echte Maße und Gewichte schlägt sich die Sorge des Kopernikus um den Wert und die Entwertung der Münze nieder, mit denen er sich bald sehr eingehend beschäftigen sollte.

Falschmünzer am Werk

1226 hatte Kaiser Friedrich II. dem Deutschen Orden das Münzrecht verliehen. 1457 hatten Danzig, Elbing und Thorn von König Kasimir IV. in einem Münzregal das Recht zur eigenen Münzprägung erhalten. Die Bischöfe von Samland und Pomesanien hatten nur im 14. Jahrhundert von ihrem Münzrecht Gebrauch gemacht und gelegentlich Pfennige prägen lassen.

Innerhalb einer Stadt ließ sich die Münzfrage leicht lösen. Die Verschiedenheiten der Münzen jedoch erschwerten jeden Außenhandel, zumal mit den Münzprägern auch Münzfälscher und Münzpanscher auftraten. Die Münze hatte zwar ihren Eigenwert, den Metallwert, doch war es denen, die sie prägten, durchaus möglich, diesen Wert zu erhöhen oder zu mindern. Geldentwertung war eine Frage der Metallmischung. Immer wieder wurden Klagen laut, daß Städte ihr Geld verschlechterten. Den Klagen folgten Drohungen, den Drohungen der Handelsboykott.

Schon während seiner Administratorenzeit in Allenstein hatte sich Nikolaus Kopernikus eingehend mit diesem Problem beschäftigt. Er interessierte sich dafür nicht so sehr als Wirtschaftsexperte, sondern als Mathematiker. Er hatte im Allensteiner Schloß eine wissenschaftliche Abhandlung über das preußische Münzwesen verfaßt, ohne jeden Auftrag und ohne zu ahnen, daß dieser Entwurf später einmal die Grundlage für eine Münzdenkschrift werden sollte. Da er das Problem wissenschaftlich behandelte, bediente er sich der Gelehrtensprache, des Lateins. Er prangerte die Münzherren an, die Münzen aus unzureichenden Metallegierungen oder aus schlechtem Metall prägten. Er versuchte, aufgrund dieser Erkenntnisse den Verfall der preußischen Münzen aufzuzeigen. Erst danach folgten seine Vorschläge zur Reform.

Bald war in weiteren Kreisen bekanntgeworden, daß sich der Domherr Kopernikus für das Münzwesen interessierte. 1519 richteten die westpreußischen Stände in aller Form an ihn die Bitte, ihnen praktische Vorschläge zu einer Münzreform zu unterbreiten. Damit war für Kopernikus das Problem zu einem finanzpolitischen geworden. Da er wußte, daß nicht alle Finanzexperten die lateinische Sprache beherrschten, faßte er seine erste private Denkschrift in der Landessprache ab. Grund dafür war sicher auch die Tatsache, daß – im Gegensatz zum ermländischen Domkapitel – nur wenige „Gelehrte" dem Ständetag angehörten. Der Reiterkrieg stand damals unmittelbar vor der

Tür. Kopernikus' Gutachten über das preußische Münzwesen fand daher wenig Beachtung. Es wurde vorerst abgelegt.

1522 nahm Nikolaus Kopernikus als Vertreter des Kapitels am Graudenzer Landtag teil. Dort erinnerte man sich seiner Münzforschungen und bat ihn, seine Meinung über eine gemeinsame Münze in ganz Preußen wie auch im Königreich darzutun. Er kam dem Wunsch nach. Grundlage für diese zweite Denkschrift blieb sein Gutachten von 1520; es bedurfte nur weniger Angleichungen.

Die Münze sei ein Stück Edelmetall, stellte Kopernikus eingangs fest, Gold oder Silber, dem man ein bestimmtes Zeichen aufgeprägt habe. Sie diene zur Bezahlung von Gütern, deren Kauf- oder Verkaufspreis ein Regent oder eine Stadt festsetze. Notwendig sei, das Maß habe einen beständigen Stand, sonst würden Käufer wie Verkäufer betrogen. Er stellte die Frage, warum das Prägen des Metalls überhaupt nötig sei, und begründete dies zweifach: Der Kaufmann könne die Waage nicht stets mit sich tragen, der Käufer den Feingehalt des Metalls nicht ohne weiteres überprüfen. Prägung sei Vertrauenssache.

Unangenehm war den Münzprägern seine Forderung, jede alte Münze aus dem Umlauf zu ziehen, wenn eine neue erscheine, um keinen „falschen Wert" vorzuspiegeln. Durch langen Gebrauch könne sich eine Münze abnutzen.

Die Vorschläge zur Reform begannen mit der Grundforderung, künftig solle nur eine Stelle Münzen prägen; die Münze solle nicht mehr den Namen der Stadt, sondern den des Landes tragen. Für ganz Preußen solle eine Münze gelten. Er räumte ein, falls der Herzog von Preußen auf eigener Münze bestehe, sollte es zwei Münzen geben, gleich an Gewicht und Feinmetall. Die Städte Thorn, Elbing und Danzig stimmten gegen diesen Vorschlag. Sie waren mächtige Handelsstädte und ließen sich von einem Domherrn keine Vorschriften machen.

1524 wandte sich jedoch der Danziger Rat an Kopernikus. Diesmal war der Reiterkrieg schuld daran, daß es zu keinem Kompromiß kam. Erst das Jahr 1525 gestattete, die Münzreform erneut ins Auge zu fassen. Kopernikus erhielt den offiziellen Auftrag, sein Memorandum den Forderungen der Stunde anzupassen. Die relative Einheit, die bis dahin zumindest auf dem Wirtschaftssektor bestanden hatte, war endgültig verlorengegangen. König, Herzog, Fürstbischof und Domkapitel – jeder erließ eigene Bestimmungen und wachte darüber, daß sie eingehalten wurden. Es herrschte nach der Umwandlung des Ordensstaates eine Rechtsunsicherheit, die Banden und Dieben ihre finstere Tätigkeit gestattete. Da die Landesherren ja feindliche Brüder geworden waren, da eine Grenze zwischen katholischem und protestantischem Gebiet herrschte, konnte das Diebsgesindel mit Straffreiheit rechnen, wenn es ihm gelang, diese zu überschreiten. Noch nie war die Stunde für Geldfälscher so günstig gewesen wie jetzt. Hinzu kamen überhandnehmendes Spekulantentum und ständige Teuerung der Lebensmittel. Die dritte Kopernikanische Schrift zur Münzreform begann mit einer Reihe sozialer Aspekte, und er nützte die Gelegenheit, um nicht nur die Münzeinheit, sondern den gemeinsamen Markt zu fordern. Er hatte in seinen Verwaltungsjahren genügend Erfahrungen gesammelt, um den praktischen Forderungen der Stunde den Vorrang vor allen noch so gelehrten Theorien zu geben. Nur die Wirtschaftseinheit im Königreich, in den beiden Preußen und in den Städten könne zur Gesundung der Wirtschaft führen. Wieder lag Kopernikus vor allem die Not der armen Leute am Herzen.

Auf der Tagesordnung des Marienburger Landtags vom Mai 1528 stand als zu behandelnder Punkt die Münzordnung. Kopernikus war als Sachverständiger eingeladen. Er legte hier seine Denkschrift *Moneta cudende ratio* vor. Um dem Text Nachdruck zu verleihen und den wissenschaftlichen Charakter zu betonen, hatte er sich entschlossen, die Schrift in lateinischer Sprache abzufassen.

Er stellte ihr einen geschichtlichen Abriß über das preußische Münzwesen voran: den ersten Versuch einer Münzgeschichte Preußens. Im übrigen wiederholte er seine früheren Forderungen nach einheitlicher Münzprägung – an allerhöchstens zwei Orten. Den Weichselstädten warf er die eigennützige Schaffung eines Münzwirrwarrs vor, an der Spitze dem stolzen Danzig, aber auch der Stadt Elbing. Elbing war ihm seitdem feind. Den Machthabern im Preußenland warf er vor, sie würden „einem solchen

Verfall unseres lieben Vaterlandes, dem wir alles verdanken, mit kopfloser Nachlässigkeit zusehen, bis es eines Tages kläglich untergeht".

Dennoch wäre es falsch, bei Kopernikus nur die wirtschaftlichen Aspekte hervorzuheben, unter denen er den Geldverfall nach 1525 sah. Nicht nur als Wirtschaftsfachmann, als Mathematiker, auch als Geisteswissenschaftler hatte ihn dieses Problem mit den Jahren immer mehr gefangengenommen. „Überall blüht Handel und Wandel, Kunst und Gewerbe", schrieb er, „überall, wo das Geld gut ist. Schlechtes Geld macht die Menschen schlaff und träge, läßt sie die Pflege des Geistes unterlassen. Leichtes Geld fördert die Trägheit, schafft der Armut nicht Abhilfe."

Auf dem Marienburger Landtag kam es zu einer Einigung über grundsätzliche Fragen. Die praktische Durchführung wurde jedoch auf das kommende Jahr vertagt. Kopernikus arbeitete an der Münzreform bis zum Jahr 1530 mit. Er war enttäuscht, als man schließlich eine Lösung fand, die seine wichtigsten Vorschläge unberücksichtigt ließ. Sein Verdienst lag vor allem darin, daß er den Reformversuchen stets erneut den Weg bereitete, die Münzfrage bei den Ständen und Städten „wachhielt", daß er den Beratenden über manche Klippe hinweghalf.

Es hätte dem Ideal eines Humanisten, eines allseitig gebildeten Menschen widersprochen, wenn Kopernikus sich in den ersten zwanzig Jahren, die er im Dienst des Bischofs oder Kapitels stand, nur einer einzigen Aufgabe gewidmet hätte. Noch während er an der Münzschrift arbeitete, schuf er im Auftrage seines Bischofs Mauritius Ferber eine Karte des ganzen Preußenlandes, der ein Jahr später eine „erdkundliche Beschreibung ganz Preußens" folgte. Schon als Junge war er ein guter Zeichner gewesen. Alle erläuternden Illustrationen in seinem späteren Hauptwerk, den *Revolutiones,* stammen aus seiner Feder. Technische Genauigkeit wird an seinen Zeichnungen besonders gerühmt.

1510 soll Kopernikus, einem Brief des Fabian von Lossainen an den Ordenskanzler Hans von Schönberg zufolge, im Besitz einer Karte gewesen sein. Auf ihr soll er das Fürstbistum Ermland kartographisch dargestellt haben. Als das Frauenburger Domkapitel 1519 mit der Stadt Elbing wegen Fischereirechten im südlichen Teil des Frischen Haffs einen Prozeß führte, lagen dem Gericht Kartenskizzen von der Haffküste und von der Gegend um Tolkemit vor, die der Hand des Nikolaus Kopernikus zugeschrieben werden. Diese Karten dienten den landesunkundigen Gerichtsherren auf dem Marienburger Gerichtstag als Unterlagen für einen Vergleich, den die prozeßführenden Parteien schlossen.

Bis heute ist die Frage ungeklärt, inwieweit Nikolaus Kopernikus an der Erstellung der Karte von ganz Polen beteiligt war, die sein Freund, der Geograph, Astronom und Historiker Bernhard Wapowski, 1526 geschaffen hat, der ältesten Karte dieser Art.

Die Polenkarte enthielt an die tausend Ortschaften und galt zu ihrer Zeit als Muster der Genauigkeit. Was an ihr auffiel: Das Culmer Land war viel genauer eingezeichnet als die übrigen Landesteile. Hier waren besonders viele Orte verzeichnet; über die Hälfte von ihnen mit deutschen Namen benannt. Eines steht fest: Kopernikus hat das Culmer Land, seine Heimat, sicher weit besser gekannt als Wapowski. Er war in Thorn geboren, in Culm zur Schule gegangen, hatte wiederholt Graudenz besucht, war in Culmsee öfter gewesen: er kannte dieses Gebiet. Mehrfach wird berichtet, er habe Ortsmessungen vorgenommen: so die geographische Lage von Frauenburg mit 54° 19′ – haargenau mit späteren Messungen übereinstimmend – ermittelt. Auf der Wapowskischen Karte lagen die Städte Graudenz, Culm und Culmsee auf denselben Breitengraden wie auf allen späteren Karten. War die Vermessung des Culmer Landes, die dieser Polenkarte zugrunde lag, das Werk des Kopernikus?

1529 erwähnt Bischof Ferber in einem Brief an Alexander Sculteti eine Preußenkarte des Nikolaus Kopernikus. Leider ist von allen diesen Zeugnissen nichts erhalten geblieben. Wir wissen nur, daß Kopernikus im Jahr 1529 in seinem Frauenburger Turmzimmer „über eine Karte gebeugt" saß.

Die Statuten des Domkapitels

Siebenundzwanzig Jahre war es her, seit Nikolaus Kopernikus als Leibarzt zu seinem bischöflichen Onkel aufs Heilsberger Schloß gezogen war. Fast drei Jahrzehnte hatte er im Fürstbistum Ermland gewirkt. Inzwischen war er siebenundfünfzig Jahre alt geworden. War es an der Zeit, sich zur Ruhe zu setzen? Es ging um sein Hauptgeschäft: sich ganz dem Sternenhimmel zuzuwenden, den Mathematikern endlich den langerwarteten Beweis zu liefern, den er ihnen in seinem *Commentariolus* versprochen hatte und bis heute schuldig geblieben war.

Nikolaus Kopernikus überschaute sein bisheriges Leben. Er hatte Erfolge verzeichnen können, aber er hatte auch Niederlagen einstecken müssen. Im großen und ganzen, konnte er sagen, habe Gottes Segen bisher überreich auf seiner Arbeit geruht. Ein Mensch kann nicht alles erreichen. Er war demütig genug, sich dies einzugestehen. Seine politische Laufbahn näherte sich dem Ende.

Die „Abschiedsvorstellung" des deutschen Ordensstaates hatte jedoch weite Landstrecken des Ermlands in eine Wüstenei verwandelt. Für den Wiederaufbau und eine systematische Neubesiedlung brauchte man angemessene Bestimmungen. So hatten Bischof Mauritius Ferber und das Domkapitel vorerst 1526 die neue Landesordnung erlassen, die sich inzwischen als so gut erwiesen hatte, daß sie 1529 die Grundlage für eine gemeinsame Landesordnung ganz Preußens bildete.

Im Gegensatz zu den Kapitelstatuten der Bistümer Pomesanien und Samland, deren Domkapitel dem Deutschen Orden inkorporiert waren, bedurfte es im Fürstbistum Ermland neben der Regelung geistlicher auch einer Regelung weltlicher Aufgaben, hatten Bischof und Kapitel doch im autonomen Staat seit Gründung des Bistums ihre landesherrlichen Pflichten.

Wie es nach dem Reiterkrieg im Ermland aussah und welchen Vorrang daher die Landesordnung genoß, verrät die Einleitung zu den Statuten des Guttstädter Kollegiatstiftes, 1533 in Heilsberg bestätigt: In diesem Krieg, heißt es darin, seien die Dörfer des Kollegiatstiftes fast ausnahmslos niedergebrannt und die Bauern größtenteils geplündert und niedergemetzelt worden. Nur sehr wenige Bauern hätten die Kriegsjahre überlebt. Und selbst diese seien während des darauf folgenden Waffenstillstands oder durch überhöhte Zinsforderungen des Ordens zur Flucht gezwungen oder aber von der grassierenden Pest hinweggerafft worden.

Die Aufstellung der Statuten des Frauenburger Domkapitels war nun die zweite große Aufgabe, vor die sich Bischof und Domkapitel gestellt sahen und zu der Nikolaus Kopernikus – als residierender Domherr – herangezogen wurde. Als er in das Frauenburger Domkapitel eingetreten war, galten die Kapitelstatuten von 1488, unter Bischof Nikolaus von Tüngen erlassen. Schon als Bischof Mauritius Ferber 1523 die ermländische Cathedra bestieg, war die allgemeine Lage mit der im Jahr 1488 kaum vergleichbar. Nun aber war die Katastrophe über das Land hinweggebraust.

Am Wiederaufbau des Fürstbistums war Nikolaus Kopernikus maßgebend beteiligt gewesen. Schon im Frühjahr 1521 hatte er damit begonnen, das vom Deutschen Orden in Schutt und Asche gelegte Frauenburg, vor allem die stark zerstörte Domburg, wieder aufzubauen und im Kammergut die Verwaltung neu einzurichten. Nach der Arbeit an der Landesordnung begab er sich dann unverzüglich an die Neufassung der Kapitelstatuten, die für ihn genauso verbindlich werden sollten wie für die übrigen Domherren.

Werner Thimm schreibt in seiner Einleitung zu den Statuten des Frauenburger Domkapitels, diese gälten als „wichtige Quelle zur Biographie des Begründers des heliozentrischen Weltbildes. Ohne ihre Kenntnis würde manche Station in seinem Leben unverständlich bleiben." Und er fährt fort: „Die Obliegenheiten der Frauenburger Domherren erstreckten sich nicht nur auf die übliche Gestaltung des Gottesdienstes an der Kathedralkirche und die Beratung des Bischofs bei der geistlichen Führung der Diözese, sondern umfaßten darüber hinaus auch noch die mannigfaltigen Aufgaben einer weltlichen Landesherrschaft."

Diese „doppelte Aufgabe" – insbesondere die Bestimmungen für die weltliche Herrschaftsausübung – erforderte einige Jahre harter Arbeit. Immer wieder kam es zu langen Beratungen mit dem reformfreudigen Bischof und dem Kapitel, denn der Bischof mußte die neuen Statuten voll billigen. Fast fünf Jahre vergingen, ehe der erste Plan aufgezeichnet worden war. Man war sich bewußt, daß hier ein Verfassungswerk auf lange Sicht geschaffen werden mußte. 1532 lag die Endfassung endlich auf dem Tisch.

Eine Generalversammlung konnte einberufen werden, in der am 19. März 1532 die Statuten vom Bischof und seinem Kapitel feierlich besiegelt wurden. Der Kanzler des Kapitels, Alexander Sculteti, stellte für jeden Domherren eine Ausfertigung her, die diesem feierlich übergeben wurde und die er seinem Nachfolger hinterlassen sollte. Die Statuten zählten 69 Paragraphen; im Vergleich zu denen des Jahres 1488 waren sie ein „umfassendes Werk". Sie begannen mit der Regelung der kirchlichen Ämter, regelten Rechte und Pflichten der Domherren, Pfründe und Distributionen, regelten Residenz und Abwesenheiten, Kurien und Allodien, Testament und Testamentsvollstreckung. Im zweiten Teil behandelten sie die Gesandtenaufträge, Beamte und Ämter, Visitationen und Versammlungen, Tätigkeiten des Kapitels, die Pflichten der Vikare und schließlich die Lesung der Statuten selbst.

Vor dem Hintergrund dieses weltlichen wie geistlichen „Stundenplans", der pünktlich erfüllt werden mußte, erscheint das Leben eines Frauenburger Domherrn voll ausgefüllt, und mehr als erstaunlich dürfte es sein, wie ein Nikolaus Kopernikus trotz aller dieser stets streng erfüllten Pflichten ein so umfangreiches und vor allem so vielseitiges Lebenswerk in den wenigen Jahrzehnten vollbringen konnte, die ihm auf dieser Erde beschert waren.

Unter den neuen Statuten übernahm Kopernikus als erstes Amt 1538 das des Mortuarius; 1541 wird er als Magister *fabricae ecclesiae* – als Verwalter der Dombaukasse – erwähnt. Während dieser Jahre entstand die endgültige Fassung seines Hauptwerkes, der *Revolutiones*.

Im Dienste seiner Mitmenschen

Vor allem im letzten Jahrzehnt seines Lebens trat Nikolaus Kopernikus immer öfter als Arzt in Erscheinung. Die Bilder, die von ihm überliefert worden sind, zeigen ihn als Domherrn, als Astronomen, als Staatsmann, in der Mehrzahl jedoch als Arzt. Wie Tiedemann Giese berichtet, wurde er „wie ein Äskulap verehrt".

Seinem Vorbild getreu, dem großen Hippokrates, dem „Vater der Ärzte", geboren um 460 vor Christus auf Kos, richtet Kopernikus sein Augenmerk auf den Gemütszustand des Erkrankten und kurierte nicht nur das betroffene Organ. Der ganze Mensch mußte behandelt werden; es galt lediglich die Natur in ihrem Bestreben zu unterstützen, den Organismus zu heilen. Mit Aristoteles, dem Sohn des königlichen Leibarztes Nikomachos, geboren 384 vor Christus im makedonischen Stageira, glaubte auch er, daß die Natur nichts ohne Absicht geschaffen habe. Er neigte zu dessen Meinung, daß das Herz eine zentrale Bedeutung für den Körper habe, daß es, wie Aristoteles lehrte, die „Quelle des Lebens, der Sitz der Intelligenz und der Seele" sei.

Kopernikus griff – in allen Fällen, die er behandelte – nicht als Chirurg, sondern als Physikus ein. Die erhaltenen, aus seiner Feder stammenden Rezepte, zum größten Teil in lateinischer, aber zuweilen auch in deutscher Sprache abgefaßt, verraten, daß er die Naturheilkunde pflegte, was er schon während seines Studiums in Padua getan hatte. Die Entwicklung in der Medizin während der ersten Hälfte des 16. Jahrhunderts ging an ihm nahezu spurlos vorbei. Er verließ sich allein auf Gott und auf dessen Natur.

Er stand in einer gewissen Tradition: Schon um die Mitte des 15. Jahrhunderts hatte das Frauenburger Domkapitel stets einen Arzt zu seinen Mitgliedern gezählt. 24 medizinische Werke standen in der Domkirchenbibliothek. Sie waren in erster Linie für den Gebrauch des jeweiligen Arztes im Kapitel bestimmt. Unter diesen befanden sich der Canon von Avicenna und das praktische Handbuch der Medizin von Galenus.

Nikolaus Kopernikus hat eigenhändig in lateinischer und auch in deutscher Sprache Rezepte auf die Rückseiten der Bucheinbände geschrieben. So befand sich auf dem Einband des Erstdrucks der lateinischen Übersetzung der *Elementa geometrica* des Euklid, erschienen 1482 in Venedig, ein Rezept gegen Magen- und Darmerkrankungen, zusammengesetzt aus 21 verschiedenen Substanzen, organischen aus der Pflanzenwelt wie auch anorganischen.

Als Kopernikus am 27. Juli 1501 vom Domkapitel Urlaub zum Medizinstudium in Padua erhielt, hatte er das Versprechen abgelegt, dem „hochwürdigsten Herrn Bischof und auch den Mitgliedern des Kapitels als Arzt behilflich zur Seite zu stehen", sobald er seine Studien vollendet hätte. 1503 wurde er als Leibarzt zu seinem bischöflichen Onkel nach Heilsberg geschickt.

Beim Tode Bischof Watzenrodes war Nikolaus Kopernikus allerdings nicht zugegen, denn der Bischof starb unerwartet auf der Reise in Thorn.

Um dessen Nachfolger, Bischof Fabian von Lossainen, kümmerte sich Kopernikus, auch als er Heilsberg bereits verlassen hatte. Er brauchte oft ärztliche Hilfe, besonders an seinem Lebensende.

Der dritte Bischof, dem Nikolaus Kopernikus diente, war Mauritius Ferber, ein Mann von schwächlicher Gesundheit, der oft des ärztlichen Rats bedurfte. Nach 1529 „konnte er nur selten mehr gesunder Tage sich erfreuen".

In der Todesstunde konnte Kopernikus dem Bischof nicht beistehen. Am Todestag, dem 1. Juli 1537, berichtete ein Mitbruder: „Um diese Stunde wurde dem ehrwürdigen Kapitel Nachricht vom Tode des hochwürdigsten Herrn Bischofs Mauritius übermittelt. Heute ist der Herr Doktor Nikolaus nach Heilsberg geschickt worden, bevor unsere Mitbrüder, die Kanoniker, von dem Heimgang wußten."

Als Bischof Johannes Dantiscus sein Amt in Heilsberg antrat, wurde er von einer plötzlichen Krankheit überfallen, so daß er gleich in den ersten Tagen Rat und Hilfe von Kopernikus brauchte. Bald konnte er seinem Nachfolger in Culm berichten: „Durch Gottes Gnade fühle ich mich wohler, was Dir ja unser verehrter gemeinsamer Freund, der Herr Doktor, ausführlich berichten wird. Seine feine Umgangsart und die guten Ratschläge, die ich von ihm entgegennahm, haben bei mir wie eine Medizin gewirkt."

Neben den vier ermländischen Bischöfen war der Freund des Kopernikus, Tiedemann Giese, seit 1538 Kulmer Bischof, auch sein Patient. Doch nicht nur den Bischöfen und Mitbrüdern leistete Kopernikus ärztliche Hilfe. Er war als Arzt gegen Ende seines Lebens über die Grenzen des Ermlandes hinaus bekannt. Auch am Königsberger Fürstenhof war der Frauenburger Domherr begehrt.

Am 6. April 1541 erhielt er einen Brief von Herzog Albrecht, in dem dieser ihm mitteilte, „daß in jetziger Zeit der allmächtige ewige Gott einen in unserem Dienst stehenden Rat mit einem Kreuz und schwerer Krankheit, die sich nicht bessert, heimsucht". Und er bat: „Ihr wollet Euch zu uns begeben und dem oben genannten guten Manne mitteilen, ob er durch göttliche Gnade und mit Eurer Hilfe von seiner beschwerlichen Krankheit befreit werden kann." Gleichzeitig schrieb der Herzog an das Domkapitel, berichtete von der Erkrankung seines Rates Georg von Kunheim und bat: „Ihr wollet uns zu Gefallen mit dem oben genannten Herrn Kopernikus, dem wir mit gleicher Post ebenfalls schreiben, dahingehend vereinbaren, daß er . . . sich zu uns begebe und dann dem genannten Rat, dem von Kunheim, neben anderen von uns herangezogenen Ärzten die beste Hilfe und Ratschläge zukommen lasse, damit er wieder gesund werden möchte."

Das Frauenburger Domkapitel ließ den Herzog am 8. April wissen, daß es „mit dem würdigen und achtbaren Herrn Nikolaus Kopernikus . . . verhandelt und besprochen habe, und in diesem betagten Alter hat er sich aufgemacht und zu Euer fürstlichen Durchlaucht begeben".

Fünf Tage später bat der Herzog das Kapitel abermals: „Ihr wollt, unserem genannten Hauptmann zu Gefallen, im jetzigen Augenblick Herrn Kopernikus . . . erlauben, noch eine Zeitlang hier bei ihm zu bleiben."

Das Domkapitel gewährte die Bitte, fügte aber hinzu: „Wiewohl wir gern gesehen hätten, wenn unser ... Mitbruder bei diesem besonders feierlichen Fest der Auferstehung Christi vom Tode zum Leben nach dem Brauch und gemäß der Ordnung unserer Kirche bei uns verweilen würde."

Am 5. Mai kehrte Kopernikus nach Frauenburg zurück, stand dem Kranken aber weiter von dort aus mit Rat und Tat helfend zur Seite.

Kopernikus machte als Arzt keinen Unterschied, ob Bischof oder Domherr, ob Beamter oder Bauer, ob Katholik oder Protestant.

Intriganten – Denunzianten

Nikolaus Kopernikus kannte die Welt. Weder heimtückische Angriffe noch wissenschaftliche Gegenschläge konnten ihn daran hindern, sein astronomisches Lebenswerk zu vollenden. Immer wieder beobachtete er von seinem Turm aus die Planeten und ihre Finsternisse, sammelte neue Eindrücke und trug Berichtigungen in seine Aufzeichnungen ein. Und während er das tat, wuchsen seine Zweifel an den Erkenntnissen der Alten. Diese Zweifel drohten das Fundament immer wieder ins Wanken zu bringen.

Es gab innere Kämpfe; die Ehrfurcht vor einem Pythagoras stritt in seiner Brust mit der Liebe zur Wahrheit und den Forderungen der Wissenschaft. Daran vor allem mag es gelegen haben, daß er von seinen Erkenntnissen nichts vorzeitig preisgab. Nur guten Bekannten und Freunden, ehemaligen Studiengefährten, vertraute er dann und wann eine neue Einsicht an.

Zuweilen schloß er sich für mehrere Tage in seiner „Sternwarte" von der Außenwelt ab; man sprach bereits von dem „kauzigen Alten", ließ ihn aber in Ruhe; man wußte oder ahnte zumindest, was in ihm vorging. Nicht zuletzt sorgte sein Freund Tiedemann Giese immer wieder dafür, daß man ihn unbehelligt ließ.

Der letzte „große Studienurlaub" war ihm von seinem Kapitel

stillschweigend gewährt worden. Er verbrachte ihn daheim, in der Domburg, in seinem Turm. Leider verfinsterte sich der Himmel über dem Ermland nur zu oft. Sehnsüchtig dachte Kopernikus dann an die hellen Sternennächte über Italien, an den blauen Himmel über Padua und Ferrara. Hier saß er mit seinen primitiven Instrumenten, die er selbst angefertigt oder die Tiedemann Giese ihm besorgt hatte.

Der drei Meter hohe „Holzzirkel", der stets am Fenster lehnte, war zur Messung der Polhöhe eines Sternes bestimmt. Zwei Latten waren am oberen Ende durch ein Scharnier verbunden, die kürzere Querlatte hatte eine Skala eigenhändiger Einkerbungen; hier ließ sich der Winkel in Grad und Minuten ablesen. 1414 Striche hatte Kopernikus mit seinem Federkiel auf diese Querlatte gezeichnet. Das große lateinische A wurde auf einen der Seitenbalken gelegt, wenn Kopernikus mit seinem *instrumentum parallacticum* Messungen vornahm.

In trüben Nächten, wenn der Himmel von Wolken bezogen war, saß er vor seinem Tisch und schrieb bei Kerzenlicht an seinen *Revolutiones*. Zettel für Zettel trugen Aufzeichnungen, die er im Lauf der Jahre gemacht hatte. Jeder Aufzeichnung lag eine Beobachtung zugrunde, mancher mehrere. Jede Erkenntnis war an früheren eigenen wie fremden Beobachtungen geprüft worden. Vor ihm stand seine kleine Handbibliothek, wenige Bücher in lateinischer und griechischer Sprache, einige griechische Werke über das Arabische ins Lateinische übertragen, oft recht fehlerhaft. Kopernikus war stets bemüht, die Meinungen aller Forscher miteinander in Einklang zu bringen, doch nur selten gelang ihm das. Daher war es so ungeheuer schwer, zu letzten Erkenntnissen vorzustoßen. Er zeichnete alle Abweichungen auf, suchte für jede nach einer oder mehreren Erklärungen. Das Endergebnis, zu dem er kam, verglich er immer wieder mit dem, was Ptolemäus zu dieser Frage geschrieben hatte. Erwies sich die eigene Theorie als stärker, fand sie die einleuchtende Unterstützung anderer, die wie er dachten, dann verwarf er schweren Herzens die Ergebnisse des großen Griechen, des Vaters der antiken Astronomie, des Autors des *Almagest*.

Die Grundlage für alle seine Erkenntnisse bildeten die Himmelsbeobachtungen; ihre Endgültigkeit aber bestimmte die Mathematik. Den *Commentariolus* hatte er für seine Freunde geschrieben, die *Revolutiones* aber sollten ein Werk für die Mathematiker werden. Hier mußte alles wissenschaftlich einwandfrei, hieb- und stichfest, kontrollier- und nachrechenbar sein.

WÄHREND Nikolaus Kopernikus an seinem Hauptwerk arbeitete, starb im Jahre 1534 Papst Clemens VII. Neuer Papst wurde Alessandro Farnese (Paul III.) aus der Provinz Viterbo, ein reformfreudiger Mann, ein großer Förderer der Wissenschaften und Künste. Kopernikus atmete auf, als er das Ergebnis der Papstwahl erfuhr. Ein fanatischer Papst vermochte in diesem Augenblick alles, auch seine Arbeit, für immer zu zerstören. Wird es nun, fragte er sich, zu einem Ausgleich mit Wittenberg kommen? Wird der Papst den Kirchenbann aufheben, die Freiheit geben, sich mit den Forschern an der Wittenberger Universität auseinanderzusetzen, was ja von Rom verboten war? Wird die Wissenschaft jetzt wieder selbständiger denken dürfen?

Aus Krakau kommend, besuchte ihn sein Freund, Domherr Bernhard Wapowski, mit dem er oft seine Gedanken ausgetauscht hatte und über den er stets die neuesten Erkenntnisse in der Astronomie erfuhr. Er war nach Frauenburg gekommen, um sich über den Stand der Arbeiten des Kopernikus zu informieren, denn dieser hatte in der letzten Zeit in seinen Briefen immer weniger durchsickern lassen. Mit Spannung erwartete man in den Kreisen der Wissenschaft seit nunmehr zwanzig Jahren sein Werk. Doch Kopernikus hielt die Stunde noch nicht für gekommen. Wapowski gegenüber gab er vor, sich zuerst mit den jüngsten Erkenntnissen der Wittenberger vertraut machen zu müssen, obwohl er genau wußte, daß man gerade in Wittenberg – nicht zuletzt von Luther und Melanchthon beeinflußt – konservativ auf Ptolemäus schwor. Spitze Zungen hatten neulich noch behauptet, wenn die Erde sich überall drehte, würde sie in Wittenberg noch im Mittelpunkt des Weltalls stillstehen.

Domherr Wapowski war es unangenehm, mit leeren Händen nach Krakau zurückkehren zu müssen. Freunde hatten alle

Hoffnungen in ihn gesetzt, daß er es als Freund des Kopernikus schaffen werde, ihm etwas zu entlocken. Was blieb ihm übrig, als an die Freundschaft zu appellieren.

Schließlich gab Kopernikus nach. Die „astronomischen Tafeln" wollte er ihm mitgeben, damit er sie im Kreis der Freunde verbreite. Er hatte nichts dagegen, daß diese der Öffentlichkeit bekannt würden. Ein kleiner Schritt vorwärts, der die Spannung ein wenig lösen sollte, sie aber nur erhöhte. Dieser Almanach, wie Kopernikus ihn nannte, sollte der Allgemeinheit die erste „von gelehrten Männern schon lange erwartete Kunde von seiner neuen Lehre vom Weltall" bringen.

Es ging hier um die Planetenbahnen, ein überaus wichtiges Kapitel. „Ohne die wahren Bewegungen und Stellungen der Planeten" könnten solch astronomische Jahrbücher „nie richtig werden", meinte Kopernikus. Diese Tafeln könnten eine erste Hilfe bei der Festlegung des Heiligenkalenders sein. Auf Tiedemann Gieses wiederholtes Drängen hatte Kopernikus sie schließlich endgültig abgeschlossen. Sie boten die Grundlage für das kommende Werk. Kopernikus gab mit ihnen das Fundament seines Werkes preis.

Ein kleiner Hintergedanke mag mit im Spiel gewesen sein: Sollten die Freunde und Gelehrten vorerst einmal selbst versuchen, auf dieser Grundlage weiterzubauen. Neugier sollte damit geweckt werden. Und dies gelang vollauf. Bald sollte Kopernikus es erfahren.

1536 erhielt er einen Brief von Kardinal Nikolaus von Schönberg, der den Päpsten Julius II. und Leo X. gedient hatte und jetzt Bischof von Capua war. Im diplomatischen Dienst der Kurie hatte er auf einer Reise ins Preußenland den stillen, geheimnisumwitterten Mann im Frauenburger Domturm kennengelernt. Er bat jetzt um nähere Mitteilungen über dessen heliozentrische Lehre. Am liebsten würde er eine Abschrift des Hauptwerkes vorweg empfangen, denn er fühle sich schwächer werden, er spüre bereits die Schwelle des Todes unter seinem Fuß.

Kopernikus hatte Mitleid mit dem hohen kirchlichen Würdenträger, an den er sich noch gut erinnern konnte. Doch traute er dem Diplomaten nicht recht. Als er mit ihm gesprochen hatte, war dieser noch überaus rüstig gewesen; wollte er vielleicht auf diese Weise vorzeitig etwas aus ihm herauslocken? Er weigerte sich, seine Erkenntnisse preiszugeben, schrieb, er arbeite noch immer an seinem Buch. Und das stimmte auch.

Es folgten zwei Jahre, in denen es sehr still um die Frauenburger Turmeule wurde. Die Welt fieberte, doch das stille Frauenburg erschien vereist, wie sein Haff im Winter. Aber in der Eisfläche des Haffs spiegelte sich in frostklaren Nächten immer deutlicher der Sternenhimmel.

DANN brach das Jahr 1538 an, ein entscheidendes Jahr im Leben des Nikolaus Kopernikus, entscheidend in mehrfacher Hinsicht. Am 1. Juli 1537 war Bischof Mauritius Ferber gestorben. Diesmal war der König auf der Hut gewesen. Er hatte von dem Recht Gebrauch gemacht, das ihm im Zweiten Petrikauer Vertrag zugebilligt worden war. Der König wußte, daß er einen gebürtigen Preußen vorschlagen mußte. Sein erster Gedanke galt dem Culmer Bischof, der in Löbau residierte, der einst sein Sekretär, dann sein Gesandter am Kaiserhof gewesen war. Ein hochverdienter, vertrauenswürdiger Mann, der weit und breit als der größte Gelehrte im Preußenland bekannt war: Johannes Flachsbinder, ein Humanist, der sich Johannes Dantiscus nannte, da er in Danzig geboren war. Ein berühmter Dichter obendrein, der die Schule in Krakau besucht und auf weiten Reisen sogar Arabien kennengelernt hatte. Schon mit 23 Jahren durfte er den König im preußischen Landtag vertreten; viele diplomatische Missionen waren ihm aufgetragen worden; seit 1530 war er Bischof von Culm, ein königstreuer und romtreuer Mann, ein eingefleischter Feind aller Reformen, ein Herrscher, sich seiner Würde und seines Ansehens bewußt. Ein Mann, der jede Gefahr, die ihm drohte, frühzeitig witterte und rigoros zerschlug.

Zur ersten Aufgabe machte er es sich, nach Übernahme des Bischofsamtes im Ermland, Ordnung zu schaffen und, wo er es für notwendig hielt, mit eisernem Besen zu kehren. Frauenburg, die Stadt unserer Lieben Frau, war in seinen Augen zur Weiberstadt geworden, in der nicht die Domherren des Kapitels, sondern deren Haushälterinnen regierten. Obwohl sein bisheriges Leben ihn keineswegs als Weiberfeind ausgewiesen hatte, ja nicht einmal als Frauenverächter, zog er mit flammendem Schwert gegen das Weiberregiment in dieser Stadt zu Felde. Er schlug den Domherrn Tiedemann Giese, der sein Vorgehen übertrieben fand, dem König für den vakant gewordenen Culmer Bischofsstuhl vor. Ahnte er den künftigen Rivalen in ihm? Fürchtete er, dieser Domherr könne sich mit Nikolaus Kopernikus gegen ihn zusammentun?

Er durchschnitt die enge Bindung zwischen den beiden Forschern; Nikolaus Kopernikus sah sich über Nacht von seinem engsten Freund getrennt, der übereilt seine neue Residenz in Löbau beziehen mußte.

Auch ein zweiter Vertrauter wurde Kopernikus bereits in den ersten Monaten des Jahres genommen. Mit dem Domherrn Alexander Sculteti verbanden ihn seit Jahren gemeinsame Interessen. Sculteti war als Historiker und Geograph weithin bekannt. Er hatte Kopernikus in Sachen der Münzreform nach Elbing begleitet und dort den Zorn der Städte Westpreußens auf sich herabgeholt. Er war ihm dabei behilflich gewesen, die Karte Preußens zu zeichnen.

Der Bischof wußte, daß zwischen Sculteti und dessen Wirtin ein allzu enges Verhältnis bestand. Hier galt es also, das Messer an die Frauenburger Weiberherrschaft anzusetzen. Dantiscus war kein Mann, der die geraden Wege liebte. Er wußte stets den König für seine Anliegen einzuspannen. Am Krakauer Hof war er lieb Kind, denn er vertrat, wo immer auch, die Interessen des Königs. So durfte er auch bei der Generalsäuberung in seinem Fürstbistum mit des Königs Hilfe rechnen.

Er wußte bei Sigismund I. durchzusetzen, daß dieser den Domherrn Sculteti in die Acht erklärte und des Landes verwies. Natürlich nicht wegen des Verhältnisses zu seiner Wirtin, denn Schande auf das Fürstbistum zu laden, lag Dantiscus fern; obendrein war seine eigene Weste in dieser Hinsicht nicht gerade blütenweiß.

„Wegen seiner Neigungen zur kalvinistischen Lehre" wurde der Domherr verbannt. Sculteti flüchtete zu seinem Kollegen, dem neuen Bischof von Culm, nach Löbau; und als er sich dort auch nicht mehr sicher fühlte, weiter nach Rom.

Wie Dantiscus eine Reihe Freunde am Krakauer Königshof besaß, hatte Sculteti von seiner römischen Zeit her gute Freunde in der Kurie, die sich sogleich bereit fanden, sich beim Papst für ihn einzusetzen. Obwohl Bischof Dantiscus dies wußte, strengte er in Rom einen Prozeß gegen ihn an. Ohne das Urteil abzuwarten, ließ er in Preußen die Güter des Flüchtigen konfiszieren, seine Sippe bis nach Danzig hin verfolgen und verbot allen Domherren des Ermlands den persönlichen und schriftlichen Umgang mit ihm. Er forderte sie auf, sofort alle Beziehungen zu dem Geächteten abzubrechen.

Der Papst konnte keine kalvinistische Neigung bei Sculteti feststellen. Der Prozeß endete, wie zu erwarten gewesen war, mit einem Freispruch des Domherrn.

Kopernikus hielt die Verbindung zu seinem Konfrater in Rom aufrecht. Als der Bischof ihn deshalb rügte, ließ er diesen wissen, „er achte Sculteti höher als manch anderen". Nun wandte sich des Bischofs Wut gegen Nikolaus Kopernikus. Vom Heilsberger Bischofsschloß ging ein Erlaß aus, daß alle Wirtinnen der Domherren Frauenburg unverzüglich zu verlassen hätten.

Für Nikolaus Kopernikus führte eine entfernte Verwandte die Wirtschaft in der Domburg: Anna Schillings, deren Mann, von ihr getrennt, in Danzig lebte. Mit ihren Kindern war sie nach Frauenburg gezogen, als ihre Ehe zerbrach, und führte dort dem nun fünfundsechzigjährigen Domherrn den Haushalt. Sie war viel jünger als Kopernikus; das bot dem Bischof willkommenen Anlaß, gegen diese Frau aufzutreten.

Hinzu kam, daß böse Zungen wider Nikolaus Kopernikus Klage geführt hatten; einerseits, weil sie dem großen Mann vieles mißgönnten, andererseits, weil sie die Gunst des Bischofs auf diese Weise zu gewinnen glaubten. Innerhalb des Domkapitels herrschte stets Eifersucht, schon deshalb, weil einige Domherren mehr Vorrechte als ihre Kollegen genossen und weil auch die Einstellung zu dem neuen Bischof keineswegs einmütig war. Obendrein aber, und das mag für Bischof Dantiscus ausschlaggebend gewesen sein, war die Wirtin des Domherrn Sculteti mit Anna Schillings befreundet, da beide aus Danzig stammten und manche gemeinsame Erinnerung sie miteinander verband.

Als Kopernikus auf die vorerst allgemein gehaltene Aufforderung des Bischofs nicht reagierte, da er die Anordnung, was ihn betraf, für lächerlich hielt, wandte sich der Bischof direkt an ihn. Gleichzeitig schaltete er den Domherrn Felix Reich, dem er volles Vertrauen schenkte und der mit Kopernikus befreundet war, in die Affäre ein. Domherr Reich ließ seinen Bischof wissen, er billige dessen Anordnung betreffs der Wirtinnen und wolle hoffen, diese würde dem Doktor Kopernikus zu Herzen gehen. Er hätte sogleich mit Kopernikus gesprochen und füge einen Brief von ihm seinem Schreiben bei.

In diesem Brief schrieb Nikolaus Kopernikus, nicht frei von überlegener Ironie, an seinen Bischof:

> Die Mahnung Eurer Hochwürden ist väterlich genug . . ., auch empfing ich sie in der Tiefe meines Herzens. Und obwohl ich jene vorige Vorhaltung, die Euer Hochwürden zuerst im allgemeinen hat ergehen lassen, keineswegs vergessen habe: Ich wollte tun, was man mich hieß; und weil es doch nicht leicht war, eine nahestehende und redliche Person zu finden, war es nichtsdestoweniger mein Vorsatz, der Sache in der Fastenzeit ein Ende zu machen, schon damit Euer Hochwürden nicht auf die Meinung komme, ich suchte Vorwände für eine Verzögerung, habe ich den Termin auf einen Monat beschränkt. Ich wünsche nämlich nach Kräften zu verhüten, daß nicht ich zu Anstoß gereiche den guten Sitten.

Die Kündigung für eine alleinstehende Frau, die mit ihren Kindern auf die Straße zu setzen sich Kopernikus verpflichtet sah, war mit einem Monat gewiß nicht zu reichlich bemessen, zumal außer dem bischöflichen Befehl nicht der geringste Kündigungsgrund vorlag und Anna Schillings Nikolaus Kopernikus lange treu gedient hatte. Dennoch folgte schon am 11. Januar 1539 eine Vollzugsmeldung an den Bischof: „Schon habe ich getan, was zu unterlassen ich weder Recht noch Macht hatte und womit ich hoffe, daß den Mahnungen Euer Hochwürden genügt worden ist."

Grund für dieses übereilte Handeln war nicht zuletzt eine erneute Mahnung seitens des Bischofs, die allerdings nur „beiläufig" einer Nachfrage nach gewissen Daten aus dem Leben seines Onkels, des Bischofs Lukas Watzenrode, beigefügt worden war.

Denunzianten waren nicht einmal davor zurückgeschreckt, den Toten mit in das schmutzige Spiel zu zerren.

Damit war die „Affäre" keineswegs zu Ende. Erneut flüsterten böse Zungen dem Bischof Verleumdungen ins Ohr. Domherr Plotowski, seit 1520 beim Frauenburger Domkapitel, der eine besondere Vertrauensstellung bei Bischof Dantiscus genoß, hatte den Auftrag erhalten, die Frauenzimmer zu bespitzeln, „insbesondere die des Alexander Sculteti und die des Dr. Nikolaus Kopernikus".

Am 23. März 1539, als Kopernikus gerade bei seinem Freund Tiedemann Giese in Löbau weilte, meldete er nach Heilsberg: „Was die Frauenburger Weibchen anlangt... Die Person des Dr. Nikolaus hat ihre Sachen wohl voraus nach Danzig geschickt, bleibt selbst aber in Frauenburg."

Nun entschloß sich der Bischof, mit stärkeren Geschützen aufzufahren. Er wandte sich an Bischof Giese in Löbau und bat ihn, unbedingt bei Kopernikus zu intervenieren.

Giese war empört und entschlossen, sich mit aller Macht und Autorität für seinen Freund einzusetzen. Er warnte Bischof Dantiscus vor falschen Zungen und konnte es am Schluß seines Antwortbriefes nicht unterlassen, ihn darauf aufmerksam zu machen, daß er mit dem Feuer spiele, gingen doch hinsichtlich seiner Person ähnliche Gerüchte zur Genüge um.

> Mit Herrn Dr. Nikolaus habe ich, Euer Hochwürden Verlangen entsprechend, ernsthaft gesprochen... Er schien nicht wenig bestürzt zu sein, da übelwollende Menschen ihn wiederum heimlicher Rendezvous beschuldigt hätten, wo er doch ohne Zögern dem Willen Euer Hochwürden nachgekommen sei. Er bestreitet nämlich, jene Person, nachdem er sie einmal entlassen, wieder gesehen zu haben... Jedenfalls habe ich erkannt, daß er nicht so sehr von dieser Leidenschaft affiziert ist, wie viele glauben. Dafür bürgen mir auch sein hohes Alter, seine niemals ausgesetzten Studien und die Tugend und Ehrbarkeit des Mannes. Dennoch habe ich ihn ermahnt, er möchte sogar den Schein des Unrechts vermeiden, und ich glaube, er wird so handeln. Hinwiederum meine ich, dürfte es wohl billig sein, daß auch Euer Hochwürden dem Zuträger nicht zu viel Glauben schenken, erwägend, wie gegen tüchtige Menschen der Neid und die Mißgunst sich erheben, die sich nicht einmal scheuen, gegen Euer Hochwürden selbst den Verdacht zu äußern.

Das hatte gesessen, zumal dieser Verdacht gegen „Euer Hochwürden" weit berechtigter erschien als der gegen Nikolaus Kopernikus, denn von Bischof Dantiscus war allgemein bekannt, daß er zumindest für einen Sohn und eine Tochter Alimente zahlen mußte.

Daß das Vertrauen des Bischofs zu seinem Culmer Kollegen nicht allzu groß war, läßt sich aus der Tatsache schließen, daß er sich nicht damit begnügte, dessen Urteil allein einzuholen, sondern gleichzeitig den Domherrn Achatis von der Trenck alarmiert hatte.

Dieser antwortete kühl, die Haushälterin des Dr. Nikolaus habe sich „nach ihrem Weggang von Frauenburg dort nicht mehr blicken lassen".

Den Domherren wurden die Eskapaden ihres Bischofs allmählich zu bunt, selbst jene, die Neid und Mißgunst nicht immer unterdrücken konnten, lehnten sich gegen das nahezu krankhafte Gebaren dieses Oberhirten auf. Das Domkapitel fühlte sich durch das Verhalten des Bischofs herausgefordert und hielt es für angebracht, hinsichtlich dieser Affären, die noch einige Monate andauern sollten, einmütig und unmißverständlich zu reagieren.

Nikolaus Kopernikus ließ sich durch dieses Intrigenspiel nicht erschüttern. Was ihn zutiefst getroffen hatte, war der Weggang der beiden Freunde aus seiner Nähe. Ihn tröstete nur der Gedanke, daß Tiedemann Giese endlich den langerstrebten Bischofsstuhl erklommen hatte. Löbau lag nicht gerade aus der Welt, in zwei bis drei Tagen konnte man es von Frauenburg aus erreichen.

Dennoch war es in Frauenburg um ihn einsam geworden, zumal in der nächsten Umgebung des Hauses fremde Gesichter auftauchten, die sich um sein leibliches Wohl mühten. Doch ein gnädiges Geschick bescherte ihm bald neue Freunde.

Echo aus Rom und Wittenberg

In den Freundeskreisen des Nikolaus Kopernikus, insbesondere in Frauenburg, aber auch weit darüber hinaus, selbst bis nach Rom, kursierten Gerüchte, daß das Hauptwerk des Astronomen seiner Vollendung entgegengehe oder bereits vollendet sei.

Kopernikus ließ solchen Gerüchten freien Lauf, weder bestätigte er sie, noch versuchte er, sie zu unterdrücken. Albert Widmanstadt, ein Gelehrter, Jurist, Orientalist, der in direktem Kontakt zu Papst Clemens VII. stand, berichtete dem Papst 1533 während eines Spaziergangs durch die vatikanischen Gärten im Beisein der Kardinäle Franz Urisus und Johann Salviati, des Bischofs Johann Peter von Viterbo und des Arztes Matheus Curtio ausführlich über die neue Lehre. Über sie hatte er etwas von Johannes Dantiscus erfahren, den er bei der Krönung Karls VI. in Bologna kennengelernt und auf dem Augsburger Landtag 1530 wie dem Regensburger Landtag 1532 wiedergesehen hatte, die dieser als Bischof von Culm besuchte.

Widmanstadt war von der Lehre des Kopernikus begeistert, und er wußte seine Begeisterung auf den Papst und dessen Begleiter zu übertragen. Keineswegs stießen die Gedanken des Kopernikus in Rom, wie man hätte erwarten können, auf Ablehnung.

Der Erzbischof von Capua, Kardinal Nikolaus von Schönberg, war 1536 bereits über die *Revolutiones* und deren bevorstehende Vollendung unterrichtet. Er war mit Widmanstadt befreundet, der eine Zeitlang sein Sekretär gewesen war. 1535 hatte Paul III. von Schönberg zum Kardinal erhoben. Kardinal Schönberg war Feuer und Flamme für die Kopernikanische Lehre. Begeistert berichtete er von ihr, in welcher „die Erde sich bewegt, die Sonne die zentrale Stelle im Universum einnimmt und die achte Sphäre unbewegbar und ewig standhaft ist". Er schrieb einen Brief an den *Vir doctissimus* nach Frauenburg und schickte Dietrich von Reden als Mittler ins Ermland. In einem Brief bat er Kopernikus um ein Manuskript des neuen Werkes und vertrat die Ansicht, es müsse unverzüglich veröffentlich werden.

Neben Tiedemann Giese war Kardinal Schönberg der Hauptpromotor hinsichtlich der Veröffentlichung der *Revolutiones*. Leider starb der mächtige Mann bereits wenige Monate darauf. Kopernikus zögerte noch immer.

Nach dem Tode Bischof Mauritius Ferbers hatten im Domkapitel Alexander Sculteti und Nikolaus Kopernikus ihren Freund Tiedemann Giese als Nachfolger vorgeschlagen. Es gelang ihnen, einen Teil des Kapitels für ihren Vorschlag zu gewinnen, doch reichte die Zahl der Stimmen nicht aus. Tiedemann Giese selbst hatte Nikolaus Kopernikus als künftigen Bischof von Ermland vorgeschlagen. Wäre er gewählt worden, hätte das Amt seine Stellung ohne Zweifel gefestigt, andererseits aber wären neue, schwere Pflichten auf ihn zugekommen. Der endgültige Abschluß seines Werkes wäre durch eine Bischofswahl gewiß hinausgezögert, vielleicht gar verhindert worden.

Das Schicksal wollte, daß Johannes Dantiscus, in Wien zum Dichter gekrönt und von Kaiser Maximilian zum Ritter geschlagen, der als königlicher Gesandter halb Europa bereist und sich bei Kaiser und Reichstag um die Aufhebung der Acht bemüht hatte, die gegen Herzog Albrecht von Preußen wegen der Säkularisierung des Ordensstaates verhängt worden war, seit 1529 ermländischer Domherr, seit 1530 Bischof von Culm, zum neuen Fürstbischof des Ermlands gewählt wurde.

Als humanistischer Dichter huldigte er der Lebensfreude und besang die Zeitereignisse. Als Bischof schrieb er Hymnen und moralische Epen, in denen die Reformation auf das schärfste verurteilt wurde.

Nikolaus Kopernikus dagegen verhielt sich gegenüber den zur neuen Lehre übergetretenen Gelehrten und Geistlichen aufgeschlossen. Er wußte, daß seine Lehre bei Martin Luther und Philipp Melanchthon auf Ablehnung stieß. Doch gab es um diese eine Reihe Männer, die als „Neuerer" das „Neue" nicht unbedingt verdammten. Der Hauptvertreter der reformatorischen Bewegung in Nürnberg, der Prediger Andreas Osiander, versuchte das Werk des Kopernikus dadurch akzeptabel zu machen, daß er es wissenschaftlich relativierte. Was für Nikolaus Kopernikus erwiesene Wahrheit war, akzeptierte er als bloße Hypothese. Er war bereit, diese Hypothese zu verteidigen, vor allem dort, wo es ihm Vorteil brachte.

Auch an der Wittenberger Universität gab es einen Professor, der sich vorausschauend zeigte und seine protestantisch-theologischen Bedenken zurückstellte: Erasmund Reinhold, der 1542 in einer Schrift bekannte: „Ich weiß, daß ein neuer ausgezeichneter Meister, welcher allseitig eine große Erwartung von sich rege gemacht hat und bereits die Herausgabe seiner mühevollen Arbeiten vorbereitet, eine Neugestaltung der Astronomie anstrebt und in allen Teilen dieser Wissenschaft von Ptolemäus abweicht." Er nannte diesen „ausgezeichneten Meister", den er nicht beim Namen nannte, einen „zweiten Ptolemäus", „. . . dessen göttlichen Geist die Nachwelt bewundern werde".

Von Melanchthon abgelehnt, von Luther mitleidig belächelt, von Reinhold als zukunftsweisend gepriesen, von Osiander als „Hypothese" akzeptiert! Welch ein Bild sollten sich da junge, ernstmeinende Wittenberger Studenten von Nikolaus Kopernikus machen?

Eine Forschernatur unter ihnen, ein selbstbewußter, von der Wahrheit durchdrungener junger Mann, der fünfundzwanzigjährige Professor der Mathematik Joachim Rheticus, beschloß, sich auf den Weg in das ferne Frauenburg zu begeben, um an Ort und Stelle zu erkunden, wie es um die Dinge stand, um Nikolaus Kopernikus selbst zu hören, mit ihm zu diskutieren, von ihm die Wahrheit – dessen Wahrheit – aus eigenem Munde zu vernehmen.

Georg Joachim von Lauchen hatte sich den lateinischen Namen Rheticus nach seinem Geburtsort Feldkirch in Vorarlberg zugelegt. Den Namen Kopernikus hatte er zum ersten Mal bei dem Nürnberger Mathematiker Johannes Schoner, der den wissenschaftlichen Nachlaß des Regiomontanus herausgegeben hatte, gehört. Schon er war ein entschiedener Gegner des heliozentrischen Systems, doch waren bei ihm ernste Zweifel aufgekommen. Das hatte Rheticus stutzig gemacht.

Doch würde Kopernikus ihn empfangen, konnte er ihn, den Protestanten, überhaupt empfangen? Er wußte, daß der Frauenburger Domherr nicht nur Fremden gegenüber sehr verschlossen sein konnte, daß selbst seine besten Freunde vergebens versucht hatten, etwas aus ihm herauszulocken. Ihm war auch bekannt, daß Bischof Danticus, der seit knapp zwei Jahren das Fürstbistum lenkte, den Umgang mit Protestanten und deren Schriften strikt verboten hatte. Würde der Bischof von seinem Besuch in Frauenburg erfahren, mußte er mit einer Ausweisung aus dem Lande rechnen.

Doch all das schreckte Rheticus nicht ab. Und er hatte Glück.

Er traf in Frauenburg in einem Augenblick ein, in dem sich Kopernikus besonders einsam und verlassen fühlte. Seit Monaten schon mußte er die Gewohnheit entbehren, sich mit Tiedemann Giese und Alexander Sculteti auszusprechen. Der Bischof hatte beiden nicht verziehen, daß sie bei der Bischofswahl gegen ihn gestimmt hatten. Es war Dantiscus leichtgefallen, Tiedemann Giese und Alexander Sculteti aus Frauenburg zu entfernen. Kopernikus hatte jetzt in Frauenburg keinen mehr, der Verständnis für seine Himmelsforschungen aufbrachte.

Der Theologe Andreas Osiander war wesentlich an der Einführung der Reformation beteiligt.

Auch jenes andere Bedenken des Rheticus erwies sich als unbegründet, Kopernikus könnte sich ihm verschließen, weil er an der Wittenberger Universität lehrte, zum Luthertum übergetreten und selbst ein Vorkämpfer der neuen Lehre war. Kopernikus, ein Mann der Toleranz und der Versöhnung, dem Wissenschaft und Wahrheit mehr galten als ein Kirchenbann, wußte die Lehre von den Menschen, die ihr anhingen, wohl zu unterscheiden. Er lehnte die Thesen Luthers ab, aber einen Forscher, gleich ob romtreu oder Lutheraner, nahm er mit offenen Armen auf, wenn es galt, Gedanken mit ihm auszutauschen, die Wissenschaft einen Schritt vorwärts zu führen.

Rheticus hatte Italien und die Schweiz gesehen, in Zürich und Basel studiert. In Basel hatte er Theophrastus Bombastus von Hohenheim kennengelernt, den großen Vorkämpfer der modernen Medizin, der sich Paracelsus nannte und dort die ersten medizinischen Vorlesungen in der Landessprache hielt. Dieser große Mann bezog die Wundarznei in Lehre und Praxis ein. Als erster verschrieb er chemische Arzneimittel. Er hatte im Menschen das Abbild des Makrokosmos entdeckt. Ein frommer Mann, der sowohl über naturwissenschaftliche als auch über theologische Themen schrieb.

Als Achtzehnjähriger war Rheticus nach Sachsen gegangen. Philipp Melanchthon, der Kenner des klassischen Altertums, der erste Griechischprofessor an der Wittenberger Universität, hatte ihm den Rat gegeben, das Mathematikstudium zu beginnen. Mit zweiundzwanzig Jahren war er bereits Professor in Wittenberg. Melanchthon führte ihn bei Martin Luther ein, der in Wittenberg Theologie lehrte. Zu dritt verkehrten sie im Hause des Bürgermeisters, Apothekers und Buchhändlers Lukas Cranach, der ein schönes Hobby hatte: Er malte alle seine Freunde.

WÄHREND sich Rheticus auf den geisteswissenschaftlichen Gebieten den Erkenntnissen Luthers und Melanchthons anschloß, vertrat er auf den Gebieten der Mathematik und Astronomie seine eigene Meinung. Hier zeigte er sich als Freigeist. Wenn Luther und Melanchthon im Gespräch die Lehre des Kopernikus als Unsinn bezeichneten, schwieg er. Er sah in Kopernikus den Mann der Zukunft, den er unbedingt persönlich kennenlernen wollte.

Im April 1539 brach er von Feldkirch auf. Er hatte sich von der Wittenberger Universität Urlaub geben lassen und fuhr über Posen nach Frauenburg. Als Gelehrter, aber auch als Lutheraner und Wittenberger Professor erschien er beim Domkapitel.

Das erste, was er in Frauenburg erfuhr: Bischof Dantiscus hatte soeben die Lektüre aller lutherischen Schriften erneut verboten, hatte das Thorner Edikt von 1520 bestätigt, das „alle Schriften des Bruders Martinus Luther bei Strafe der Konfiskation aller Güter und Landesverweisung" geächtet hatte. Erneut hatte der Bischof auch seine Warnung vor dem Besuch der ketzerischen Universität Wittenberg ausgesprochen, die er „Brutstätte des Teufels" zu nennen pflegte. 1534 hatte König Sigismund alle, die in Wittenberg studiert hatten, ihrer Ämter enthoben. Bischof Dantiscus hatte vor einem Monat erst sein „Mandat wider die Ketzerei" erlassen, das er im Jahr darauf noch verschärfen sollte.

Bischof Dantiscus kannte Martin Luther wie auch Philipp Melanchthon persönlich. Im Sommer 1523 hatte er beide in Wittenberg kennengelernt. Zweimal war er Melanchthon auf dem Reichstag in Nürnberg begegnet; diesen Begegnungen schloß sich jeweils ein langer Briefwechsel an. Inzwischen hatte er es vom kleinen Bischof zu Culm zum ermländischen Fürstbischof und Landesherrn gebracht. Man flüsterte sich offen zu, sein nächstes Ziel sei der Kardinalspurpur, daher tue er alles, um sich bei der Kurie ins beste Licht zu setzen. Ausgerechnet in dem Augenblick, da im Ermland das strengste Bücherverbot erlassen worden war, brachte Professor Rheticus als Geschenk fünf Bücher mit nach Frauenburg.

Die Frauenburger Domstiftsbibliothek zählte damals 284 Bände profaner Autoren. Besser war es um die Bibliothek des Braunsberger Franziskanerklosters bestellt, die als die berühmteste im Ermland galt. Sonst aber konnte man sich Bücher nur von Freunden ausleihen oder war auf Sendungen angewiesen, die Freunde aus dem Westen in den Osten schickten.

Nikolaus Kopernikus las mit Vorliebe astronomische, mathematische und philosophische Schriften. Das wußte Rheticus. Er brachte ihm daher die „Geometrie des Euklid" mit, in der ersten Übersetzung, die unmittelbar aus dem Griechischen vorgenommen worden war, ferner die 1534 bei Petrejus in Nürnberg erschienene *Trigonometrie Regiomontanus.* Schoner hatte Rheticus in Nürnberg mit seinem Verleger Petrejus bekannt gemacht. Auch das trigonometrische Werk des Petrus Apianus, die „Optik" des Vitellio, ebenfalls bei Petrejus erschienen, und der *Almagest* des Ptolemäus in der noch druckfrischen griechischen Ausgabe von 1538 befanden sich in dem Geschenkpaket.

Nikolaus Kopernikus war erst vor wenigen Tagen von Löbau nach Frauenburg zurückgekehrt. Man hatte ihn an das Krankenbett seines Freundes Tiedemann Giese gerufen, der unter einem heftigen Fieber litt, und es war ihm gelungen, den Culmer Bischof rasch zu heilen.

Die Erinnerung an diese Tage, die neuaufgelebte innige Freundschaft, die gemeinsamen Gespräche und Spaziergänge mit

Giese, all das war so herzerfrischend gewesen, daß er den Entschluß faßte, mit seinem neuen Freund Rheticus sogleich nach Löbau zu fahren, um ihn dem Culmer Bischof vorzustellen und um sich mit dem Wittenberger, im neutralen Ausland gewissermaßen, wo ihn der „Arm seines Bischofs" nicht erreichte, ungestört über all jene Probleme unterhalten zu können, die Rheticus nach Frauenburg geführt hatten.

So begab sich Kopernikus mit dem jungen Gelehrten zu Freund Giese nach Löbau. Und er erfüllte die Bitte des Wittenberger Professors, das Manuskript seines Hauptwerkes dorthin mitzunehmen, damit dieser es ungestört studieren könne.

An einem Julitag verließ der Reisewagen Frauenburg; dichte Staubwolken wirbelten auf. Die Sonne brannte gnadenlos; dennoch hielten sie die Fenstervorhänge geschlossen. Kein Mensch brauchte zu wissen, wer sich quer durchs Ermland in südlicher Richtung auf die Reise begab.

In Frauenburg würde man vorerst gar nicht merken, daß Kopernikus ausgeflogen war. Er hatte im Augenblick kein Amt zu verwalten, man wähnte ihn tagsüber in seinem Turm, und sah man ihn nicht beim Gottesdienst, flüsterte man sich zu, er habe sicher ein Rendezvous mit seinen Sternen oder schreibe an seinem Buch.

Doch kaum waren die Ausreißer in Löbau eingetroffen, traf dort bereits ein Brief des Bischofs Dantiscus ein. Man hatte ihm sogleich zugeflüstert, was in Frauenburg geschehen war, wer dort eingetroffen war, und daß sich Kopernikus mit seinem Gast gen Süden – wohin sollte er schon fahren, wenn nicht zu Tiedemann Giese – begeben habe.

Katzenfreundlich schrieb der ermländische Fürstbischof an den Culmer Bischof:

> Man hat mir mitgeteilt, daß Dr. Nik. Kopernikus zu Dir gekommen ist, von dem Du weißt, daß ich ihn wie meinen eigenen Bruder liebe. Er lebt mit Sculteti in vertrauter Freundschaft. Das ist schlimm. Mach ihm warnende Vorhaltungen, daß solche Verbindungen und Freundschaften ihm schaden; sag ihm jedoch nicht, daß die Mahnung durch mich komme. Dir wird doch sicherlich bekannt sein, daß Sculteti eine Frau genommen hat und des Atheismus verdächtig ist.

Domherr Sculteti lebte tatsächlich mit einer Frau zusammen und hatte auch seinen Sohn bei sich. Das war in jener Zeit zwar eine Ausnahme, doch nichts Besonderes. Mehrere Geistliche lebten, teils mit Billigung, teils mit Duldung ihres Bischofs, in „wilder Ehe".

Bischof Giese merkte sogleich, daß es sich hier um einen der üblichen Seitenwege handelte, auf denen sich der Bischof an sein Opfer heranzupirschen pflegte. Er hielt Bischof Dantiscus für zu klug, um nicht im voraus zu wissen, daß Kopernikus seinen Brief taufrisch von Freund Giese serviert bekäme. Bischof Giese tat das Klügste, was er in diesem Fall tun konnte: er legte den Brief fort, ohne darauf zu reagieren. Nikolaus Kopernikus und Rheticus hatten Wichtigeres zu tun, als sich dem Katz-und-Maus-Spiel eines intrigierenden Bischofs zu stellen.

Des Rheticus *Narratio*

Nachdem Rheticus in Löbau nahezu vier Wochen lang das Manuskript der *Revolutiones* studiert hatte, schrieb er dort seine *Narratio prima de libris revolutionum.* Im Gewande eines Briefes an Johannes Schoner besprach er ausgiebig die ersten vier Bücher des Kopernikanischen Hauptwerkes.

Zum ersten Mal in der Geschichte war die Rezension eines wissenschaftlichen Werkes mehr als drei Jahre vor Erscheinen des Werkes geschrieben worden. Im Herbst fuhr Rheticus mit dem Manuskript seiner *Narratio* nach Danzig, um es dort drucken zu lassen und den Druck persönlich zu überwachen. Als Anhang zu dieser „Werkanalyse" schrieb er ein *Enkomium Borussiae,* ein Lob auf Preußen. Auf dem Titelblatt nannte er Nikolaus Kopernikus den „gebildetsten Mann und glänzendsten Mathematiker, den verehrten Herrn Dr. Nikolaus aus Thorn, den Kanonikus im Ermland" und sagte von ihm: „. . . mein Lehrer hat fast vierzig Jahre lang in Italien und hier im Ermland Mondfinsternisse und den Lauf der Sonne beobachtet . . ., in sechs Bücher hat er das Werk eingeteilt, in welchem er, gleich Ptolemäus, nach mathematischer Methode und durch geometrische Konstruktion das einzelne lehrt und beweist: sein Werk umfaßt die gesamte Astronomie."

Warum blieb der Name Kopernikus unerwähnt? Auch sein eigener Name erschien erst auf der zweiten Seite, auf der der eigentliche Text anfing.

Das Werk begann damit, daß Rheticus sich an Schoner wandte: „Vornehmlich bitte ich Dich zu glauben, daß der treffliche Mann, welcher sich gegenwärtig um mich verdient macht, in keinem Zweige des Wissens und namentlich nicht in der Astronomie dem Regiomontanus nachsteht. Lieber noch vergleiche ich ihn mit Ptolemäus, nicht etwa, weil ich den Regiomontanus geringer achte als den Ptolemäus, sondern weil mein Lehrer mit Ptolemäus das Glück gemeinsam hat, die unternommene Verbesserung der Astronomie unter Gottes Beistand zu Ende zu führen – während Regiomontanus durch ein hartes Geschick dem Leben entrissen wurde, bevor er seinen Bau vollendet hatte." Er erinnerte daran, daß Regiomontanus im Alter von vierzig Jahren gestorben war, noch ehe er auch nur einen Teil seiner Pläne hatte verwirklichen können.

„Die drei ersten Bücher habe ich ganz durchgearbeitet, von dem vierten habe ich bereits die Grundidee erfaßt, von den beiden letzten Büchern jedoch nur eine allgemeine Anschauung gewonnen." Warum er trotzdem schon schrieb? Es war sein Plan, dieser ersten *Narratio* später eine zweite über den zweiten, noch unvollendeten Teil des Werkes folgen zu lassen. Ein Vorhaben, das durch das Erscheinen des Werkes selbst überholt wurde.

Rheticus hielt es, da er die Wissenschaft und ihre Methoden zur Genüge kannte, vorerst für wichtig zu beweisen, wie sorgfältig sein Herr jede Beobachtung vorgenommen hatte.

Da er wußte, wie sehr die wissenschaftliche Welt – und vor allem Wittenberg – an der Lehre des Ptolemäus hing, hielt er es für angebracht, den Ursprung des kopernikanischen Systems im ptolemäischen zu betonen und hinzuzufügen, daß Kopernikus den Ptolemäus aus ganzer Seele liebe. Diplomatisch versuchte er, sich immer wieder hinsichtlich der „Alten" abzusichern, um kein Porzellan zu zerschlagen. So wandte er sich Schoner zu: „Deine väterliche Zuneigung zu mir hat mir den Mut gegeben, den

Himmelsstrich aufzusuchen, unter dem ich augenblicklich lebe. Wenn mir im jugendlichen Eifer ein unbedachtes Wort entschlüpft sein sollte, welches gegen das ehrwürdige und heilige Altertum zu frei gesprochen erscheinen könnte, dann wirst du wenigstens, des bin ich gewiß, alles nach der besten Seite auslegen."

Um Kopernikus vor jedem Vorwurf der Leichtfertigkeit zu bewahren, fuhr er fort: „Sein Alter, der Ernst seiner Gesinnung, seine tiefe Gelehrsamkeit, sein reiches Talent, seine Geistesgröße sind derart, daß auf ihn nicht ein solcher Verdacht fallen kann, wie er wohl bei einem jungen Manne erhoben werden könnte oder bei denen, die, wie Aristoteles sagt, bei geringer Einsicht eine hohe Meinung von sich haben . . ."

Er kam zu dem kühnen, aber überzeugenden Schluß: „Ich bin der festen Ansicht, daß Aristoteles, wenn er die Gründe für die neue Theorie hörte, ohne Zweifel ehrlich bekennen würde, was von ihm wirklich bewiesen und welche Grundsätze ohne vollgültigen Beweis akzeptiert seien; er würde deshalb seinem Herrn Lehrer beipflichten . . . Ebenso bin ich weit entfernt davon zu glauben, daß Ptolemäus, wenn es ihm vergönnt sein würde, in das Leben zurückzukehren, seinem eigenen System treu bleiben möchte."

Rheticus bekannte sich zu der Theorie des Kopernikus, weil er jetzt erst das schönste Wort zu begreifen glaubte, das „seiner Tiefe und Wahrheit wegen dem Plato zugeschrieben wird", daß „Gott stets mathematisch verfahre". Er wurde nicht müde zu betonen, daß die neue Astronomie auf der des Ptolemäus und seiner Schüler basiere, und er zog das Fazit: „Kopernikus hat gezeigt, warum sich die Erde unmöglich in der Weltmitte befindet. Diese Stelle gebühre der Sonne, welche Gott in die Mitte der Weltbühne gestellt hat, als seinen Stellvertreter in der sichtbaren Natur . . ."

Und er fuhr fort: „Daß die Planeten bald rechtläufig sind, bald stillzustehen und dann wieder rückläufig erscheinen, daß sie ferner der Erde bald näher, bald ferner stehen, daß alle diese Erscheinungen in gewissen Zeiten wiederkehren – das beweist mein Lehrer durch die von den oberen Planeten entnommene, regelmäßige Bewegung der Erdkugel um die Sonne. Diese nämlich steht in der Mitte der Welt, und die Erde bewegt sich um die Sonne in einem exzentrischen Kreise, welchen er die große Bahn zu nennen beliebt hat."

Er schloß seine *Narratio* mit dem rhetorischen Wunsch: „Es siege die Wahrheit, es siege die Tüchtigkeit! Mögen die Wissenschaften immer geachtet bleiben! Jeder Meister in seiner Kunst fördere, was da frommt, zutage und schirme es maßvoll, so daß man immer sehe, er habe nur die Wahrheit gesucht! Mein Lehrer wird das Urteil achtbarer und gelehrter Männer nimmer scheuen; vielmehr will er sich freiwillig diesem Urteil unterwerfen."

Die *Narratio* des Rheticus, dieser erste ausführliche Bericht über das Weltbild des Kopernikus, geschrieben für die Gelehrten, aber auch für eine breite Öffentlichkeit, erschien Anfang 1540 bei Franz Rhode in Danzig. Sie war ein allseits erwartetes Buch und wurde schnell verbreitet. In Preußen, in Krakau, in der Schweiz, in Italien, in Wittenberg – überall fragte man nach ihr. Nun gab es damals noch keinen Büchermarkt wie heute. Einzelexemplare wurden oft auf eine weite Reise geschickt. Es war nicht leicht, an ein Stück heranzukommen. Für die mathematisch-astronomische Welt bedeutete die *Narratio* die Neuerscheinung des Jahrzehnts, ja des Jahrhunderts. Bereits im Jahr darauf erschien ein Nachdruck bei Georg Winter in Basel, der vor allem in der Schweiz und in Italien Verbreitung fand.

Am 14. Februar ließ Rheticus von Danzig aus durch Aurifaber die ersten Druckseiten an Melanchthon schicken. Tiedemann Giese erhielt in Löbau einige Exemplare und sandte eines davon an Herzog Albrecht von Preußen. Mit seiner Empfehlung suchte Rheticus den Herzog in Königsberg persönlich auf und erhielt von ihm eine „furstliche vererung" in Gold. Achilles Gasser, ein Freund des Rheticus in Feldkirch, schickte ein Exemplar an seinen Freund Georg Vogelinus und bat ihn, Propaganda für das Buch zu machen.

ANFANG 1540 kehrte Rheticus, dessen Urlaub abgelaufen war, zur Wittenberger Universität zurück. Er kündigte dort zwei Vorlesungen an, über die „Sternenkunde des Alfraganus" und über das

„Handbuch der Sternenkunde des Ptolemäus". Er erwähnte in diesen Vorlesungen erstmals die neue Lehre und besprach sie mit seinen Studenten. Inzwischen hatte auch der Nürnberger Drucker Petrejus die *Narratio prima* gelesen. Er äußerte den Wunsch, die *Revolutiones* des Kopernikus kennenzulernen. Kopernikus erhielt einen Brief von Andreas Osiander, dem lutherischen Hauptgeistlichen von Nürnberg, der die *Narratio* bei einem Besuch in Königsberg kennengelernt hatte und mit ihm wissenschaftliche Hypothesen diskutieren wollte. Er zeigte sich an den Erkenntnissen des Frauenburger Domherrn sehr interessiert, sah in ihnen aber nicht viel mehr als neue Hypothesen, die zwar Aufsehen erregten, am Weltbild des Ptolemäus jedoch kaum etwas zu ändern vermochten.

Kopernikus äußerte ihm gegenüber die Befürchtung, sein Weltbild könne bei den Aristotelikern und Theologen Widerspruch hervorrufen. Darauf antwortete Osiander erst nach Monaten, ein wenig von oben herab, astronomische Hypothesen sollten nicht als Glaubensartikel angesehen werden. Er versuchte, Kopernikus zu beruhigen, und erteilte ihm den Ratschlag, die Gegner dadurch versöhnlicher zu stimmen, daß er sich der Meinung anschließe, es seien verschiedene Hypothesen zur Erklärung einer Bewegung möglich und seine sei nur eine von diesen. Er könne dies später in einem Vorwort seinem Werk voranstellen, und schon sei alles geklärt.

Kopernikus lehnte diesen Vorschlag entrüstet ab; er hielt seine Hypothesen für richtig und notwendig.

Osiander gehörte zu den Erzkonservativen, obendrein wagte er nicht, es sich mit Luther und Melanchthon zu verderben. Er nahm das Neue auf, um es zu entkräften und ins Reich des Imaginären zu verbannen.

Kopernikus hatte gehofft, in der Einsamkeit seiner Frauenburger Turmstube aus Osianders Briefen etwas über die Aufnahme seiner Lehre in der Darstellung des Rheticus in Nürnberg oder Wittenberg zu erfahren. Doch darauf ging Osiander mit keinem Wort ein.

Zwei lange Monate vergingen, eisige Wintermonate, in denen die Ostwinde über das Haff heulten. Noch ehe der erste Sonnenstrahl durchbrach, traf im April in Frauenburg der Domherr Georg Donner ein. Er stammte aus Konitz und zeigte sich für die Gedanken des Kopernikus aufgeschlossen, bemühte sich um den alten Astronomen und gab sich alle Mühe, ihm die lange Wartezeit bis zur Rückkehr des jungen Freundes aus Wittenberg abzukürzen.

De revolutionibus

Tiedemann Giese brauchte wieder einmal Nikolaus Kopernikus' ärztlichen Rat. Als die Wege einigermaßen vom Schnee befreit und wieder befahrbar waren, rollte der Reisewagen von Frauenburg gen Süden. Diesmal blieb Kopernikus nur wenige Tage in Löbau. Auch der Freund konnte ihm nichts über die Aufnahme seiner Lehre im Süden oder Westen mitteilen. Schnee und Eis hatten eine feste Mauer um die Löbauer Residenz gezogen, die kaum ein Gerücht zu durchdringen vermochte.

Erst als Rheticus im Sommer nach Frauenburg zurückkehrte, erfuhr der greise Domherr, daß die Welt ungeduldiger als zuvor auf sein Hauptwerk wartete und es höchste Zeit sei, an seine Drucklegung zu denken.

Rheticus und Tiedemann drängten fortwährend, und so faßte Kopernikus schließlich den Entschluß, sich für einige Monate in sein Turmzimmer zurückzuziehen, nur Rheticus und wenige Freunde zu empfangen, um mit der letzten Überarbeitung seines Manuskriptes zu beginnen. Rheticus gestattete er, die Teile, denen er schon das Imprimatur* erteilen konnte, abzuschreiben. Als es Herbst zu werden begann, sich das Laub an den Bäumen bereits verfärbte, saßen die beiden Astronomen im Frauenburger Domturm, in der *Curia Coppernicana*, eifrig an ihrer Arbeit.

Doch im Winter 1540 wurde Nikolaus Kopernikus plötzlich aus seiner Arbeit herausgerissen. Der Tapiauer Amtshauptmann Georg von Huenheim, Ratgeber Herzog Albrechts von Preußen,

---

* Druckerlaubnis

437

war von einer tückischen Krankheit befallen worden. Die Ärzte standen ratlos an seinem Bett. Selbst ein Gutachten, das der Herzog bei Benedikt Solpha, dem Leibarzt des Königs in Krakau, angefordert hatte, brachte sie keinen Schritt weiter. Was blieb dem Herzog übrig, als Nikolaus Kopernikus aus Frauenburg rufen zu lassen.

Herzog Albrecht stand mit Tiedemann Giese in ständiger Verbindung. Auf dessen Vermittlung hin fuhr der achtundsechzigjährige Kopernikus im Reisewagen nach Königsberg. Es gelang ihm, dem Amtshauptmann Linderung zu verschaffen und ihn nach längerer Behandlung zu heilen. Kopernikus verließ sich dabei auf seine medizinischen Bücher, die zum größten Teil noch aus seiner Studienzeit stammten, und auf die Natur des Patienten, die sich bei genügender Ruhe und Pflege selber helfen mußte. Bischof Dantiscus, den er einmal in Heilsberg behandelt hatte, gestand später, des Kopernikus „milde Art und gute Ratschläge seien ihm wie Medizin gewesen".

Unterbrechungen dieser Art waren in die Überarbeitungszeit des Manuskriptes nicht eingerechnet; so mußte Rheticus nach Wittenberg berichten, er „könne leider erst zur Herbstmesse wieder zurück sein". Doch so geriet er mit seiner Fakultät in Schwierigkeiten. Er mußte die Universität um Verlängerung seines Urlaubs bitten. Das kam den Wittenberger Kollegen wenig gelegen. Vorlesungen des Rheticus, vor allem auch über die neue Lehre des Kopernikus, waren für das nächste Semester bereits eingeplant, kein anderer als er konnte sie halten. Die Studenten wollten Neues erfahren.

Erst als sich auf die Bitte des Rheticus Herzog Albrecht von Preußen beim Kurfürsten von Sachsen und bei der Wittenberger Universität für ihn einsetzte, wurde ihm eine Verlängerung des Urlaubs „zur Drucklegung der *Revolutiones* des Dr. Kopernikus" gewährt. Der Herzog schickte ihm alle Empfehlungsschreiben, die er wünschte, und vergaß nie, einen Obolus in Gold beizulegen.

Die Arbeiten des Kopernikus gerieten noch einmal ins Stocken. Der Planet Merkur machte ihm Sorgen. In seinen Berechnungen fehlten die letzten genauen Daten. Der Himmel war über Frauenburg und dem Haff im Frühjahr 1541 fast immer bedeckt. Rheticus riet seinem Lehrer, es bei den bisherigen Erfahrungen zu belassen; doch davon wollte Kopernikus nichts hören. Gerade bei diesem Planeten wollte er die Ungleichmäßigkeiten genau berechnen. Auch als Rheticus die Meinung vertrat, selbst Ptolemäus hätte sich mit den bisherigen Ergebnissen begnügt, schüttelte Kopernikus den Kopf.

„Mir gab", sagte er, „nicht wie dem Claudius Ptolemäus das Glück jene schöne Gelegenheit zur Erfahrung. Ihm waren die Himmel heiterer, wo der Nil keine Nebel ausatmet gleich unserer Weichsel. Uns hat die Natur jene Bequemlichkeit und die ruhige Luft versagt. Wir also, infolge der großen Luftdichte, sehen seltener den Merkur."

Unstörbar, im Bewußtsein seiner Verantwortung vor der Wissenschaft und seiner Verpflichtung der Wahrheit gegenüber, arbeitete Nikolaus Kopernikus in seinem Turm weiter. Zwischen Gnomon und Triquetrum* saß er an seinem klotzigen Schreibtisch, notierte die Höhen der Planeten und Fixsterne zum soundsovielten Male, maß erneut den Abstand vom Äquatorialpunkt. Und immer beängstigender, sogar für ihn selbst, wurde die Feststellung: Der Sternenkatalog des Ptolemäus steckt voller Fehler. Bis auf den Milligrad wollte er sie richtigstellen. Denn dessen war er sich stets bewußt: „Über Mathematik schreibt man nur für Mathematiker."

An Kritikern würde es nach Erscheinen seines Werkes gewiß nicht fehlen. Theologen und Philosophen würden dagegen Sturm laufen, das war sicher; so müßten wenigstens die Mathematiker es als hieb- und stichfest befinden.

IM SPÄTSOMMER 1541 mußte Rheticus endgültig nach Wittenberg zurückkehren. Kopernikus gestattete ihm, die Abschrift, die er von den *Revolutiones* angefertigt hatte, mitzunehmen, und versprach, da er keine Möglichkeit sah, das Manuskript von Frauenburg unmittelbar nach Wittenberg zu senden, ihm dieses zu Beginn des neuen Jahres über Tiedemann Giese zukommen zu

---

* Winkelmaß

lassen. Er wollte es im Winter 1541/42 noch einmal gründlich durchsehen und letzte Korrekturen vornehmen.

Kopernikus hatte sein Hauptwerk ursprünglich in acht Büchern angelegt; er hatte gestrichen und hinzugefügt, die Themen der einzelnen Bücher neu überdacht und war schließlich bei der Zahl sechs gelandet. Axiome und Hypothesen füllten die ersten vier Bücher; in sie fanden die mathematischen Kapitel Aufnahme, hier erschien, was er über den Lauf der Sonne und des Mondes erfahren und errechnet hatte.

Die beiden letzten Bücher waren der Bewegung der Planeten vorbehalten. Es stimmte also, was Rheticus bereits in seiner *Narratio prima* verraten hatte: „Mein verehrter Lehrer hat in sechs Büchern das Werk eingeteilt, in welchem er, gleich Ptolemäus, nach mathematischer Methode und durch geometrische Konstruktion das einzelne lehrt und beweist. Sein Werk umfaßt die ganze Astronomie."

Wie hätte Kopernikus die „ganze Astronomie" besser einleiten können als dadurch, daß er dem Werk deren Lob voranstellte:

Aus der großen Zahl der Künste und Wissenschaften, an denen sich der menschliche Geist erhebt, sind nach meiner Überzeugung diejenigen vorzugsweise zu schätzen und mit dem größten Eifer zu pflegen, welche sich dem Herrlichsten und Wissenswürdigsten zuwenden. Zu ihnen gehört nun diejenige Wissenschaft, welche von den wunderbaren Umwälzungen im Weltall handelt, von dem Laufe der Planeten, ihrer Größe und Entfernung, ihrem Auf- und Untergange: kurz die den ganzen Bau des Weltalls erklärt. Es ist also, wenn der Rang der Wissenschaften nach den Gegenständen, die sie behandeln, bestimmt wird, diejenige Wissenschaft bei weitem die vornehmste, welche die einen Astronomie, die anderen Astrologie, viele von den Alten aber die Vollendung der Mathematik nennen. Sie selbst nämlich, die Königin der Wissenschaften, wird getragen von fast allen Zweigen der Mathematik. Die Arithmetik, Geometrie, Optik, Geodäsie, Mechanik und welche es sonst noch sein mögen, sie widmen sich sämtlich ihrem Dienste.

„Das erste Buch", lesen wir bei Rheticus, „gibt eine Beschreibung des Weltalls im Allgemeinen und enthält die Grundlagen, mit deren Hilfe mein Lehrer es unternimmt, die Beobachtungen aller Zeiten und die Erscheinungen zu erklären. Er fügt so viel von der Wissenschaft der Sinuswinkel und der ebenen und sphärischen Dreiecke hinzu, als er für sein Werk als notwendig erachtet.‟

Kopernikus begann mit Betrachtungen über die Gestalt der Welt:

> Zuerst müssen wir bemerken, daß die Welt kugelförmig ist, teils weil diese Form als die vollendete, keiner Fuge bedürftige Ganzheit, die vollkommenste von allen ist, teils weil sie die geräumige Form bildet, welche am meisten dazu geeignet ist, alles zu enthalten und zu bewahren; oder auch weil alle in sich abgeschlossenen Teile der Welt, ich meine die Sonne, den Mond und die Planeten, in dieser Form erscheinen; oder weil alles dahin strebt, sich in dieser Form zu begrenzen, was an den Tropfen des Wassers und an den übrigen flüssigen Körpern zur Erscheinung kommt, wenn sie sich aus sich selbst zu begrenzen streben.

Er führte die Gründe dafür an, daß auch die Erde die Form einer Kugel haben müsse und daß das Land mit dem Wasser zusammen eine Kugel bilde. Hierin stimmte er mit Ptolemäus weitgehend überein.

Nachdem Kopernikus in den ersten drei Kapiteln die Kugelform behandelt hatte, ging er im vierten auf die Bewegung der Himmelskörper ein. Er kam zu der Feststellung, daß die Bewegung der Himmelskörper gleichförmig und kreisförmig ununterbrochen oder aus kreisförmigen Bewegungen zusammengesetzt sei. Er zitierte dann: „Daß aber die Erde sich drehe, mit mehreren Bewegungen im Raum fortbewege und zu den Planeten gehöre, soll nun der Pythagoräer Philolaos, ein nicht gewöhnlicher Mathematiker, geglaubt haben.‟ Er polemisierte mit den Ansichten der „Alten‟, nach denen die Erde im Mittelpunkt des Alls stillstehe und dessen Mittelpunkt sei. Und er fuhr fort: „Die Erde befindet sich nicht im Mittelpunkt der Welt‟, fügte dem aber hinzu, der Abstand sei jedoch nicht so groß, daß er an der Fixsternsphäre gemessen werden könne.

Daß die Erde nicht im Mittelpunkt des Alls stehe – zu dieser Überzeugung war Kopernikus schon in Krakau gekommen –, bewiesen die wechselnden Abstände der Planeten. Die Erdmitte konnte für ihn nicht die Mitte der Kreisbahnen der Planeten sein.

„Daß eben nicht bloß der Halbmesser unserer Erdkugel, sondern auch die Distanz der Erde vom Mittelpunkt der Welt, im Vergleich mit der Distanz der Fixsterne ein unmerklicher Punkt, ein bloßes Nichts sei, erhellt deutlich daraus, daß der Horizont immer den Tierkreis genau halbiert, die Erde stehe, wo sie wolle."

Im sechsten Kapitel bewies Kopernikus, daß der Himmel im Vergleich zur Erde unendlich groß sei. Wie weit sich diese Unendlichkeit

Galileo Galilei, Porträtgemälde von
Justus Sustermann, um 1630

ausdehne, das stehe am wenigsten fest. Und er stellt sich die Frage, wie sich wohl um dieses winzige Pünktchen Erde ein so unendlich großer Himmel drehen könnte. „Daß aber an den Fixsternen keine Bewegung wahrzunehmen ist", fügt er hinzu, „beweist ihre unermeßliche Höhe, die bewirkt, daß selbst die Bahn der jährlichen Bewegung oder deren Abbild für unsere Augen verschwindet; denn alles Sichtbare hat eine bestimmte, begrenzte Größe der Entfernung, und es wird nicht mehr wahrgenommen, wenn diese erreicht ist."

Beiläufig nahm er das „Fallgesetz" vorweg, das Galilei einige Jahrzehnte später formulierte, indem er feststellte, daß die Körper, die sich nach oben erheben oder nach unten fallen, selbst wenn man die kreisförmigen Bewegungen unberücksichtigt ließe, keine zusammengesetzten und gleichmäßigen Bewegungen ausführten. Wegen ihrer Leichtigkeit oder der Beschleunigung ihres Gewichtes könnten sie sich nicht festsetzen. So habe alles, was fällt, am Anfang eine niedrige Geschwindigkeit, die sich beim Fallen laufend vergrößert.

Kopernikus stellte sich die Frage, warum die Alten glaubten, die Erde ruhe als Mittelpunkt inmitten der Welt. Er stand damit vor einem der schwierigsten Teile seiner Arbeit. Es galt, schlüssig zu beweisen, daß die These des Aristoteles und des Ptolemäus von der Erde als Mittelpunkt der Welt unhaltbar sei. Hier würden sich die Kritiker auf ihn stürzen, hier würde man ihn des Sakrilegs gegenüber den Monolithen der Wissenschaft beschuldigen.

> Die Alten haben daher andere Gründe für die Ruhe der Erde aufgesucht. Sie sagen, nichts würde in gerader Linie fallen oder aufsteigen können, wenn sich die Erde um ihre Achse drehte. Die Wolken, meint Ptolemäus, würden alle von Morgen nach Abend ziehen und gar die Erde sich durch diese schnelle Umdrehung zerstreuen müssen. Ich aber halte die Schwere für nichts anderes als ein natürliches Bestreben, welches der Schöpfer in die Teile gelegt hat, damit sie sich zu einem Ganzen verbinden können, indem sie sich zu einer Kugel sammeln. Mit der Sonne, dem Monde und den übrigen Planeten ist es wahrscheinlich ebenso, und doch stehen sie nicht fest. Bei fallenden und aufsteigenden Körpern ist es klar, daß ihre Bewegung aus der geraden Linie und der Kreisbewegung zusammengesetzt sei. Denn als Teile der Erde geben sie die dem Ganzen eigene gemeinschaftliche Bewegung nicht auf, sondern behalten sie in jeder anderen bei. Allein jene gemeinschaftliche Bewegung, eben weil sie gemeinschaftlich ist, erscheint als Ruhe. Daß die Wolken gegen Abend laufen, rührt daher, weil die untere Luft, worin sie hängen, mit zur Erde gehört und sich folglich mit ihr dreht.

Im neunten Kapitel stellte Kopernikus die Frage, ob der Erde mehrere Bewegungen beigelegt werden könnten. Ausführlich geht er auf die Schwere und die Bewegungen der Erde ein und kommt zu dem Schluß, die Erde könne nicht der Mittelpunkt der Kreisbewegungen der Planeten sein, die Sonne stehe im Mittelpunkt der Welt.

Im zehnten Kapitel erläutert Kopernikus die „Reihenfolge der himmlischen Umläufe". „Die erste und oberste aller Sphären ist die der Fixsterne, die sich selbst und alles andere enthält und daher unbeweglich ist, denn sie ist gewiß der Ort des Universums, auf den die Bewegung und Stellung aller übrigen Gestirne zu beziehen ist."

Zum ersten Male hatte Kopernikus in diesem Kapitel kategorisch erklärt, die Sonne stehe unbeweglich als Mittelpunkt der Planetenbahnen inmitten des Alls. Sie „lenkt die Familie der sie umkreisenden Gestirne . . ., wir finden also in dieser Anordnung eine bewundernswerte Harmonie der Welt und einen zuverlässigen, harmonischen Zusammenhang der Bewegung und Größe der Bahnen, wie er anderweitig nicht gefunden werden kann".

Im letzten Kapitel des ersten Buches behandelt Kopernikus die drei Bewegungen, die er in bezug auf die Erde festgestellt hatte: ihre Drehung um die eigene Achse, ihre Bewegung im Tierkreis und jene Bewegung, durch die die Erdachse ihre schiefe Lage erhält.

Das zweite Buch legte Kopernikus vorerst noch zur Seite. Es enthielt die „sphärische Astronomie", die Beschreibung der Armilla und das von ihm berichtigte Sternenverzeichnis des Ptolemäus.

Im dritten Buch mußte er die Untersuchungen über die Jahreslänge und die Erdbahn noch einmal gründlich überprüfen, jenen Teil, der die Theologen am stärksten interessierte, weil er der Festlegung des Heiligenkalenders dienen konnte. Bei der Erklärung der Tafeln im zweiten Teil dieses Buches hattc Kopernikus noch beide Möglichkeiten offengelassen: daß die Mitte des Alls außerhalb oder innerhalb der Sonne liege. „Über diese Frage", vermerkte er, „werden wir bei der Entwicklung der fünf Planeten, welche wir nach unseren Kräften ebenfalls durchführen wollen, noch mehr sagen."

Das vierte Buch war der Bewegung des Mondes und den Eklipsen gewidmet. Hier konnte er einige Theorien des Ptolemäus einleuchtend widerlegen. Seine Mondtheorie war wesentlich einfacher als die der Alten. Auch bei der anschließenden Erforschung der Planetenbewegungen zeigten sich die Vorteile einer

Oben: Doppelseite
aus Kopernikus' Werk
De revolutionibus
mit Darstellung des
Sonnensystems

Links: Arbeitszimmer
des Kopernikus mit
astronomischen
Instrumenten

Annahme der Erd-
bewegung – im Ge-
gensatz zu Ptole-
mäus – deutlich.

Die beiden letz-
ten Bücher galten ausschließlich den Bewegungen und der
Breitenwirkung der Planeten, wobei sich Kopernikus bei den
Planetenbewegungen weniger auf eigene Beobachtungen bezog
als vielmehr auf die Untersuchung der Frage, inwieweit die
Erdbewegung die Erkenntnisse des Ptolemäus – die auch nicht
aus Beobachtungen erwachsen waren – veränderte.

Erneut kam Kopernikus, als er das großangelegte Werk überschaute, zu der Erkenntnis, daß noch vieles zu überdenken, zu
überprüfen und richtigzustellen war. Er fand sein Zögern bestätigt, wurde sich aber auch immer mehr bewußt, daß ein Menschenleben nicht ausreiche, um ein solches Werk zu vollenden.
Demütig und bescheiden, wie er war, vertraute er seine Arbeit
schließlich doch der Welt an; er wollte und konnte sich den Bitten der Freunde, den Beschwörungen der Gelehrten, nicht zuletzt der Verantwortung vor sich selbst nicht länger entziehen.

Er war sich bewußt, daß er nun bald sieben Jahrzehnte seines Lebens hinter sich gebracht hatte, mehr als zwei Menschenleben nach damaliger Rechnung. Er war Gott dankbar für diese Gnade. Das erfüllte Leben sah er als ein Geschenk; er hatte stets dankbar empfangen; doch im Empfangen allein hatte für ihn das Leben nie gelegen. Er mußte auch geben. Und er hatte viel gegeben in seinem Leben, als Arzt, als Gelehrter, als Staatsmann.

Trost gab ihm der Gedanke, er würde sein Werk in die Hände von Freunden legen; er war überzeugt, sie würden das Beste daraus machen. Er vertraute ihnen. Kopernikus glaubte an den Menschen. Ein gnädiger Tod hat ihn vor der letzten Enttäuschung bewahrt.

Der große Betrug

In Wittenberg wartete Rheticus voller Ungeduld auf das endgültige Manuskript. Es war ihm von Kopernikus für das Frühjahr versprochen worden, und Petrejus drängte, er müsse mit dem Druck beginnen, wolle er das Buch im Herbst rechtzeitig auf den Markt bringen. Schon damals waren die Verleger darauf aus, ihre Bücher zum Herbst erscheinen zu lassen, sie auf der Herbstmesse herauszustellen, um ihnen Beachtung und raschen Verkauf zu sichern.

Rheticus hatte inzwischen die letzten drei Kapitel, den „trigonometrischen Part" des ersten Teils der *Revolutiones,* in seiner Abschrift in einer Wittenberger Druckerei als Sonderdruck erscheinen lassen. Er wollte die Aufmerksamkeit der Gelehrten, insbesondere Melanchthons, auf die wissenschaftlichen Verdienste des Mathematikers Kopernikus lenken und so mit diesem völlig „unverfänglichen" Stück den Weg für das kommende Hauptwerk bahnen, bei den Kritikern den Eindruck verstärken, daß es sich hier um keine bloßen Behauptungen, sondern um streng durchdachte und mathematisch bewiesene Beobachtungen handle.

Als Mitte März das Manuskript noch immer nicht in Wittenberg eingetroffen war, gab Rheticus dem Drängen des Nürnberger

Verlegers nach und übergab diesem die in seinem Besitz befindliche selbstangefertigte Abschrift des Manuskriptes, mit dem ausdrücklichen Vorbehalt, daß etwaige Änderungen des Autors später in den Korrekturen Berücksichtigung finden müßten.

Petrejus war damit einverstanden, dachte jedoch nicht weiter an diesen Vorbehalt. Noch im März ging die Abschrift der *Revolutiones* in den Satz; bald darauf schrieb T. Forsther, der Pfarrer von St. Sebaldus in Nürnberg, an J. Schrad nach Reutlingen:

> Preußen hat uns einen neuen und wunderbaren Astronomen geboren, dessen Lehre schon hier gedruckt wird, ein Werk von ungefähr hundert Bogen Umfang, worin er versichert und beweist, daß die Erde sich bewegt und der Himmel ruhe. Vor einem Monat sah ich zwei Bogen gedruckt; der Korrektor des Satzes ist ein gewisser Wittenberger Magister.

Ein Zeichen dafür, daß die Werbetrommel schon tüchtig gerührt wurde!

Ende Mai erhielt Rheticus die ersten acht Blätter zur Korrektur. Als er im Juni für einige Tage nach Feldkirch fuhr, erreichte ihn dort seine Berufung an die Leipziger Universität.

Rheticus war im vergangenen Jahr Dekan seiner Fakultät in Wittenberg geworden; erste Verbindungen nach Leipzig wurden angeknüpft, und als die dortige Universität zu ahnen begann, welch eine Laufbahn und welch ein Ruf sich dem jungen Gelehrten erschlossen, zögerte sie keinen Augenblick, ihm ein verlockendes Angebot – zweitausend Gulden – zu machen, dem er nicht widerstehen konnte. Die Karriere war dem achtundzwanzigjährigen Gelehrten wichtiger als die Abwicklung eines Druckes, auch wenn es sich um das Lebenswerk eines Mannes handelte, dessen Bedeutung er wie kaum ein zweiter erkannt hatte.

Vielleicht sah er auch eine günstige Gelegenheit, aus Wittenberg fortzukommen. Denn erste Schwierigkeiten bahnten sich an. Melanchthon erkannte zwar die drei „Trigonometrischen Kapitel", die er im Sonderdruck gelesen hatte, an und versagte dem Autor keinesfalls seine Hochachtung, doch äußerte er Rheticus gegenüber hinsichtlich des Gesamtwerkes Bedenken. Und wie würde erst Luther darauf reagieren, wenn er erführe, daß der hoffnungsvollste Gelehrte der neuen Lehre, der Wittenberger

Dekan Rheticus, ein umstürzlerisches Werk redigierte, das die Welt und vor allem die Theologie auf den Kopf zu stellen drohte? Im November reiste Rheticus, pünktlich zum Semesterbeginn, nach Leipzig ab. Die Beaufsichtigung des Druckes hatte er zuvor dem lutherischen Prediger Andreas Osiander übertragen. Wahrscheinlich auf Melanchthons Vorschlag hin.

Der damals fünfundvierzigjährige Osiander, der als Prediger an der Nürnberger St.-Lorenz-Kirche zu den eifrigsten Verfechtern der Lehre Luthers zählte, der den Hochmeister des Deutschen Ordens zu dieser Lehre bekehrt hatte und seitdem ein Günstling des Herzogs von Preußen war, der ihn später als Prediger nach Königsberg und als Professor an seine Universität, die Albertina, holen sollte, war sich der einmaligen Chance bewußt, die in seine Hände gelegt worden war.

Mit allen Mitteln wollte er verhindern, daß die seinen Schutzherren Luther und Melanchthon unwillkommene Lehre vom Weltsystem des Kopernikus als wissenschaftliche Forschung Anerkennung fände. Er wußte, daß Gelehrte an allen Universitäten auf die Erkenntnisse des Frauenburger Domherrn warteten, und so befürchtete er, die Entthronung des Ptolemäus würde nicht lange ausbleiben, auf dessen System das Christentum und mit ihm die Lutherische Lehre fundiert war. Dieser weltlichen Reform des Sternenhimmels müßte auf dem Fuße eine theologische Reform, eine Entthronung der heiligen Schriften, folgen.

Was er tun konnte, um dies zu verhindern, wollte er tun. Er hielt es nicht für nötig, die Korrekturfahnen, die Petrejus ihm „zur sorgfältigen Durchsicht" zuschickte, mit dem inzwischen in Nürnberg eingetroffenen, von Kopernikus überarbeiteten Manuskript zu vergleichen; dem Verleger war das sicher angenehm: Er trug keine Verantwortung dafür und sparte obendrein die Kosten, die durch einen umfangreichen Neusatz entstanden wären. Doch damit begnügte sich Osiander nicht. Er schrieb selbst eine Vorrede zu dem Werk, in der er die Lehre des Nikolaus Kopernikus als Hypothese, als eine bloße Annahme hinstellte, die einen Beitrag zur Berechnung der Himmelskörper darstellte. Damit beging er Verrat an dem ihm anvertrauten Werk. Obendrein unterzeichnete er diese Vorrede nicht mit seinem Namen, sondern versuchte den Anschein zu erwecken, Kopernikus selbst hätte sie geschrieben. Er gab vor, Kopernikus auf diese Weise vor „allzu eifernden Theologen und Philosophen" schützen zu wollen. Kopernikus war, als er von dem Betrug erfuhr, hell entrüstet.

Von seinen Erkenntnissen, die er in nahezu fünfzigjähriger Forschungsarbeit gesammelt, durchdacht und überprüft hatte, konnte man hier schwarz auf weiß lesen, dazu in seinem eigenen Werk: sie „brauchen nicht einmal wahrscheinlich zu sein".

An den Leser über die Hypothesen dieses Werkes. Sicherlich werden manche Gelehrte, bei dem bereits weit verbreiteten Ruf dieser neuen Hypothesen, großen Anstoß an den Lehren dieses Buches genommen haben, daß nämlich die Erde sich bewege, die Sonne dagegen unbeweglich in der Mitte des Weltalls ruhe . . .

Allein bei reiferer Überlegung wird man finden, daß der Autor dieses Werkes nichts Tadelnswürdiges unternommen habe. Denn es ist die eigentliche Aufgabe des Astronomen, die Geschichte der Bewegungen am Himmel, nach sorgfältigen und genauen Beobachtungen, festzustellen. Sodann muß er die Ursachen dieser Bewegungen ermitteln, oder wenn er schlechterdings die wahren Ursachen nicht auszufinden vermag, beliebige Hypothesen ausdenken und zusammenstellen, vermittels derer man jene Bewegungen nach geometrischen Sätzen, sowohl für die Zukunft als auch für die Vergangenheit, richtig zu berechnen vermag. Beide Forderungen hat der Meister in exzellenter Weise erfüllt.

Allerdings ist es nicht erforderlich, daß seine Hypothesen wahr seien; sie brauchen nicht einmal wahrscheinlich zu sein. Es reicht schon vollkommen aus, wenn sie zu einer Berechnung führen, die den Himmelsbeobachtungen gemäß ist.

Genugsam bekannt ist ja, daß die Astronomie die Ursachen der anscheinend ungleichmäßigen Bewegungen schlechterdings nicht kennt. Wenn die Wissenschaft aber dergleichen hypothetisch ersinnt – und sie hat solche Hypothesen wirklich in großer Zahl ersonnen –, so ersinnt sie dieselben keineswegs mit dem Anspruch, irgend jemanden zu überreden, daß die Sache sich wirklich so verhalte; es soll eben nur eine richtige Grundlage für die Rechnung aufgestellt werden . . .

Gestatten wir demnach, daß auch die nachfolgenden neuen Hypothesen den alten angereiht werden, welche um nichts

wahrscheinlicher sind. Sie sind überdies wirklich bewundernswert und leicht abfaßlich; außerdem finden wir hier einen
großen Schatz der gelehrtesten Beobachtungen.

Übrigens möge niemand in Betreff der Hypothesen Gewißheit von der Astronomie erwarten. Sie vermag diese nicht
zu geben. Wer alles, was zu einem anderen Zwecke ersonnen
ist, für Wahrheit nimmt, dürfte wohl unwissender von dieser
Wissenschaft fortgehen, als er zu ihr gekommen ist.

Diese Schmähung der Astronomie, der Königin der Wissenschaften, diese Herabsetzung und Entwertung seines eigenen Werkes, dieser niederträchtige, heimtückische Verrat an der Wahrheit
mußten Nikolaus Kopernikus zutiefst treffen.

Er saß allein im fernen Frauenburg. Herbststürme tobten. Für
ihn gab es keine Verbindung nach Nürnberg, nach Wittenberg. Nur
über den Freund Tiedemann Giese. Dieser war wieder einmal
krank. Kopernikus wagte nicht, ihn zusätzlich mit seinen eigenen
Sorgen zu belasten. Der Arzt in ihm verbot es. Er hatte keinen Menschen, mit dem er sich aussprechen konnte. Seine Domherrnkol-
legen würden ihn auslachen, sein eigener Bischof hätte darin die
Strafe für einen Mann gesehen, der sich mit Ketzern einläßt.

Er überlegte, was ihm zu tun bleibe. Noch einmal überlas er die
Widmung an Papst Paul III., die er im Juni 1542 geschrieben hatte
und die im Buch auf diese Schmährede des Osiander folgen
sollte. Gäbe es in Rom noch den Renaissancepapst aus dem
Hause der Medici, den Florentiner Clemens VII., vielleicht hätte
er im Papst einen Verteidiger seiner Lehre gefunden.

In Rom aber herrschte Alessandro Farnese, der 1534 zum Papst
gewählt worden war. Von ihm, der den Namen Paul III. trug, war
zwar bekannt, daß er für Reformen aufgeschlossen war, hatte er
doch eine Reihe reformfreudiger Männer ins Kardinalskollegium
berufen und 1536 eine Reformkommission gebildet, um die
Orden zu reformieren. Paul III. war obendrein ein Förderer der
Wissenschaften und der Kunst. Jedoch hatte der 74jährige Papst
in diesem Jahr 1542 mit der Organisation der römischen Inquisition begonnen.

Kopernikus hatte in seiner Widmung an Papst Paul III. geschrieben:

450

Nun bin ich keineswegs so sehr von meinen Ansichten eingenommen, daß ich nicht Wert darauf legen sollte, was andere darüber urteilen, ... doch glaube ich dennoch, man müsse von dem Wahren und Richtigen völlig abweichende Ansichten vermeiden ...

Je widersinniger augenblicklich meine Lehre von der Bewegung der Erde den meisten erscheine, um so größer würden Bewunderung und Dank sein, wenn man sehen werde, wie durch die Veröffentlichung meiner Untersuchungen der Schein der Ungereimtheit vor den einleuchtenden Beweisen vollkommen verschwände ...

Was ich hier sage, mag für jetzt noch unverständlich sein; an gehörigem Orte wird es deutlicher werden. Indem ich also diese Unsicherheit der überlieferten mathematischen Lehren in Betreff der Bahnen der Himmelskörper lange bei mir erwogen hatte, berührte es mich sehr unangenehm, daß noch keine wichtigere Theorie für die Bewegungen in dem Weltall, das der allerbeste und allervollkommenste Baumeister für uns erbaut hat, von den Philosophen aufgestellt sei, welche doch sonst die verhältnismäßig wichtigsten Dinge so genau erforscht haben.

Daher habe ich mich der Mühe unterzogen, die Schriften aller Philosophen, die ich mir verschaffen konnte, durchzulesen, um zu erkunden, ob nicht einmal einer von ihnen die Meinung ausgesprochen hat, daß die Bewegungen der Himmelskörper andere seien, als die Mathematiker vom Fach annehmen.

Und da fand ich wirklich zunächst bei Cicero, Niketas habe gemeint, daß die Erde sich bewege.

Nachher las ich auch bei Plutarch, daß noch einige andere dieser Meinung gewesen sind.

Nachdem ich nun die Bewegungen angenommen, die ich der Erde in nachstehendem Werk zuerteile, fand ich endlich nach langjähriger und sorgfältiger Untersuchung, daß, wenn die Bewegungen der übrigen Planeten auf die Umkreisung der Erde bezogen und nach der Umwälzung eines jeden Gestirns berechnet werden, nicht bloß die an ihnen beobachteten Erscheinungen daraus folgerichtig sich erklären lassen, sondern auch die Reihenfolge und Größe der Gestirne und alle ihre Bahnen und der Himmel selbst eine solche harmonische Ordnung darbieten werden, daß in keinem Teile ohne Verwirrung der übrigen Teile und des ganzen Universums irgend etwas umgestellt werden könne. Demgemäß habe ich den Plan meines Werkes entworfen ...

Ich zweifle nicht daran, daß Mathematiker von Geist und Gelehrsamkeit mir beistimmen werden, wenn sie – da die Philosophie dies vor allem fordert – nicht oberflächlich, sondern gründlich die Beweise, die ich für meine Ansicht in diesem Werk beibringe, durchgehen und bei sich überdenken wollen.

Hatte Kopernikus bei dem nun folgenden Abschnitt an die Wittenberger Theologen, hatte er an Luther gedacht, der ihn einen Narren gescholten hatte?

Wenn etwa leere Schwätzer auftreten sollten, welche, obwohl unwissend in der Mathematik, sich doch ein Urteil darüber anmaßen und aufgrund irgendeiner Stelle der Heiligen Schrift, die sie böswillig für ihre Zwecke verdrehen, sich herausnehmen werden, mein Unternehmen zu tadeln und anzugreifen, so werde ich mich um sie gar nicht kümmern, ihr Urteil vielmehr als ein leichtfertiges geradezu verachten.

Es ist ja weltbekannt, daß Lactantius, ein sonst berühmter Schriftsteller, der aber zu wenig Mathematiker war, recht kindisch von der Gestalt der Erde spricht, indem er diejenigen verspottet, die da lehren, daß die Erde die Gestalt einer Kugel habe.

Deshalb darf es die Männer der Wissenschaft nicht wundernehmen, wenn dergleichen Leute auch mich verspotten werden: Mathematik wird nur für Mathematiker geschrieben; diese werden wohl der Ansicht sein, daß meine Arbeiten auch der Kirche von Nutzen sein können, deren Oberhaupt Deine Heiligkeit gegenwärtig ist.

Der Gedanke ließ Kopernikus nicht los: Was müsse Papst Paul III. von ihm denken, wenn er vor dieser Widmung das *Ad lectorem de hypothesibus huius operis* mit den ungeheuerlichen Unterstellungen des lutherischen Predigers aus Nürnberg lesen würde? Wollten Luther und Melanchthon sein Werk vernichten? War dies die Rache dafür, daß er die schriftliche Forderung Osianders zurückgewiesen hatte, sein Werk als eine von hundert möglichen Hypothesen vorzustellen? War es die Rache dafür, daß er sein Werk dem Oberhaupt der katholischen Kirche gewidmet hatte?

Domherr Georg Donner war der einzige Freund, bei dem er Trost suchen konnte. Immer enger hatte er sich Kopernikus ange-

452

schlossen, seit er 1540 aus Danzig nach Frauenburg gekommen war, um seine Domherrnpflichten wahrzunehmen.

Es mag daran gelegen haben, daß der gebürtige Konitzer sein langjähriges Studium, wie Kopernikus, in Krakau begonnen hatte. In Leipzig hatte er den Grad des Bakkalaureus und des Magisters erworben, ehe er nach Danzig ging, um dort Stadtschreiber zu werden und später die Pfarrei von St. Katharina zu übernehmen. Es hatte anfangs Schwierigkeiten gegeben, da man ihn reformatorischer Gedanken verdächtigte. Doch Johannes Dantiscus war sein mächtiger Fürsprecher gewesen. Rat und Stadt schickten ihn 1538 nach Wittenberg und nach Leipzig. Er sollte fähige Männer für den Dienst bei der Stadt anwerben. Melanchthon hatte dabei als Vermittler die Hand im Spiel. Er brachte Bewerber für das Syndikat und für das Rektorat nach Danzig mit. Dantiscus war es auch gewesen, der ihm 1540 das ermländische Kanonikat verschafft und ihn kurz darauf zum Generalvikar der Diözese ernannt hatte. In Frauenburg hatte Georg Donner Rheticus kennengelernt, dem er seitdem freundschaftlich verbunden war.

GIESE – Donner – Kopernikus – Rheticus hieß das „Viergespann", doch Giese weilte im fernen Löbau, Rheticus hatte nach Wittenberg zurückkehren müssen, so blieb Kopernikus in greifbarer Nähe nur der eine Freund. Selbst ihm wagte er anfangs die Ungeheuerlichkeiten nicht anzuvertrauen, die um die Herausgabe seines Werkes vor sich gingen. Kopernikus fraß seinen Kummer in sich hinein, zog sich in seine Turmstube zurück.

Die rauhen Herbststürme, der frühzeitig einsetzende Winter seien schuld daran, antwortete er auf die Fragen seiner Kollegen, warum er sich so wenig sehen lasse. Er hätte sein Werk nun doch vollendet, wandten sie ein. „Ein Mensch vollendet sein Werk nie", erwiderte er. Auf ein Lesezeichen, das man später in dem von Rheticus nach Frauenburg mitgebrachten Exemplar der „Optik" des Vitellios fand, schrieb er in jenen Tagen die Worte:

> Das kurze Leben, die schwachen Sinne, der Stumpfsinn der Nachlässigkeit und sinnlose Beschäftigungen sind schuld, daß wir armselig wenig wissen. Und was wir schon gewußt haben,

schwindet uns oft nach einiger Zeit aus dem Sinn durch die unaufhaltsame Vergeßlichkeit, die betrügerische Feindin der Wissenschaft und des Wissens.

Das Eintreffen der ersten Druckfahnen gegen Ende des Jahres erschreckte Kopernikus. Nichts war verbessert worden, er las die Fälschung des Osiander. Kopernikus erkrankte. Als er tags darauf das Bett verlassen wollte, erlitt er einen Blutsturz, kurz darauf folgte ein Schlaganfall mit rechtsseitiger Lähmung.

Am 8. Dezember schrieb Tiedemann Giese aus Löbau einen besorgten Brief an den Domherrn Donner, der ihn von der Krankheit des Kopernikus unterrichtet hatte.

> Wie Kopernikus schon in gesunden Tagen die Zurückgezogenheit geliebt hat, so dürften dem Schwerkranken wohl nur wenige Freunde teilnehmend zur Seite stehen, während wir alle seine Schuldner sind wegen der Lauterkeit seines Gemütes, wegen seiner Integrität und seiner ausgebreiteten Gelehrsamkeit.
>
> Ich weiß, daß er Dich immer zu den Treuesten gezählt hat. Ich bitte Dich daher, daß Du ihm beschützend zur Seite stehst, wenn sein Schicksal es also verlangt, und die Pflege des Mannes übernehmen mögest, den Du zusammen mit mir stets geliebt hast, damit ihm nicht in seiner Bedrängnis die brüderliche Hilfe fehle, und daß wir nicht als Undankbare erscheinen gegen den Freund, der Liebe und Dank sich reichlich bei uns verdient hat.

Um die Jahreswende verschlimmerte sich Kopernikus' Gesundheitszustand. Im Januar 1543 fragte Professor Gemma Frisius aus Löwen bei Bischof Dantiscus in Heilsberg an, wie es dem großen Kopernikus gehe. Besorgt antwortete der Bischof, man befürchte täglich sein Ende.

Domherr Georg Donner konnte dem Sterbenden nur noch einen letzten symbolischen Dienst erweisen, da Kopernikus bereits seit Tagen nicht mehr bei Besinnung war: Am Morgen des 24. Mai 1543 traf in Frauenburg das erste fertige Exemplar seines Hauptwerkes ein: *Nicolai Copernici Torinensis De revolutionibus orbium coelestium, Libri VI. Norimbergae apud Joh. Petrejum, anno M. D. XLIII.*

Selbst der Titel war verfälscht worden. *De revolutionibus* hatte

Kopernikus sein Buch genannt. *Orbium coelestium* hatte man hinzugefügt, um die Umdrehungen auf die Himmelskörper zu beschränken und die Umdrehung der Erde auszuschließen.

Das Buch war in einer Auflage von tausend Exemplaren gedruckt worden, zahlreiche Holzschnitte zierten den Band. Domherr Donner legte das Buch in die Hände des Freundes, der am Nachmittag dieses Tages die Augen für immer schloß. Tiedemann Giese berichtete darüber dem Rheticus: „Er hatte schon viele Tage vorher das Gedächtnis und die geistige Kraft verloren, und sein fertiges Buch hat er nur in letzter Stunde gesehen, am selben Tage, an dem er starb."

IM BODEN des rechten Seitenschiffes des Frauenburger Domes hat man ihn begraben, bei dem Altar, der ihm jahrelang gehört hatte. Achtunddreißig Jahre vergingen, ehe Bischof Martin Kromer, der ebenfalls in Padua und Bologna die Rechte studiert hatte, ein Eiferer für die Gegenreformation, der sich als bedeutender Historiker bewährte, im Jahr 1581 neben der Begräbnisstätte an der Außenwand des südlichen Seitenschiffes eine Gedenktafel anbringen ließ. Sie wurde nach anderthalb Jahrhunderten wieder entfernt, um einer Tafel für den Bischof Christoph Andreas Johannes Szembek Platz zu machen. Aus eigenen Mitteln hatte er 1732–35 die Szembeksche Kapelle als barocken Anbau an den gotischen Dom in Frauenburg errichtet, in der er seine letzte Ruhestätte fand. Im 17. Jahrhundert wurden die Grabdenkmäler des Doms von den Schweden zerstört und die Gräber geplündert. 1758 beschloß das Domkapitel, links vom Hauptaltar eine Gedenktafel für Kopernikus anzubringen, geschmückt mit seinem Porträt, das wahrscheinlich aus dem Jahr 1735 stammte.

Das materielle Erbe des Nikolaus Kopernikus teilten sich das Domkapitel, Christina Stulpawitz, die Nichte des Kopernikus und Frau des preußischen Heerpaukers, und die Kinder seiner Nichte Regina, die den Stargarder Kaufmann zum Mann hatte.

Sein Turm wurde auf 30 Mark, die Außenkurie auf 100 Mark geschätzt. Den Turm optierte Achatius von der Trenck, die Kurie der Kapiteldekan Leonard Niderhoff. Ein Enkel der Schwester des Bischofs Watzenrode erhielt vom Domkapitel das Kanonikat und die Pfründe des Nikolaus Kopernikus. Kaspar Stulpawitz nahm den seiner Frau zufallenden Erbteil in Empfang. Sieben Kinder der jüngsten Nichte, Regina Moller, erhielten je 71 Mark und 9,5 Groschen.

Die Bücher wurden in die Kapitelbibliothek eingestellt, die medizinischen Werke der bischöflichen Bibliothek in Heilsberg einverleibt bzw. dem Kapitelarzt Fabian Emrich übergeben. Die meisten wurden beim Schwedeneinfall im 17. Jahrhundert nach Schweden gebracht und befinden sich heute in der Bibliothek des Astronomischen Observatoriums Uppsala oder in der Staatsbibliothek Stockholm.

Die Handschrift der *Revolutiones* nahm Rheticus an sich, er vermachte sie seinem Schüler Valentin Otho, der sie nach Heidelberg mitnahm, als er dort einen Lehrstuhl erhielt. 1603 wurde sie eingebunden. Später ging sie in den Besitz des Dekans der Universität, Jakob Christmann, über. Dessen Witwe verkaufte sie dem Amos Comenius. Als dieser 1670 in Amsterdam starb, erwarb sie Otto von Nostitz, der sie in seine Prager Bibliothek stellte. 150 Jahre blieb sie im Familienbesitz derer von Nostiz.

Denkmal zu Ehren von Nikolaus Kopernikus in Krakau

1953 übergab der tschechoslowakische Staat sie der Jagellonen-Bibliothek in Krakau, wo sie sich seitdem befindet.

Das geistige Erbe des Kopernikus zu bewahren, bemühten sich die Freunde Tiedemann Giese, Georg Donner und Rheticus. Als Kopernikus starb, weilte der Culmer Bischof anläßlich der Hochzeit Sigismund Augusts mit Elisabeth, der Tochter des Habsburgers Ferdinand I., in Krakau. Bei seiner Rückkehr erreichte ihn die Nachricht vom Tode des Freundes; in seiner Residenz in Löbau fand er zwei Exemplare der *Revolutiones* vor. Das zweite Exemplar war für Georg Donner bestimmt. Rheticus hatte es mit einer Widmung versehen. Ein weiteres Exemplar erhielt Domherr Donner später zur Weiterleitung an Herzog Albrecht von Preußen.

Tiedemann Giese erschrak, als er das anonyme Vorwort las. Sogleich setzte er sich an den Schreibtisch und schrieb, um zu retten, was sich vielleicht noch retten ließ, einen Protestbrief an Joachim Rheticus nach Leipzig.

Rheticus wandte sich an den Rat der Stadt Nürnberg. Er übersandte diesem den Brief des Culmer Bischofs. Dem Bischof wurde vom Nürnberger Rat die Antwort des Verlegers zugestellt, der sich angesichts des bevorstehenden Geschäfts und der Herbstmesse auf keinen Kompromiß einließ, vielleicht auch, weil er fürchtete, im Falle eines Nachgebens von den Wittenberger Autoren keine Manuskripte mehr zu erhalten oder gar den Boykott der dortigen Universität zu erfahren.

Tiedemann Giese, der fünf Jahre nach dem Tod des Nikolaus Kopernikus Bischof von Ermland wurde, hat zeitlebens für das Recht seines Freundes weitergekämpft. Die zweite – unveränderte – Auflage des Werkes erlebte er jedoch nicht mehr.

Rheticus, der sich nach 1545 in Krakau als Arzt niederließ, führte das Werk des Freundes mit astronomischen und mathematischen Untersuchungen fort.

1543 ERSCHIEN noch ein zweites grundlegendes Werk von großer Bedeutung für die Entwicklung der Wissenschaft, das Buch des flämischen Gelehrten Vesalius *De humani corporis fabrica libri septem,* in dem erstmals der Mensch aufgrund genauer Beobachtungen dargestellt wurde.

Andreas Vesalius, Sohn des kaiserlichen Hofapothekers, hatte in Löwen, Paris und Brüssel studiert. 1537 promovierte er in Padua und lehrte hernach als Professor der Chirurgie und Anatomie. Sein Buch ging als das erste vollständige Lehrbuch der menschlichen Anatomie in die Geschichte ein. So wurde 1543 zum Jahr, in dem sich „die Anschauungen des Menschen über Natur und Welt grundlegend änderten".

Gelehrte und Forscher haben sich mit der Gestalt des Nikolaus Kopernikus immer wieder beschäftigt, mit ihm und seinem Werk, das sie fortzusetzen, zu vollenden trachteten. Nicht nur sie, auch Maler, Bildhauer, Dichter, Dramatiker waren von dem Menschen Kopernikus gefesselt, haben sein Bild geschaffen, haben ihm Denkmäler gesetzt, haben ihn und sein Werk in der Erinnerung der Menschheit über mehr als fünf Jahrhunderte hinweg lebendig gehalten.

Die Lehre lebt fort

Rom nahm zum Werk des Kopernikus nicht offiziell Stellung. Lag es daran, daß der Astronom gestorben war und man von einer durchschlagenden Wirkung des verfälschten Werkes nicht überzeugt war, daran, daß Kopernikus sein Buch dem Papst gewidmet hatte und dessen Vorgänger Clemens VII. sich bereits positiv dazu geäußert hatte, oder daran, daß die „auf Ewigkeit" angelegte Kirche sich getrost Zeit lassen konnte? Wie dem auch sei, es schien, als würden immer mehr hohe kirchliche Würdenträger ihm ein gewisses Wohlwollen entgegenbringen, und sei es auch nur, um sich damit in Gegensatz zu den Anhängern der Reformation zu stellen, die das Werk des Kopernikus nach wie vor ablehnten oder aber, dem Beispiel Osianders folgend, als bloße Hypothese zur Kenntnis nahmen.

Der erste Widerstand kam zehn Jahre nach Erscheinen der *Revolutiones* von der Universität Zürich, die das Buch verdammte. Ihrem Urteil schloß sich zwanzig Jahre später die Universität Rostock an; es folgten 1576 die Sorbonne und 1582 Tübingen.

Zwölf Päpste, die auf Paul III. folgten, schwiegen; die „Dreizehn" erwies sich als Unglückszahl. Unter dem Borghese-Papst Paul V., einem Eiferer in den Wissenschaften und Mäzen der Künste – in dessen Pontifikat die Peterskirche vollendet wurde –, einem Papst, dem der Ausspruch zugeschrieben wird, die Theorie des Kopernikus sei ein größeres Übel als die Lehren Calvins und Luthers, kam es, ausgelöst durch den Brief eines Karmeliterpaters, zur Verurteilung der Kopernikanischen Lehre durch die Heilige Kongregation für Indexfragen. Der Sekretär der Kongregation, der Bischof von Albano, und der Dominikanerkardinal der heiligen Cäcilia, Peter Magdalenus Capiferri, unterzeichneten 1616 – im selben Jahr, in dem Galilei erstmals verurteilt wurde – folgendes Dekret:

> Da es zur Kenntnis der genannten Kongregation gekommen ist, daß jene falsche, der Heiligen Schrift vollkommen widersprechende Lehre der Pythagoreer über die Bewegung der Erde und die Ruhe der Sonne, die von Nikolaus Kopernikus in „Über die Umdrehungen der Himmelskörper" und von Dydak aus Stunik in „Hiob" verkündet wird, sich schon verbreitet hat und von vielen angenommen worden ist, wie aus dem Brief eines Karmeliterpaters hervorgeht, der den Titel trägt „Brief des Hochwürdigen Paters Paol Antoni Foscarini, des Karmeliters, über die Lehre der Pythagoreer und des Kopernikus von der Bewegung der Erde und der Ruhe der Sonne und vom pythagoreischen Weltsystem", der 1615 in Neapel an Lazar Scorrigio geschrieben wurde und in dem der genannte Pater zu beweisen bemüht ist, daß die bekannte Lehre von der im Mittelpunkt der Welt gelegenen Sonne und von der Bewegung der Erde der Wahrheit entspricht und nicht im Widerspruch zur Heiligen Schrift steht, damit sich nun die Lehre dieser Art nicht weiter zum Schaden der katholischen Wahrheit verbreite, erachtet man es für angebracht, unbedingt die oben genannten Werke *De revolutionibus orbium coelestium* von Nikolaus Kopernikus und die Kommentare von Dydak aus Stunik zu „Hiob" zurückzuhalten, solange sie nicht verbessert sind, die Schriften des Karmeliterpaters Paol Antoni Foscarini dagegen vollkommen zu verbieten und sie einschließlich aller anderer Schriften zu verdammen, die das gleiche lehren, was mit dem heutigen Dekret auch verboten, verdammt und zurückgezogen wird.

Man ging gegenüber den *Revolutiones* behutsam vor; vielleicht um allzu großes Aufsehen zu vermeiden, setzte man sie dem im Vergleich zu ihnen völlig unbedeutenden Kommentar eines Dydak gleich, indem man sie mit diesem in einem Atem nannte. Man verbot sie nicht schlechthin, sondern hielt sie zurück, „solange sie nicht verbessert sind". In einem zweiten Dekret, das erst vier Jahre später erlassen wurde, bezeichnete man genau die Stellen, die „zu streichen oder zu berichtigen" seien.

Es ging der Heiligen Kongregation nicht um die Thesen über Erde und Sonne, sondern allein um die Thesen über die auf der Erde lebenden Menschen. Für die Lehre von Erde, Sonne, Mond und Sterne zeigte sich die Kirche als nicht zuständig. Doch hinsichtlich der Konsequenzen, die sich daraus für den Menschen und sein Verhältnis zum Weltall ergaben, hielt sie sich für mitverantwortlich. Hier galt es einzugreifen.

Auch nach Erlaß des zweiten Dekrets durfte das System des Nikolaus Kopernikus weiterhin als Hypothese gelehrt, es durfte jedoch nicht als These verteidigt werden. So blieb es zweihundert Jahre lang, bis 1820 Papst Pius VII., der 1804 in Paris an der Kaiserkrönung Napoleons I. mitgewirkt hatte und sich um die Neuordnung des 1815 wiederhergestellten Kirchenstaates und die kirchliche Neuorganisation in den durch die Revolutionszeit erschütterten Ländern bemühte, das Buch des Kopernikus vom *Index librorum prohibitorum* (Index verbotener Bücher) absetzte.

Gedanken des Nikolaus Kopernikus hatte der 1548 in Nola bei Neapel geborene Dominikaner Giordano Bruno aufgenommen, der – nachdem er zahlreiche europäische Universitäten aufgesucht hatte – 1592 in die Hände der Inquisition fiel, die ihm wegen seiner gegen die Aristotelische Naturlehre und die christliche Kosmologie gerichteten Lehre von der Unendlichkeit der Welt und der Vielzahl und Gleichwertigkeit der Weltsysteme den Prozeß machte. 1593 wurde er nach Rom ausgeliefert und dort sieben Jahre in Haft gehalten. Bruno betonte die „Unendlichkeit des Alls", da es absurd wäre anzunehmen, Gott könne nur Endliches geschaffen haben. Die Erde und alle übrigen Planeten

**Das Planetensystem nach Tycho Brahe und Nikolaus Kopernikus,
aus: „Atlas Portatilis oder Compendieuse Vorstellung der gantzen Welt", 1724**

umkreisen die Sonne; in den Fixsternen sah er ferne Sonnenkörper in Weltsystemen, die aus demselben Stoff zusammengesetzt sind wie das des Menschen und demzufolge bewohnt sein
können. Er wurde im Jahr 1600 auf dem Scheiterhaufen verbrannt. 1584 hatte er sein Hauptwerk *Del infinito, universo e
mondi*, eine Lehre von den Welten im All, die ihre eigenen Sonnen haben, veröffentlicht.

ZUR GLEICHEN Zeit etwa beobachtete der 1546 in Schonen geborene dänische Astronom Tycho Brahe, der in Kopenhagen
und Leipzig Rhetorik, Rechtswissenschaft und auch Astronomie studiert hatte, den Sternenhimmel und entdeckte an ihm
1572 eine Nova. Vier Jahre später erhielt er vom Dänenkönig
Friedrich II. die Sundinsel Ven als Lehen, auf der er eine
großzügig mit Instrumenten eingerichtete Sternwarte bauen
ließ. Er hatte einen Assistenten nach Frauenburg geschickt,
um an Ort und Stelle die Messungen des Nikolaus Kopernikus zu überprüfen, mit dessen eigenem selbstgefertigten Triquetrum.

1597 verließ Brahe Dänemark und ging nach Prag, wo er 1599 Hofastronom Kaiser Rudolfs II. wurde. Er führte seine Beobachtungen ohne Fernrohr mit selbstgebauten astronomischen Instrumenten durch. Sie lieferten die Grundlagen für Keplers Arbeiten über die Planetenbewegung. Tycho Brahe blieb Anhänger der Epizykeltheorie und ein Gegner des kopernikanischen Systems, das er aus physikalischen Gründen ablehnte, wußte dessen Vorzüge aber in einem eigenen Weltsystem mit dem geozentrischen System des Ptolemäus zu verbinden. In seinem System umkreisten Sonne und Mond die in der Mitte der Fixsternsphäre ruhende Erde, während die übrigen Planeten die Sonne umkreisten.

Seine Daten für Planeten- und Fixsternörter führten Kepler zur Entdeckung der elliptischen Form der Planetenbahnen und des Flächengesetzes von 1605.

AUCH Johannes Kepler, geboren 1571 in Weil (der Stadt), arbeitete noch mit selbstgefertigten Instrumenten. Nach dem Besuch der Klosterschulen von Adelberg und Maulbronn hatte er in Tübingen evangelische Theologie studiert. Ab 1594 lebte er als Mathematiker in Graz. Der 24jährige veröffentlichte sein *Mysterium cosmographicum* („Weltgeheimnis") und schickte es Tycho Brahe, der ihn sogleich als Assistenten zu sich holte. 1600 übersiedelte er nach Prag und wurde im Jahr darauf, nach Tycho Brahes Tod, dessen Nachfolger als Hofastronom Rudolfs II. Er setzte Brahes Werk fort. Bei seinen Beobachtungen benutzte er ein selbstkonstruiertes „astronomisches Fernrohr", das aus zwei Sammellinsen, dem Objektiv und dem Okular, bestand – im Gegensatz zum „holländischen Fernrohr" des Galilei, 1609 von diesem nach niederländischem Modell gefertigt, bestehend aus einer Sammellinse als Objektiv und einer Zerstreuungslinse als Okular, das dreißigfache Vergrößerungen gestattete.

1605 entdeckte Kepler, daß die Marsbahn kein Kreis, sondern eine Ellipse ist. Die drei Keplerschen Gesetze, die die Planetenbahnen und den zeitlichen Verlauf der Bewegung beschrieben, waren eine Bestätigung und Anerkennung des kopernikanischen

Weltbildes. Kepler hat zu Beginn des 17. Jahrhunderts die Ellipse an die Stelle des Kreises als einzige den Himmelskörpern entsprechende Bewegung gesetzt.

Nach dem Tode Rudolfs II. ging Kepler als Mathematiker nach Linz, erarbeitete dort seinen „Abriß der kopernikanischen Astronomie" in sieben Bänden und veröffentlichte die Rudolphinischen Tafeln, die sich allmählich gegen alle anderen Tafelwerke durchsetzten.

Nahezu gleichzeitig mit Kepler beobachtete der 1564 in Pisa geborene Mathematiker, Philosoph und Physiker Galileo Galilei die Gestirne mit dem Fernrohr. Er hatte die Klosterschule in Vallombrosa besucht, in Pisa Medizin, Mathematik und Physik studiert und dort 1589 eine Professur erhalten, die er drei Jahre später gegen eine lukrativere in Padua eintauschte.

Mit seinem Fernrohr entdeckte er unter anderem, daß die Milchstraße aus lauter Einzelsternen besteht. Er entdeckte vier Jupitermonde – Körper, die den Jupiter umlaufen, analog zum Lauf der Planeten um die Sonne. Er erkannte die Lichtphasen der Venus und stellte fest, daß der Mond der Erde stets die gleiche Seite zukehrt. 1613 entwickelte er seine Vorstellungen über das Verhältnis der Bibel zur Naturerkenntnis und vor allem zum heliozentrischen System. Er kam zu dem Schluß, daß eine Neuinterpretation der Bibel vonnöten sei. So geriet er in Konflikt mit der Kirche. 1616 ermahnte ihn Kardinal R. Bellarmino, „alle Irrtümer aufzugeben".

Als Urban VIII. den päpstlichen Stuhl bestieg, hoffte Galilei, in ihm einen Fürsprecher für die Kopernikanische Lehre zu finden. 1625 veröffentlichte er seine Argumente für diese Lehre, reiste 1630 nach Rom, um die Druckerlaubnis für seinen „Dialog über die beiden hauptsächlichen Weltsysteme, das ptolemäische und das kopernikanische" zu erwirken. Das Werk erschien 1632, wurde aber wenige Monate später auf kirchliches Geheiß eingezogen. 1632 wurde Galilei von der Inquisition vorgeladen und „wegen Übertretung des Verbots von 1616" verurteilt. 1633 schwor er seinem Irrtum ab, wurde nach Arcetri verbannt, erblindete dort und starb dreiundsiebzigjährig. Seine Beobachtungen und Erkenntnisse wurden Ausgangspunkt und

Grundlage für die naturwissenschaftliche Entwicklung bis zu Newton.

Die Verbesserung der Beobachtungsinstrumente brachte mit sich, daß 1659 Huygens die Gestalt des Saturnrings, 1671 G. D. Cassini dessen Teilung erkannte. Inzwischen hatte 1647 J. Hevelins die Mondtopographie begründet.

1667 wurde die Sternwarte Paris, 1675 die Sternwarte in Greenwich gegründet. E. Halley nahm 1676 bis 1678 von der Insel St. Helena aus die erste umfangreiche Erfassung des Südhimmels vor.

Um die Mitte des 17. Jahrhunderts ging von den Städten, an denen Nikolaus Kopernikus einst studiert hatte, von Ferrara und Bologna, der letzte nennenswerte Widerstand gegen seine Lehre aus. Der 1598 in Ferrara geborene Jesuit Giovanni Battista Riccioli, Professor in Parma und Bologna, faßte in einem großangelegten Kompendium das damalige astronomische Wissen zusammen. In seinem *Almagestum novum,* der 1651 erschien, wandte er sich gegen das kopernikanische Weltsystem.

Im Jahr 1687 veröffentlichte der 1643 in Woolsthorpe bei Granatham geborene Landwirtssohn, Mathematiker, Physiker und Astronom, Sir Issac Newton, sein Hauptwerk *Philosophiae naturalis principia mathematica,* in dem er die drei Axiome der Mathematik formulierte. Newton hatte in Cambridge studiert und lehrte später dort als Professor der Mathematik. Er wurde zum Begründer der Himmelsmechanik, der Lehre von den Bewegungen der Himmelskörper im Raum. Ansätze bei Kepler, Galilei, Huygens und anderen nutzend, schuf er die Grundlage zur gemeinsamen Mechanik terrestrischer und kosmischer Systeme. Er entdeckte das Gesetz der allgemeinen Schwere, der „Gravitation", und leitete daraus mit Hilfe seiner „Fluxionsrechnung" die Keplerschen Gesetze ab. Er zeigte den Weg zur Bestimmung der Massen von Sonne und Planeten sowie der Präzession*.

Auf seinem Werk aufbauend, publizierte der 1749 in Beaumont-en-Auge geborene Pierre Simon Marquis de Laplace, ein

---

* Das Fortschreiten des Frühlingspunktes

französischer Mathematiker und Astronom, 1799 bis 1825 seine fünfbändige „Mechanik des Himmels", in der er als erster die Unveränderlichkeit der mittleren Bewegungen der Planeten und die Stabilität des Sonnensystems nachwies.

Den lange gesuchten Beweis aber für die endgültige Richtigkeit der Lehre des Nikolaus Kopernikus erbrachte 1838 mit der ersten zuverlässigen Messung einer Fixsternparallaxe der aus Minden stammende Sternwartedirektor Wilhelm Bessel in Königsberg in Preußen, nur einen Katzensprung von der *Curia Coppernicana* auf dem Frauenburger Domberg entfernt.

Damit hatte sich die Beweiskette für das Weltbild, das Nikolaus Kopernikus geschaffen hatte, lückenlos geschlossen.

1473	19. Februar: Kopernikus wird in der St.-Annen-Gasse in Thorn geboren.
1483	Tod des Vaters
1489	Kopernikus' Vormund, Lukas Watzenrode, wird Bischof von Ermland.
1491–94	Studium an der Krakauer Universität
1495	Kanonikat im ermländischen Domkapitel in Frauenburg
1496	Immatrikulation zum juristischen Studium in Bologna
1499	Kopernikus erwirbt den Magistergrad.
1500	Astronomische Beobachtungen in Bologna Beobachtung einer Mondfinsternis in Rom
1501	Kurzaufenthalt in Frauenburg; das Domkapitel bewilligt ein zweijähriges Medizinstudium in Padua.
1503	31. Mai: Promotion zum Dr. jur. in Ferrara Im Herbst Rückkehr ins Ermland; Leibarzt bei seinem Onkel in Heilsberg
1507	In Heilsberg entsteht der *Commentariolus*.
1510	Kopernikus wird erstmals zum Kanzler des ermländischen Domkapitels gewählt; Residenz in Frauenburg
1514	Mitarbeit an der Kalenderreform Saturnbeobachtungen am 25. Februar und 5. Mai Beginn der Niederschrift von *De Revolutionibus*

1516	Administrator des Domkapitels in der Residenz Allenstein
1519	Wahl zum Kanzler des Domkapitels
1527	Zahlreiche Himmelsbeobachtungen in Frauenburg
1528	Abermals Wahl zum Kanzler des Domkapitels
1529	Kopernikus zeichnet eine Karte Preußens.
1529/30	Berater bei der Münzreform
1532	Niederschrift von *De Revolutionibus* abgeschlossen
1534	29. Januar: Beobachtung der Mondfinsternis in Frauenburg
1535	Kopernikus gibt den Almanach zur Verbreitung der astronomischen Tafeln frei.
1538	Als Arzt zu Bischof Dantiscus nach Heilsberg gerufen
1540	6. April: Beobachtung der totalen Sonnenfinsternis in Frauenburg
1541	Als Arzt zu Georg von Kunheim nach Königsberg gerufen Zweiter Druck der *Narratio* erscheint in Basel.
1542	Druckbeginn des Hauptwerkes *Revolutiones* bei Petrejus in Nürnberg
1543	24. Mai: Nikolaus Kopernikus stirbt. Beisetzung im Frauenburger Dom